DERECHO ADMINISTRATIVO Y ADMINISTRACIÓN PÚBLICA EN TIEMPOS DE CRISIS

Jaime Rodríguez-Arana Muñoz

Catedrático de Derecho Administrativo de la UDC.
Director del Grupo de Investigación de Derecho Público Global de la UDC.
Director del Departamento de Derecho Público Especial de la UDC
Presidente del Foro Iberoamericano de Derecho Administrativo.
Presidente de la Sección Española del Instituto Internacional de Ciencias
Administrativas

DERECHO ADMINISTRATIVO Y ADMINISTRACIÓN PÚBLICA EN TIEMPOS DE CRISIS

Colección Estudios Jurídicos
Nº 101

Editorial Jurídica Venezolana
Caracas 2014

©   Jaime Rodríguez Arana
Email:

Depósito Legal: lf5402014340730
ISBN: 978-980-365-252-4

Edición: Editorial Jurídica Venezolana
Avda. Francisco Solano López, Torre Oasis, P.B., Local 4, Sabana Grande,
Apartado 17.598 – Caracas, 1015, Venezuela
Teléfono 762.25.53, 762.38.42. Fax. 763.5239
http://www.editorialjuridicavenezolana.com.ve
Email fejv@cantv.net

Impresión: Lightning Source, An INGRAM Compact company
Distribución: Editorial Jurídica Venezolana International Inc.
Panamá, República de Panamá
Email: editorialjuridicainternational@gmail.com

Diagramación, composición y montaje
por: Francis Gil, en letra
Time New Roman 10,5 Interlineado 11 Mancha 18 x 11.5

CONTENIDO GENERAL

I

INTRODUCCIÓN

El Derecho Administrativo, bien lo saben los que se dedican cotidianamente a su estudio e investigación, está en constante transformación. Por un lado, porque hunde sus raíces en la realidad, cambiante y dinámica por definición, y por otro, porque permanentemente ha de estar buscando las categorías e instituciones más apropiadas para la ordenación racional del interés general.

En este sentido, es una rama del Derecho Público en continua evolución que, sin embargo, presenta un común denominador que siempre lo caracteriza, que siempre lo singulariza, y al que siempre debe estar ordenado: el servicio objetivo al interés general.

Hoy, en una época de grave crisis general, política, económica, social y cultural, el Derecho Administrativo también se encuentra ante una encrucijada. Hay quienes quieren convertirlo en el expediente que justifique las tropelías de los poderes financieros y hay quienes quisieran doblegarlo para hacer buenas sus aspiraciones de perpetuación en el poder. Sin embargo, el camino de este magnífico instrumento de civiltá como lo denominó Giannini es bien otro. A través de sus técnicas y categorías está llamado a articular y diseñar un espacio de servicio objetivo al interés general a través del cual se mejoren sustancialmente las condiciones de vida de los ciudadanos, especialmente de los desfavorecidos, de los excluidos, de los que no tienen voz, de los más pobres de este mundo.

Precisamente en estos momentos, inicios de 2014, el Derecho Administrativo vuelve a estar de palpitante y rabiosa actualidad porque forma parte del destino de los hombres, porque es un producto cultural, porque es una rama del Derecho y, como tal, aspira a construir espacios de racionalidad profundamente humana. Nos guste más o menos, la intervención pública, siempre de actualidad también, puede ordenarse a la mejora de las condiciones de vida de los ciudadanos o a satisfacer las ansias de poder y privilegios de determinados grupos que aspiran al control social, hoy como antes porque se trata de un fenómeno tan antiguo como el hombre mismo.

Las páginas que siguen constituyen un intento de explicación de la actualidad de nuestra disciplina y, sobre todo, una aproximación a una nueva forma de entender el Derecho Administrativo, liberada de prejuicios y clichés del pasado, que tiene su eje central en un concepto más humano y racional del interés general, inscrito en la realidad y en permanente exigencia de argumentación.

El Derecho Administrativo, en la medida que es el Derecho del Poder público para la libertad solidaria o, mejor, el Derecho para el interés general, no del interés general como agudamente señala Enrique Rivero, se nos presenta en este convulso tiempo como un Ordenamiento desde el que comprender mejor el alcance de las actividades tradicionales de los Poderes públicos de limitación, de ordenación, de fomento y de servicio público. Además, la dimensión global de la crisis aconseja construir un Derecho Administrativo global conectado con el Estado de Derecho. Igualmente, la perspectiva dinámica del Estado de Bienestar, tan ligada al Derecho Administrativo, reclama hoy nuevas maneras de entender las categorías tradicionales de nuestra disciplina. Del mismo modo, el aspecto ético nos invita a considerar que esta consideración tal ligada al Derecho no puede quedar al margen de lo jurídico como si Derecho y Moral fueran fenómenos paralelos.

El Derecho Administrativo y la Administración pública son dos realidades íntimamente unidas. Tanto que una sin la otra no tienen explicación. La Administración pública precisa de la juridificación para que los poderes y potestades estén al servicio objetivo del interés general. Y el Derecho Administrativo regula jurídicamente el ejercicio del poder público que ordinariamente proviene de la actuación administrativa. Por eso, las políticas públicas no se pueden estudiar al margen del Derecho aunque, efectivamente, el Derecho no sea el único aspecto a considerar pues es menester analizar, dada la consideración plural y multidisciplinar de la Administración pública, los enfoques económicos, organizativos, históricos o sociológicos.

También se incluye un capítulo especial sobre el sentido y significado que tiene el poder público para el autor de estas líneas y, finalmente, se concluye con una serie de consideraciones acerca de la vuelta al derecho Administrativo. Una vuelta que después de la huida de finales del siglo pasado, hoy cobra especial relevancia de la mano del nuevo derecho fundamental a la buena Administración pública. Un derecho humano que, desde mi modesto punto de visto, está ya revolucionando el entendimiento de una rama del Derecho Público que empieza ya a desprenderse, poco a poco, de esa corteza tecnoestructural, en exceso formalista, que hoy debe abandonar para ser lo que siempre ha sido el Derecho Administrativo, un Derecho de promoción y aseguramiento de los derechos de los ciudadanos porque, en última instancia, en esto consiste, como señala José Luis Meilán Gil, el interés general, en la promoción y realización de los derechos fundamentales de las personas

II

EL INTERÉS GENERAL

El tema del interés general es, desde luego, una cuestión crucial del Derecho Administrativo. Siempre lo ha sido, pero ahora con ocasión de la crisis general en la que estamos sumidos entendemos mejor hasta qué punto el fin y destino del Derecho Administrativo está vinculado a la efectiva realización del interés general en nuestras sociedades Es más, la progresiva desnaturalización del interés general está en el origen de muchas de las convicciones, conductas y regulaciones que explican la magnitud de la crisis de este tiempo que nos ha tocado vivir.

En efecto, cuándo el interés general no se preserva adecuadamente desde el punto de vista jurídico o cuándo se entrega desde las instancias oficiales a los intereses particulares, entonces se comprende la relevancia del Derecho Administrativo, que en mi opinión es el Derecho del poder público para las libertades solidarias o, también, el Derecho del servicio objetivo al interés general.

Pues bien, en la medida en que esta rama del Derecho Público disciplina jurídicamente asuntos de la generalidad, colectivos, comunitarios, o públicos, estamos trabajando en el campo de los intereses generales. Concepto que, en mi opinión, es más amplio que el de los intereses públicos por cuanto se refiere al interés social, al interés de todos y cada uno de los ciudadanos en cuanto como miembros de la comunidad, al bien de todos cuantos integran el pueblo español al que se refiere, por ejemplo, el preámbulo de la Constitución española de 1978.

Es verdad que en ocasiones no se distingue interés público e interés general, lo que conduce a confusiones que afectan al corazón y al alma de lo que es el Derecho Administrativo en el Estado social y democrático de Derecho pues se puede llegar a establecer regulaciones que debiendo ser para todos, resultan ser para una parte, aún bajo la apariencia de decisiones generales. En Brasil, por ejemplo, la mejor doctrina ha podido diferenciar juiciosamente la diferencia entre interés público primario (Bandeira de Mello), que sería el interés general a que acabo de aludir, e intereses públicos secundarios, entre los que podemos encontrar los intereses de colectivos determinados, de instituciones públicas o, también, aunque en menor medida, de los agentes públicos.

El propio Consejo de Estado de Francia, la casa madre del Derecho Administrativo continental europeo, dedicó el Rapport del año 1999 precisamente a reflexionar acerca del concepto del interés general. Un concepto, como reconoce el Conseil d´Etat, que doscientos años después de la Revolución Francesa sigue ocupando un lugar central en el pensamiento jurídico francés, especialmente en el Derecho Público. Es más, para el Consejo de Estado galo, el interés general es la finalidad última de la acción pública. Lo que significa, ni más ni menos, que la esencia de la acción del Estado está enraizada indisolublemente con este místico y complejo concepto que siempre está en la base y en el punto de mira del entero quehacer del Estado y de la Administración pública.

El bicentenario del Consejo de Estado francés sirvió a esta prestigiosa institución para preguntarse acerca de la actualidad de un concepto que sigue utilizándose en todos los Ordenamientos jurídico-administrativos del mundo y que debe ser replanteado a la luz del nuevo Derecho Administrativo de este tiempo. Especialmente como consecuencia de su inserción en el marco del Estado social y democrático de Derecho en este momento de declive y crisis del esquema estático del Estado del bienestar y del sentido y funcionalidad del gasto público.

En cualquier caso, el intento del Conseil d´Etat por mantener, a partir de una razonable línea evolutiva, la centralidad del interés general en el moderno Derecho Administrativo, demuestra los reflejos de un conjunto de grandes juristas que son conscientes de la trascendencia de la cuestión. Sobre todo en un momento de la historia de la Humanidad en el que el Derecho Administrativo, el Derecho Público en general, está siendo atacado desde el poder político para convertirlo en la "justificación" de la arbitrariedad y el arbitrismo, y desde el poder financiero, para evitar que el Derecho detenga la fuerza de un mercado dirigido por su lógica interna: el lucro, la obtención de beneficios sin contraprestación alguna.

El interés general, señala el Consejo de Estado en la introducción del Rapport de 1999, es la piedra angular de la acción pública y admite, fundamentalmente, dos aproximaciones distintas. La versión utilitaria, del Estado liberal, y la versión republicana, surgida de la Revolución Francesa. En el primer caso, el interés general se concibe como el interés común en el sentido de suma de los intereses individuales y surge espontáneamente del libre juego de los agentes económicos. El Estado, en este supuesto, no es más que un árbitro que debe poner orden en un entramado de iniciativas e intereses de signo particular como si un interés superior, común a los ciudadanos, al margen de la lógica del "do ut des", fuese imposible de concebir. En esta perspectiva, el interés general no es más que la necesaria articulación de las medidas regulatorias dirigidas a paliar o corregir los fallos del mercado, que se erige en la referencia y paradigma del sistema social

El problema de la visión utilitaria del interés general está en que no resuelve los agudos desafíos de la sociedad moderna. Es más, esta dimensión individualista del espacio general está detrás de la profunda crisis económica y financiera que asola el mundo en este tiempo. Por otra parte, la identificación del interés general con la voluntad general es una operación intelectual tan perfecta como imposible. Duguit ya lo advirtió brillantemente en su libro Las transformaciones del Derecho Público, puesto que en realidad la voluntad general no existe ya que, como reconoce el fundador de la escuela del servicio público, la suma de las voluntades de los parlamentarios es el precipitado de la ley. En efecto, la ley como expresión de la voluntad general es un mito. Otra cosa, desde un punto de vista voluntarista, es el entendimiento del interés general como la expresión del interés de la sociedad, de todos y cada uno de sus componentes.

El debate acerca del interés general, con una perspectiva utilitaria y otra voluntarista, es trasunto también de la diferente forma de entender la libertad. En el mundo anglosajón la libertad es más individual. En la tradición grecolatina, en la matriz romano-germánica, prevalece una idea más solidaria de la libertad. Ambas dimensiones fundan Ordenamientos jurídicos con valores y elementos distintos. Por lo que se refiere al Derecho Administrativo, el sistema del rule of law o el sistema del droit administratif, dan lugar, como bien sabemos, a diferentes aproximaciones que están presentes en todas y cada una de las categorías, instituciones y conceptos que componen esta rama del Derecho Público que se llama Derecho Administrativo.

Es tal la relevancia que el Consejo de Estado de Francia atribuye al interés general que rotula el segundo epígrafe de su Rapport "El interés general clave de bóveda del Derecho Público Francés". Desde esta perspectiva, el juez administrativo tiene la relevante tarea de garantizar el interés general. Interés general que el supremo juez administrativo francés ubica en las grandes decisiones de la jurisprudencia, en las leyes y en el ejercicio por la Administración de las prerrogativas del poder y la potestad pública.

Esta construcción voluntarista e inmanente del interés general es la razón de ser, según el Conseil d`Etat, del Derecho Público. Los grandes conceptos y categorías: servicio público, dominio público, obra pública, empleo público, entre otras, tienen una característica común: deben ser definidos en relación con la noción primaria de interés público, que se convierte en su razón de ser. En el fundamento del régimen especial del Derecho Público, explicitado en el estatuto del acto administrativo unilateral o en el sistema de responsabilidad del Estado. En materia de expropiación forzosa, bajo la forma de utilidad pública, se nos presenta nada menos que como la base de la intervención pública, como el presupuesto de la operatividad de las potestades administrativas.

El problema se encuentra en que el interés general no es un cheque en blanco, no es una fórmula abierta que permita el ejercicio de las potestades administrativas sin más. Necesita ser demostrado en lo concreto, precisa ser puntualizado con detalle, debe ser específico y fácil de aprehender por la ciudadanía. De lo contrario, el concepto se convierte en un peligroso expediente para el autoritarismo y el ejercicio unilateral del poder que termina, en este marco, identificado con la arbitrariedad. Si el interés general es, en forma de utilidad pública, como afirma el Conseil d´Etat en su Rapport, la condición de la legalidad de la intervención de los poderes públicos, la relevancia del concepto es tal que incluso podríamos considerarla como la piedra de toque del Derecho Administrativo, el concepto central sobre el que se monta el mismo Derecho Administrativo.

El principio de supremacía del interés general sobre el interés particular ha sido censurado en algunas ocasiones recurriendo al peligro que se cierne si tal supremacía no se concreta adecuadamente, sino se apoya en el Ordenamiento jurídico, si simplemente se usa, con ocasión y sin ella, para la dominación política y social. Algo que lamentablemente, en Europa también, ha acontecido en el pasado, especialmente en el siglo XX. Sin embargo, si el interés general se argumenta convenientemente y se ampara en el Ordenamiento jurídico, ningún problema tendría que existir en orden a afirmar la superioridad moral del interés general, siempre proyectado sobre la concreta realidad, así considerado sobre el o los intereses individuales.

Siendo, por tanto, el interés general, el concepto central del Derecho Administrativo, no debería sorprender, como apunta el Consejo de Estado francés en su informe de 1999, que el juez administrativo tenga una relevante función como garante del interés general. Un concepto que, siendo esencialmente cambiante, tiene, sin embargo, una esencial conexión con los derechos fundamentales, con la misma dignidad del ser humano pues, en última instancia, el principal y primordial interés general de cualquier Estado que se defina como social y democrático de Derecho es la garantía, protección y promoción de los derechos fundamentales de la persona. Por eso, el denominado derecho a una buena Administración reconocido hoy en la Carta Europea de los Derechos Fundamentales es, consecuentemente, un auténtico y genuino derecho fundamental de la persona.

Si admitimos, como es el caso, que el interés general sea el concepto clave para comprender el sentido y funcionalidad del Derecho Administrativo, entonces podremos comprender el alcance real de los poderes y potestades de la Administración.

En efecto, la expresión poderes y potestades expresa mejor el sentido que tiene la posición jurídica de la Administración pública en el Estado de Derecho que los términos privilegios y prerrogativas. Por eso, si el interés general está en la base, en la justificación última de la posición jurídica de la Administración manifestada en una serie de poderes y potestades atribuidos por el Ordenamiento jurídico, entonces cada vez que el aparato público usa alguna potestad o poder habrá de argumentar su ejercicio en motivos concretos de interés general. Acostumbrar a la Administración pública a esta forma de proceder significa, ni más ni menos, que el criterio del servicio objetivo al interés general sea el principal criterio que preside el entero quehacer de las Administraciones públicas.

Esta idea también podemos deducirla del Rapport del Conseil d´Etat que estamos glosando ene este epígrafe cuando señala que la noción del interés general está en la base de las teorías fundadoras del régimen especial del Derecho Público. Régimen especial que solo se justifica en la medida en que la Administración pública sirve con objetividad los intereses generales. En otras palabras, el interés general sería la condición de la legalidad de la intervención pública. Es decir, cuándo la Administración actúa en régimen de Derecho Público y ejerce poderes y potestades. Para saber si la habilitación legal correspondiente se realiza adecuadamente, es menester comprobar los concretos motivos de interés general que la justifican. Motivos que, es obvio, deben estar incardinados en el propio Ordenamiento jurídico.

La concepción voluntarista del interés general, inspirada en las teorías de Rousseau, a pesar de los pesares y de los intentos de la doctrina y jurisprudencia francesas por mantener su predicamento, a día de hoy se nos presenta con puntos oscuros. En primer lugar, porque el interés general no es, no puede ser, competencia exclusiva del poder legislativo ya que éste ya no goza del monopolio de la representación. Y, en segundo lugar, porque como ha señalado atinadamente una sentencia del Tribunal Constitucional del Reino de España de 7 de febrero de 1984, tan relevante como aislada, el interés general en el Estado social y democrático de Derecho ya no se define unilateralmente por la Administración pública, sino que ahora, de acuerdo con el parámetro de la participación, se determinará de forma integrada y articulada, contando con la colaboración entre los poderes públicos y los agentes sociales.

En una situación como la actual, de profunda desafección de la ciudadanía en relación con los asuntos públicos, la revalorización del interés general entendido como el interés de todos y cada uno de los ciudadanos en cuánto miembros de la comunidad, de todo el cuerpo social; si se quiere, como el bien de todos y cada uno de los ciudadanos en sus condición de integrantes de la sociedad, adquiere una singular relevancia. El Estado, pues, no puede desentenderse de esta tarea y debe reflejar en su quehacer y en su actuación esa dimensión abierta, plural, dinámica y complementaria hoy imprescindible para recuperar un concepto, el de interés general, que desde la perspectiva ciudadana ha perdido muchos enteros. En parte, por la incapacidad de las políticas públicas, especialmente en Europa, de hacer presente el compromiso de mejora de las condiciones de vida de los ciudadanos ínsito en ellas, y, sobre todo, por la necesidad de implementar proyectos de libertad solidaria que revitalicen y potencien la dignidad del ser humano.

El interés general, que ha dejado de ser monopolio natural del Estado, tampoco puede ser objeto de apropiación por parte de grupos económicos, nacionales o internacionales. La idea de la fragmentación, del pluralismo, es, en un Estado social y democrático de Derecho que se precie, uno de sus rasgos esenciales, uno de sus características más importantes. Por ello, se debe tomar conciencia de los peligros que encierra la llamada soberanía económica o financiera, una nueva soberanía que ha desplazado realmente al ciudadano de su condición de dueño y señor del poder público. Efectivamente, cuándo la

Economía domina al Derecho, cuando el Derecho Público discurre varios cuerpos detrás de la Economía, cuándo el Derecho, expresión de la justicia, es desterrado de las decisiones económicas y financieras, entonces los principales poderes económicos y financieros se enseñorean del interés general y las notas de la racionalidad, pluralismo y justicia saltan por los aires y desaparecen al servicio del enriquecimiento sin cuento de los principales dirigentes y propietarios de estas corporaciones. A la vista está, para quien quiera ver, lo que ha pasado y sigue pasando en este tiempo.

Tal y como recuerda el Consejo de Estado francés, cuando domina el análisis económico sobre otros enfoques o aproximaciones, cuándo es unilateral y refractario a otras dimensiones, entonces el interés general se acaba convertido en la suma de los intereses o utilidades particulares o, por mejor decir, en el depósito por excelencia de los intereses individuales. En alguna medida, esa visión antigua del liberalismo, resumida en el famoso laissez faire, en la pura abstención estatal para que las fuerzas creadoras conformen, sin límites, la actividad económica, sigue presente. Por eso, en el seno de la Unión Europea, en el alumbramiento de las principales categorías, conceptos e instituciones del Derecho Comunitario, junto a la razonable liberalización emprendida para garantizar el libre acceso de los ciudadanos a los servicios de su preferencia, aparecen coherentes medidas para garantizar el interés general. Son los casos de la universalidad, asequibilidad y calidad que deben caracterizar el funcionamiento de los denominados servicios económicos de interés general.

Afirmar que existe un interés general por encima de los intereses particulares, que existe un interés social, del conjunto, de todos, que es superior moralmente a los intereses de las diferentes partes, es la tarea que debe presidir el quehacer administrativo del Estado y de los Entes territoriales que lo componen.

El concepto mismo de interés general, así entendido, sigue siendo pertinente. La crisis económica y financiera que ha asolado el mundo en este tiempo así lo atestigua. El interés general en este momento de turbulencias, o bien ha sido secuestrado por representantes del mundo de lo particular, o bien ha mudado su rostro para comparecer ante todos nosotros travestido de la suma de determinados intereses particulares. No es que los intereses particulares sean indignos o incompatibles con el interés general. De ninguna de las maneras. La cuestión, como apuntó el Consejo de Estado francés en las reflexiones sobre el interés general en su informe de 1999 adelantándose en el tiempo, reside en mantener un concepto de interés general en que se puedan integrar los diferentes intereses en juego bajo el supremo criterio del bien general de los ciudadanos.

Si partimos de los postulados del pensamiento abierto, plural, dinámico y complementario, los conceptos de interés general y de interés particular debieran entenderse en un contexto de complementariedad, en un marco de integración y armonización. Así, de esta manera, si el interés particular se integra en el interés general, la resolución de los problemas es más sencilla, En cambio, cuándo operamos con esquemas de enfrentamiento y confrontación, desde el pensamiento bipolar, entonces se ideologizan las cuestiones y su solución, humana y real, es una quimera.

En el Derecho Constitucional español, el juez o tribunal controla la legalidad de la actuación administrativa y la potestad reglamentaria así como los fines que justifican el entero quehacer de la Administración pública. Tal es la dicción del artículo 106 de la Constitución del Reino de España, que refleja la preocupación del constituyente por controlar jurídicamente el sometimiento al interés general por parte de la Administración. Así es porque nos encontramos en presencia del concepto que mejor explica el sentido y funcionalidad de la Administración pública: el interés general. Es más, el juez administrativo debe velar por la prevalencia del interés general, por la primacía de lo general, de lo de todos, sobre lo particular, sobre lo individual, por importante o relevante que éste sea. Que esto es así significa que, en efecto, el sentido y la funcionalidad del interés general, unido a la justicia si es que no forma parte de ella, es el alma del Derecho Administrativo.

El Consejo de Estado del país galo entiende que el juez administrativo juega un papel esencial en el proceso judicial de defensa del interés general. Pareciera, pienso, que el Conseil d'Etat hubiera comprendido el alcance del artículo 106 de la Constitución española. Precepto que supone, ni más ni menos, que atribuir al juez administrativo una posición especial en orden a preservar jurídicamente, en los conflictos en los que una parte es la Administración pública al menos, el interés general, juzgando si la Administración ha actuado al amparo del interés general o, si fuera el caso, si se han usado fondos públicos al servicio objetivo del interés general. El poder judicial, pues, asume en esta materia un protagonismo especial, por lo que para conocer mejor el alcance del interés general habrá que estudiar pormenorizadamente la jurisprudencia acerca del sometimiento de la Administración pública, en cada caso, a los fines de interés general. Unos fines, que por su propia naturaleza, se enraízan en la esencia de la misma Administración pública, que se define, por ejemplo en la Constitución española de 1978, como una institución u organización de servicio objetivo, valga la redundancia, al interés general. Por tanto, ese servicio objetivo al interés general significa transparencia, publicidad, concurrencia en las licitaciones, mérito o capacidad en el acceso y promoción en la función pública.

El Derecho Administrativo es el Derecho del poder público para las libertades ciudadanas en feliz expresión del profesor González Navarro. El Derecho Administrativo del siglo XXI tiene al ciudadano en su epicentro. Las construcciones dogmáticas que situaban al poder público, entendido en clave unilateral, en el frontispicio de este sector del Derecho Público, han pasado a la historia. Hoy el Derecho Administrativo es un Derecho que garantiza derechos e intereses legítimos de los ciudadanos porque el interés general está cada vez más vinculado a la promoción de los derechos fundamentales de los ciudadanos, especialmente de los más indefensos, de quienes están en peores condiciones para ejercerlos.

El papel fundamental de los ciudadanos, que ya no son sujetos inertes o meros recipiendarios de bienes y servicios públicos, alumbra una nueva versión del interés general que es inherente a la democracia y, por tanto, a los valores del Estado social que en ella se entienden: libertad, solidaridad, participación y justicia fundamentalmente.

No es infrecuente que el término que se asocie al Derecho Administrativo como concepto clave sea el de interés público. Sin embargo, prefiero referirme al concepto de interés general porque, como anteriormente expliqué, si bien en el pasado fue el interés público el término elegido para fundar el sentido de la actuación de la Administración pública, en el marco del Estado social y democrático de Derecho, el interés a que debe someterse la Administración es el de la comunidad, el de la sociedad, el del conjunto, no el de la propia institución Administración pública o el de sus agentes, sino el de todos los ciudadanos.

En realidad, no sólo en el lenguaje coloquial, también en el académico, ambos conceptos tienden a identificarse. Sin embargo, debemos matizar porque existe un concepto amplio de interés público, que sería el interés general, y un concepto estricto, reducido a los estrechos límites de lo organizacional. La perspectiva amplia de interés público ha sido calificada de distintas formas y maneras con el fin de llamar la atención acerca de su centralidad en orden a definir el Derecho Administrativo mismo. El profesor Hachem las ha resumido así: noción-madre, clave de bóveda, alma, corazón, piedra angular o alfa y omega del Derecho Administrativo.

El profesor Duran ha señalado acertadamente que siendo el interés privado y el interés públicos conceptos distintos, en modo alguno se contradicen u oponen. Más bien, cada uno desde su ámbito tiene su finalidad propia y en la medida en que se concilien o complementen la convivencia es más armoniosa. El interés general sería para Durán, el conjunto del interés privado y del interés público, y equivaldría a la noción de bien común que no es, ni más ni menos, entonces, que el correlato metafísico del concepto de interés general, que es la noción propia con la que trabaja el jurista del Derecho Administrativo en el Estado social y democrático de Derecho.

El interés general en el Estado social y democrático de Derecho tiene un significado que ayuda a comprender su alcance y funcionalidad en el entero sistema del Derecho Administrativo. Entre sus características se encuentran la participación, la transparencia o la publicidad, entre otras. Desde este punto de vista, me parece que la proyección de los valores democráticos sobre el Derecho Administrativo obliga a replantear instituciones y categorías propias de una rama del Derecho Público que ha estado demasiado tiempo apegada a una dimensión unilateral y estática del mismo interés general, que debe ser sustituida por una versión más participativa, más transparente y, por ello, más fácil de controlar especialmente por el juez administrativo.

El profesor Muñoz nos ha enseñado que este concepto, a pesar de su difícil definición, tiene proyección concreta. Unas veces, porque está previsto en la ley. Por ejemplo cuándo se permite rescatar una concesión administrativa por razones de interés público o cuándo la norma prevé que un contrato público pueda ser resuelto unilateralmente por la Administración pública cuando concurra causa suficiente de interés público. Pero también, aunque no esté previsto en el Ordenamiento jurídico, si admitimos que el juez administrativo puede controlar los fines de la actuación administrativa, podrá, en efecto, analizar en Derecho, en el caso concreto, si la potestad administrativa es adecuada al interés general que debe fundar la misma actuación administrativa, una actuación que no puede estar amparada en una pretendida intangibilidad absoluta del mérito del acto administrativo.

Como razona Bebendi, en el Estado de Derecho no es posible excluir de control jurídico los actos administrativos amparados en esta categoría jurídica en abstracto. Más bien, lo que hace el juez es controlar por los medios que le proporciona el Derecho si la actuación administrativa en concreto es razonable, adecuada, proporcional, y se enmarca en el interés general específico en el que se opera la potestad administrativa. Si estamos en el marco de la educación, de la sanidad, de la industria, de la cultura o de cualquier otro sector público atribuido, en su legislación, a la Administración pública, la racionalidad de la actuación, de acuerdo con los criterios de la lógica y de la motivación, permitirán conocer en concreto la expresión del interés general que justifica la actuación puntual de la propia Administración en un caso concreto.

El interés general ínsito en toda actuación administrativa no es una ideología. No puede serlo en el Estado de Derecho en el que la Administración obra en virtud de normas, de disposiciones generales que traducen, que deben proyectar, cada vez con mayor grado de concreción, a través de poderes, intereses generales a la realidad. En el Derecho Administrativo Constitucional, en el Derecho Administrativo del Estado social y democrático de Derecho, el interés general no puede ser, de ninguna manera, un concepto abstracto, únicamente intelectual, desde el que se justifique cualquier tipo de actuación administrativa. En otras palabras, la simple apelación genérica al interés general no legitima la actuación administrativa. Esta precisa, para actuar en el marco del Estado social y democrático de Derecho, de una razonable proyección concreta sobre la realidad en virtud de normas que permiten laborar a la Administración pública.

El quehacer administrativo encuentra su límite y su fundamento precisamente en el interés general, que se convierte, bien por expresa atribución normativa, bien por su incardinación en los principios generales del Derecho Administrativo, en la clave de bóveda de esta rama del Derecho Público.

El Derecho Administrativo es el derecho Constitucional materializado, proyectado en la realidad. Es la Constitución en acción como decía Forsthof. Sólo tiene sentido en lo concreto, en lo cotidiano. Por eso, el interés general solo tiene viabilidad jurídica si desciende a la realidad, si aterriza en lo ordinario. De lo contrario, no es el interés general del Estado de Derecho.

19

Sin embargo, cuándo el interés general, el interés público en sentido amplio, no se ajusta a la esencia democrática, desconociendo los derechos fundamentales, y entre ellos el derecho a la tutela judicial especialmente, entonces algunos de los dogmas que acompañan al acto administrativo, ejecutividad y ejecutoriedad por ejemplo, adquieren un valor absoluto que lamina la posición jurídica del ciudadano, convirtiéndolo en mero receptor de bienes y servicios públicos sin más. Por el contrario, cuándo la dignidad del ser humano ocupa el centro del Derecho Administrativo, entonces el acto administrativo pierde ese carácter mítico, y el esquema originario de exorbitancia se torna, es lógico, como un régimen de servicio objetivo a un interés general que reside precisamente en la promoción de los derechos e intereses legítimos de los ciudadanos.

El interés general, pues, ha de estar definido en el Ordenamiento jurídico. No es una abstracción, una especulación, una filigrana intelectual. Es, sobre la base de los valores del Estado social y democrático de Derecho, algo concreto, materializado, puntualizado, encarnado en la realidad que, además, debe ser racional, objetivo, susceptible de motivación o argumentación a partir de los criterios de la lógica.

La doctrina italiana también distingue entre interés colectivo primario e intereses secundarios (Alessi). En el primer caso, el interés así referido se extiende al complejo de intereses individuales prevalentes en una determinada organización jurídica de la colectividad, constituyendo la expresión unitaria de una multiplicidad de intereses coincidentes. Como enseña Bassi, ese interés primario es el parámetro fundamental al que la Administración está obligada a referir sus decisiones y poderes. Es el interés público en sentido amplio, el interés general del que tratamos en este capítulo. En cambio el interés de un individuo de la colectividad o el del aparato administrativo en sí mismo son secundarios. En otras palabras: el interés particular de una persona física o el interés de la Administración como persona jurídica, que son intereses secundarios, pueden coincidir, o no, con el interés colectivo primario, con el interés general, con el interés público en sentido amplio.

El interés general, desde una aproximación democrática, es el interés de las personas como miembros de la sociedad en que el funcionamiento de la Administración pública repercuta en la mejora de las condiciones de vida de los ciudadanos fortaleciendo los valores superiores del Estado social y democrático de Derecho. Entonces el titular del interés general, quien puede instar jurídicamente su protección, es la ciudadanía, el pueblo y por eso cada vez cobra más sentido la existencia de acciones populares, generales, para que cada ciudadano, si estima que el funcionamiento de la Administración no se orienta al bienestar integral de los habitantes, pueda acudir a los Tribunales demandando la protección de un interés general concreto que ha sido violado.

Por ejemplo, ahora que estamos en una aguda y dolorosa crisis económica y financiera que afecta a Europa especialmente y a los Estados Unidos de América, los Gobiernos ponen en marcha, a través de la Administración pública, diferentes medidas para intentar sanear unas cuentas públicas al borde de la bancarrota. En este sentido, algunas decisiones para aliviar el elevado déficit público que aqueja a no pocos países, consistentes en elevar los impuestos son, sin duda, eficaces, pero profundamente desvinculadas del interés general si el gigantesco aparato público no es racionalizado y organizado en función de las personas. En estos casos, es posible que el interés público secundario se alcance pues el Ministerio de Hacienda cumple los objetivos de reducción del déficit, pero no cabe duda alguna, al menos para quien escribe, que subir los impuestos a la población cuándo se reducen los salarios del sector público y se congelan, con tendencia a la baja, las pensiones públicas, empeora sustancialmente las condiciones de vida de los ciudadanos lesionando, y no poco, el interés público primario o interés público amplio que denominamos en este capítulo interés general. Máxime cuando precisamente con los impuestos de los ciudadanos se mantiene una estructura administrativa que cuenta con varios miles de organismos superfluos poblados por personal afín a los principales dirigentes de los partidos políticos.

Es la Constitución, como fuente de las fuentes, y como norma de las normas, el lugar en el que encontramos los valores y principios que han de presidir el desarrollo del interés general en el Estado social y democrático de Derecho. Los valores superiores del Ordenamiento, los principios del preámbulo de la Carta magna y, muy especialmente, los derechos fundamentales de la persona y los principios rectores de la política social y económica, conforman, para el caso español, las partes de la Constitución directamente vinculadas a la promoción y realización del interés general. De manera especial, el artículo 9.2 manda a los poderes públicos la creación de las condiciones para que la libertad y la igualdad de los individuos y grupos sean reales y efectivas removiendo los obstáculos que impidan su efectividad. La Administración pública, pues, debe promover, facilitar, hacer posible que cada persona se desarrolle libre y solidariamente removiendo los obstáculos que lo impidan.

La Administración pública, bien lo sabemos, no dispone de libertad. Son las normas jurídicas las que le atribuyen los poderes y, en su virtud, dictan actos y realizan funciones de interés general. En este marco, el principio de juridicidad nos ayuda a comprender mejor la forma en la que la norma de atribución ha de perfilar, con el mayor detalle posible, el interés general que debe servir objetivamente la Administración pública en cada caso. Si la norma es parca o confusa, los principios de racionalidad, objetividad, proscripción de la arbitrariedad, seguridad jurídica o confianza legítima, entre otros, permitirán a la propia Administración pública cumplir su tarea o, corresponde, ser controlada jurídicamente por los Tribunales de Justicia. En todo caso, cuándo la Administración opera en virtud de poderes discrecionales, el grado en que se debe concretar y justificar el interés general está en proporción a la intensidad de la discrecionalidad atribuida por la norma a la Administración pública.

El interés general, por tanto, está previsto en la Constitución y se proyecta, para el Derecho Administrativo, de otra manera no podría ser, en los principios del Estado de Derecho. Procedimentalmente, el interés general ha de ser satisfecho por la Administración a través de normas, poderes y actuaciones que operan en el marco del principio de juridicidad, de la separación de los poderes y del reconocimiento de los derechos fundamentales de la persona. Es este el campo de juego en el que debe moverse la Administración para que en todo su quehacer brille con luz propia el interés general que en cada caso haya de satisfacer.

El profesor Bandeira de Mello entiende que existe una noción categórica general de lo que se debe entender por interés público aplicable a cualquier sistema jurídico-político al margen de consideraciones contingentes o variables. Opina este profesor que es posible encontrar un núcleo objetivo, universal, de lo que es el interés público, de lo que es el interés general tal y como aquí lo denominamos. A partir de ese núcleo esencial, el interés general se encarna, por así decir, en la realidad a través del Ordenamiento jurídico: leyes, normas y actos fundamentalmente. No es que existan dos aproximaciones paralelas al interés general, una genérica, con pretensión de validez universal, derivada del Estado de Derecho e integrada esencialmente en la Constitución, y otra concreta, puntual, expresada a través de normas y actos. Ambas aproximaciones han de ser entendidas desde el pensamiento compatible y complementario.

Así, de esta manera, para considerar jurídicamente si el interés general concreto está enmarcado en el Estado de Derecho, en la Constitución, habrá que echar mano de la concepción genérica, que no es un cheque en blanco. Consiste, como antes comentamos, en una noción enraizada sustancialmente en el conjunto de valores superiores del Ordenamiento, en las bases del Estado social y democrático de Derecho, muy especialmente en lo que se refiere a la centralidad de los derechos fundamentales de la persona y a los principios de la política social y económica, al menos en lo que se refiere a esta Constitución analizada desde el Derecho Español.

El interés general, pues, es un concepto compuesto de dos aspectos, uno amplio y otro concreto que están perfectamente imbricados y relacionados entre sí. Ese contexto de integración entre estas dos dimensiones responde a la propia realización del quehacer administrativo, que requiere ordinariamente de una norma y de un acto. Sin norma no hay acto. Sin poder establecido en la norma la Administración no puede actuar. La norma está basada en el interés general en sentido amplio, que está definido en la Constitución y en la Ley, y el acto descansa siempre en un interés general concreto.

Desde un punto de vista amplio, el interés general se refiere a los valores del Estado social y democrático de Derecho, a los fines del mismo Estado, fines que son garantizados por el propio Estado a través de normas que se concretan en actos. Normas y actos que posibilitan la actuación de la Administración para promover el ejercicio de los derechos por los ciudadanos por un lado, y, por otro, para remover los obstáculos que impidan su realización.

Esta doble naturaleza del interés general demuestra hasta qué punto el Derecho Administrativo es una rama del Derecho. En efecto, como sector del

Derecho está sometido a los fines del propio Estado que, a día de hoy, no son más, ni menos, que los del Estado social y democrático de Derecho, que conforman, según hemos comentado, la esencia del interés general en su primera y más amplia dimensión, que es compartida por todo el Derecho en su conjunto. Sin embargo, la concreción, la puntualización, la materialización del interés general en la realidad es propia, característica del Derecho Administrativo en la medida que es un Derecho que regula poderes públicos para la realización de las libertades y derechos ciudadanos. Poderes públicos concretos, desarrollados y ejecutados por actos administrativos que en su confección deben aplicar el interés general en sentido amplio a la realidad concreta.

En la Constitución española la expresión interés general del artículo 103 puede ser entendida como interés público en sentido primario y originario. Meilán Gil nos ha enseñado que en el proceso de elaboración de este precepto aparecía el término intereses colectivos, concepto a partir del cual en 1968 construyó su definición del Derecho Administrativo que hoy, varias décadas después, ha demostrado su actualidad. Lo cierto es que, como él mismo relata, a su paso por el Senado en dicho artículo constitucional la expresión intereses colectivos se sustituyó por intereses generales explicándose en la enmienda correspondiente que con la expresión intereses generales se incluirían no solamente los intereses colectivos sino también los intereses perfectamente individualizados como son los de la salud o la educación entre otros, cuya salvaguarda está encomendada al interés general o público. Entonces, dice Nieto, para evitar una cacofonía entre Administración pública e interés público o intereses públicos, finalmente el precepto quedó como está: "La Administración pública sirve con objetividad intereses generales…".

En el caso español la Constitución es bien clara: manda a los poderes públicos que promuevan las condiciones para que la libertad y la igualdad de las personas y grupos en que se integran sean reales y efectivas removiendo los obstáculos (artículo 9.2). Además, el artículo 10.1, dice que los derechos fundamentales constituyen el fundamento del orden político y la paz social y ordena a la Administración, artículo 53.3, que tenga en cuenta en su quehacer los principios rectores de la política social y económica. De esta manera, el texto constitucional, al proclamar los valores del Estado social y democrático de Derecho conforma el haz de criterios que han de inspirar el interés general en su versión amplia posibilitando que en sea en lo ámbito de lo concreto donde se proyecten sobre la realidad en función del resultado de las preferencias ciudadanas realizadas periódicamente en las elecciones políticas.

El problema de la deslegalización en ciertos ámbitos de la actuación administrativa se resuelve acudiendo a la matriz básica de los postulados del Estado social y democrático de Derecho. Por eso, en estos casos, como muy bien señala el profesor Hachem, no se entrega a la Administración un cheque en blanco para que haga lo que quiera. Primero porque la Administración en el Estado de Derecho no es libre, actúa en función del principio de juridicidad y del sometimiento a los fines de interés general. Y segundo porque los valores del Estado social y democrático de Derecho no son elementos retóricos y decorativos. Deben inspirar e impregnar el ordenamiento jurídico en su conjunto y, por eso, vinculan positiva y negativamente a la Administración pública en su quehacer y actividad.

El interés general concreto, a partir de esta posición, siempre debe estar conectado al interés general en sentido amplio. En realidad esto es así no porque existan dos versiones diferenciadas del interés general, sino que éste se define y existe con dos caras distintas: una amplia y otra concreta. Se trata de las dos caras de la misma moneda. Dos expresiones de un mismo concepto que trae causa, como presupuesto, de la Constitución y que se proyecta, a su través, en la legislación ordinaria hasta alcanzar su mayor grado de concreción en los actos administrativos que son pura ejecución, pura materialidad derivada de la norma.

En este proceso de acercamiento del interés general primario a la realidad tenemos que tener bien presente que la fijación primaria de la esencia del interés general corresponde al bloque de la constitucionalidad. Por eso, como señalan Bacellar y Cleve, el papel confiado a la Administración pública para establecer la formación reglamentaria del interés general tiene naturaleza secundaria, subordinada a la Constitución y a las leyes. Por eso serán nulas de pleno derecho las normas y actos administrativas que contraríen o desconozcan los mandatos inscritos en el bloque de constitucionalidad, por invadir o lesionar ese esencial núcleo primario que sólo a la Constitución y a la ley, en su desarrollo, compete.

Los actos administrativos no son fuentes del Derecho Administrativo. Son pura ejecución, mera proyección de la norma a la realidad. No pueden, de ninguna de las maneras, crear derechos y obligaciones, modificarlos o extinguirlos porque no tienen naturaleza ordinamental. Característica que si tienen las normas, por supuesto las que tienen fuerza de ley y también las puramente administrativas. Por tanto, también desde la centralidad del interés general como concepto cardinal del Derecho Administrativo se constata la radical diferencia entre acto y norma.

Es decir, la determinación concreta del interés general es propia del espacio de la deliberación pública, del Parlamento, que se traduce al mundo de la Administración en virtud de la norma de desarrollo. Y, al espacio de la realidad cotidiana llega a través de los actos que, insisto, son pura materialidad, pura ejecución de normas. Por ello, en modo alguno el acto administrativo puede determinar el interés general "per se". Su función, y no es poco, es trasladar el interés general concreto a la realidad de la forma más justificada, más motivada posible en función, claro está, de la naturaleza propia de cada acto. Como señala Bassi, siendo la determinación del interés general de competencia de un órgano dotado de función normativa, es cierto que su identificación en el mundo de los hechos es tarea que debe ser realizada por la propia Administración pública.

La Administración en su actuación ordinaria no determina el interés general, que es tarea propia del órgano de la representación política por excelencia: el Parlamento. La Administración, a través de su potestad normativa, lo que puede hacer, lo que debe hacer, es, en el marco de la ley, completar ese interés general de relevancia legal que sólo al legislador compete establecer. La Administración sirve al interés general. Es su grandeza y su servidumbre. Por eso, de acuerdo con estas argumentaciones, la traducción al mundo de lo real, de lo fáctico, de los hechos cotidianos, del interés general es la gran función que sólo a la Administración corresponde. Sirve al interés general. Trabaja en el marco del interés general. En el interés general el acto administrativo encuentra su fundamento y su límite.

La potestad normativa de la Administración pública es una función normativa secundaria. La primaria está en la Constitución y en las leyes. Las normas administrativas, sólo secundariamente determinan intereses generales concretos porque sólo pueden completar la determinación del legislador. No tienen capacidad de innovar, de crear intereses generales concretos. Si el legislador guarda silencio o no actúa, todo lo más que pueden hacer, ante la omisión de un deber de legislar del Parlamento que puede lesionar derechos e intereses legítimos de personas, es sencillamente normar en el marco del interés general primario.

La característica que mejor define el concepto de interés general es el de su destino a un fin, a un fin que es esencialmente supraindividual y vinculado siempre a la mejora de las condiciones de vida de los ciudadanos. El interés general primario, en sentido amplio, está anclado en los valores del Estado social y democrático de derecho. El interés general en sentido concreto atiende a la proyección de dichos valores, de acuerdo con los procesos de deliberación pública, en sectores de la actividad administrativa normados por leyes y normas. Y el interés general en sentido concreto se materializa en virtud de actos que son pura ejecución de normas en el mundo de los hechos.

Por lo que se refiere al interés general concreto, el principio de finalidad es capital. La Administración, además de aplicar la norma a la realidad, ha de seguir los fines de interés general en ella establecidos. Si así no lo hace incurre en desviación de poder, que es causa de anulabilidad de los actos administrativos. En Francia, como es sabido, hasta tal punto es esencial el concepto del interés general, que una ley que no sea conforme al interés general puede ser declarada nada menos que inconstitucional. La Administración no sólo aplica mecánicamente las normas a la realidad, ha de hacerlo en función de las exigencias del interés general, que vendrá determinado, en su doble dimensión, en el bloque de la constitucionalidad más la normativa administrativa correspondiente.

El elemento teleológico es esencial en el Derecho Administrativo. Hasta tal punto que sin sometimiento al interés general no hay Derecho Administrativo. El interés general, en sí mismo, en un concepto sustancialmente finalista. El interés general, es principio y también es fin. Principio porque es presupuesto de su actuación. Y es fin porque la Administración pública debe tender a satisfacer las exigencias del interés general de manera objetiva tal y como están conformadas en el marco de los valores del estado social y democrático de Derecho.

En este sentido, debe subrayarse la opinión del profesor Bandeira de Mello de considerar que el principio de finalidad es inherente al principio de legalidad. Es más, en mi criterio, el principio de juridicidad, que es cómo pienso que debe denominarse el principio de legalidad, en su aplicación al Derecho Administrativo debe realizarse al servicio objetivo del interés general. Y ese servicio objetivo al interés general que constituye la esencial tarea de la Administración pública en el Estado social y democrático de Derecho está vinculado a la Ley y al Derecho, al Ordenamiento jurídico en su conjunto. Por eso, el principio de finalidad es inherente al principio de juridicidad y por eso la finalidad es, con toda seguridad, el elemento del acto administrativo por antonomasia.

El profesor Hachem destaca dos consecuencias jurídicas de la configuración este principio de finalidad como componente esencial del concepto del interés general en su dimensión amplia. Primera, se prohíbe la práctica de actos administrativos ajenos a cualquier finalidad pública prevista por el Ordenamiento jurídico en general, por lo que el sometimiento a la finalidad pública se convierte nada menos que en condición de validez del acto administrativo. Segunda, la Administración no puede dictar actos administrativos inspirados en finalidades distintas de las establecidas en las normas jurídicas con o sin fuerza de ley que les sirven de cobertura. Esta consecuencia, sin embargo, debería atemperarse o modularse señalando, para evitar caer en un positivismo cerrado, que la Administración pública, al estar vinculada al ordenamiento jurídico en sentido amplio, a la Ley y al Derecho, debe seguir la finalidad prevista en la Ley y en el resto del Ordenamiento jurídico.

El interés general es causa y fin del Derecho Administrativo. Y también, obviamente, es el principal límite, pues impide, como señala Sainz Moreno, que la Administración actúe al margen del Ordenamiento jurídico y, sobre todo, que sean dictados actos en contra de la finalidad establecida en la norma de la que traen causa.

El profesor Hachem dedica parte de su obra a analizar cuáles son los componentes básicos de la dimensión amplia del interés general, concluyendo, a partir de las reflexiones del profesor Ost, que éstos son los derechos subjetivos y los intereses legítimos, entre los que se encuentran los derechos individuales, derechos colectivos y difusos, los derechos fundamentales de la persona, así como una serie de intereses que encuentran respaldo en el Ordenamiento jurídico como pueden ser la eficiencia y economía en el manejo de los fondos públicos, la transparencia, la publicidad y así como otros tantos. Es decir, la dimensión amplia del interés general está compuesta por los valores y directrices que integran la cláusula del Estado social y democrático de Derecho.

La concepción amplia del interés general se refiere primordialmente a los valores propios del Estado social y democrático de Derecho. Entre ellos destacan de manera muy especial todos los intereses jurídicamente protegidos así como los intereses de los ciudadanos como miembros del cuerpo social. La dimensión amplia del interés general, como ya hemos señalado, se integra de forma armónica con la dimensión concreta, que es la proyección de los valores del Estado social y democrático de Derecho sobre la parcela o sector de la actividad administrativa de que se trate.

La fuente primaria del interés general, tanto en sentido amplio como en sentido concreto, la encontramos en las Constituciones del Estado social y democrático de Derecho. En segundo lugar viene el legislador ordinario, que es el encargado de trabajar, con el complemento de la Administración dictando normas, en el marco de los intereses generales concretos.

En estos supuestos de intereses generales concretos, la norma, además de definirlos, atribuye a un determinado órgano público una serie de competencias para su preservación, promoción y defensa. La traslación a los particulares se hará en virtud de los actos administrativos que, en todo caso, habrán de dictarse en el marco del régimen definido en la ley y en la norma y siguiendo fielmente el interés general en sentido amplio en ellas inscrito.

Con un ejemplo probablemente se entiendan mejor las cosas. La Constitución española define como un interés general en sentido amplio la obligación de los poderes públicos, artículo 47, de promover viviendas dignas y adecuadas para los ciudadanos. Una ley que establece el régimen de las viviendas de protección pública y sus normas administrativas de desarrollo constituyen el interés general en sentido concreto. La Administración, por ejemplo, cuándo entrega dichas viviendas según el régimen general establecido en la ley y la norma administrativa, está proyectando sobre el colectivo de personas de escasos recursos económicos el interés general, tanto en su dimensión amplia como en su aspecto concreto, pues no es posible, en la realidad, separar ambas consideraciones.

El interés general en su dimensión concreta opera como condición necesaria de la actuación administrativa, bien para autorizar, bien para conceder, bien para limitar o prohibir, bien para alterar relaciones jurídicas. La panoplia de posibilidades que integran el concepto de actuación administrativa, todas ellas, traen causa del interés general en su manifestación concreta.

El profesor Hachem, en este sentido, afirma que la dimensión amplia del interés general condiciona o puede condicionar a la Administración pública en sus actuaciones concretas de dos formas. Como concepto legal o como poder discrecional. En el primer supuesto, de manera expresa, en el segundo, de forma implícita. En un caso, se trata de verificar por parte de la Administración o, eventualmente del juez administrativo, que en la realidad concreta existe ese interés general, desplegando entonces las consecuencias jurídicas que sea menester. Como poder discrecional, la norma señala, por ejemplo, que la Administración, atendidas razones de interés general, podrá actuar, por ejemplo, autorizando o concediendo. En este caso, como señalaremos a continuación, la Administración dispone de un margen de apreciación en el que deberá argumentar porque se dan en la realidad las circunstancias de interés general que le permitirán desplegar su actividad.

La existencia de un derecho ciudadano, fundamental en la Unión Europea, a la buena Administración pública implica, a mi juicio, además del derecho a la tutela efectiva administrativa, el derecho a una resolución justa de la Administración, resolución que, obviamente, podrá ser recurrida ante el poder judicial. En este sentido, la discrecionalidad se ordena a que la Administración adopte, en cada caso, la solución más atinada al interés general, tanto en su dimensión amplia (justicia) como en su expresión concreta (adecuación al interés general puntual). A esta solución llega el profesor Gabardo desde el principio de eficiencia. Principio que postula, a su juicio, que la Administración, en cada caso, a pesar de disponer de una expresa atribución de discrecionalidad, está obligada la mejor opción de las posibles, la más eficiente, que evidentemente sólo puede ser una.

La exigencia de que el interés general en el Estado social y democrático de Derecho se concrete en la realidad supone, como estamos razonando, implica que sobre la Administración pública recae la carga, la obligación de motivar, de alegar y probar, como señala el profesor García de Enterría, en cada caso la específica causa del interés general sin que sea suficiente invocar genéricamente su posición de gestor ordinaria de los asuntos comunes.

Esta obligación que grava sobre la Administración pública se explica de una manera muy sencilla. La Administración actúa, unilateral y bilateralmente, a través de actos y contratos que traen causa en las normas administrativas. Esa actuación en algunos casos requiere del ejercicio de poderes y potestades atribuidos por el Ordenamiento jurídico en sentido amplio. Poderes y potestades que deben estar justificados, motivados, razonados de acuerdo con la dimensión concreta del interés general. Es más, en estos supuestos en que la Administración actúa en régimen de exorbitancia es menester que el interés general concreto en que se amparan esos poderes o potestades se argumente sobre la realidad y de acuerdo con la razón. Es decir, cuándo la Administración va a expropiar un bien privado debe exponer cuales son las razones de utilidad pública o interés social que concurren en ese caso. Y esa motivación podrá ser considerada insuficiente o inadecuada por un tribunal o juez administrativo si jurídicamente esas explicaciones son endebles, débiles o no proporcionadas a la magnitud e intensidad de la potestad a ejercer por la propia Administración.

Frente a la perspectiva cerrada de un interés general que es objeto de conocimiento, y casi del dominio de la burocracia, llegamos, por aplicación del pensamiento abierto, plural, dinámico y complementario, a otra manera distinta de acercarse a lo común, a lo público, a lo general, en la que se parte del presupuesto de que siendo las instituciones públicas de la ciudadanía, los asuntos públicos deben gestionarse teniendo presente en cada momento la vitalidad de la realidad que emerge de las aportaciones ciudadanas. Por ello, vivimos en un tiempo de exaltación de la participación, quizás más como postulado que como realidad, a juzgar por las consecuencias que ha traído consigo un Estado de Bienestar estático que se agotó en sí mismo y que dejó a tantos millones de ciudadanos desconcertados al entrar en crisis el fabuloso montaje de una intervención .pública que no dudó, en muchos casos, en formalizar alianzas estratégicas, más o menos sutiles, tanto con el poder financiero como con el poder político y el poder mediático.

En fin, la cuestión del interés general en el Estado social y democrático reside en que su definición y aplicación por parte del Estado, sino cuenta con la participación ciudadana, puede ir poco a poco horadando la iniciativa y la responsabilidad de las personas hasta convertirlas en marionetas a merced de los que mandan.

Es célebre, en este sentido, como recuerda Escola, la paradoja de Ripert cuando señala, nada menos que en 1949, que el ser humano permanece doblegado para ser protegido y sueña sin cesar con la desobediencia, que podría ser más conveniente que la servidumbre. Este es el gran drama de nuestro tiempo que la crisis económica y financiera ha venido a agudizar: muchos ciudadanos buscan sin cesar el cobijo del Estado sin caer en la cuenta de que, realmente, el grado de dependencia en que se van a encontrar será creciente.

El interés general rectamente entendido en el marco del Estado social y democrático de Derecho, sin embargo, no postula, ni mucho menos que la intervención del Estado facilite ese grado de servidumbre. Por el contrario, la acción pública debe ir dirigida a fomentar la libertad solidaria de los ciudadanos. Es verdad, quien podrá negarlo, que el Estado tiene una finalidad que cumplir. Pero el modo en que el Estado satisface y sirve objetivamente al interés general no le legitima ni le habilita a enjaular cada vez más a los ciudadanos, hasta convertirlos en sujetos inertes, meros recipiendarios de bienes y servicios públicos. La acción del Estado más bien debe ir orientada a incentivar, facilitar, promover, hacer posible que cada ser humano se desarrolle en libertad solidaria según su proyecto vital.

III

LA DIMENSIÓN ÉTICA DE
LA FUNCIÓN PÚBLICA

La referencia ética, especialmente en tiempo de crisis general como el que vivimos, aparece ante nosotros con gran fuerza. Frente a la amarga realidad que nos rodea, frente a lo que es, a lo que observamos en la cotidianeidad, que seguramente provoca el rechazo y la censura de no pocos, está lo que debe ser, la referencia ética.

En efecto, lo que debe ser de acuerdo con los postulados de la recta razón, especialmente de la justicia, nos interpela seriamente para reflexionar acerca de lo que está mal en la regulación y en los comportamientos del personal al servicio de la función púbica de tantos países del mundo. Hay conductas, no pocas, que se separan del ideal de vida que nos transmite la referencia ética como, por ejemplo, estafas, fraudes, cohechos, prevaricaciones...en el ámbito público. Y también en el ámbito privado, especialmente en el de las instituciones económicas y financieras, observamos conductas inapropiadas e inadecuadas. Comportamientos, en todo caso, de personas constituidas, tanto en el sector privado como en el público, en autoridad de los que se espera ejemplaridad y buena administración.

En efecto, precisamente los dirigentes, por su posición a la cabeza del organigrama, deben realizar su tarea con un plus de ejemplaridad en el desempeño de sus quehaceres directivos. Sin embargo, en no pocos casos defraudan, y de qué manera, la confianza en ellas depositada.

Es cierto que los últimos coletazos del siglo XX y los primeros del XXI reflejan un evidente déficit ético en el manejo de instituciones públicas y privadas. Se han sucedido, a ritmo vertiginoso, toda una serie de cambios y transformaciones que han sumido también a los intelectuales y a los pensadores en una profunda incertidumbre. Efectivamente, la sociedad del conocimiento y de la información, la caída del marxismo, los problemas del hambre, la conformación estática del Estado de bienestar, la crisis de la regulación pública especialmente en el ámbito financiero, el consumismo insolidario o la versión más salvaje del capitalismo, han dibujado un nuevo panorama que sólo puede entenderse con una perspectiva global y con una metodología de interdependencia en la que perspectiva ética es cada vez más relevante.

En este contexto, desde muchos ambientes se viene postulando la necesidad de una regeneración ética porque, como decía Ortega y Gasset, una sociedad desmoralizada es aquella a la que falta el ánimo, el tono vital necesario para enfrentarse con gallardía a los retos que se presentan y, por el contrario, una sociedad sana es aquella a la que sobran arrestos para desafiar el destino respondiendo además con sensibilidad humana. Hoy, en este sentido, tenemos una gran tarea por delante porque, efectivamente, el gran problema reside en la existencia de una crisis de colosales proporciones morales que se ha cebado especialmente, aunque no sólo, sobre la civilización occidental. Una crisis en la que todos estamos concernidos. Los ciudadanos, aunque no todos, porque hemos vivido, en términos generales, bajo la seducción del consumismo insolidario y nos hemos "olvidado" de nuestra responsabilidad cívica delegando todo asunto de interés general en los dirigentes públicos. Los políticos y altos funcionarios, una parte relevante, por haberse olvidado tantas veces del servicio objetivo al interés general y actuar por otros motivos de todos conocidos.

En los últimos tiempos, especialmente en este contexto de crisis, parece que la Ética se ha puesto de moda, de palpitante y rabiosa actualidad. Los políticos y administradores promueven normas anticorrupción, los bancos impulsan Códigos éticos, los colegios profesionales refuerzan sus Comisiones Deontológicas; hasta los periodistas han tratado de los límites del derecho a la información...

Es verdad, de un tiempo a esta parte la cuestión de la Ética ofrece ríos de tinta para las redacciones de los medios de comunicación escritos y suministra tantas y tantas palabras en los noticiarios de las televisiones. Sin embargo, la percepción social no parece inclinarse hacia el compromiso, sobre todo en los dirigentes, de más elevados estándares de conducta ética. Se habla, se debate, se conferencia, se diserta, se escribe pero, ¿ se practica ?. Este es el gran tema porque, a la larga, interesa, sobre todo, que la Ética resplandezca en la vida de los hombres y de los pueblos.

La Ética, es bien sabido, se apoya en la distinción entre lo que se puede hacer y lo que se debe hacer, porque, es un principio básico, no todo lo posible es ético, no todo lo que se puede hacer se debe hacer. Más bien se debe hacer todo aquello, en el ámbito de la dirección de los asuntos públicos, que implique promoción de los derechos de la persona, todo lo que traiga consigo el fortalecimiento de los valores democráticos, todo lo que suponga, en una palabra, seguir correctamente los dictados del servicio objetivo al interés general.

En este marco, han surgido estudios y análisis científicos sobre la Ética Pública. ¿Por qué?. Porque se percibe su necesidad y porque los ciudadanos exigen cada vez servicios de responsabilidad pública de mayor calidad, universales y asequibles. Asimismo, los ciudadanos esperan un trato más adecuado de los servicios públicos en el que brille con luz propia la vocación de servicio que debe ser señal indeleble del funcionamiento y actividad de todos los servicios y, sobre todo, de las personas que en ellos laboran.

El hombre y los derechos del hombre, que se hacen reales en cada persona, son la clave del marco que debemos construir. Esta aseveración no nos exime de la necesidad de indagar y buscar una comprensión cada vez más cabal y completa de su significado. En este sentido, la dignidad personal del ser humano, el respeto que se le debe y las exigencias de desarrollo que conlleva, constituyen la piedra angular de toda construcción civil y política y el referente seguro e ineludible de todo empeño de progreso humano y social.

Tratar de ética, también de Ética pública, es tratar de bienes, de virtudes, de hábitos operativos, de ejercicios de la voluntad, de cualidades y de normas, en una correcta interpretación de la ética clásica. Así, para Aristóteles no nos debemos conformar con saber lo que es el valor y la justicia, sino que debemos ser valientes y justos. De la misma manera, queremos estar sanos, supongo, más que saber en qué consiste la salud. Por eso, en el pensamiento clásico aristotélico, el concepto filosófico de virtud se nos presenta con un hábito, una costumbre que se adquiere mediante la repetición de actos semejantes similar al proceso de aprendizaje, por ejemplo, para dominar un instrumento musical.

La dignidad suprema del hombre, de cada ser humano concreto, en cualquier circunstancia, en cualquier lugar, en cualquier momento, es el hecho incontestable sobre el que ha de basarse la construcción de la democracia, y, por ende, de la gestión pública. Es más, no es posible establecer un auténtico régimen de derechos y libertades si no es sobre este fundamento. Y ahí, en el reconocimiento de la dignidad humana, se encuentra la más radical aportación de la modernidad, que en medio de los paradójicos sistemas políticos y sociales que en su nombre se han levantado, parece alzarse como talismán, y también como piedra de toque, de toda construcción futura. Cierto que no significa esto un punto final en la tarea ética. Más bien, parece anunciar el difícil problema de la fundamentación última de esta dignidad. Y ahí está, abierta, la senda para una tarea moral de descubrimiento personal, que si es auténtica nunca acaba. No encuentro cimiento más sólido y firme sobre el que asentar esta convicción, lejos de los avatares y las oscilaciones a los que la someterían los criterios puramente sociológicos, o racionalistas, que un fundamento abierto a la transcendencia. Pero ésta es -insisto- una labor que ha de realizarse personalmente y en la que nadie puede sustituirnos, y que, sea cual sea su resultado, en nada tiene por qué entorpecer que trabajemos todos juntos, cada uno con sus ideas, por mejorar el mundo en que vivimos y hacer honor a la dignidad del hombre que con tanta fuerza proclamamos.

La Ética es una, sus principios son los mismos. Se proyecta sobre diferentes ámbitos profesionales. En materia económica también debe imperar puesto que su olvido, lo estamos sufriendo en numerosas partes del mundo, provoca funestas consecuencias que a veces deben ser reparadas desde el bolsillo de los ciudadanos. La Ética siempre es rentable, porque se fundamenta en la dignidad humana y porque el crecimiento como persona es lo más importante. A veces, esa rentabilidad puede ser a largo plazo. Pero siempre es rentable. Rentable para la colectividad, para la sociedad y para el individuo porque la auténtica rentabilidad se mide en la consecución de nuestro fin como hombres, no tanto o sólo en la consecución de determinados beneficios en la gestión.

En el caso de la gestión pública, la elaboración y ejecución de políticas públicas éticas repercute considerablemente en la mejora de las condiciones de vida de los ciudadanos. En el caso de la administración privada si un empresario se comporta éticamente en los negocios, aunque pueda dejar de ganar a corto plazo, el sistema se robustece. Es más, dignificando el trabajo en la empresa, cualquiera que sea, se dignifica la persona en la empresa. Y, lo que es más importante, la perspectiva ética me parece que garantiza el equilibrio entre la mejora como persona de todos los agentes del proceso económico y la obtención de razonables beneficios como consecuencia de una exigente gestión empresarial.

En la Administración pública la Ética tiene hoy una importancia capital pues en sí misma la acción pública es una actividad eminentemente ética. Por una sencilla razón. Porque la Administración pública sirve con objetividad los intereses generales. Y, por ello, todo el quehacer público, especialmente el de quienes dirigen o están al frente, debe estar imbuido de esta lógica de servicio. De servicio al pueblo, a toda la sociedad. De servicio objetivo, racional, que es enemigo del subjetivismo y de la expresión más soberana de la irracionalidad: la arbitrariedad. Ese servicio objetivo debe realizarse para la mejora de las condiciones de vida del hombre y posibilitar así el libre y solidario desarrollo de las personas. Al servicio del interés general, que es el interés de todos y cada uno de los miembros de la comunidad.

El renacimiento del interés por la ética se produjo concretamente en el mundo de los negocios y de la empresa privada hace varias décadas, teniendo como resultado el desarrollo, es cierto que todavía no muy logrado, de nuevas sensibilidades sociales de las empresas que transciende de lo puramente económico. La aplicación de esta reflexión ética a la Administración Pública es mucho más tardía, habiéndose fijado su nacimiento en 1978, fecha de publicación del primer libro sobre el tema ("Ethics for bureaucrats" de John Rorh). Es a esta última dimensión de la Ética, la Ética de la Administración Pública o Ética pública, a la que voy a referirme en este epígrafe, tratando de proyectar sobre la organización administrativa los mismos valores éticos que deben regenerarse para alcanzar el pregonado "cambio de civilización".

La Administración pública del Estado Social y Democrático de Derecho es una organización que debe distinguirse por los principios de juridicidad, de eficacia y de servicio. Juridicidad porque el procedimiento administrativo no es otra cosa que un camino pensado para salvaguardar los derechos e intereses legítimos de los ciudadanos. Eficacia porque hoy es perfectamente exigible a la organización administrativa que ofrezca productos y servicios públicos de calidad. Y servicio, sobre todo, porque no se puede olvidar que la justificación de la existencia de la Administración se encuentra en el servicio a los intereses colectivos, en el servicio del bien común. Por eso, me atrevería a decir que una de las asignaturas pendientes de la Administración pública de nuestro tiempo es la recuperación de la idea de servicio y, eso sí, la necesaria profesionalización de la Administración pública que, en cualquier caso, ha de estar, no sólo abierta a la sociedad, sino pendiente ante las demandas colectivas para ofrecer servicios públicos de calidad.

Estas circunstancias, entre otras muchas, exigen un cambio sustancial en la concepción y actuación de la Administración pública. Los programas de reforma y modernización de la Administración Pública deben tener como objetivo recuperar la concepción instrumental de la Administración. Para ello, se debe incidir sobre varios elementos claves, como son la introducción de criterios de libre competencia en la Administración, la desburocratización y simplificación de los procedimientos, la motivación del personal, así como la reducción del gasto público y su gestión de acuerdo con criterios de servicio, de eficacia y de eficiencia. Ahora bien, no se trata sólo de poner en marcha una reforma administrativa que camine hacia principios de eficacia y servicio. Se trata de algo más profundo: hacer posible que la calidad y la transparencia sean propiedades connaturales en la actuación de la Administración y de todos sus agentes.

La Ética pública, como bien sabemos, se mueve en la frontera entre la Ley y el Derecho. La Ética, como ha señalado Meilán Gil, hace referencia a valores objetivos que trascienden a la persona y que hacen referencia al comportamiento de las personas. Es más, la Ética supone la existencia de unos valores que van más allá del Derecho y que, a la vez, le sirven de base o de presupuesto, pues sin ética no hay justicia y sin justicia no hay Derecho. Ahora bien, a los funcionarios y a los ciudadanos les conviene que estén tipificadas las faltas de servicio y que se distingan de las faltas personales porque, no todo en la función pública puede reducirse a derechos. Por eso es importante delimitar los ámbitos respectivos del Derecho y de la Ética, aunque, eso sí, no pueden ser compartimentos estancos.

En el mundo del Derecho existen toda una serie de principios entre los que los derechos fundamentales no son los menos importantes, que han permitido, o deben permitir, que el Ordenamiento jurídico discurra siempre por una senda de profundo respeto al ser humano. Por ejemplo, el derecho, y principio, de la buena administración tiene hoy tal centralidad que bien puede decirse que su conculcación o lesión trae consigo verdaderos efectos jurídicos.

Los principios éticos para la acción administrativa no deben ser contemplados como restricciones para la actividad pública. Más bien deben ser interpretados como garantías para una mejor gestión pública y como una oportunidad importante para que los ciudadanos sean más conscientes de que la Administración es una función de servicio y que únicamente busca la satisfacción de los intereses colectivos.

En este sentido, los principios de Ética pública deben ser positivos y capaces de atraer al servicio público a personas con vocación para gestionar lo del común, lo de todos. Han sido muchos los estudiosos que han tratado de sintetizar los principios esenciales de la Ética pública. El repertorio que a continuación reproduzco es uno más de estas listas (en este caso un decálogo), cuyos principios pertenecen al sentido común y traen su causa de las exigencias del servicio público.

En primer lugar, los procesos selectivos para el ingreso en la función pública deben estar anclados en el principio del mérito y la capacidad. Y no sólo el ingreso sino la carrera administrativa.

En segundo lugar, la formación continuada que se debe proporcionar a los funcionarios públicos ha de ir dirigida, entre otras cosas, a transmitir la idea de que el trabajo al servicio del sector público debe realizarse con perfección. Sobre todo porque se trata de labores realizadas en beneficio de "otros", del conjunto de la población.

En tercer lugar, la llamada gestión de personal y las relaciones humanas en la Administración pública deben estar presididas por el buen tono y una educación esmerada. El clima y el ambiente laboral han de ser positivos y los funcionarios deben esforzarse por vivir cotidianamente ese espíritu de servicio a la colectividad que justifica la propia existencia de la Administración pública.

En cuarto lugar, la actitud de servicio y de interés hacia lo general debe ser el elemento más importante de esta cultura administrativa. La mentalidad y el talante de servicio, en mi opinión, se encuentran en la raíz de todas las consideraciones sobre la Ética Pública y explica, por sí mismo, la importancia del trabajo administrativo.

En quinto lugar, debe destacarse que constituye un importante valor deontológico potenciar el sano orgullo que provoca la identificación del funcionario con los fines del organismo público en el que trabaja. Se trata de la lealtad institucional, que constituye un elemento capital y una obligación central de una gestión pública que aspira al mantenimiento de comportamientos éticos.

En sexto lugar, conviene señalar que la formación en Ética pública ha de ser un ingrediente imprescindible en los Planes de Formación para funcionarios públicos. Además, deben buscarse fórmulas educativas que hagan posible que esta disciplina se imparta en los programas docentes previos al acceso a la función pública. Y, por supuesto, debe estar presente en la formación continua del funcionario. En la enseñanza de la Ética Pública debe tenerse presente que los conocimientos teóricos de nada sirven si no calan en la praxis del empleado público. Por eso, Mark Lilla escribió no hace mucho tiempo que la vida moral del funcionario es mucho más que enfrentarse con supuestos delicados, se trata de adquirir un conjunto de hábitos operativos que le caractericen como un auténtico servidor público, como un gestor de intereses colectivos que busca su instauración en la sociedad.

En séptimo lugar, conviene resaltar que el comportamiento ético debe llevar al funcionario público a la búsqueda de las fórmulas más eficientes y económicas para llevar a cabo su tarea.

En octavo lugar, la actuación pública debe estar guiada por los principios de igualdad y no discriminación. Además, la actuación conforme al interés general debe ser lo "normal" sin que sea moral recibir retribuciones distintas, no autorizadas por la legislación sobre incompatibilidades, a la oficial que se recibe en el organismo público en que se trabaja.

En noveno lugar, el funcionario debe actuar siempre como servidor público y no debe transmitir información privilegiada o confidencial. El funcionario, como cualquier otro profesional, debe guardar el silencio de oficio.

En décimo y último lugar, el interés general en el Estado social y democrático de Derecho se encuentra en facilitar a los ciudadanos un conjunto de condiciones que haga posible su perfeccionamiento integral y les permitan un ejercicio efectivo de todos sus derechos fundamentales. Por tanto, los funcionarios deben ser conscientes de esa función promocional de los poderes públicos y actuar en consecuencia.

En cualquier caso, y a pesar del decálogo de valores éticos que he enumerado, la formulación que debemos dar en estos tiempos a la Ética no puede consistir tan sólo en enunciar valores deseables o atribuirles características ideales a los profesionales (bien sean directivos o no), sino que se debe situar dichos valores, de manera práctica y efectiva, en los procesos de fijación de metas y objetivos, y desde allí impregnar toda la cultura de la organización para que sea compartida por todos sus miembros y sirva de punto de referencia obligado para llevar adelante la gestión pública cotidiana.

Las Administraciones públicas deben fomentar modelos de conducta que integren los valores éticos del servicio público en la actuación profesional y en las relaciones de los empleados públicos con los ciudadanos, contemplando una serie de valores éticos que han de guiar la actuación profesional de los empleados públicos: voluntad de servicio al ciudadano, eficaz utilización de los medios públicos, ejercicio indelegable de la responsabilidad, lealtad a la organización, búsqueda de la objetividad e imparcialidad administrativa, perfeccionamiento técnico y profesional, etc.

Si a alguien se puede exigir un plus especial de calidad humana es a los funcionarios y responsables públicos. Por una parte porque gozan de una serie de potestades de las que no disponen los gobernantes y directivos en el sector privado y, por otra, porque la gestión de intereses colectivos es una de las actividades más trascendentales del horizonte profesional

Realmente, el nivel de ejemplaridad y de altura ética que se exige al funcionario hace necesario que permanentemente las Escuelas de Administración pública presten atención en sus programas docentes a estos temas. Junto a ello, que es muy conveniente, el propio funcionario debe hacer autocrítica sobre los motivos que le llevan a la actuación administrativa habitualmente. De esta manera, es más fácil tener presente los criterios éticos para la acción pública y así irá creciendo la sensibilidad colectiva de los empleados públicos.

Son en definitiva los propios empleados públicos los que deben asumir como propios los principios éticos, y aplicarlos a su actuación profesional y a sus relaciones con los ciudadanos. Ello sin duda modificaría la imagen peyorativa de la Administración y ayudaría a su revitalización moral. En resumen, contribuiría decididamente a recuperar la tan difuminada idea de servicio público tanto en el ámbito privado como en el público.

Los funcionarios públicos realizan fundamentalmente una tarea de servicio público, llevan a cabo trabajos orientados a la satisfacción de las necesidades sociales. De ahí que, en la función pública, las consideraciones éticas o deontológicas constituyen algo connatural en la medida en que la Administración pública es, fundamentalmente, una forma de servicio a la sociedad.

Efectivamente, la Ética aplicada a la función pública tiene su eje central en la idea de servicio. Esta idea, que es central, interesa subrayarla desde el principio, pues explica el contenido mismo de los planes de estudio de Ética para funcionarios públicos. Ética, pues, como ciencia de la actuación de los funcionarios orientados al servicio público, al servicio de los ciudadanos, al compromiso con el bienestar general del pueblo, con el interés general. En una palabra, la Ética de la función pública es la ciencia del servicio público en orden a la consecución del bien común, del bien de todos haciendo, o facilitando, el bien de cada uno de los miembros de la sociedad.

Es un lugar común afirmar que las conductas antiéticas en el servicio público responden ordinariamente y con carácter general al nombre de corrupción, entendida ésta como la desnaturalización del poder público que se opera, en lugar de al servicio de los demás, en provecho propio, de grupo o de facción. Sin embargo, pienso que la "corrupción" más grave que acecha a la Administración es el ambiente de incompetencia o mediocridad de quien no es consciente del elevado valor que tiene el servicio público, cualquiera que sea el puesto que se ocupe en la maquinaria administrativa.

Ciertamente, el ámbito de la Ética en el mundo de la función pública, se circunscribe sobre todo, aunque no exclusivamente, a la forma del ejercicio de las potestades discrecionales que ejercen los altos funcionarios en la gestión y dirección de los organismos públicos. En especial, me refiero a la toma de decisiones y a la disposición de información confidencial, puesto que su manejo de forma inapropiada implica la conculcación de los elementos de los principios de la Ética pública. Porque, no lo olvidemos, el fin de la Ética pública es la actuación del servidor público al servicio del bien común y, por tanto, la conducta imparcial, objetiva e íntegra de los funcionarios en la gestión de los asuntos públicos.

Hace algún tiempo, 1993, utilicé en mi libro "Principios de Ética Pública" unas interesantes palabras pronunciadas por un conocido fiscal español a quien tuve la fortuna de conocer durante mi estancia en Canarias mientras tuve el honor de explicar Derecho Administrativo en la Universidad de La

Laguna y al que hoy recuerdo como un hombre ejemplar en su compromiso con la dignidad de la persona tras su brutal asesinato por la banda terrorista ETA. Entre otras cosas, el fiscal Luís Portero, que así se llamaba este ejemplar jurista, se refirió en no pocas ocasiones a las dificultades de control de la corrupción, ya sea en forma de tráfico de influencias, de fraudes o de estafas. No hace mucho tiempo, el ex presidente checoslovaco Vaclav Havel pronunció una conferencia, al recibir el Premio Sonning, sobre las tentaciones de la vida pública y la exigencia moral que debiera leer con alguna frecuencia quien ocupe cargos públicos.

La historia nos muestra que, si bien han sido numerosos los casos de corrupción o de falta de ética en la actuación de los funcionarios y cargos públicos, la realidad enseña que estos sucesos son, en términos absolutos, más bien excepcionales. Sin embargo, esa otra vertiente de la Ética pública que se refiere al sentido de trabajo bien hecho, a la labor eficaz y eficiente que siempre piensa en los ciudadanos y en una más económica utilización de los recursos, estoy convencido que debe ser subrayada. Como también debe destacarse la necesidad de construir ambientes laborales en las dependencias públicas, de sensibilidad humana, de creciente humanización de la realidad.

Como es sabido, desde el principio de las civilizaciones se juzgó necesario establecer, llamémosles así, códigos de buena conducta referidas a los funcionarios públicos. En muchos casos, la exigencia "moral" de la actuación del servidor público debía superar con creces la conducta de los agentes de la vida privada. Así, se puede recordar, entre otros, el Código Hammurabi, la ley de Moisés, la ley Atenea, la ley Romana, o los principios chinos sobre conducta pública basados en las enseñanzas de Confucio. En todas esas normas llama poderosamente la atención la sorprendente coincidencia en su contenido, lo cual viene a confirmar la objetividad de la configuración ética del trabajo al servicio del Poder público, y la existencia de unos principios universales comunes que siempre han acompañado a la actividad de los funcionarios públicos.

La década de los setenta del siglo pasado es, quizás, el momento en que puede cifrarse la preocupación por la Ética en el desarrollo del estudio y de la práctica de la Administración Pública. Como han señalado Kernaghan y Dwivedi, el interés por la conducta ética de los funcionarios no fue solo el resultado de una preocupación académica, sino una manifestación de sensibilidad de los Gobiernos hacia aspectos de Ética para la Administración pública. Durante los ochenta del siglo pasado, la cuestión fue "in crescendo" y en estos años de crisis general en el mundo occidental, el olvido y lesión de los más elementales principios de la Ética es lo que explica el conjunto de arbitrariedades perpetradas por tantos dirigentes del mundo financiero y también del mundo de la función pública.

En efecto, en los años setenta del siglo pasado, la publicidad en la que se vieron envueltas conductas inmorales de altos funcionarios norteamericanos junto a la revelación de violaciones éticas cometidas por funcionarios de todo el mundo, motivó en los ciudadanos una legítima preocupación por la calidad ética de los servidores públicos[1]. A partir de entonces se comienza a trabajar seriamente en estos temas, surgen publicaciones de académicos, así como estudios e informes gubernamentales. En esos años se aprueban en algunos países normas sobre distintos aspectos de la Ética para funcionarios[2] que influirán notablemente en los códigos que con posterioridad se fueron aprobando en la mayor parte del mundo.

La administración ética es una modalidad de acción pública que se centra en la toma de decisiones en orden a la mejora de las condiciones de vida de las personas. Es decir, en orden a la promoción y facilitación de los derechos fundamentales de los ciudadanos.

---

1   Es entonces en 1975 y, como reacción, cuando surge el grupo de trabajo sobre Ética en la Administración Pública en el seno de la "Association of Schools and Institutes of Administration".

2   En los EEUU, como señalan los profesores Kernaghan y Dwivedi, durante 1984 se habían aprobado Leyes de Ética en más de 40 Estados. Sobre el particular, R.G. Terapak, "Administering Ethics Laws: The Ohio experience", en *National Civic Review*, febrero de 1979, pp. 82-84; o M.G. Cooper, "Administering Ethics Laws: The Alabama experience", *Ibid.* p. 77-81.

IV

EL DERECHO FUNDAMENTAL A
LA BUENA ADMINISTRACIÓN PÚBLICA

Una Administración pública ética es aquella que toma decisiones en función de las personas, de sus necesidades colectivas, en función del interés general. Interés general y derechos fundamentales de los ciudadanos son dos parámetros que están tan unidos que bien se puede afirmar que precisamente el núcleo esencial, indisponible, del interés general se encuentra en los mismos derechos fundamentales de las personas.

En efecto, los derechos fundamentales de la persona en el Estado social y democrático de Derecho forman parte de la esencia, de la naturaleza, del alma del interés general. Si las políticas públicas no se ordenan al interés general y éste no se orienta a la promoción de los derechos fundamentales de la persona, estaríamos en presencia de políticas públicas, de acción de gobierno que lesiona gravemente los postulados de la Ética, de la Ética pública. La persona está en el centro de las llamadas políticas públicas. El bienestar es la condición y el medio para su desarrollo de los ciudadanos a través del ejercicio de su libertad solidaria.

El servicio al interés general ha de ser objetivo pues tras la victoria del principio de juridicidad sobre las tinieblas del Antiguo Régimen, en cuya virtud el capricho y el arbitrio del gobernante eran la fuente del poder público, hoy emerge, consecuencia de la dimensión ética de la función pública, una nueva forma de concebir el ejercicio de la potestad que requiere de temple, moderación, equilibrio y sensibilidad social.

El derecho fundamental a la buena administración, regulado en la Carta Europea de los Derechos Fundamentales de diciembre de 2000, trae consigo un notable cambio de orientación en la consideración de la dimensión ética de la gestión pública que ha de ser tratada convenientemente.

En efecto, el Derecho Administrativo del Estado social y democrático de Derecho es un Derecho del poder público para la libertad solidaria, un Ordenamiento jurídico en el que las categorías e instituciones públicas han de estar, como bien sabemos, orientadas al servicio objetivo del interés general, tal y como proclama solemnemente el artículo 103 de la Constitución española de 1978. Atrás quedaron, afortunadamente, consideraciones y exposiciones basadas en la idea de la autoridad o el poder como esquemas unitarios desde los que plantear el sentido y la funcionalidad del Derecho Administrativo.

En este tiempo en que nos ha tocado vivir, toda la construcción ideológico-intelectual montada a partir del privilegio o la prerrogativa va siendo superada por una concepción más abierta y dinámica, más humana también, desde la que el Derecho Administrativo adquiere un compromiso especial con la mejora de las condiciones de vida de la población a partir de las distintas técnicas e instituciones que componen esta rama del Derecho Público.

El lugar que antaño ocupó el concepto de la potestad o del privilegio o la prerrogativa ahora lo ocupa por derecho propio la persona, el ser humano, que asume un papel central en todas las ciencias sociales, también obviamente en el Derecho Administrativo. En efecto, la consideración central del ciudadano en las modernas construcciones del Derecho Administrativo y la Administración pública proporciona el argumento medular para comprender en su cabal sentido este nuevo derecho fundamental a la buena administración aparecido en el artículo 41 de la Carta Europea de los derechos fundamentales aprobada en Niza en diciembre de 2000.

La persona, el ciudadano, el administrado o particular según la terminología jurídico administrativa al uso, ha dejado de ser un sujeto inerte, inerme e indefenso frente a un poder que intenta controlarlo, que le prescribía lo que era bueno o malo para él, al que estaba sometido y que infundía, gracias a sus fenomenales privilegios y prerrogativas, una suerte de amedrentamiento y temor que terminó por ponerlo de rodillas ante la todopoderosa maquinaria de dominación en que se constituyó tantas veces el Estado. El problema reside en intentar construir una concepción más justa y humana del poder, que cómo consecuencia del derecho de los ciudadanos a gobiernos y administraciones adecuados, se erijan en instrumentos idóneos al servicio objetivo del interés general, tal y como establece categóricamente el artículo 103 de la Constitución española.

La perspectiva abierta y dinámica del poder, ordenado a la realización de la justicia, a dar a cada uno lo suyo, lo que se merece, ayuda sobremanera a entender que el principal atributo del gobierno y la administración pública sea, en efecto, un elemento esencial en orden a que la dirección de la cosa pública atienda preferentemente a la mejora permanente e integral de las condiciones de vida del pueblo en su conjunto, entendido como la generalidad de los ciudadanos.

El Derecho Administrativo moderno parte de la consideración central de la persona y de una concepción abierta y complementaria del interés general. Los ciudadanos ya no son sujetos inertes que reciben, única y exclusivamente, bienes y servicios públicos del poder. Ahora, por mor de su inserción en el Estado social y democrático de Derecho, se convierten en actores principales de la definición y evaluación de las diferentes políticas públicas. El interés general ya no es, como hemos comentado con anterioridad de forma monográfica, un concepto que define unilateralmente la Administración sino que ahora, en un Estado que se define como social y democrático de Derecho, debe determinarse, tal y como ha señalado el Tribunal Constitucional en la citada sentencia de 7 de febrero de 1984, a través de una acción articulada entre los poderes públicos y los agentes sociales.

En efecto, el interés general, que es el interés de toda la sociedad, de todos los integrantes de la sociedad en cuanto tales, como expusimos en un epígrafe anterior, ya no es asumido completamente por el poder público, ya no puede ser objeto de definición unilateral por la Administración. Ahora, como consecuencia de la proyección de la directriz participación, el interés general ha de abrirse a la pluralidad de manera que el espacio público pueda ser administrado y gestionado teniendo presente la multiforme y variada conformación social. El problema es que todavía, al menos por estos lares, la ciudadanía vive un tanto temerosa de la política porque aún no ha caído en la cuenta de que el titular, el propietario de la política y sus instituciones es el pueblo soberano. Y, por otra parte, los políticos todavía no aciertan a comprender que los poderes que gestionan son del pueblo y que su función es administrar esos poderes al servicio objetivo de todos dando cuentas permanentemente de cómo gestionan esos poderes que se les son entregados por el pueblo soberano.

Tratar sobre buena Administración pública constituye, además de subrayar la dimensión ética de la función pública, una tarea que ha de estar presidida por los valores cívicos, y correspondientes cualidades democráticas, que son exigibles a quien ejerce el poder en la Administración pública a partir de la noción constitucional de servicio objetivo al interés general. Poder que debe ser abierto, plural, moderado, equilibrado, realista, eficaz, eficiente, socialmente sensible, cooperativo, atento a la opinión pública, dinámico y compatible.

El nuevo Derecho Administrativo, que parte de la idea de servicio objetivo al interés general como suprema tarea encargada a la Administración pública, incorpora una nueva visión del sentido de las instituciones, categorías e instituciones de nuestra disciplina. Por ejemplo, los dogmas de la ejecutividad y ejecutoriedad de la actuación administrativa han de ser replanteados desde la luz que proyecta el principio, y derecho fundamental de la persona, de la tutela judicial afectiva. Los poderes, denominados por el legislador, privilegios y prerrogativas de la Administración en materia de contratos públicos, han de ser operados exclusivamente cuando así lo requiera el servicio objetivo al interés general.

En los casos en los que sea menester ejercer la potestad de modificar los contratos, será necesaria una previa declaración motivada, argumentada, de la propia Administración explicando las razones que aconsejan en el caso concreto tal poder. Motivación que puede ser objeto de impugnación o de paralización cautelar. Ahora la Administración no dispone de una posición de supremacía por definición que le permite operar en un mundo de exorbitancia. Ahora los poderes han de estar previstos expresamente, ya no hay poderes implícitos. Esto como regla general, lo que no excluye que pueda haber algún supuesto, más motivado cuanto mayor sea la discrecionalidad, en el que sea necesario para asegurar el servicio objetivo al interés general el ejercicio, motivado y justificado, de una determinada potestad.

Tratar sobre el derecho fundamental de la persona a una buena administración significa plantear la cuestión desde la perspectiva del ciudadano: el Derecho Administrativo considerado desde la posición central del ciudadano. Este punto de vista ha sido tradicionalmente superado por la concentración de aproximaciones y dimensiones sobre la propia Administración pública de carácter cerrado, endogámico o inmanente, cómo se prefiera denominar, todavía bien presentes en el panorama académico.

La explicación no es compleja porque hasta hace poco tiempo, relativamente, la centralidad en los estudios y comentarios sobre la función de la Administración pública se centraba en exceso en la propia organización administrativa, que se analizaba hasta la saciedad desde diferentes ángulos, olvidándose, esto es lo sorprendente, del destinatario natural y propio de las políticas públicas, de los poderes públicos: la ciudadanía. Por qué o cómo haya acontecido esta situación en el tiempo no es materia para este breve comentario.

Ahora sólo me interesa constatar que así ha sido durante muchos años y que, afortunadamente, en nuestro tiempo ha cobrado espacial fuerza e intensidad la consideración central del ciudadano y la perspectiva instrumental de la administración pública como organización pública de servicio objetivo a los intereses generales en la que se incardina, como correlato de esta obligación administrativa de naturaleza constitucional, el derecho fundamental a la buena Administración pública.

En la medida en que la Administración se contempla, en efecto, como la institución por excelencia al servicio objetivo de los intereses generales y éstos se definen de manera abierta, plural, dinámica, complementaria y con un fuerte compromiso con los valores humanos, entonces el aparato público deja de ser un fin en si mismo y recupera su conciencia de institución de servicio esencial a la comunidad. Así, de esta manera, es más fácil entender el carácter capital que tiene el derecho ciudadano a una buena administración pública. Derecho que supone, insisto, como corolario necesario, la obligación de la Administración pública de ajustar su actuación a una serie de parámetros y características concretas y determinadas que se expresan constitucionalmente en la idea de servicio objetivo al interés general.

La crisis que padecemos en parte tiene que ver con una versión demasiado tecnoestructural de Derecho Administrativo, en ocasiones concebido como instrumento del poder político de turno sin más limitaciones que las aspiraciones de dominio de los gobernantes. Entonces, desde esta perspectiva, ni objetividad, ni imparcialidad, ni servicio al interés general. En lugar de dique de contención de las inmunidades, correa de transmisión de toda suerte de ilícitos, administrativos o penales, sin sanción alguna a causa de una inexistente separación de los poderes.

En este contexto, en este marco de centralidad de la posición jurídica del ciudadano, adquiere especial sentido el denominado derecho fundamental a la buena administración pública. Derecho que desde la Constitución española, aunque no se reconoce expresamente en el catálogo de derechos fundamentales, puede considerarse una derivación lógica de la tarea de servicio objetivo que debe caracterizar a la actuación de las Administraciones públicas. Obviamente, las referencias al que denomino Derecho Administrativo Constitucional se harán a partir de la Constitución española.

La participación de los ciudadanos en el espacio público está, poco a poco, abriendo nuevos horizontes que permiten, desde la terminación convencional de los procedimientos administrativos, pasando por la presencia ciudadana en la definición de las políticas públicas, llegar a una nueva forma de entender los poderes públicos, que ahora ya no son estrictamente comprensibles desde la unilateralidad, sino desde una pluralidad que permite la incardinación de la realidad social en el ejercicio de las potestades públicas.

En fin, la crisis del Estado de Bienestar, por situarnos en fechas más próximas para nosotros, junto a las consabidas explicaciones fiscales, obedece también a la puesta en cuestión de un modelo de Estado, que, al decir de Forsthof, todo lo invade y todo lo controla "desde la cuna hasta la tumba". Ciertamente, al menos desde mi particular punto de vista, la otrora institución configuradora del orden social, como fue la subvención, debe replantearse, como todas las técnicas del fomento en su conjunto. Este modelo estático al Estado de Bienestar situó a los servicios públicos y al propio Estado como fin, no como medio para el bienestar de los ciudadanos. De ahí su agotamiento y, por ello, su crisis.

La confusión entre fines y medios ha tenido mucho que ver con las aproximaciones unilaterales y tecnoestructurales del interés general que, en este enfoque se reduce a autocontrol y la conservación del "status quo".

El Estado ya no es un mero prestador de servicios públicos. El Estado es, sobre todo y ante todo, garantizador de derechos y libertades ciudadanas, para lo cual goza de un conjunto de nuevas técnicas jurídicas que le permiten cumplir cabalmente esa función. El Estado, a través de la Administración, ha de garantizar los derechos fundamentales. El artículo 53 de la Constitución española así lo señala obligando a que el quehacer de que la entera actividad de la Administración discurra en esta dirección.

¿Es previo este derecho a la buena administración pública, o es corolario necesario de la necesidad de que los asuntos comunes, colectivos, deban ser atendidos de determinada manera? Esta es una cuestión relevante, porque de su contestación se deducirá la naturaleza y el sentido de la función de la administración pública. Existen instituciones públicas porque, con antelación, existen intereses comunes que atender convenientemente. Y existen intereses comunes, sanidad, educación, porque las personas en conjunto, e individualmente consideradas, precisan de ellos. Por tanto, es la persona y sus necesidades colectivas quienes explican la existencia de instituciones supraindividuales ordenadas y dirigidas a la mejor satisfacción de esos intereses comunitarios de forma y manera que su gestión y dirección se realicen al servicio del bienestar general, integral, de todos, no de una parte, por importante y relevante que esta sea.

La buena administración de instituciones públicas parte del derecho ciudadano a que sus asuntos comunes y colectivos estén ordenados de forma y manera que reine un ambiente de bienestar general e integral para el pueblo en su conjunto. Las instituciones públicas, desde esta perspectiva, han de estar conducidas y manejadas por una serie de criterios mínimos, llamados de buen gobierno o buena administración, a los que sumarán las diferentes perspectivas de las opciones políticas vencedoras en los diferentes comicios electorales.

La buena administración de instituciones públicas es un derecho ciudadano, de naturaleza fundamental. ¿Por qué se proclama como derecho fundamental por la Unión Europa?. Por una gran razón que reposa sobre las más altas argumentaciones del pensamiento democrático: en la democracia, las instituciones políticas no son de propiedad de políticos o altos funcionarios, sino que son del dominio popular, son de los ciudadanos, de las personas de carne y hueso que día a día, con su esfuerzo por encarnar los valores cívicos y las cualidades democráticas, dan buena cuenta del temple democrático en la cotidianeidad. Por ello, si las instituciones públicas son de la soberanía popular, de dónde proceden todos los poderes del Estado, es claro que han de estar ordenadas al servicio general, y objetivo, de las necesidades colectivas. Por eso, la función constitucional de la Administración pública, por ejemplo, se centra en el servicio objetivo al interés general. Así las cosas, si consideramos que el ciudadano ha dejado ser un sujeto inerte, sin vida, que tenía poco menos que ser enchufado a la vida social por parte de los poderes públicos, entonces comprenderemos mejor el alcance de este derecho.

En efecto, el ciudadano es ahora, no sujeto pasivo, receptor mecánico de servicios y bienes públicos, sino sujeto activo, protagonista, persona en su más cabal expresión, y, por ello, aspira a tener una participación destacada en la configuración de los intereses generales porque éstos se definen, en el Estado social y democrático de Derecho, a partir de una adecuada e integrada concertación entre los poderes públicos y la sociedad articulada. Los ciudadanos, en otras palabras, tenemos derecho a que la gestión de los intereses públicos se realice de manera acorde al libre desarrollo solidario de las personas. Por eso es un derecho fundamental de la persona, porque la persona en cuanto tal requiere que lo público, que el espacio de lo general, esté atendido de forma y manera que le permita realizarse, en su dimensión de libertad solidaria, como persona humana desde diferentes dimensiones.

El derecho fundamental a la buena administración de instituciones públicas constituye un paso decisivo en orden a garantizar unos mínimos democráticos en el ejercicio del poder. Que el poder se use de manera abierta, plural, social, equilibrada y humana es algo que se debe considerar el solar de racionalidad desde el que proyectar las diferentes formas de gobernar y administrar a partir de las distintas opciones políticas. Algo que en el tiempo que vivimos no es fácil ni sencillo por la sencilla razón de que el ansia de poder, de dinero y de notoriedad condicionaron de tal manera a nuestros gobernantes y administradores que les impidió por largo tiempo, especialmente antes de la crisis, ver con claridad las necesidades colectivas, reales de los ciudadanos. De igual manera, existe otra causa que dificulta comprender en su complejidad y pluralidad la realidad que se cifra en la obsesión ideológica. Planteamiento que excluye del espacio de la deliberación pública y, por ende del interés público, a quienes no se identifican con los proyectos políticos de quien gobierna o administra la cosa pública.

Una consideración que me parece que puede ayudar a entender mejor el alcance y la funcionalidad de este derecho fundamental se refiere a la estrecha vinculación existente entre el interés general, fundamento de la Administración pública, y los derechos ciudadanos. En efecto, si atendemos a versiones cerradas y unilaterales del interés público, entonces desde el poder no se contemplará la centralidad de los derechos de los ciudadanos, de los administrados. Todo lo más, se pensará, desde esta perspectiva, que los ciudadanos no son más que destinatarios de políticas públicas de salvación que proceden del monopolio de lo bueno y benéfico que es la propia institución gubernamental o administrativa. Sin embargo, cómo hemos apuntado con anterioridad, el interés general en el Estado social y democrático de Derecho aparece fuertemente conectado al fomento, a la generación de las mejores condiciones posibles que permitan el desarrollo en libertad solidaria de las personas y de los grupos en que se integran removiendo cualesquiera obstáculos que impidan su realización efectiva.

Desde el punto de vista normativo, es menester reconocer que la existencia positiva de este derecho fundamental a la buena administración parte de la Recomendación núm. R (80) 2, adoptada por el Comité de Ministros del Consejo de Europa el 11 de marzo de 1980 relativa al ejercicio de poderes discrecionales por las autoridades administrativas así como de de la jurisprudencia del Tribunal de Justicia de las Comunidades Europeas y del Tribunal de Primera Instancia. Entre el Consejo de Europa y la Jurisprudencia comunitaria, desde 1980, se fue construyendo, poco a poco, el derecho a la buena administración, derecho que la Carta Europea de los Derecho Fundamentales de diciembre de 2000 recogería en el artículo 41 que, como es sabido, aunque no se integró directamente en los Tratados, se ha incorporado en bloque al proyecto de Tratado Internacional por el que se instituye una Constitución para Europa en su artículo II-101, proyecto que esperemos, con los cambios que sean necesarios, algún día vea la luz.

Antes del comentario de este precepto, me parece pertinente señalar dos elementos de los que trae causa: la discrecionalidad y la jurisprudencia. En efecto, la discrecionalidad, se ha dicho con acierto, es el caballo de Troya del

Derecho Público por la sencilla razón de que su uso objetivo nos sitúa al interior del Estado de Derecho y su ejercicio abusivo nos lleva al mundo de la arbitrariedad y del autoritarismo, al reino de la corrupción, tan presente en los años anteriores, y durante, la crisis que todavía padecemos. El ejercicio de la discrecionalidad administrativa en armonía con los principios de Derecho es muy importante. Tanto como que un ejercicio destemplado, al margen de la motivación que le es inherente, deviene en abuso de poder, en arbitrariedad. Y, la arbitrariedad es la ausencia del derecho, la anulación de los derechos ciudadanos en relación con la Administración.

Por lo que respecta a la jurisprudencia, debe tenerse en cuenta que normalmente los conceptos de elaboración jurisprudencial son conceptos construidos desde la realidad, algo que es en sí mismo relevante y que permite construir un nuevo derecho fundamental con la garantía del apoyo de la ciencia que estudia la solución justa a las controversias jurídicas.

El artículo 41 de la Carta Europea de los Derechos Fundamentales constituye un precipitado de diferentes derechos ciudadanos que a lo largo del tiempo y a lo largo de los diferentes Ordenamientos han caracterizado la posición central que hoy tiene la ciudadanía en todo lo que se refiere al Derecho Administrativo. Hoy, en el siglo XXI, el ciudadano ya no es, como hemos recordado, un sujeto inerte que mueve a su antojo el poder. Hoy el ciudadano participa, debe participar, en la determinación del interés general que ya no define unilateralmente la Administración pública. El ciudadano es más consciente de que el aparato público no es de la propiedad de los partidos, de los políticos o de los propios servidores públicos.

Pues bien, dicho precepto dispone:

1. Toda persona tiene derecho a que las instituciones y órganos de la Unión traten sus asuntos imparcial y equitativamente y dentro de un plazo razonable.

2. Este derecho incluye en particular:

   -el derecho de toda persona a ser oída antes de que se tome en contra suya una medida individual que le afecte desfavorablemente.

   -el derecho de toda persona a acceder al expediente que le afecte, dentro del respeto a los intereses legítimos de la confidencialidad y del secreto profesional y comercial.

   -la obligación que incumbe a la Administración de motivar sus decisiones.

3. Toda persona tiene derecho a la reparación por la Comunidad de los daños causados por sus instituciones o sus agentes en el ejercicio de sus funciones, de conformidad con los principios generales comunes a los Derechos de los Estados miembros.

4. Toda persona podrá dirigirse a las instituciones de la Unión en una de las lenguas de los Tratados y deberá recibir una contestación en esa misma lengua".

Una primera lectura del artículo 41 de la Carta de Derechos Fundamentales sugiere que dicho precepto es un buen resumen de los derechos más relevantes que los ciudadanos tenemos en nuestras relaciones con la Administración. La novedad reside en que a partir de ahora se trata de un derecho fundamental de la persona, cuestión polémica pero que en mi opinión no debiera levantar tanta polvareda porque el ciudadano, si es el dueño del aparato público, es lógico que tenga derecho a que dicho aparato facilite el desarrollo equilibrado y solidario de su personalidad en libertad porque la razón y el sentido de la Administración en la democracia reside en un disposición al servicio objetivo al pueblo. El problema, para que sea un derecho susceptible de invocabilidad ante los Tribunales reside en la exigibilidad de los parámetros que caracterizan dicho derecho. Parámetros que en el precepto son claros.

Los ciudadanos europeos tenemos un derecho fundamental a que los asuntos públicos se traten imparcialmente, equitativamente y en un tiempo razonable. Es decir, las instituciones comunitarias han de resolver los asuntos públicos objetivamente, han de procurar ser justas –equitativas- y, finalmente, y, finalmente, han de tomar sus decisiones en tiempo razonable. En otras palabras, no cabe la subjetividad, no es posible, no debería ser, la injusticia y no se debería incurrir en la dilación indebida para resolver. En mi opinión, la referencia a la equidad como característica de las decisiones administrativas comunitarias no debe pasar por alto. Porque no es frecuente encontrar esta construcción en el Derecho Administrativo de los Estados miembros y porque, en efecto, la justicia constituye, a la hora del ejercicio del poder público, cualquiera que sea la institución pública en la que nos encontremos, la principal garantía de acierto. Por una razón, porque cuándo se decide lo relevante es dar cada uno lo suyo, lo que se merece, lo que le corresponde.

La referencia a la razonabilidad del plazo para resolver incorpora un elemento esencial: el tiempo. Si una resolución es imparcial, justa, pero se dicta con mucho retraso, es posible que no tenga sentido, que sea inútil, que no sira para nada. El poder público se mueve en las coordenadas del espacio y del tiempo y éste es un elemento esencial que el Derecho comunitario destaca suficientemente. La razonabilidad se refiere al plazo de tiempo en el que la resolución pueda ser eficaz de manera que no se dilapide el legítimo derecho del ciudadano a que su petición, por ejemplo, se conteste en un plazo en que tenga sentido. No son irrelevantes estas cuestiones. Si la Administración cumple diligentemente con los plazos establecidos como supuesto de normalidad, entonces será más fácil ir poco a poco superando la crisis actual.

El Tribunal Supremo del Reino de España, en una sentencia de 3 de diciembre de 2009, se pronuncia acerca de la razonabilidad del plazo. En concreto, se plantea si los intereses de demora son exigibles por un plazo de tiempo cuando la Administración estuvo paralizada más allá de lo razonable. Esta cuestión el Tribunal Supremo la conecta, como es lógico, con el artículo 41 de la Carta de los Derechos Fundamentales de la Unión Europea, y señala que tal exigencia de intereses por demora es improcedente cuando el retraso haya sido causado por la propia Administración.

En el mismo sentido, otra sentencia del Tribunal Supremo español, en este caso de 28 de junio de 2010, entiende que "razones e justicia material nos llevan a considerar inexigibles los intereses de demora en los casos en los que el Tribunal Administrativo no haya resuelto el recurso interpuesto en el plazo legalmente establecido. Hay que procurar una interpretación del ordenamiento jurídico tributario que tenga en cuenta el sentido finalista y marcadamente evolutivo del régimen fiscal (sentencia del Tribunal Constitucional 137/2003). No es dable olvidar el principio constitucional de eficacia administrativa, que se inspira en la indispensable diligencia que debe presidir en la gestión de los intereses generales en su justo equilibrio con los derechos constitucionales de los administrados. El artículo 41 de la Carta de los Derechos Fundamentales de la Unión Europea, proclamada por el Consejo de Niza el 10 de diciembre de 2000, desarrolla el derecho de los ciudadanos a tener una buena Administración que trate sus asuntos de forma imparcial, equitativa y dentro de un plazo razonable. La eficacia interpretativa del citado precepto está fuera de toda duda (ex artículo 10.2 de la Constitución)".

El derecho a la buena administración es un derecho fundamental de todo ciudadano comunitario a que las resoluciones que dicten las instituciones europeas sean imparciales, equitativas y razonables en cuanto al fondo y al momento en que se produzcan. Dicho derecho según el citado artículo 41 incorpora, a su vez, cuatro derechos.

El primero se refiere al derecho a que todo ciudadano comunitario tiene a ser oído antes de que se tome en contra suya una medida individual que le afecte desfavorablemente. Se trata de un derecho que está reconocido en la generalidad de las legislaciones administrativas de los Estados miembros como consecuencia de la naturaleza contradictoria que tienen los procedimientos administrativos en general, y en especial los procedimientos administrativos sancionadores o aquellos procedimientos de limitación de derechos. Es, por ello, un componente del derecho a la buena administración que el Derecho Comunitario toma del Derecho Administrativo Interno. No merece más comentarios.

El segundo derecho derivado de este derecho fundamental a la buena administración se refiere, de acuerdo con el párrafo segundo del citado artículo 41 de la Carta de Derechos Fundamentales, se refiere al derecho de toda persona a acceder al expediente que le afecte, dentro del respeto de los intereses legítimos de la confidencialidad y del secreto profesional y comercial. Nos encontramos, de nuevo, con otro derecho de los ciudadanos en los procedimientos administrativos generales. En el Derecho Administrativo Español, por ejemplo, este derecho al acceso al expediente está recogido dentro del catálogo de derechos que establece el artículo 35 de la ley del régimen jurídico de las Administraciones públicas y del procedimiento administrativo común. Se trata, de un derecho fundamental lógico y razonable que también se deriva de la condición que tiene la Administración pública, también la comunitaria, de estar al servicio objetivo de los intereses generales, lo que implica, también, que en aras de la objetividad y transparencia, los ciudadanos podamos consultar los expedientes administrativos que nos afecten. Claro está, existen límites derivados del derecho a la intimidad de otras personas así como del secreto profesional y comercial. Es decir, un expediente en que consten estrategias empresariales no puede consultado por la competencia en ejercicio del derecho a consultar un expediente de contratación que le afecte en un determinado concurso.

El tercer derecho que incluye el derecho fundamental a la buena administración es, para mí, el más importante: el derecho de los ciudadanos a que las decisiones administrativas de la Unión europea sean motivadas. Llama la atención que este derecho se refiera a todas las resoluciones europeas sin excepción. Me parece un gran acierto la letra y el espíritu de este precepto. Sobre todo porque una de las condiciones del ejercicio del poder en las democracias es que sea argumentado, razonado, motivado. El poder que se basa en la razón es legítimo. El que no se justifica es sencillamente arbitrariedad. Por eso todas las manifestaciones del poder debieran, como regla motivarse. Su intensidad dependerá, claro está, de la naturaleza de los actos de poder. Si son reglados la motivación será menor. Pero si son discrecionales, la exigencia de motivación será mayor. Es tan importante la motivación de las resoluciones públicas que bien puede afirmarse que la temperatura democrática de una Administración es proporcional a la intensidad de la motivación de los actos y normas administrativos.

Afortunadamente, la jurisprudencia del Tribunal Supremo del Reino de España ya ha aceptado que la motivación de la actuación administrativa es una manifestación concreta del derecho fundamental a la buena Administración pública consagrado en el artículo 41 de la Carta Europea de los Derechos Fundamentales. Efectivamente, una sentencia de 19 de noviembre de 2008 señala que "la exigencia de motivación de los actos administrativos constituye una constante de nuestro Ordenamiento jurídico y así lo proclama el artículo 54 de la ley 30/1992, de 26 de noviembre, de régimen jurídico de las Administraciones públicas y del procedimiento administrativo común, teniendo por finalidad la de que el interesado conozca los motivos que conducen a la resolución de la Administración, con el fin, en su caso, de poder rebatirlos en la forma procedimental regulada al efecto. Motivación que, a su vez, es consecuencia de los principios de seguridad jurídica y de interdicción de la arbitrariedad enunciados por el apartado 3 del artículo 9 de la Constitución española y que, también desde otra perspectiva, puede considerarse como una exigencia constitucional impuesta no solo por el artículo 24.2 de la propia Constitución, sino también por el artículo 103 (principio de legalidad en la actuación administrativa). Por su parte, la Carta de los Derechos Fundamentales de la Unión Europea, proclamada por el Consejo Europeo de Niza de 8/10 de diciembre de 2000, incluye dentro de su artículo 41, dedicado al derecho a una buena administración, entre otros particulares, "la obligación que incumbe a la Administración de motivar sus decisiones". En el mismo sentido, la sentencia, también del Tribunal Supremo, de 13 de mayo de 2009, aunque con especial referencia a la motivación de las sentencias judiciales.

En una sentencia más reciente, de 15 de octubre de 2010, el Tribunal Supremo precisa el alcance de la motivación que exige nuestra Constitución señalando que tal operación jurídica "se traduce en la exigencia de que los actos administrativos contengan una referencia específica y concreta de lo hechos y los fundamentos de derecho que para el órgano administrativo que dicta la resolución han sido relevantes, que permita reconocer al administrado la razón fáctica y jurídica de la decisión administrativa, posibilitando el control judicial por los tribunales de lo contencioso administrativo". Además, tal obligación de la Administración "se engarza en el derecho de los ciudadanos a una buena administración, que es consustancial a las tradiciones constitucionales comunes de los Estados miembros de la Unión Europea, que ha logrado refrendo normativo como derecho fundamental en el artículo 41 de la Carta de los Derechos Fundamentales de la Unión Europea, proclamada por el Consejo de Niza de 8/10 de diciembre de 2000, al enunciar que este derecho incluye en particular la obligación que incumbe a la Administración de motivar sus decisiones". Una Administración que motiva más y mejor sus decisiones es una Administración más transparente, que piensa más en los ciudadanos y que está en las mejores condiciones de ofrecer la seguridad y fiabilidad que normalmente no se da en situaciones de crisis generales como la que vivimos en la actualidad.

En el apartado tercero del precepto se reconoce el derecho a la reparación de los daños ocasionados por la actuación u omisión de las instituciones comunitarias de acuerdo con los principios comunes generales a los Derechos de los Estados miembros. La obligación de indemnizar en los supuestos de responsabilidad contractual y extracontractual de la Administración está, pues, recogida en la Carta. Lógicamente, el correlato es el derecho a la consiguiente reparación cuándo las instituciones comunitarias incurran en responsabilidad. La peculiaridad del reconocimiento de este derecho, también fundamental, derivado del fundamental a la buena administración, reside en que, por lo que se vislumbra, el régimen de funcionalidad de este derecho se establecerá desde los principios generales de la responsabilidad administrativa en Derecho Comunitario. A este punto dedicaremos monográficamente un epígrafe de este trabajo.

El apartado cuarto del artículo 41 de la Carta de los Derechos Fundamentales de la Unión Europea dispone que toda persona podrá dirigirse a las instituciones de la Unión en una de las lenguas de los Tratados y deberá recibir una contestación en esa lengua.

Por su parte, la jurisprudencia ha ido, a golpe de sentencia, delineando y configurando con mayor nitidez el contenido de este derecho fundamental a la buena administración atendiendo a interpretaciones más favorables para el ciudadano europeo a partir de la idea de una excelente gestión y administración pública en beneficio del conjunto de la población de la Unión Europea.

Debe tenerse presente, también, que el artículo 41 del denominado Código Europeo de Buena Conducta Administrativa de 1995 es el antecedente del ya comentado artículo 41 de la carta de los Derechos Fundamentales. Es más, se trata de una fiel reproducción.

Una cuestión central en la materia es la referente a la Autoridad que ha de investigar las denuncias de mala administración de las instituciones europeas. Pues bien, de acuerdo con el artículo 195 del Tratado de Roma y del Estatuto del Defensor del Pueblo, resulta que esta tarea es de competencia del propio Defensor del Pueblo. Una definición de mala administración nos la ofrece el informe del Defensor del año 1997: "se produce mala administración cuándo un organismo no obra de acuerdo con las normas o principios a los que debe estar sujeto".

Esta definición es demasiado general e imprecisa, por lo que habrá de estarse a los parámetros jurídicos señalados en el artículo 41 de la Carta, de manera que habrá de observarse, además de la lesión de las normas del servicio, los principios generales que presiden la actividad de las instituciones públicas, sí efectivamente se contraviene la equidad, la imparcialidad, la racionalidad en los plazos, la contradicción, la motivación, la reparación o el uso de las lenguas oficiales.

Lorenzo Membiela ha recopilado en un trabajo publicado en Actualidad Administrativa, en el número 4 de 2007, algunas de las sentencias más relevantes en la materia, bien del Tribunal Europeo de Derechos Humanos, bien del Tribunal de Justicia de las Comunidades Europeas, bien del Tribunal de Primera Instancia de las Comunidades Europeas. Evidentemente, la jurisprudencia ha ido decantando el contenido y funcionalidad del llamado principio a una buena Administración pública, principio del que más adelante se derivaría, cómo su corolario necesario, el derecho fundamental a la buena administración. Por ejemplo, en el 2005, el 20 de septiembre encontramos una sentencia del Tribunal Europeo de Derechos Humanos en la que se afirma que en virtud del principio a la buena administración el traslado de funcionarios de un municipio a otro debe estar justificado por las necesidades del servicio.

Expresión del derecho fundamental a la motivación de las resoluciones administrativas lo podemos encontrar en la sentencia del Tribunal Europeo de Derechos Humanos de 23 de abril de 1997, en cuya virtud cualquier restricción de los derechos de defensa debe estar convenientemente motivada. También es consecuencia de la buena administración pública la resolución en plazo razonable de los asuntos públicos, de manera que cómo dispone la sentencia del Tribunal de Justicia de las Comunidades Europeas de 12 de julio de 2995, "la inactividad de la Administración más allá de los plazos establecidos en las normas constituye una lesión al principio de la buena administración pública". Igualmente, por sentencia del Tribunal de Primera Instancia de las Comunidades Europeas de 16 de marzo de 2005 es consecuencia del principio de la buena administración, la óptima gestión de los organismos administrativos, lo que incluye, es claro, el respeto a los plazos establecidos y al principio de confianza legítima, en virtud del cual la Administración pública, merced al principio de continuidad y a que no puede separase del criterio mantenido en el pasado salvo que lo argumente en razones de interés general.

Es también una consecuencia del principio de la buena administración, dice el Tribunal de Primera Instancia de las Comunidades Europeas el 27 de febrero de 2003, que la Administración ha de facilitar todas las informaciones pertinentes a la otra parte actuante en el procedimiento administrativo. Una sentencia del Tribunal de Primera Instancia de las Comunidades Europeas de 10 de junio de 2004 señala, en este sentido, que el principio de la buena Administración comprende el derecho de defensa, la seguridad jurídica y la proscripción de incoación del procedimiento disciplinario de manea excesivamente extemporánea y adoptar una sanción disciplinaria sin esperar a la resolución firme del órgano jurisdiccional penal.

En materia de Derecho Sancionador Disciplinario, el derecho a una buena Administración, en opinión de Membiela, obliga a la Administración pública la agilidad procedimental en la investigación de presuntas irregularidades disciplinarias, violando dicho principio actuaciones disciplinarias dilatadas en el tiempo que causan daño moral. En este sentido, una sentencia del Tribunal de Primera Instancia de las Comunidades Europeas de 10 de junio de 2004 ha sentado que el conjunto de circunstancias que provocaron al demandante un menos cabo de su reputación y perturbaciones en su vida privada y le mantuvieron en una situación de incertidumbre prolongada constituyen un daño moral que debe ser reparado.

La sentencia del Tribunal de Primera Instancia de las Comunidades Europeas de 13 de marzo de 2003 recuerda una reiterada jurisprudencia comunitaria en cuya virtud existe un principio general, basado en las exigencias de la seguridad jurídica y la buena administración, que obliga a la Administración pública a ejercer sus facultades dentro de determinados límites temporales, precisamente en aras de la protección de la confianza legítima que en ella depositan los administrados.

Es exigencia también de la buena Administración, como señala la sentencia del Tribunal de Primera Instancia de las Comunidades Europeas de 27 de febrero de 2003, facilitar todas las informaciones pertinentes a la otra parte actuante de un procedimiento. Ocultar informaciones que obren en poder de la Administración durante el curso de un determinado procedimiento lesiona gravemente este derecho fundamental y, además, puede ser también una actuación constitutiva de ilícito administrativo y penal. Igualmente, una manifestación de buena Administración en materia disciplinaria, tal y como señala una sentencia del Tribunal de Primera Instancia de las Comunidades Europeas de 6 de julio de 2000, es tratar con dignidad respetando la reputación de los interesados mientras no hayan sido condenados.

En fin, el reconocimiento a nivel europeo del derecho fundamental a la buena administración constituye, además, un permanente recordatorio a las Administraciones pública, de que su actuación ha de realizarse con arreglo a unos determinados cánones o estándares que tienen como elemento medular la posición central del ciudadanos. Posición central del ciudadanos que ayudará a ir eliminando de la praxis administrativas toda esa panoplia de vicios y disfunciones que conforman la llamada mala administración.

La centralidad de los ciudadanos en el sistema del Derecho Administrativo ha permitido que en la Unión Europea, la Carta Europea de los Derechos Fundamentales haya reconocido el derecho fundamental de los ciudadanos europeos a la buena Administración pública, concretado en una determinada manera de administrar lo público caracterizada por la equidad, la objetividad y los plazos razonables. En este marco, en el seno del procedimiento, y con carácter general, la proyección de este derecho ciudadano básico, de naturaleza fundamental, supone la existencia de un elenco de principios generales y de un repertorio de derechos ciudadanos que en el procedimiento administrativo adquieren una relevancia singular. Estos derechos componen, junto con las consiguientes obligaciones, el estatuto jurídico del ciudadano ante la Administración pública.

Según el Código, y el propio Parlamento Europeo, que se han inspirado en el informe del Defensor del Pueblo Europeo de 1997, es mala administración la que se produce cuándo un organismo público no obra de conformidad con las normas o principios a los que debe obligatoriamente atenerse. Obviamente, los organismos no obran por si solos sino bajo las directrices o indicaciones de sus titulares. Los principios están en el seno del Código y ahora haremos a ellos referencia y también se hallan, de forma más genérica, en un documento elaborado por el Defensor del Pueblo Europeo, que es la institución más comprometida en la UE en materia de ética pública, precisamente en el año 2012 y de los que también daremos cuenta en esta parte del curso.

La propia Carta dispone en su artículo 43 que todo ciudadano de la UE o toda persona física o jurídica que resida o tenga su domicilio fiscal en un Estado miembro tiene derecho a someter al Defensor del Pueblo de la Unión los casos de mala administración en la acción de las instituciones u órganos comunitarios, con exclusión del Tribunal de Justicia y del Tribunal de Primera Instancia en el ejercicio de sus funciones jurisdiccionales. Siendo el precepto impecable, tiene un pequeño problema, que es el referido al uso del término acción para significar las actuaciones que pueden ser objeto de reclamación por haber lesionado este derecho fundamental. En lugar de acción, y para evitar problemas interpretativos, de manera que las omisiones y las inactividades también puedan desencadenar la reclamación ante el Defensor del Pueblo Europeo, debió haberse utilizado la expresión actuación, que incluye tanto decisiones expresas, como presuntas o inactividades, junto a vías de hecho. Esa fue, por ejemplo, la solución que se eligió para determinar el objeto de los procesos jurisdiccionales contra las Administraciones públicas tal y como dispone el artículo 106 de nuestra Constitución.

Es tal la relevancia del derecho fundamental a la buena administración, que el parlamento Europeo solicitó a la Comisión Europea que le presentara un reglamento en el que se concretaran las obligaciones que para las instituciones y órganos de la UE se derivaran de este derecho ciudadano. Tal reglamento, se dice en la introducción del defensor del Pueblo Europeo, sería de vital importancia pues subrayaría el carácter vinculante de las reglas y principios contenidos en el Código, que así se aplicarían de forma uniforme y consistente por todas las instituciones y órganos de la UE promoviendo así la transparencia.

Esta apreciación del Defensor del Pueblo Europeo acerca de la naturaleza jurídica del contenido del Código me parece fundamental. Por una razón sencilla, si las reglas y principios del Código, de eminente carácter ético no son de general observancia para todas las instituciones y órganos de la UE, entonces nos encontraríamos con unas consecuencias contradictorias en sí mismas. En efecto, si el Código no tuviera consecuencias jurídicas, sus principios y normas de conducta serían meras guías voluntarias para el quehacer público en las instituciones y órganos de la UE, cuándo constituyen evidentes principios básicos y fundamentales de la propia actuación administrativa. Su lesión y conculcación, en la medida en que constituyen transgresiones de la esencia misma de la función pública, de la función de servicio objetivo al interés general, deben ser sancionadas. Si la dimensión ética de la función pública no tiene relevancia jurídica, no podremos garantizar que el comportamiento de autoridades y funcionarios se ajuste y se oriente a las más elementales reglas y criterios del servicio público.

En el proyecto de Tratado Internacional por el que se instituye una Constitución para Europa, en el artículo III-398, encontramos la base normativa de primer nivel para la instauración, cuándo por fin tengamos dicha Constitución en vigor, de ese Derecho Administrativo Europeo fundado en el derecho fundamental a la buena administración de todos los europeos.

En dicho precepto, como sabemos, se señalaba que en el cumplimiento de sus funciones, las instituciones y órganos de la Unión Europea se apoyarán en una Administración abierta, eficaz e independiente. Dentro del respeto al Estatuto y al régimen adoptado con arreglo al artículo III-427, la ley europea establecerá las disposiciones a tal efecto.

Mientras formalmente no se apruebe dicho reglamento, el Defensor del Pueblo Europeo sigue trabajando en orden a transformar el Código en Derecho Administrativo Europeo. Tal objetivo es de gran trascendencia pues de esta manera existiría un cuerpo normativo uniforme para todas las instituciones y órganos de la UE en lo que se refiere a los principios que rigen sus relaciones con los ciudadanos. En este sentido, la elaboración en 2012, por parte del Defensor del Pueblo Europeo, de los principios de la función pública de la UE es una muy buena herramienta pues ayuda a dar mayor difusión y conocimiento a los principios básicos establecidos en el Código que se derivan del fundamental derecho a la buena administración establecido en el artículo 41 de la Carta Europea de los Derechos Fundamentales.

Por lo que se refiere al aludido Código Europeo de Buena Conducta, aprobado por el Parlamento Europeo en septiembre de 2001, poco tiempo después de la Carta Europea de los Derechos Fundamentales (diciembre de 2000), es necesario señalar que es un instrumento magnífico para que el Defensor del Pueblo compruebe la existencia de casos de mala administración cuándo así se le solicite, cumpliendo cabalmente de esta manera la función de control externo de la actuación de las instituciones y órganos de la UE que tiene encomendad. En efecto, esta función la realiza el Defensor del pueblo de acuerdo con el artículo 195 del Tratado de la CE y con el Estatuto del propio Defensor.

La virtualidad del Código es que permite a los ciudadanos de la UE conocer en la realidad práctica en qué consiste este derecho fundamental, que significa en concreto y en qué casos se lesiona por parte de las Autoridades de la unión. Aunque el Defensor del Pueblo asegura, enero de 2005, que muchos países se han inspirado en el Código para redactar los Códigos nacionales y que se ha hecho una extensa e intensa labor de difusión, lo cierto y verdad es que la simple opinión que existe en la ciudadanía acerca de la UE y de sus instituciones es suficiente elocuente del conocimiento real que tienen los pueblos europeos de este derecho fundamental y de sus consecuencias.

En realidad, la mala administración es más detectada en el seno de las Administraciones internas, sean nacionales, regionales o locales, que en el ámbito de la Unión Europea, algo que resulta ciertamente sorprendente. En todo caso, a través del fortalecimiento de la posición jurídica de los ciudadanos a partir del reconocimiento y efectividad del derecho fundamental a la buena administración se podrá contribuir decisivamente a que la reforma que precisa de la Administración no sea tanto consecuencia de la presión externa como de la iniciativa de los ciudadanos. Así, es evidente que será más difícil volver a una crisis de las proporciones de la actual en relación con las instituciones públicas.

El 10 de octubre de 2013 el CLAD (Centro latinoamericano de Administración para el Desarrollo), fiel a su tradición, aprobó en su seno la llamada Carta Iberoamericana de los Derechos y Deberes del Ciudadano en relación con la Administración Pública (CIDYDCAP). El borrador me fue encargado por la secretaría general del CLAD y, con las mejoras introducidas por los responsables de función pública de la región, pienso que constituye el reflejo del compromiso que existe en esta parte del mundo en relación con una Administración pública más humana, más justa, más cercana a la ciudadanía, a la que debe servir en sus necesidades públicas.

En efecto, esta Carta, como el lector podrá observar de su lectura, reconoce el derecho fundamental a la buena Administración pública. En este sentido, va más allá que lo dispuesto en el Ordenamiento jurídico europeo pues el contenido de este documento del CLAD trasciende, y supera, la regulación europea establecida en el artículo 41 de la Carta Europea de los Derechos Fundamentales de la Persona.

En el preámbulo, la Carta (CIDYDCAP) afirma que "El Estado Social y Democrático de Derecho otorga una posición jurídica a la persona, un estatus de ciudadano en sus relaciones con la Administración Pública. En efecto, ahora los ciudadanos ya no son sujetos inertes, simples receptores de bienes y servicios públicos; son protagonistas principales de los asuntos de interés general y disponen de una serie de derechos, siendo el fundamental el derecho a una buena Administración Pública, a una Administración Pública que promueva la dignidad humana y el respeto a la pluralidad cultural. En efecto, la Administración Pública, en sus diferentes dimensiones territoriales y funcionales, está al servicio de la persona atendiendo las necesidades públicas en forma continua y permanente con calidad y calidez".

Este parágrafo primero del preámbulo reconoce, como no podía ser de otra manera, la funcionalidad del ciudadano en el modelo del Estado social y democrático de Derecho. Si el Estado es la comunidad política jurídicamente articulada sobre un territorio para garantizar y promover el libre desarrollo de la persona, es lógico, todavía más, es una exigencia, la existencia de un auténtico derecho fundamental, de un auténtico derecho humano, el de la buena administración pública.

Por otra parte, si reconocemos, como implícitamente admite la Carta (CI-DYDCAP), que los poderes del Estado son de la titularidad y propiedad ciudadana, es lógico que quienes los ejercen temporalmente por mandato del pueblo, a él deban permanentemente dar cuenta del encargo recibido. De ahí que como señala el parágrafo segundo de la Carta, "Los poderes del Estado derivan del consentimiento de los ciudadanos, debiéndose buscar un equilibrio entre dichos poderes como entre derechos y deberes de las personas. En su representación, legisladores, ejecutivos y jueces ejercen el poder que les corresponde. Como administradores y gestores de estos poderes del Estado, deben rendir cuenta permanentemente de su ejercicio ante toda la ciudadanía a través de los diferentes mecanismos que los ordenamientos jurídicos nacionales establecen"

La aspiración a una Administración Pública que contribuya a un mejor servicio objetivo al interés general no es algo propio de este tiempo. Es una exigencia de la misma existencia de la Administración Pública, y desde siempre, de una u otra forma, se ha tratado de poner a disposición de los habitantes de un aparato administrativo comprometido con el libre y solidario desarrollo de las personas. En este sentido, el preámbulo de la Carta (CIDYD-CAP) sigue señalando que "en el marco del complejo Gobierno-Administración Pública, núcleo en el que se realiza la definición e implementación de las políticas públicas propias del Poder Ejecutivo, ha ido cobrando especial relieve en los últimos tiempos la obligación de las instancias públicas de proceder a una buena Administración Pública, aquella que se dirige a la mejora integral de las condiciones de vida de las personas. La buena Administración Pública es, pues, una obligación inherente a los Poderes Públicos en cuya virtud el quehacer público debe promover los derechos fundamentales de las personas fomentando la dignidad humana de forma que las actuaciones administrativas armonicen criterios de objetividad, imparcialidad, justicia y equidad, y sean prestadas en plazo razonable".

He aquí una caracterización de la buena Administración Pública como obligación de los Poderes Públicos, una caracterización más amplia y completa que la establecida en el artículo 41 de la Carta Europea de los Derechos Fundamentales de la Persona de 8 de diciembre de 2000. Una simple comparativa de las dos versiones enseña que en la Carta Iberoamericana aparece la nota de la objetividad y la de la justicia, algo que no acontece en la Norma europea, que se concentra en la imparcialidad, equidad y el plazo razonable.

La propia Carta (CIDYDCAP) subraya la capitalidad del ser humano como centro y raíz del Estado, y por ende de la Administración Pública: "Desde la centralidad del ser humano, principio y fin del Estado, el interés general debe estar administrado de tal forma que en su ejercicio las diferentes Administraciones Públicas hagan posible el libre y solidario desarrollo de cada persona en sociedad. Es decir, hace a la condición de la persona, es inherente al ser humano, que el Gobierno y la Administración del interés general se realice en forma que sobresalga la dignidad y todos los derechos fundamentales del ciudadano".

En este parágrafo se justifica sólidamente el carácter de derecho humano del derecho a la buena Administración Pública, un derecho del que forman parte un conjunto de derechos derivados o derechos integrantes, que, como el derecho fundamental, deben gozar de la mayor protección jurisdiccional.

La buena Administración Pública puede ser concebida como obligación de los Poderes Públicos, como derecho humano y, también, como no, como principio general del Derecho Público y de la Ciencia de la Administración Pública. Extremo que explica también claramente el preámbulo de la Carta (CIDYDCAP): "La buena Administración Pública adquiere una triple funcionalidad.

En primer término, es un principio general de aplicación a la Administración Pública y al Derecho Administrativo. En segundo lugar, es una obligación de toda Administración Pública que se deriva de la definición del Estado Social y Democrático de Derecho, especialmente de la denominada tarea promocional de los poderes públicos en la que consiste esencialmente la denominada cláusula del Estado social: crear las condiciones para que la libertad y la igualdad de la persona y de los grupos en que se integra sean reales y efectivas, removiendo los obstáculos que impidan su cumplimiento y facilitando la participación social. En tercer lugar, desde la perspectiva de la persona, se trata de un genuino y auténtico derecho fundamental a una buena Administración Pública, del que se derivan, como reconoce la presente Carta, una serie de derechos concretos, derechos componentes que definen el estatuto del ciudadano en su relación con las Administraciones Públicas y que están dirigidos a subrayar la dignidad humana".

En realidad, la caracterización de la buena Administración, sea cuál sea su funcionalidad concreta, responde, eso lo sabemos muy bien los conocedores de la Constitución del Reino de España, a la principal tarea de la Administración Pública: el servicio objetivo al interés general:" La buena Administración Pública, sea como principio, como obligación o como derecho fundamental, no es ciertamente una novedad de este tiempo. La Administración Pública siempre ha estado, está, y seguirá estando, presidida por el muy noble y superior principio de servir con objetividad al interés general. Ahora, con más medios materiales y más personal preparado, tal exigencia en el funcionamiento y estructura de la Administración Pública implica que el conjunto de derechos y deberes que definen la posición jurídica del ciudadano esté más claramente reconocido en el ordenamiento jurídico y, por ende, sea mejor conocido por todos los ciudadanos." (Preámbulo CIDYDCAP)

En el Estado democrático, los intereses generales, es bien sabido, y bien reiterado a lo largo de este trabajo, ya no son objeto de definición patrimonial o monopolística por parte del Estado o de la Administración Pública. Más bien, tal definición se produce en el marco de un proceso dinámico de diálogo e interacción entre Poderes Públicos y agentes ciudadanos. De esta manera se evita esa versión unilateral, de fuerte sabor iluminista, a partir de la cual el funcionario público, que tantas veces se considera dueño y señor de los procedimientos y las instituciones, termina por pensar, y actuar consecuentemente, como soberano del interés general. Por eso, la Carta (CIDYDCAP) señala también en su preámbulo, que "La Administración Pública debe estar al servicio objetivo de los intereses generales. Unos intereses que en el Estado Social y Democrático de Derecho ya no se definen unilateralmente por las Administraciones Públicas. Por el contrario, los Poderes Públicos deben salir al encuentro de los ciudadanos para que de forma integrada y armónica se realice la gran tarea constitucional de la construcción democrática, profundamente humana, solidaria y participativa, de las políticas públicas. Una función que en este tiempo debe diseñarse desde las coordenadas de la participación social, tal y como se puso de relieve en la precedente Carta Iberoamericana de Participación Ciudadana en la Gestión Pública adoptada en Estoril el 1 de diciembre de 2009 por la XIX Cumbre Iberoamericana de Jefes de Estado y de Gobierno a iniciativa precisamente del Centro Latinoamericano de Administración para el Desarrollo".

El derecho fundamental a la buena Administración Pública y sus derechos componente, junto a los deberes de los mismos ciudadanos, deben ser objeto de autoconocimiento por los habitantes pues en la media en que las personas sean conscientes realmente de su posición medular en el sistema político y administrativo, entonces es posible que estemos en el momento de la verdadera reforma administrativa, que sin participación ciudadana, no es más que un precipitado de diversas dimensiones tecnocráticas por muy plurales y multidimensionales que sean. Por eso, la Carta (CIDYDCAP) señala con nitidez en el preámbulo que "En la medida que la ciudadanía ponga en valor su condición central en el sistema público, más fácil será que pueda exigir un funcionamiento de calidad de las Administraciones públicas. Si el ciudadano reclama ordinariamente, y de forma extraordinaria cuando sea menester, los derechos que se derivan del fundamental a una buena Administración Pública, el hábito de la rendición de cuentas y de la motivación de todas las decisiones de los poderes del Estado será una realidad".

En efecto, la rendición de cuentas como exigencia ciudadana es ciertamente distinta que la rendición de cuentas como expresión del quehacer de los entes públicos. Es más, una Administración que asume con habitualidad la motivación de sus decisiones, que es reacia a la oscuridad y que busca siempre y en todo atender objetivamente las necesidades colectivas de los habitantes, es una Administración profundamente democrática que se legitima en función de la calidad de la justificación de su actuación.

En definitiva, como señala acertadamente la Carta (CIDYDCAP), "El estatuto del ciudadano en relación con la Administración Pública está compuesto por el derecho fundamental a la buena administración y sus derechos componentes, así como por los deberes que definen también la posición jurídica del ciudadano. Derechos y deberes son expresiones de la naturaleza dinámica y activa que hoy el Estado Social y Democrático de Derecho demanda de los ciudadanos en sus relaciones con las Administraciones Públicas".

En efecto, el reconocimiento del derecho fundamental a una buena Administración Pública, así como sus derechos integrantes, sería incompleto si no se hiciera referencia a los deberes y obligaciones que graban sobre los propios ciudadanos. Como señala el preámbulo de la Carta (CIDYDCAP), "Todas las Constituciones Iberoamericanas hacen referencia, desde una perspectiva general, a los deberes de los ciudadanos a cumplir las leyes, a promover el bien común y a colaborar con los poderes públicos en aras de la consecución del interés general. Y en las principales leyes administrativas de la región encontramos referencias expresas a dichos deberes aplicados a la relación con la Administración Pública en el marco del procedimiento administrativo".

En la Carta (CIDYDCAP), antes de la caracterización del derecho fundamental a la buena Administración Pública y de sus derechos componentes, se hace referencia a los principio por una elemental razón. El derecho humano a la buena Administración se levanta sobre el solar de los principios básicos del Derecho Administrativo y de la Administración y, los derechos componentes, como se puede colegir fácilmente, se encuentran en buena medida desperdigados por las diferentes leyes administrativas de la región. Así también lo ha entendido la Carta (CIDYDCAP) cuándo en la parte final del preámbulo señala que "Por lo que se refiere a los principios sobre los que descansa el derecho fundamental de la persona a una buena Administración Pública, máxima expresión de la función de dignificación humana propia de los Poderes Públicos, es menester tener presente que todas las leyes administrativas que se han promulgado en Iberoamérica disponen de relevantes elencos y repertorios. Igualmente, muchos de los denominados derechos componentes del derecho fundamental a una buena Administración Pública están recogidos en las principales normas que regulan el régimen jurídico de la Administración Pública y el procedimiento administrativo en los diferentes países iberoamericanos".

La Carta (CIDYDCAP) no es una Norma jurídica de obligatorio cumplimiento, tal y como lo expresa el último parágrafo del preámbulo: "La presente Carta constituye un marco de referencia que posibilita, en la medida en que no se oponga a lo dispuesto en las legislaciones de cada uno de los países de la región, una ordenación de los derechos y deberes del ciudadano en relación con la Administración Pública, los cuales pueden adecuarse a las particularidades de las normas relacionadas a la Administración Pública y a la idiosincrasia de cada uno de los países iberoamericanos".

"La Carta de los Derechos y Deberes del Ciudadano en relación con la Administración Pública tiene como finalidad el reconocimiento del derecho fundamental de la persona a la buena Administración Pública y de sus derechos y deberes componentes. Así, los ciudadanos iberoamericanos podrán asumir una mayor conciencia de su posición central en el sistema administrativo y, de esta forma, poder exigir de las autoridades, funcionarios, agentes, servidores y demás personas al servicio de la Administración Pública, actuaciones caracterizadas siempre por el servicio objetivo al interés general y consecuente promoción de la dignidad humana". En el punto 1 de la Carta (CIDYDCAP), transcrito al principio de este párrafo, se expone con meridiana claridad su objeto, que no es otro que dar carta de naturaleza de derecho humano, con todas sus consecuencias, al derecho fundamental de la persona a una buena Administración Pública. Un derecho humano que obligará a que todas las actuaciones administrativas, cualquiera que sea su naturaleza, se caractericen por el servicio objetivo al interés general y consecuente promoción de la dignidad humana. Es más, una actuación administrativa que no se oriente al servicio objetivo del interés general nunca podrá promover la dignidad humana.

A renglón seguido comienza la exposición de los principios, que deben entenderse , como dispone el punto 2 de la Carta (CIDYDCAP), en "el marco del respeto de los postulados del buen funcionamiento de las instituciones públicas y de la observación estricta del Ordenamiento Jurídico", contexto en el que debe afirmarse que "la Administración Pública sirve con objetividad al interés general y actúa con pleno sometimiento a las leyes y al Derecho, especialmente en sus relaciones con los ciudadanos, de acuerdo con los principios expuestos en los siguientes preceptos, que constituyen la base del derecho fundamental a la buena Administración Pública en cuanto este está orientado a la promoción de la dignidad humana" (punto 2)

El principio de servicio objetivo a los ciudadanos se proyecta, según lo dispuesto en el punto 2, "a todas las actuaciones administrativas y de sus agentes, funcionarios y demás personas al servicio de la Administración Pública, sean expresas, tácitas, presuntas, materiales –incluyendo la inactividad u omisión- y se concreta en el profundo respeto a los derechos e intereses legítimos de los ciudadanos, que habrá de promover y facilitar permanentemente. La Administración Pública y sus agentes, funcionarios y demás personas al servicio de la Administración Pública deben estar a disposición de los ciudadanos para atender los asuntos de interés general de manera adecuada, objetiva, equitativa y en plazo razonable".

En el apartado 3 se define el principio promocional de los poderes públicos, que "se dirige a la creación de las condiciones necesarias para que la libertad y la igualdad de los ciudadanos iberoamericanos y de los grupos en que se integran sean reales y efectivas, removiendo los obstáculos que impidan su cumplimiento y fomentando la participación ciudadana a fin de que los ciudadanos contribuyan activamente a definir el interés general en un marco de potenciación de la dignidad humana". Este principio, como sabemos, es la expresión administrativa de la cláusula del Estado social y democrático de Derecho.

En el punto 4 se hacer referencia al principio de racionalidad, que "se extiende a la motivación y argumentación que debe caracterizar todas las actuaciones administrativas, especialmente en el marco del ejercicio de las potestades discrecionales". Este principio es uno de los más importantes para la existencia de una Administración comprometida realmente con la democracia y el Estado de Derecho pues en buena medida se puede afirmar que el compromiso con los derechos humanos de una Administración Pública se mide por la calidad y rigor de las motivaciones de sus decisiones.

En el apartado 5 se trata del principio de igualdad de trato, en cuya virtud "todos los ciudadanos serán tratados de manera igual, garantizándose, con expresa motivación en los casos concretos, las razones que puedan aconsejar la diferencia de trato, prohibiéndose expresamente toda forma de discriminación cualquiera que sea su naturaleza". Este principio debe facilitarse especialmente a las personas con capacidades especiales o diferentes: "Las Administraciones Públicas deberán realizar los ajustes tecnológicos y físicos necesarios para asegurar que este principio llegue efectivamente a los ciudadanos con especiales dificultades, especialmente a las personas con capacidades especiales o capacidades diferentes".

En el apartado 6 se hace referencia al principio de eficacia, "en cuya virtud las actuaciones administrativas deberán realizarse, de acuerdo con el personal asignado, en el marco de los objetivos establecidos para cada ente público, que siempre estarán ordenadas a la mayor y mejor satisfacción de las necesidades y legítimas expectativas del ciudadano." La Administración Pública debe ser guiada en atención a objetivos en los que los ciudadanos han de tener presencia en el marco de las preferencias electorales que ha de concretar el Gobierno salido de las elecciones. Sin objetivos es difícil que la Administración Pública sirva con objetividad los intereses generales.

La eficacia según la Carta (CIDYDCAP) también se ordena a eliminar y remover las dificultades que impiden que las actuaciones administrativas cumplan los fines previstos. Así en el mismo punto 6, la Carta (CIDYDCAP) dispone que "las Autoridades buscarán que los procedimientos y las medidas adoptadas logren su finalidad y, para ello, procurarán remover de oficio los obstáculos puramente formales y evitarán las dilaciones y los retardos, buscando la compatibilidad con la equidad y el servicio objetivo al interés general. En esta materia será de aplicación, de acuerdo con los diferentes ordenamientos jurídicos, el régimen de responsabilidad del personal al servicio de la Administración Pública.". En la medida en que se identifique al funcionario responsable de cada procedimiento, será más sencillo derivar la responsabilidad que en que pudiera incurrir como consecuencia de dilaciones y retardos indebidos, sin justificación alguna.

El principio de eficiencia atiende a la consecución de los objetivos establecidos con el menor coste posible, y según el apartado 7, "obliga a todas las autoridades y funcionarios a optimizar los resultados alcanzados en relación con los recursos disponibles e invertidos en su consecución en un marco de compatibilidad con la equidad y con el servicio objetivo al interés general.". Es decir, la eficiencia debe tener presente, para alcanzar los resultados esperados, los recursos, personales y materiales, disponibles en un marco en el que la equidad y el servicio objetivo al interés general sean criterios determinantes. Esto es así porque la Administración no es una organización que se mueva por el lucro o el beneficio económico, sino por la rentabilidad social.

De acuerdo con el principio de economía, apartado 8, "el funcionamiento de la Administración Pública estará guiado por el uso racional de los recursos públicos disponibles (…) de manera que el "gasto público se realizará atendiendo a criterios de equidad, economía, eficiencia y transparencia". El gasto público debe, pues, realizarse en un contexto de equilibrio y complementariedad entre los principios de eficacia, eficiencia y equidad, siempre de forma transparente.

En virtud del principio de responsabilidad, según el punto 9, "la Administración Pública responderá de las lesiones en los bienes o derechos de los ciudadanos ocasionados como consecuencia del funcionamiento de los servicios públicos o de interés general de acuerdo con el ordenamiento jurídico correspondiente.". Como es lógico, la Carta (CIDYDCAP) no entra en la cuestión de si las lesiones deben ser consecuencia del funcionamiento anormal o irregular de los servicios públicos, optando por la regla general de la responsabilidad por actuaciones administrativas que lesionen, sin más, los bienes o derechos de los ciudadanos.

Los ciudadanos son los dueños y señores del poder público y por ende quienes lo ejercen en su nombre deben dar cuentas a la ciudadanía permanentemente de cómo lo administran. Por eso, en el punto 10, de acuerdo con el principio de evaluación permanente de la Administración Pública, "ésta, tenderá a adecuar su estructura, funcionamiento y actividad, interna y externa, a la identificación de oportunidades para su mejora continua, midiendo de forma objetiva el desempeño de sus estructuras administrativas.".

En el apartado 11, se impone a la Administración Pública que asegure la "universalidad, asequibilidad y calidad de los servicios públicos y de interés general con independencia de la ubicación geográfica de los ciudadanos y del momento en que estos precisen el uso de dichos servicios por parte de las

Administraciones Públicas con presencia territorial.". En el caso de los servicios públicos va de suyo, y en el caso de los servicios de interés general es consecuencia de propia naturaleza de estos servicios que exigen que el Estado, a través de los medios más pertinentes, preserve también la continuidad de estos servicios garantizando su universalidad, asequibilidad y calidad.

El ethos de la Administración Pública es obvio pues ésta se dedica al servicio objetivo del interés general. No sólo estructuralmente sino también a través de las personas que laborar en su interior. De ahí que el apartado 12 se refiera al principio de ética, "en cuya virtud todas las personas al servicio de la Administración pública deberán actuar con rectitud, lealtad y honestidad, promoviéndose la misión de servicio, la probidad, la honradez, la integridad, la imparcialidad, la buena fe, la confianza mutua, la solidaridad, la transparencia, la dedicación al trabajo en el marco de los más altos estándares profesionales, el respeto a los ciudadanos, la diligencia, la austeridad en el manejo de los fondos y recursos públicos así como la primacía del interés general sobre el particular.".

La cláusula del Estado democrático implica la participación y presencia ciudadana en el análisis y evaluación de las políticas públicas. Por eso el punto 13 de la Carta (CIDYDCAP) hace referencia al principio de participación, "en cuya virtud los ciudadanos, en el marco de lo dispuesto en la Carta Iberoamericana de Participación Ciudadana en la Gestión Pública, podrán, según la legislación interna de cada país, estar presentes e influir en todas las cuestiones de interés general a través de los mecanismos previstos en los diferentes ordenamientos jurídicos de aplicación. Igualmente, se propiciará que los ciudadanos participen en el control de la actividad administrativa de acuerdo con la Legislación administrativa correspondiente". Debe subrayarse que la Carta deja la puerta abierta a la función de control de la actividad administrativa general por parte ciudadana, lo que obviamente se regulará en la legislación general administrativa de cada país.

Dicha participación, como es lógico, tiene una relevancia especial cuándo se refiere a la elaboración de las normas administrativas. De ahí que la parte final de este apartado señala que "de igual manera, la Administración Pública facilitará que los ciudadanos interesados participen, individual o colectivamente, también a través de sus legítimos representantes, en el procedimiento de elaboración de las normas administrativas que puedan afectarles."

En el punto 14, consecuencia también de la función de servicio a la ciudadanía que acompaña a la Administración en todo su quehacer, se hace referencia a los "principios de publicidad y claridad de las normas, de los procedimientos y del entero quehacer administrativo en el marco del respeto del derecho a la intimidad y de las reservas que por razones de confidencialidad o interés general, que serán objeto de interpretación restrictiva".

Consecuencia de lo expuesto en el parágrafo anterior es, como dispone la Carta (CIDYDCAP) en este punto, que "las autoridades procurarán dar a conocer a los ciudadanos y a los interesados, de forma sistemática y permanente, según las diferentes legislaciones de cada uno los países de la región, sus actos, contratos y resoluciones, mediante comunicaciones, notificaciones y publicaciones, incluyendo el empleo de tecnologías que permitan difundir de forma masiva tal información.".

En el apartado 15, se reconocen los "principio de seguridad jurídica, de previsibilidad, claridad y certeza normativa, en cuya virtud la Administración Pública se somete al Derecho vigente en cada momento, sin que pueda variar arbitrariamente las normas jurídicas." La claridad de las normas administrativas trae consigo, como señala más adelante este apartado que

> "la Administración Pública procurará usar en la elaboración de las normas y actos de su competencia un lenguaje y una técnica jurídica que tienda, sin perder el rigor, a hacerse entender por los ciudadanos."

La denominada actividad administrativa de policía, ordenación o limitación especialmente, demanda la aplicación del principio de proporcionalidad, establecido en el punto 16 de la Carta (CIDYDCAP), en cuya virtud " las decisiones administrativas deberán ser adecuadas al fin previsto en el ordenamiento jurídico, dictándose en un marco de justo equilibrio entre los diferentes intereses en presencia y evitándose limitar los derechos de los ciudadanos a través de la imposición de cargas o gravámenes irracionales o incoherentes con el objetivo establecido."

La Administración actúa, bien lo sabemos, en virtud de normas. Por eso, apartado 17 de la Carta (CIDYDCAP), el principio de ejercicio normativo del poder "significa que los poderes deberán ejercerse, única y exclusivamente, para la finalidad prevista en las normas de otorgamiento, prohibiéndose el abuso o exceso de poder, sea para objetivos distintos de los establecidos en las disposiciones generales o para lesionar el interés general."

En virtud del "principio de objetividad, fundamento de los principios de imparcialidad e independencia, las autoridades y funcionarios, así como todas las personas al servicio de la Administración Pública, deberán abstenerse de toda actuación arbitraria o que ocasione trato preferente por cualquier motivo, actuando siempre en función del servicio objetivo al interés general, prohibiéndose la participación en cualquier asunto en el que él mismo, o personas o familiares próximos, tengan cualquier tipo de intereses o en los que pueda existir conflicto de intereses según el ordenamiento jurídico correspondiente." (Apartado 18)

El principio de buena fe también se proyecta sobre la Administración Pública, por lo que el punto 19, señala que en su virtud, "las autoridades y los ciudadanos presumirán el comportamiento legal y adecuado de unos y otros en el ejercicio de sus competencias, derechos y deberes."

La Administración Pública, como está al servicio de los ciudadanos, debe facilitar todo lo que pueda las relaciones de éstos con el Poder público. Por eso, el punto de 20 dispone que "de acuerdo con el principio de facilitación los ciudadanos encontrarán siempre en la Administración Pública las mejores condiciones de calidez, amabilidad, cordialidad y cortesía para la tramitación y asesoramiento de los asuntos públicos que les afecten".

En este sentido, las innovaciones tecnológicas han de estar orientadas a esta finalidad, por lo que, como establece la Carta (CIDYDCAP) al final de este apartado, "en estos casos, el uso de las TICS facilita la tramitación de numerosos procedimientos y permite de forma puntual conocer en cada momento el estado de la tramitación así como solventar las dudas que puedan tener los interesados."

La resolución de los asuntos públicos en plazo razonable justifica el principio de "celeridad, en cuya virtud las actuaciones administrativas deberán realizarse optimizando el uso del tiempo, resolviendo los procedimientos en un plazo razonable que será el que corresponda de acuerdo con la dotación de personas y de medios materiales disponibles y de acuerdo con el principio de servicio objetivo al interés general, así como en función de las normas establecidas para tal fin". (punto 21)

La centralidad del ciudadano y su condición capital en el sistema política y administrativo, en cuanto dueño y señor de los poderes públicos, justifica el principio de transparencia y acceso a la información de interés general: establecido en el apartado 22: "el funcionamiento, actuación y estructura de la Administración Pública deberá ser accesible a todos los ciudadanos, de manera que éstos, de acuerdo con la protección del derecho a la intimidad y de las declaraciones motivadas de reserva por razones de interés general, puedan conocer en todo momento, gracias a la existencia de archivos adecuados, la información generada por las Administraciones Públicas, por las organizaciones sociales que manejen fondos públicos y por todas aquellas instituciones que realicen funciones de interés general de acuerdo con la legislación respectiva".

Las nuevas tecnologías, dice la Carta (CIDYDCAP), tienen también gran importancia para facilitar dichos principios: "Las Autoridades deberán impulsar de oficio los procedimientos y procurarán usar las TICS a los efectos de que los procedimientos se tramiten con diligencia y sin dilaciones injustificadas de acuerdo con los enunciados de la Carta iberoamericana del Gobierno Electrónico. Igualmente, se procurará potenciar el uso de estándares abiertos para facilitar la difusión y reutilización de la información pública o de interés general". (apartado 22 in fine)

En este tiempo, las técnicas de limitación y ordenación a las que la Administración Pública puede someter las actividades de las personas deben respetar el principio establecido en el punto 23: el principio de protección de la intimidad, "de forma que las personas al servicio de la Administración Pública que manejen datos personales respetarán la vida privada y la integridad de las personas de acuerdo con el principio del consentimiento, prohibiéndose, de acuerdo con los ordenamientos jurídicos correspondientes, el tratamiento de los datos personales con fines no justificados y su transmisión a personas no autorizadas".

Finalmente, apartado 24, el principio de debido proceso implica que" las actuaciones administrativas se realizarán de acuerdo con las normas de procedimiento y competencia establecidas en los ordenamientos superiores de cada uno de los países miembros, con plena garantía de los derechos de representación, defensa y contradicción".

Tras señalar el punto 25 que "los ciudadanos son titulares del derecho fundamental a la buena Administración Pública, que consiste en que los asuntos de naturaleza pública sean tratados con equidad, justicia, objetividad, imparcialidad, siendo resueltos en plazo razonable al servicio de la dignidad humana", la Carta reconoce que "el derecho fundamental a la buena Administración Pública se compone, entre otros, de los derechos señalados en los artículos siguientes, que se podrán ejercer de acuerdo con lo previsto por la legislación de cada país".

Estos derechos componentes que señala Carta (CIDYDCAP), se encuentran en los apartados subsiguientes y, son, de forma resumida los siguientes.

1. Derecho a la motivación de las actuaciones administrativas.

2. Derecho a la tutela administrativa efectiva.

3. Derecho a una resolución administrativa amparada en el ordenamiento jurídico, equitativa y justa, de acuerdo con lo solicitado y dictada en los plazos y términos que el procedimiento señale.

4. Derecho a presentar por escrito o de palabra peticiones de acuerdo con lo que se establezca en las legislaciones administrativas de aplicación, en los registros físicos o informáticos.

5. Derecho a no presentar documentos que ya obren en poder de la Administración Pública, absteniéndose de hacerlo cuando estén a disposición de otras Administraciones públicas del propio país.

6. Los ciudadanos tienen derecho a no presentar documentos cuando éstos se encuentren a disposición de la Administración Pública.

7. Derecho a ser oído siempre antes de que se adopten medidas que les puedan afectar desfavorablemente.

8. Derecho de participación en las actuaciones administrativas en que tengan interés, especialmente a través de audiencias y de informaciones públicas.

9. Derecho a servicios públicos y de interés general de calidad.

10. Derecho a conocer y a opinar sobre el funcionamiento y la calidad de los servicios públicos y de responsabilidad administrativa.

11. Derecho a formular alegaciones en el marco del procedimiento administrativo.

12. Derecho a presentar quejas, reclamaciones y recursos ante la Administración Pública.

13. Derecho a denunciar los actos con resultado dañoso que sufran en cualquiera de sus bienes y derechos producidos por los entes públicos en el ejercicio de sus funciones.

14. Derecho a conocer las evaluaciones de gestión que hagan los entes públicos y a proponer medidas para su mejora permanente de acuerdo con el ordenamiento jurídico correspondiente.

15. Derecho de acceso a la información pública y de interés general, así como a los expedientes administrativos que les afecten en el marco del respeto al derecho a la intimidad y a las declaraciones motivadas de reserva que habrán de concretar el interés general en cada supuesto en el marco de los correspondientes ordenamientos jurídicos.

16. Derecho a copia sellada de los documentos que presenten a la Administración Pública.

17. Derecho de ser informado y asesorado en asuntos de interés general.

18. Derecho a ser tratado con cortesía y cordialidad.

19. Derecho a conocer el responsable de la tramitación del procedimiento administrativo.

20. Derecho a conocer el estado de los procedimientos administrativos que les afecten.

21. Derecho a ser notificado por escrito en los plazos y términos establecidos en las disposiciones correspondientes y con las mayores garantías, de las resoluciones que les afecten.

22. Derecho a participar en asociaciones o instituciones de usuarios de servicios públicos o de interés general.

23. Derecho a exigir el cumplimiento de las responsabilidades de las personas al servicio de la Administración Pública y de los particulares que cumplan funciones administrativas de acuerdo con el ordenamiento jurídico respectivo.

La Carta (CIDYDCAP), recuerda también, que el ejercicio del derecho fundamental a la buena Administración Pública, supone el ejercicio de deberes, pues sin deberes no puede haber derechos. En concreto, la Carta se refiere a los siguientes:

En primer lugar, los ciudadanos deberán acatar con lealtad la Constitución, las Leyes así como el entero Ordenamiento jurídico con arreglo a las exigencias de un Estado de Derecho.

En segundo término, los ciudadanos habrán de actuar siempre de acuerdo con el principio de buena fe, tanto en el uso de la información obtenida de la Administración Pública, la cual deberá ser utilizada con interés legítimo, como así también abstenerse del uso de maniobras dilatorias en todo procedimiento o actuación en relación con dicha Administración Pública.

Tercero, los ciudadanos tienen la obligación de ser veraces en todas sus relaciones con la Administración Pública, evitando toda afirmación o aportación falsa o temeraria a sabiendas.

En cuarto lugar, los ciudadanos deben ejercer con la máxima responsabilidad los derechos que les reconoce el ordenamiento jurídico, absteniéndose de reiterar solicitudes improcedentes o impertinentes o de presentar acciones que representen erogaciones innecesarias de los recursos del Estado.

Quinto, los ciudadanos observarán en todo momento un trato respetuoso con las autoridades, funcionarios y con todo el personal al servicio de la Administración Pública.

Y, en sexto y último término, los ciudadanos deberán colaborar siempre y en todo momento al buen desarrollo de los procedimientos y actuaciones administrativas, cumpliendo diligentemente todas las obligaciones razonables y justas que les impone el ordenamiento jurídico, especialmente en materia tributaria, reconociendo los costos establecidos para la atención demandada.

Finalmente, como colofón, la Carta (CIDYDCAP) dispone que el derecho fundamental de la persona a la buena administración pública y sus derechos componentes tendrán la protección administrativa y jurisdiccional de los derechos humanos previstos en los diferentes ordenamientos jurídicos.

V
EL DERECHO ADMINISTRATIVO GLOBAL

La existencia de Derecho Administrativo Global, mejor Regulación Administrativa Global es, a día de hoy, y a pesar de su escaso grado de maduración, una realidad indudable. En efecto, la ausencia de un sistema de fuentes, de principios y, sobre todo, de un Ordenamiento jurídico-administrativo global es causa de que la gobernanza o gobernabilidad pública, y sobre todo, el modelo financiero y económico global que le sirve de cobertura, haya campado a sus anchas durante un tiempo en que, efectivamente, la regulación en la dimensión universal y global ha brillado por su ausencia. Aquí encontramos una de las causas más intensas de la crisis económica y financiera: que el Derecho Público no ha sido capaz, por su tendencia al inmovilismo, de salir al paso de un mundo que le ha sacado muchos cuerpos de ventaja.

En efecto, mientras el afán de lucro y la obsesión por el beneficio a alcanzar en el más breve plazo de tiempo posible han sido los reyes y señores del panorama general, las cosas han derivado hacia los desmanes y tropelías que estamos contemplando en este tiempo. Todo porque el Derecho Público, al menos en esta materia, no ha sido capaz de ofrecer técnicas e instituciones comprometidas con la libertad solidaria. Incluso, en ocasiones, quienes debieran haber levantado la bandera de la justicia y de la racionalidad, se dejaron comprar por las exigencias y dictados por ese capitalismo salvaje que tantos estragos ha causado al Estado y, sobre todo, a los ciudadanos de carne y hueso.

El Derecho Administrativo Global, toda vía "in fieri", no ha cumplido hasta el momento el papel que se esperaba de él: ordenación jurídica del poder para la libertad de todos los seres humanos. Sin embargo, no se puede desconocer que en la realidad jurídica general, en el espacio jurídico global, se han ido produciendo, quizás demasiado tímidamente y probablemente demasiado lentamente, toda una serie de hechos y regulaciones que, aunque fragmentariamente, acreditan la existencia de parciales regulaciones administrativas de escala supranacional. El espacio jurídico-publico global europeo es una de ellas, quizás de gran perfección técnica, pero que por ausencia de pedagogía y explicación, de escaso prestigio para los ciudadanos de la Unión.

Esto es así, no sólo porque el fenómeno de la globalización alcanza a todas las ciencias sociales sin excepción, sino porque en nuestro caso comprobamos con frecuencia la existencia de sectores de la denominada actividad administrativa en sentido amplio que están trufados de regulaciones transnacionales o, por mejor decir, transgubernamentales, que obligan al estudioso del Derecho Administrativo a tener presente esta nueva realidad. Es el caso, entre otros, de la seguridad pública, de la regulación de la energía, de las telecomunicaciones, de la inmigración, del medio ambiente o de la llamada ayuda al desarrollo, hoy menguada a cauda de la crisis económica y financiera del presente. Esto es así, entre otras razones, porque hoy la interdependencia y la cooperación intergubernamental nos enseñan que la solución a muchos problemas de dimensión pública ha de buscarse a través de esta nueva versión del pensamiento abierto, plural, dinámico y complementario que se llama globalización.

Es decir, existen cuestiones jurídicas que escapan a las fronteras nacionales y se convierten en fenómenos globales. El más relevante, el más trascendente, aunque no el más eficaz desgraciadamente, es la lucha por los derechos humanos en el mundo. Una asignatura todavía pendiente en muchas partes del planeta que aconseja que el Derecho Administrativo, Derecho del poder para la libertad como diría el profesor González Navarro, supere rígidos esquemas y salte las trincheras de lo nacional para situarse en un nuevo plano. Uno nuevo plano, el de lo global que, como señalan los profesores Kingsbury, Krisch y Stewart en su trabajo titulado "El surgimiento del Derecho Administrativo Global", es la consecuencia de los sistemas transnacionales de regulación o cooperación regulatoria que se producen a través de Tratados Internacionales y Redes Intergubernamentales de Cooperación informales que, en efecto, han desplazado muchas decisiones hasta ahora residenciadas en el espacio nacional al espacio global.

En efecto, estamos en presencia de una nueva realidad que hay que estudiar con otra perspectiva, con una nueva mentalidad porque, de lo contrario, nos quedaremos atrapados en el prejuicio, que tanto daño hace a la evolución social. En efecto, estas nuevas formas de regulación proceden ahora de nuevos sujetos que no son los tradicionales y que, además, se expresan jurídicamente a través de nuevas fuentes, de nuevas maneras de producción de normas. En estos años, como recuerdan Kingsbury, Krisch y Stewart, aparecen nuevos órganos administrativos transnacionales en forma de nuevas organizaciones internacionales y grupos informales de representantes públicos y privados que ciertamente realizan tareas de orden administrativo no sometidas al tradicional control del Estado-nación o de los Entes federales, confederales, autonómicos o regionales. Estas nuevas decisiones de orden administrativo del sistema global también son producidas por sujetos de naturaleza privada o por órganos administrativos nacionales. Como señalan estos autores, pioneros de esta relevante materia, cada vez es más importante tener presente que la regulación puede proceder del mundo privado a nivel internacional, que en ocasiones, cuando atiende asuntos de dimensión pública, se articula en instituciones que establecen patrones o estándares de proyección global que afectan a obvios intereses generales. Igualmente, en este contexto aparecen organizaciones híbridas público-privadas en las que puede haber presencia empresarial, de ONGs, de gobiernos nacionales o de organizaciones intergubernamentales que también producen regulaciones globales.

Este nuevo panorama afecta sobremanera a los principios sobre los que descansa el Derecho Administrativo. Es verdad que en nuestra disciplina coexisten dos tradiciones jurídicas que están siendo seriamente afectadas por la globalización. Más, desde luego, el sistema jurídico-administrativo de corte francés que el esquema del "rule of law" de inspiración anglosajona. Pero, en cualquier caso, ambos sistemas tienen que "aggiornarse" a la nueva realidad sin, por eso, renunciar a sus fundamentos.

Es más, en sede de principios, los basamentos del Estado de Derecho, aquellos sobre los que se han levantado ambos edificios jurídicos, cobran ahora una especial relevancia porque no podemos ocultar que estas nuevas formas de actividad pública de dimensión global no pueden, no deben, escapar al control jurídico que legitima la acción pública. En el ejercicio de estos poderes regulatorios, que tienen diferentes protagonistas, incluso de naturaleza privada, deben asegurarse técnicas que impidan que la tentación de eludir el control sea la principal característica de la denominada nueva Administración global que despliega su actividad en el llamado espacio jurídico global. Por eso, en los inicios, en los primeros balbuceos de este todavía incipiente Derecho Administrativo Global, la jurisprudencia, y sobre todo los principios del Derecho sobre los que se levantó esta magnífica construcción jurídico-política que es el Estado de Derecho, están fundando un nuevo Derecho Público Universal, que como señala agudamente el profesor Meilán, es ya un Derecho principal, un Derecho prudencial.

Está aconteciendo "mutatis mutandis" lo mismo que en los orígenes del Derecho Administrativo en Francia: entonces era el Consejo de Estado el que alumbró el nuevo Derecho Administrativo a través de sus famosos "arrets": ahora son los Tribunales y Cortes sectoriales de nivel transgubernamental o global, los que poco a poco, con pasos adelante y también hacia atrás, van elaborando una doctrina jurisprudencial que, hoy como ayer, se basan en principios de Derecho. El problema es que todavía estamos lejos, muy lejos de que el deber ser sea una realidad. De ahí, en parte, la crisis tan aguda y extensa que hoy asola el mundo occidental.

En este contexto, las experiencias de Derecho Administrativo Global en distintos sectores como puede ser el de los derechos humanos, el del comercio internacional, el cultural, el agrícola, el medioambiental o el deportivo, entre otros, todos ellos de dimensión universal, van a mostrarnos un conjunto de resoluciones de naturaleza judicial y unas normas y prácticas administrativas que, desde luego, superan las fronteras nacionales. En efecto, desde el principio de juridicidad, hasta la separación de los poderes pasando por la primacía de los derechos fundamentales de las personas sin perder de vista la relevancia del pluralismo, de la racionalidad, de la transparencia, del buen gobierno y de la buena administración, de la rendición de cuentas, así como de la instauración de un efectivo sistema de "cheks and balances", encontramos principios y criterios del Estado de Derecho que nos permiten hablar de un Derecho Administrativo Global de base principial al que debiéramos tender para superar la profunda crisis en la estamos instalados.

Ciertamente, uno de los peligros que se avizoran cuando nos acercamos al estudio de la Administración global, del espacio jurídico-administrativo global y, sobre todo, cuando estudiamos el Derecho Administrativo Global, es la facilidad con la que estas nuevas realidades jurídicas y estructurales pueden colocarse al margen del Estado de Derecho escapando del control, del sistema de "accountability" o de rendición de cuentas que debe caracterizar a una verdadera y genuina Administración democrática. Por eso, ahora que percibimos la emergencia de este nuevo Derecho Administrativo en el que existe, todavía "in fieri", una nueva Administración global que opera en el nuevo espacio jurídico global, es fundamental desde ya que los principios sobre los que va a descansar esta nueva realidad jurídico-público se inscriban claramente en los postulados del Estado de Derecho.

En este sentido, los profesores Kingsbury, Krisch y Stewart son conscientes de que puede haber determinadas regulaciones globales que pueden afectar de manera distinta a unos Estados y a otros cuestionándose incluso el régimen del Derecho Internacional Público. Para resolver este escollo, estos profesores abogan por que los regímenes intergubernamentales construyan estándares de Derecho Administrativo y técnicas jurídicas generales a las que los gobiernos nacionales deban adecuarse con el fin de asegurar que los principios del Estado de Derecho sean respetados.

Precisamente para esta tarea surge el Derecho Administrativo Global. Para que la nueva Administración Global que opera, aunque todavía de manera incipiente, en el nuevo espacio jurídico-administrativo global, funde toda su actividad en el marco de unos principios que no pueden ser otros que los del Estado de Derecho. Para eso surgió el Derecho Administrativo como sistema recuerda Giannini, como un instrumento de civilidad que asegure que el Derecho está por encima del poder o, por mejor, decir, para racionalizar, para humanizar el ejercicio del poder público.

Es verdad que ahora se pone el acento en la rendición de cuentas, en la transparencia, en la racionalidad, en la evaluación y, entre otros paradigmas, en la participación. Estos son los nuevos principios, mejor criterios, que ahora están de moda en los estudios de Derecho Administrativo Global. Ahora bien, siendo muy importante que las formas de producción de actos administrativos y de normas de la Administración Global estén presididas por el primado de estos principios, no podemos olvidar que el Estado de Derecho se basa sobre la centralidad de los derechos fundamentales de las personas, el principio de juridicidad y la separación entre los poderes. Si sólo atendemos, en el estudio de los principios, a criterios de eficacia o de eficiencia y nos olvidamos de la manera en que el poder administrativo global incide en la mejora de las condiciones de vida de la ciudadanía, dónde se incluye el derecho a una buena Administración pública y el sometimiento del poder a la Ley y al Derecho, podríamos caer en una perspectiva puramente funcionalista del Derecho Administrativo Global. Algo que, temo, es una dolorosa realidad precisamente a causa del dictado de lo económico y financiero, del resultado por el resultado, sobre la justicia y la equidad.

En alguna medida, la crisis de la regulación de la actividad financiera a nivel nacional reclama nuevos enfoques del fenómeno regulador en esta materia de dimensión general. El control de la economía por el Derecho Administrativo no es más que la garantía necesaria para que el sistema de mercado se mueva en un marco de racionalidad y equilibrio.

La cuestión central con la que se encuentra la emergencia de este Derecho Administrativo Global se va a centrar en proyectar toda la fuerza del Estado de Derecho sobre estas nuevas formas de regulación y de accionar de consecuencias generales. Además, no se puede olvidar que, efectivamente, hoy la acción administrativa, precisamente por la fuerza del Estado de Derecho, ha de expresarse en términos de transparencia, participación, responsabilidad, racionalidad y permanente evaluación.

El Derecho Administrativo Global, como señalan los profesores Kingsbury, Krisch y Stewart, incluye todo un conjunto de técnicas que deben estar amparadas por el Estado de Derecho, particularmente a través de estándares que aseguren valores tan importantes como pueden ser transparencia, racionalidad, legalidad, eficacia, participación y evaluación, entre otros. Es decir, las políticas públicas globales que produce la nueva Administración Global han de estar presididas por patrones jurídicos, entre los que ocupan un lugar central los derechos fundamentales de las personas.

El problema de la legitimidad de la acción administrativa global no debe ser estudiado únicamente desde la perspectiva de la eficacia y de la eficiencia. Más bien, la legitimidad ha de venir amparada por sistemas democráticos de producción de actos y normas en los que brille con luz propia el pleno respeto y promoción de los derechos fundamentales de los ciudadanos.

Entre los elementos que componen la realidad administrativa global se encuentran según estos profesores anglosajones: órganos administrativos regulatorios intergubernamentales formales, redes regulatorias informales intergubernamentales, estructuras de coordinación, órganos regulatorios nacionales que operan en relación a un régimen internacional intergubernamental, órganos regulatorios híbridos público-privados, así como algunos órganos regulatorios privados que ejercen funciones de relevancia pública en sectores concretos. Esta nueva estructuración de la Administración global viene a confirmar la versión objetiva o material del Derecho Administrativo en la medida en que la perspectiva subjetiva queda rebasada por la realidad. Ahora lo determinante va a ser la función de esta nueva Administración global en la que tiene un lugar propio los esquemas organizativos públicos-privados y las organizaciones privadas que realicen tareas de trascendencia pública, de interés general, en determinados sectores.

La clave del Derecho Administrativo Global se encuentra, pues, en el control de las actuaciones de relevancia general de todas estas instituciones que ahora cobran especial protagonismo en el espacio jurídico global. La gobernanza global, la gobernabilidad global o la gobernación global va a ser la principal actividad que va a estudiar el Derecho Administrativo Global, que en modo alguno invade el campo de trabajo del Derecho Internacional Público, ya que como atinadamente señalan los profesores Kingsbury, Krisch y Stewart, aunque estamos en el marco de la gobernanza global y en ocasiones trabajamos en la frontera del Derecho Internacional, estamos en presencia de una tarea de regulación de amplios sectores de la vida económica y social de inequívoco alcance administrativo que, además, afecta a las personas, a la humanidad, a los ciudadanos de los países.

Sin embargo, las actuaciones de relevancia general que va a estudiar el Derecho Administrativo Global se refieren, en el plano supranacional, a estándares derivados de la cláusula del Estado de Derecho, de aplicación a las regulaciones administrativas derivadas de Tratados Internacionales, a las regulaciones "informales" adoptadas al aplicar y ejecutar, o controlar, dicen Kingsbury, Krisch y Stewart, regímenes normativos internacionales, así como a la denominada función administrativa de naturaleza "jurisdiccional" distinta de la conclusión de Tratados o de la resolución judicial entre sujetos del Derecho Internacional.

El Derecho Administrativo Global existe porque hay actuaciones de relevancia general a nivel global con pretensión de superar las fronteras del Estado-nación. Y hay una actuación de relevancia general porque se ha ido conformando en este tiempo un conjunto de estructuras de regulación global, no necesariamente de composición estrictamente pública, que han ido produciendo actos y normas, omisiones e inactividades así como vías de hecho, proyectadas en un espacio de orden administrativo que llamamos global. Los profesores citados dicen que este espacio administrativo global es polifacético porque en el actúan, como sujetos productores de regulación, instituciones administrativas clásicas, estructuras como ONGs o personas jurídicas empresariales que adquieren relevancia administrativa en la medida en que dictan reglas de relevancia pública. Esta realidad, insisto, permite pensar de nuevo en las posibilidades de la concepción objetiva o material del Derecho Administrativo y en la capitalidad de la acción administrativa como eje central del concepto mismo de nuestra disciplina. La idea de que sólo puede producir normas y regulaciones públicas la Administración pública ha sido tan superada por la realidad y por la legalidad nacional e internacional.

Ciertamente, esta cuestión es polémica puesto que no toda la doctrina, ni mucho menos, admite que pueda haber regulación administrativa emanada más allá de órganos o estructuras formalmente administrativas del nivel estatal o nacional, regional, federal, confederal o autonómico. Sin embargo, la realidad nos muestra que en el ámbito supranacional existen órganos como la

OCDE, el FMI, el Comité de Basilea, el Grupo de Acción Financiera Internacional o la OMC, por ejemplo, que en muy poco tiempo han establecido regímenes regulatorios de naturaleza administrativa con trascendencia y repercusión jurídica a nivel supranacional. En el ámbito ambiental, uno de los más representativos, sin duda, del Derecho Administrativo Global, se puede decir que a día de hoy existe una normativa administrativa global confeccionada en muchos casos por estructuras y organizaciones nacidas al calor de las grandes declaraciones mundiales sobre materias como el comercio de emisiones o el desarrollo limpio derivado del Protocolo de Kioto.

El espacio administrativo global es, debe ser, porque no lo es todavía, un espacio jurídico. Es importante esta precisión porque la afirmación de un espacio administrativo global sin la caracterización jurídica podría llevarnos a la perspectiva tecnoestructural en cuya virtud se intenta, tantas veces, contemplar la realidad sin más límites que los de la eficacia o la eficiencia. Algo que en este tiempo, como en el pasado, constituye uno de los desafíos más importantes del Derecho Administrativo: o se convierte de verdad en el Derecho del Poder para la libertad, o, sencillamente, termina por ser la "longa manus" del poder, sea público o financiero, convirtiéndose, a diario lo comprobamos, en la justificación técnica del poder sin más. La crisis económica y financiera que vivimos, en buena medida procede de esta versión funcionalista o instrumentalista del Derecho Administrativo, algo que a nivel global es evidente. Las decisiones, por ejemplo, sobre la intervención militar estadounidense en Irak o la intervención en Siria así lo acreditan, pasando por numerosas decisiones del Consejo de Seguridad de la ONU fundadas en puras cuestiones de poder con ausencia de los más elementales .estándares de argumentación que deben acompañar estas resoluciones.

Por otra parte, el Derecho Administrativo Global encuentra también espacio propio, en coexistencia con el Derecho Internacional Público, como señalan Kingsbury, Krisch y Stewart, en la base de la acción que se realiza a nivel global en el trabajo del Consejo de Seguridad de la ONU y en la comitología de la propia organización de Naciones Unidas, así como en la regulación de la energía llevada a cabo por la Agencia Internacional de Energía Nuclear (AIEA) o en los mecanismos de supervisión de la Convención sobre Armas Químicas.

La realidad de la acción pública a nivel supranacional e intergubernamental nos ofrece un panorama bien amplio y variado de modalidades de acción pública institucional que traen causa de regulaciones globales procedentes de la Administración Global. Una Administración que es, aunque incipiente y en construcción en algunos sectores, polifacética, poliédrica, plural, en la que la proyección del pensamiento abierto y compatible permite que la acción administrativa en sentido amplio deje de ser un coto reservado de las estructuras tradicionales de naturaleza administrativa.

Los actos y normas emanados por las cinco formas de Administración Global hasta ahora conocidas deben realizarse en el marco de los principios del Estado de Derecho que preside el entero sistema del Derecho Administrativo en todo el mundo. Algo que, a pesar de su obviedad, brilla por su ausencia en general. Es decir, los actos y normas procedentes de los organismos internacionales formales (Consejo de Seguridad de la ONU y comités derivados Alto Comisionado de las Naciones Unidas para los refugiados, Organización Mundial de la salud, Banco Mundial o Grupo de Acción Financiera Internacional) de las redes transnacionales de cooperación entre funcionarios de órganos de regulación nacional (Comité de Basilea), de órganos regulatorios nacionales bajo Tratados, Redes u otros regímenes cooperativos (Administración dispersa como la OMC), de órganos híbridos público-privados (Comisión del Codex Alimentarius, ICANN), o de instituciones privadas de naturaleza regulatoria (ISO, deben estar confeccionados en el marco del Estado de Derecho. Ello quiere decir, entre otras cosas, que el dilema entre eficacia y legalidad, tantas veces presente en la gestión pública, debe resolverse siempre, y en todo caso, en el marco de los principios del Estado de Derecho.

La acción administrativa global, desplegada en el espacio jurídico-administrativo global, afecta cada vez a más ciudadanos. Sólo en el espacio jurídico europeo se calcula que las decisiones de la Unión Europea afectan directamente al 70% de empresas y ciudadanos. Por eso es cada vez más importante explicar el Derecho Administrativo en la dimensión nacional, internacional y global, subrayando la necesidad de que se incardine en los postulados del Estado de Derecho.

Los principios del Estado de Derecho son de aplicación tanto al Derecho Administrativo Estatal como al Derecho Administrativo Global. El Derecho Administrativo Estatal y el Derecho Administrativo Global han de estar sincronizados y actuar de manera complementaria. Al mismo tiempo, si bien existen el Ordenamiento jurídico interno instancias y técnicas de control y de "accountability", también deben existir en el nivel global, en el espacio jurídico-administrativo global. En este sentido, ante la ausencia en el ámbito de la gobernanza global de órganos de control, de técnicas de "accountability", ante la constatación de un espacio administrativo global, es fundamental, si queremos que ese espacio esté sometido al Derecho Administrativo, que en el marco de la actuación administrativa global se respeten los principios del Estado de Derecho.

El sometimiento del poder público global al Derecho en buena medida se produce, debe producirse, gracias a la existencia de una serie de principios que proyectan su luz para contemplar los problemas generales en su real y justa dimensión y que son la atmósfera en la que ha de respirar el Ordenamiento jurídico administrativo global. La jurisprudencia de algunos Tribunales nacionales y de algunos Tribunales del orden global, como por ejemplo el Tribunal de la OMC, enseña que los principios generales son el resultado del genio jurídico de la construcción del Estado de Derecho y la esencia del entero Ordenamiento jurídico. Sin embargo, a pesar de magníficas resoluciones todavía la mayoría reflejan las tensiones presentes en el origen de la constitución de estos Tribunales.

En el marco del Derecho Administrativo los principios generales son los criterios inspiradores del entero sistema normativo de nuestra disciplina. De este modo, los principios generales, que son la esencia del Ordenamiento jurídico, siempre nos ayudarán a realizar esa fundamental tarea de asegurar y garantizar que el poder público en todo momento se mueve y actúa en el marco del Derecho. Es más, su carácter inspirador del Ordenamiento nos lleva a reconocer en los principios las guías, los faros, los puntos de referencia necesarios para que, en efecto, el Derecho Administrativo no se convierta en una maquinaria normativa al servicio del poder de turno sin más asideros que las normas escritas y las costumbres que puedan ser de aplicación en su defecto.

En los inicios del siglo XXI la pregunta acerca de la significación de los principios generales del Derecho en el Derecho Administrativo puede ser contestada desde dos planteamientos muy distintos. Desde el positivismo más radical se diría que los principios generales no tienen apenas más sentido que el de, en todo caso, reconocer en términos abstractos las reglas que se expresan en el sistema normativo. El sistema normativo se da a si mismo los principios porque es el Ordenamiento el origen y la causa de ellos. Si, por el contrario, nos situamos en una perspectiva de positivismo abierto, de positivismo que reconoce la existencia de un solar jurídico general, de una cultura jurídica universal, global podemos afirmar, que representa el Estado de Derecho, entonces las cosas son de otra manera. Desde esta perspectiva, los principios generales juegan un papel central porque son los garantes de que el Estado de Derecho y sus postulados sean una realidad en todas las ramas del Derecho.

Así, de esta manera, los principios no son solo fuente del Derecho Administrativo Global, que no es poco, sino que son, además, elementos inspiradores, criterios sobre los que se debe edificar el Derecho Administrativo. Si el Derecho Administrativo no es más que una rama del Derecho Público que regula relaciones jurídicas entre la Administración y los ciudadanos sin más, los principios tendrán una funcionalidad muy limitada. Si el Derecho Administrativo se concibe como el Derecho del poder para la libertad del ser humano, entonces se comprende fácilmente la virtualidad operativa que tienen en el orden jurídico-administrativo global.

A este propósito debe tenerse presente que el Tribunal Supremo español señaló por sentencia de 18 de febrero de 1992 que "los principios generales del Derecho, esencia del Ordenamiento jurídico, son la atmósfera en que se desarrolla la vida jurídica, el oxígeno que respiran las normas, lo que explica que tales principios informen las normas -art. 1.4 del Código Civil- y que la Administración esté sometida no sólo a la ley sino también al Derecho -art. 103 de la Constitución-. Y es claro que si es principios inspiran la norma habilitante que atribuye una potestad a la Administración, esta potestad ha de actuarse conforme a las exigencias de los principios".

A poco que se examine en sus justos términos la doctrina que se contiene en esta sentencia se comprenderá el alcance y significado de los principios generales como exponentes del solar jurídico, del ambiente general que ha de presidir el entero sistema normativo. Se trata, en este caso, de los principios como elementos basilares del Ordenamiento, como las columnas vertebrales que sostienen y dan vida a las normas jurídicas. Con palabras de la sentencia del Tribunal Supremo, son el oxígeno que envuelve a las normas, la atmósfera que permite la pervivencia de las normas. Si se desconocen o si se eliminan es como si dejara de existir el oxígeno para el hombre. Por eso, los principios generales, desde esta perspectiva de elementos informadores y de criterios esenciales, han de ser tenidos muy en cuenta no sólo por el intérprete de la norma, sino también por quien la elabora.

Es verdad que muchos principios han venido al mundo jurídico como consecuencia del trabajo de la doctrina y la jurisprudencia. Lo hemos podido comprobar, por ejemplo, estudiando el Derecho Administrativo Norteamericano y el Derecho Administrativo Comunitario Europeo. En otros casos, además, aparecen, como no pude ser menos, reflejados en las normas. Pero lo más importante es que existen por si mismos porque son la proyección en la realidad jurídica de la esencial idea de justicia que trasciende al Ordenamiento y le da sentido. Desde este punto de vista, los principios son previos al Ordenamiento. Podría decirse que son su fundamento y que el Ordenamiento se justifica en la medida en que dichos principios inspiran y presiden el sistema normativo.

Esta idea, gráfica, de que los principios son la atmósfera o el oxígeno de las normas pienso que explica hasta qué punto su olvido precipita la degradación y crisis del Derecho en que hoy nos encontramos. En efecto, hoy en día podemos afirmar sin temor a equivocarnos que frente al intento, sistemático y pertinaz, de convertir el Derecho Administrativo en un mero apéndice del poder, los principios generales se levantan como valladar inexpugnable ante tamaña operación. Antes bien, el Derecho Administrativo del Estado de Derecho debe mucho a los principios generales. Tanto que si no fuera por ellos, probablemente la lucha contra las inmunidades del poder de la que habla García de Enterría hubiera sido desigual y con un claro vencedor.

Conviene llamar la atención acerca de que el Tribunal Supremo español, cuando ha ido construyendo la teoría del control de la discrecionalidad administrativa a través de los principios generales, ha conectado la existencia de dichos controles al genio expansivo del Estado de Derecho (sentencia de 8 de octubre de 1990). Efectivamente, el Estado de Derecho es un Estado de justicia, es un Estado en que el poder ha de actuar conforme a patrones y cánones formales y sustanciales. Si nos quedamos únicamente en la vertiente procedimental y formal del poder resulta evidente que éste puede terminar, ejemplos hay y lacerantes de todos conocidos, siendo la principal y más efectiva terminal del autoritarismo y la ausencia de medida. Por eso, la existencia de controles sustanciales viene determinada por los principios, que son, como vuelve a recordar esta sentencia, la atmósfera en que se desarrolla la vida jurídica, el oxígeno que respiran las normas.

Parece fuera de dudas que existen una serie de principios de Derecho, corolarios necesarios de la cultura jurídica inspirada en el Estado de Derecho, que son precisamente las garantías de que el sistema normativo camina por la senda adecuada. Desde este punto de vista, el principio democrático o el principio de la centralidad de la dignidad del ser humano inspiran y explican los contenidos del Estado de Derecho en su proyección cotidiana sobre la realidad normativa. Estos principios de Derecho, de los que se deducen otros muchos, han de estar presentes, como el oxígeno o la atmósfera en los procesos de elaboración aplicación e interpretación del Derecho Administrativo.

Desde este ángulo, atendiendo a la capitalidad de los principios de Derecho, podemos señalar que estos criterios jurídicos, que son fundantes e inspiradores del Ordenamiento, constituyen también el solar y el humus que aseguran la orientación del sistema normativo hacia la justicia, algo que el superado positivismo jurídico, nunca pudo resolver por obvias razones, especialmente porque de la teoría inmanente del Ordenamiento no sale más que pensamiento estático y unilateral.

Hoy en día, la mayor parte de los principios generales del Derecho están recogidos en las normas escritas. Es razonable que así sea porque en general han calado en la conciencia jurídica general los postulados del Estado de Derecho. Pero que ello sea así no quiere decir que durante largo tiempo estos principios fueran construidos y levantados gracias al trabajo de la jurisprudencia y de la doctrina científica. Luego, pasaron a las normas hasta el día de hoy en el que, afortunadamente, los principios generales de derecho fundamentales están explícitamente reconocidos en las Constituciones modernas de los países democráticos. En este sentido, repugnaría el sentido común jurídico general que hoy se elaborara una Constitución en la que no se encontrase el papel central de los derechos fundamentales del ser humano o el principio de seguridad jurídica.

Por tanto, entre las funciones que cumplen los principios generales del Derecho, la primera y capital se refiere a la labor de dirección general de todo el proceso de creación del Derecho, condicionando el contenido que haya de darse a las normas jurídicas en trance de elaboración (Santamaría Pastor). Las demás se reducen, y no es poco, a la función de interpretación de las normas, de integración de las lagunas del sistema normativo o a la construcción y sistematización de toda la materia jurídica en torno a directivas finalistas.

El Derecho Administrativo Global, tal y como sostienen Kingsbury, Krisch y Stewart, se refiere a todas la regulaciones, procedimientos y principios que ayuden a asegurar la "accountability", la transparencia, la participación, la racionalidad y el control en la toma de decisiones en el espacio administrativo global.

Estos principios, que parten del Estado de Derecho, como son la base del Derecho, deben aspirar a impregnar un Derecho Administrativo Global que no puede, que no debe, renunciar a las conquistas más humanas, más sociales, de nuestra civilización. No se trata, ni mucho menos, de forzar un choque de culturas jurídicas para afirmar con pretensión de victoria que el modelo del Estado social de Derecho constituye la matriz única del Derecho Administrativo Global. No, de lo que se trata es de partiendo de estos pilares, construir un Derecho que permita que en el espacio jurídico global, la nueva Administración global pueda realizar una actividad pública en la que a través de los controles y patrones o estándares que se determinen, puedan mejorarse permanentemente las condiciones de vida de los ciudadanos. Y, hoy por hoy, el Estado social y democrático de Derecho, no nos engañemos, es fundamento razonable para la construcción de este edificio jurídico. Claro que puede haber otros sillares o basamentos procedentes de otros espacios culturales, pero en modo alguno pueden lesionarlo porque, de lo contrario, se estaría poniendo en solfa nada menos que la declaración universal de los derechos humanos que, hoy por hoy, es el instrumento internacional que goza de mayor adhesión en el plano internacional y que, sin duda, está anclado en las bases del Estado de Derecho. Otra asunto muy distinto es el grado de desarrollo y de evolución de ese Estado de Derecho en distintas partes del mundo. Desde este punto de vista, pues, el Derecho Administrativo Global ha de estar inspirado, en la Declaración Universal de los Derechos Humanos.

La cláusula del Estado de Derecho es la base y fundamento del Derecho Administrativo Global. La cuestión requiere establecer unos mínimos básicos que han de ser aceptados por todos los integrantes de esta incipiente, en construcción, Administración global. El desarrollo del Derecho Administrativo Global, que es un Derecho "in fieri", en formación, nos irá ilustrando acerca de cómo es posible articular el Derecho interno de un Estado que participa en una Administración global con la norma que regula el funcionamiento de esa institución en el plano doméstico. Partiendo de unos principios básicos, será posible, a través de algunos instrumentos como el del reconocimiento de legislaciones, de racionalidad, transparencia, rendición de cuentas o, entre otros, sometimiento al control judicial, ir construyendo un Derecho que al final debiera ser el Derecho regulador de la denominada gobernanza global.

A día de hoy lo que se puede reclamar de este nuevo Derecho Administrativo es que sea capaz, y no es poco, de juridificar el orden económico global, sometiendo a regulaciones jurídicas el complejo mundo de la actividad administrativa de orden económico que se produce en el espacio global. Como enseñan Kingsbury, Krisch y Stewart, la panoplia de Entes públicos, semipúblicos y privados que realmente están protagonizando la realidad de las normas en el espacio global, demuestra que como lo fáctico suele ir delante de lo jurídico, es fundamental que la regulación global que va surgiendo para racionalizar el ejercicio de esos poderes globales se haga en el solar del Estado de Derecho.

La realidad nos está demostrando como, poco a poco, las instituciones públicas globales van formulando, sobre todo en el área de la "accountability" y la participación, reglas y principios. Se trata de una serie de casos que relatan Kingsbury, Krisch y Stewart, y que comienzan con el establecimiento por el Consejo de Seguridad de la ONU de un procedimiento administrativo limitado para el listado y exclusión de personas objeto de sanciones por parte de la ONU en el que existe la posibilidad de revisión judicial y en el que se exige la racionalidad en las decisiones. Veamos otros ejemplos relevantes.

El panel de inspección del Banco Mundial se creó para garantizar la racionalidad ambiental de los proyectos. Algunas redes intergubernamentales han ido caminando hacia una mayor transparencia en sus procedimientos, como por ejemplo el llamado Comité de Bancos Centrales de Basilea, la OCDE, la Organización Mundial de Sanidad Animal o las Cumbres de Jefes de Estado y de Gobierno de los países iberoamericanos. También se aprecian avances en materia de participación de ONGs en los procesos de toma de decisiones en la Comisión del Codex Alimentarius. Las ONGs también han constituido en forma más o menos cooperativa sociedades de gobernanza regulatoria con empresas. En relación a ciertos patrones laborales y medio-mambientales, las empresas han intentado integrar a las ONGs en lo que previamente eran estructuras auto-regulatorias en orden a mejorar la legitimidad de los estándares y de los mecanismos de certificación establecidos por esas instituciones. En todos estos casos, lo que se aprecia es trabajo presidido por el Estado de Derecho, que tantas veces se expresa a través de racionalidad, participación, cooperación y posibilidad de control judicial de las decisiones administrativas.

Otro espacio en que también encontramos Derecho Administrativo Global se refiere a los casos en que las Agencias intergubernamentales procuran que las normas globales se apliquen no sólo a la sustancia de las regulaciones nacionales, sino también, y sobre todo, a los procesos de toma de decisión seguidos por los reguladores estatales cuando aplican normas globales o cuando están sujetos a sus limitaciones (Kingsbury, Krisch y Stewart). Estos requisitos otorgan, dicen estos autores, un papel especial a estos órganos reguladores nacionales como aplicadores del Derecho Administrativo Global y como responsables de su cumplimiento. En este sentido, algunas resoluciones del órgano de apelación de la OMC obligaron a que demostrar que a los países y a los productores extranjeros afectados en un determinado pleito habían sido otorgadas algún tipo de garantías en el proceso. También, en esta materia nos encontramos con el arbitraje internacional cuando determinados derechos establecidos en virtud de un Tratado de inversión ha sido violado. Estos Tribunales arbitrales, como señalan Kingsbury, Krisch y Stewart, han ido poco a poco estableciendo límites procesales y sustanciales a los reguladores internos. El problema reside en que este tipo de soluciones, cuando no van acompañadas del empeño por instituir Tribunales independientes nacionales suele ser una excusa para el desequilibrio de los intereses públicos a favor de los particulares de los inversores.

Igualmente, es posible que los gobiernos nacionales sean controlados en virtud de los Tratados de Derechos Humanos. Este es un punto central en la exposición puesto que, en efecto, esta cuestión es ciertamente medular para atender a la construcción de un Derecho Administrativo Global a escala realmente humana, más allá de enfoques funcionalistas.

Kingsbury, Krisch y Stewart llaman la atención acerca de cómo la teoría y la práctica del buen gobierno, de las buenas prácticas y los códigos a que han dado lugar en buena parte del sector público y privado de diferentes países proceden de los criterios establecidos en el Banco Mundial para otorgar ayudas financieras a determinados países. Estas condiciones para acceder a los créditos requiere la obtención de una serie de estándares en cuestiones tan relevantes como la lucha contra la corrupción o prácticas que promueven transparencia. La corrupción es, en tantos casos, uso del poder para fines particulares. Y la transparencia refleja el empeño de los gobiernos por ser casas de cristal ante los ciudadanos. La Ética pública, por tanto, se nos presenta también como un elemento transversal del Derecho Administrativo Global en la medida en que el Derecho Administrativo siempre ha estado comprometido con la lucha frente a las inmunidades, oscuridades, y abusos en que puede, por acción u omisión, incurrir el poder público, sea en el marco del ejecutivo, del legislativo o del judicial. El Derecho se apoya sobre valores morales. Si lo olvidamos, ya sabemos a que nos enfrentamos como estamos contemplando en estos años de crisis económica y financiera.

A día de hoy, la consideración del buen gobierno y de la buena administración de los asuntos públicos es, desde luego, otro elemento principal del Derecho Administrativo Global. En la declaración del Milenio de Naciones Unidas y en los más destacados documentos de reforma del Estado de casi todos los países, a veces incluso en el marco de leyes y normas administrativas, hoy el derecho a la buena administración y al buen gobierno es, desde luego, un derecho de los ciudadanos. Un derecho fundamental de acuerdo con el artículo 41 de la Carta Europea de los Derecho Fundamentales que estudiamos en otro lugar de este ensayo

Esta dimensión del buen gobierno, de la buena administración, como obligación de la Administración global y como derecho fundamental de todos los ciudadanos se encuentra presente entre las tareas más importantes que tiene por delante la globalización del Derecho Administrativo tal y como razona agudamente el profesor Daniel C. Esty en su trabajo "Good gobernance at the supranacional scale: Globalizing Administrative Law", publicado en el volumen 115, número 7, de mayo de 2006 por la revista de la escuela de Derecho de la Universidad de Yale.

En efecto, a través de la buena administración de las instituciones de la Administración global es posible comprender mejor el alcance que tal principio proporciona como criterio fundamental para construir el Derecho Administrativo a nivel global a partir de la lucha contra la corrupción, tarea que como ya se ha comentado en este trabajo en más de una ocasión es el origen de la aparición como sistema científico del Derecho Administrativo allá por los finales del siglo XVIII.

El profesor Esty plantea en su estudio la relevancia de esta operatividad del Derecho Administrativo Global junto a lo que para el son las principales transformaciones que debe afrontar el Derecho Administrativo Global que hemos planteado también en estas líneas: la mejor regulación de la responsabilidad administrativa, la necesidad de regular de la mejor forma posible los fenómenos de informalidad y flexibilidad que se aprecian tantas veces en la manera de producir actos y normas por parte de las diferentes instituciones que componen la Administración pública global, un mejor encaje de los actores privados que realizan tareas de interés general entre la panoplia de entidades que conforman esta Administración global, una más atinada comprensión del fenómeno del gobierno y la gobernanza de instituciones públicas a nivel mundial, un recto entendimiento desde nuevos parámetros más abiertos, plurales, dinámicos y complementarios de lo que es el interés general, así como la necesidad de resolver los problemas que la política plantea en esta materia, sobre todo cuando se intenta dominar a nivel global la Administración desde determinados esquemas unilaterales.

Es más, puede decirse de alguna manera que el repertorio de principios del Derecho Administrativo Global parte de esta capital consideración. Por una razón fundamental: porque las exigencias de transparencia, racionalidad, motivación, objetividad, responsabilidad, participación, pluralismo... que debe caracterizar a la acción de la Administración global se deducen de este derecho del ciudadano, por ser el dueño de las instituciones públicas, a una buena administración y a un buen gobierno de los asuntos públicos.

Por ejemplo, el principio de participación en el orden procesal, el derecho de audiencia, es hoy uno de los principios más relevantes de este emergente Derecho Administrativo Global. Puede parecer algo obvio, pero algunos resoluciones del órgano de apelación de la OMC ya entendido que los Estados miembros deben respetarlo. Kingsbury, Krisch Stewart nos ilustran con algunos ejemplos: el derecho de las personas a ser oídas en el código anti-doping del Comité Olímpico Internacional, la participación de las ONGs en el proceso de toma de decisiones del Codex Alimentarius, la posibilidad de participación o de audiencia en redes globales híbridas que se ocupan de la certificación sustentable en materia silvicultura, el acceso público a la información sobre las disposiciones medioambientales de la Convención de Aarhus.

El principio de racionalidad, corolario también del derecho a la buena administración global, es un principio que ha pasado de la dimensión interna a la global. Sin embargo, como señalan Kingsbury, Krisch y Stewart, en materia de regulación global todavía hay un largo camino por recorrer aunque algunas organizaciones globales, como el Comité de Basilea o la Corporación Financiera Internacional del Banco Mundial poco a poco van caminando en esta dirección.

Otro principio es el de posibilitar que las decisiones de la Administración global puedan ser revisadas ante un órgano judicial independiente. La revisión es, pues, una exigencia de la buena administración. Por eso, como también nos enseñan Kingsbury, Krisch y Stewart, el Tribunal de Estrasburgo, en virtud de los artículos 6 y 13 de la Convención, ha reconocido el derecho de que las decisiones de los organismos intergubernamentales puedan ser revisadas, el órgano de apelación de la OMC igualmente lo sancionó, como el Tribunal de Arbitraje para el deporte. En ese punto también nos encontramos con sombras en lo que se refiere al contenido de este derecho de revisión como nos demuestran los problemas existentes para la revisión de algunas sanciones del Consejo de Seguridad de Naciones Unidas o en las dificultades para superar la perspectiva interna o doméstica de la revisión (ACNUR).

Cuando los derechos fundamentales de la persona adquieren a nivel global el lugar que les corresponde, entonces se comprende mejor, como señalan Kingsbury, Krisch y Stewart, que el Derecho Administrativo Global incorpore en su seno un repertorio de patrones o estándares sustanciales para la acción administrativa que tienen que ver con la proyección de la fuerza de estos derechos en orden al ejercicio de una mejor y más humana acción administrativa. Estos autores citan, desde esta perspectiva, la importancia que tiene para el Derecho Administrativo Global la incorporación a su acervo de principios, por ejemplo, del principio de proporcionalidad, que ocupa un lugar central, como se sabe, en la propia jurisprudencia del Tribunal de Derechos Humanos de Estrasburgo al aplicar la convención en determinados casos. La proporcionalidad también aparece, como es lógico, en las resoluciones de algunos órganos administrativos globales como la federación Internacional de Deportes cuando ha de sancionar algunas conductas en materia, por ejemplo de "dopping". En el mismo sentido, tal y como comentan Kingsbury, Krisch y Stewart, la proporcionalidad la encontramos también en algunas restricciones establecidas a los principios de libre comercio bajo el GATT, que son permitidas únicamente si cumplen ciertos requisitos diseñados para asegurar un ajuste racional entre fines y medios.

Una materia en la que los principios del Derecho Administrativo Global pueden alterar el status quo es la referente a las inmunidades de que gozan los Entes intergubernamentales para ser enjuiciados bajo una ley nacional. En este sentido, el Tribunal Europeo de Derechos Humanos están jugando un papel muy relevante aplicando tests de proporcionalidad y sopesando en la operación de balance y contraste jurídico la posibilidad de que se pueda recurrir ante el organismo intergubernamental. Así lo ha declarado el Tribunal en una sentencia de 1997 al sentenciar que las reglas de inmunidad de Estado del Derecho Internacional Público no se pueden considerar como principio en cuya virtud se pueda imponer una restricción desproporcionada del derecho de acceso al Tribunal, según lo dispuesto por el artículo 6 de la convención. Como señalan Kingsbury, Krisch y Stewart, esta línea de trabajo permite que el carácter absoluto de estas inmunidades tradiciones pierda tal naturaleza precisamente en atención al principio de proporcionalidad. Igualmente, una ojeada a la realidad nacional y global muestra, en el marco de diferentes temas como pueden ser la seguridad y las decisiones de los Bancos centrales, que en estos supuestos la transparencia no tiene la misma intensidad que en otras materias. Lo importante, sin embargo, es que la trasparencia y la "accountability" no sean orilladas a nivel global sino que, por el contrario, cuándo han de ser aplicadas en ciertos campos puedan brillar con luz propia. El principio sería tanta transparencia como sea posible y tanta restricción como sea irrescindible.

Es verdad, no se puede negar, que en el orden internacional existen diversos patrones que fundan diversos marcos normativos que han de convivir en el contexto del Derecho Administrativo Global. El problema, todos lo sabemos, es que estos patrones admiten diversas interpretaciones, a veces incluso claramente contradictorias, entre esos marcos normativos. Este problema, sin embargo, debe resolverse en el marco del Estado de Derecho, en el marco de la centralidad de los derechos fundamentales de la persona, que conforman los criterios mínimos, el solar sobre el descansa el Derecho Administrativo Global. La interpretación que se realice sobre esta cuestión entendemos que debe ser respetuosa con el sentido capital que en el Ordenamiento global tiene la dignidad del ser humano.

Kingsbury, Krisch y Stewart señalan los tres patrones clásicos del orden internacional según la terminología utilizada por la escuela británica de relaciones internacionales: Pluralismo, solidaridad y cosmopolitismo. Patrones que han de ser comprendidos desde una perspectiva supranacional evidentemente. El pluralismo desde este punto de vista hace referencia a la manera tradicional en la que el Derecho Internacional ha entendido las relaciones entre los Estados a través de Tratados, acuerdos internacionales de manera que la Administración internacional limita su actividad a las áreas de entendimiento interestatal. La solidaridad, en este enfoque, trabaja a partir de la búsqueda de valores comunes a los diferentes Estados planteando la acción de la Administración pública global en esta dimensión de cooperación y colaboración. Por su parte, lo que podríamos denominar cosmopolitismo considera que el gobierno global no es sólo interacción a nivel gubernamental general sino también, y sobre todo, trabajo conjunto entre agentes públicos y privados o sociales. Obviamente, estos tres patrones no se producen en estado puro en el escenario global. Según los casos y los tiempos, aparecen unos y otros con más o menos intensidad, conectados más o menos. Así, como comentan Kingsbury, Krisch y Stewart, mientras en materia de control de armas y de desarme estamos en presencia del enfoque pluralista, en lo que atiende a la Corte Penal Internacional prevalece la solidaridad y en cuestiones de Administración de lo global en el mundo deportivo, nos hallamos ante la dimensión cosmopolita.

La relevancia de estos patrones del orden internacional en materia de Derecho Administrativo Global ha sido puesta de relieve por los profesores anglosajones que seguimos en este epígrafe al considerar que tales criterios pueden yuxtaponerse a tres conceptos diversos y complementarios de entender el Derecho Administrativo Global que tienen gran trascendencia desde la perspectiva de los principios: la llamada "accountability" administrativa internacional, la protección de los derechos de las personas y la promoción de la democracia. En el Derecho Administrativo Global, ya lo hemos adelantado, hay componentes de estos tres conceptos que han de comprenderse de manera complementaria. Es posible que en ciertas materias prevalezca alguno de estos elementos, pero los tres forman parte de su esencia, y los tres son los rasgos de identidad de este Ordenamiento jurídico que actualmente está todavía "in fieri", en formación.

Si nos situamos en las coordenadas de la accountability, el tema central va a ser el del aseguramiento de la responsabilidad de los diferentes actores en juego, sean subordinados o periféricos en relación con el ente matriz, a través de la protección de la legalidad de la acción administrativa. Si nos centramos en la segunda dimensión, la más relevante desde mi punto de vista, nos encontramos con una acción administrativa global orientada a la protección de los derechos civiles de manera que en la conformación de los correspondientes procedimientos administrativos y de revisión, se garantice la participación, presencia y capacidad de recurrir de los particulares potencialmente afectados por estas regulaciones.

Finalmente, la tercera función del Derecho Administrativo Global se dirige a subrayar su misión de Derecho promotor de democracia. Es verdad que estos tres elementos aparecen configurando el Derecho nacional de muchos países del mundo, sobre todo en los que forman parte de la cultura jurídica grecorromana y anglosajona. De ahí, pues, que en la construcción del Derecho Administrativo Global haya que tener en cuenta los diferentes sistemas jurídicos en la búsqueda de patrones comunes que se integren en forma de accountability, derechos, tanto de Estados como de ciudadanos, y democracia. Tarea que es francamente difícil a la vista de las diferencias que todavía existen en este punto en muchas culturas pero que debe afrontarse en la búsqueda de mayores cotas de desarrollo y protección de la dignidad del ser humano.

Desde el punto de vista de la "accountability" interna, el Derecho Administrativo Global es un Derecho que vela por unas determinadas condiciones de juridicidad en un orden institucional que se califica como independiente. En este sentido, como la Administración global actúa a través de la interacción o articulación de diferentes componentes, el Derecho Administrativo requiere de mecanismos que garanticen de cada parte pueda realizar la tarea asignada de acuerdo con las normas del régimen del ente de que se trate. Estos mecanismos suponen ordinariamente una cierta forma de vigilancia y supervisión de los límites de la delegación de que se trate y de la adecuación a las normas que emanan del centro de la institución global. En este sentido, dicen estos autores, se puede contemplar el panel de inspección del Banco Mundial, como un medio para que el Consejo Ejecutivo controle la gerencia y como un medio para que la gerencia central controle a los encargados operacionales.

Otros dos casos que refieren estos profesores de la Universidad de New York se refieren al funcionamiento del órgano de solución de controversias de la OMC como mecanismo para ayudar a que se cumplan las reglas del régimen global en relación con las Administraciones nacionales. El otro supuesto atiende a la aparición de reglas europeas en procedimientos administrativos de los Estados miembros que permitan la participación en la revisión judicial de las decisiones administrativas correspondientes: así es más fácil que se cumpla regulación supranacional europea puesto que de esta forma es más fácil que las regulaciones supranacionales se cumplan a nivel nacional.

Se trata, pues, de introducir en las regulaciones internas reglas globales que permitan la aplicación del Derecho Global. Es un Derecho que subraya la legalidad y la revisión judicial como un medio de control de las agencias centrales sobre actores subordinados o periféricos, si bien la jurisprudencia de la Corte Internacional de La Haya o del Tribunal de Justicia de las Comunidades Europeas, como es sabido, ofrece amplias lagunas. Estamos, pues, ante una dimensión del Derecho Administrativo Global aplicable a estructuras administrativas de naturaleza cooperativa tanto desde la versión de la solidaridad como del cosmopolitismo.

En la segunda dimensión de protección de los derechos, el Derecho Administrativo Global se basa en la cláusula del Estado de Derecho. Aquí lo importante es que la lesión del derecho en cuestión pueda ser recurrida por el Estado a la persona afectada por un organismo independiente. Esta modalidad de Derecho Administrativo Global opera en aquellos casos, dicen Kingsbury, Kresch y Stewart, en que la Administración global actúa directamente sobre ciudadanos. Es el caso del reconocimiento del debido proceso ante órganos globales como el Consejo de Seguridad de la ONU o en el régimen anti-doping internacional. Subrayar este enfoque, dicen estos autores, supone dar preferencia a un planteamiento liberal, al individualismo. Sin embargo, superando esta concepción ciertamente unilateral, es posible asentar la base del Derecho Administrativo Global más bien sobre una perspectiva universal de los derechos humanos. El problema vendría a partir de la interpretación de los derechos humanos, interpretación que el contenido y la letra de la declaración universal resuelve en gran medida, al menos en lo que se refiere a los mínimos que permiten un desarrollo digno del ser humano.

Es verdad que en un orden plural nadie debe imponer sus puntos de vista, pero no es menos cierto que en un orden plural la dignidad del ser humano puede ser colocada como valor común, lo cual es muy importante para que ese reconocimiento de los derechos humanos sea una realidad como principio fundante del Derecho Administrativo Global. Desde la perspectiva del Derecho Administrativo Global como derecho que protege, valga la redundancia, derechos de los Estados, las cosas se complican todavía más en la medida en que tal perspectiva no parece encaminada a solucionar, salvo por criterios de votación, los problemas de diversidad que se presentan en un mundo global de naturaleza pluralista.

Finalmente, y para terminar este capítulo del libro, el Derecho Administrativo Global como Derecho comprometido con la democracia, presenta algunos problemas. Uno no menor es la ausencia de Tribunales de justicia realmente independientes a nivel global. Otro reside en la diversidad de entendimientos que el sistema democrático ofrece en diversas partes del globo. Sin embargo, como ha sostenido Anne-Marie Slaughter, es posible trabajar en esta dirección si se asegura la rendición de cuentas de los funcionarios encuadrados en las diferentes redes de gobierno en que funcionara la Administración global. Es, desde luego, una posibilidad que, en mi opinión, debe ser contemplada como un punto de partida posible para llegar a mayores cotas de legitimidad democrática.

El Derecho Administrativo Global es un Derecho "in fieri", en formación, que no está sistematizado, que todavía no se ha estudiado con pretensiones sistémicas, aunque se admite su existencia como se reconoce que la globalización también alcanza, como no, al campo del Derecho Administrativo. Los autores que en mi opinión más han estudiado el tema, Kingsbury, Krisch y Stewart, cuyo estudio sobre la emergencia del Derecho Administrativo Global es uno de los materiales más relevantes sobre la materia, son partidarios de ir con cautela, siguiendo más bien un enfoque pragmático. Observar lo que funciona y construir desde esa perspectiva.

Es verdad que la realidad nos enseña que en los últimos tiempos existen órganos intergubernamentales y estructuras público-privadas, a veces incluso privadas, que realizan tareas de relevancia jurídica en el llamado espacio jurídico global, especialmente en la vertiente administrativa. Este dato ha de ser tenido muy en cuenta a la hora de estudiar, no sólo las formas de composición de la Administración global, sino los actos y las normas que se producen.

Las diversas maneras de comprender el Derecho, el Ordenamiento jurídico, plantean algunas dificultades acerca del establecimiento de los principios sobre los que levantar el edificio del Derecho Administrativo Global, pues no hay una Constitución Global, ni tampoco poderes públicos a nivel global claramente establecidos. Sin embargo, sobre la base de la Declaración Universal de los Derechos Humanos es más que posible, junto a la realidad de las normas, actos y resoluciones judiciales que se producen en este ámbito, establecer un catálogo de principios que para quien escribe deben partir de la cláusula del Estado de Derecho. Si somos fieles a lo que supuso la aparición del Derecho Administrativo en Europa tras la caída del Antiguo Régimen, tenemos que ser conscientes de que hoy el régimen general requiere de nuevos impulsos jurídicos que restauren, que recuperen el sentido del Derecho Administrativo como un derecho que lucha por reducir a los poderes públicos y económicos a sus justos límites. A través del principio de buena Administración, compendio donde lo haya del sentido de sus principios inspiradores: racionalidad, participación, pluralismo, rendición de cuentas, transparencia, revisión, responsabilidad, encontramos un buen camino para ir construyendo un orden jurídico-administrativo global que permita que, en efecto, el Derecho Administrativo sea lo que debe ser: el Derecho del poder para la libertad.

Agustín Gordillo nos recuerda en un estudio de estos años que son precisamente los principios de seguridad jurídica y de justicia los principios que deben presidir esta nueva expresión de la tendencia permanente a la unidad del Ordenamiento jurídico que hoy, para el caso del Derecho Administrativo, denominamos Derecho Administrativo Global. En ese sentido, proyectando ambos principios sobre la realidad económica, el principio de racionalidad, del que hemos tratado extensamente en estas líneas, se nos presenta, como advierte magistralmente el profesor Gordillo, derivado del Estado de Derecho al funcionamiento objetivo de la actividad económica y financiera. Probablemente, si en este tiempo de convulsiones que vivimos la racionalidad jurídica hubiera acompañado a la racionalidad económica, muchos de los desaguisados que han acontecido no hubieran sido posibles. Porque la regulación habría funcionado, porque los reguladores no se habrían dejado capturar por el mercado. En una palabra, porque los principios del Derecho Administrativo Global habrían podido detener una escalada de descontrol y de dictadura de los mercados sin precedentes. Sin embargo, lo que prevaleció, la rentablemente, fue la irracionalidad del mercado sin control, sin límites, sin regulación

VI

ESTADO DE BIENESTAR ESTÁTICO E INTERVENCIÓN PÚBLICA

La profunda crisis en que se encuentra la intervención pública en materia económico-financiera mucho tiene que ver, demasiado, con un modelo de Estado, el Estado de bienestar, que todo lo confió a la iniciativa estatal, especialmente en materia de fomento, y, también, como poco a poco se va reconociendo, a una invasión creciente de la política sobre los entes reguladores, sobre las instituciones de supervisión, vigilancia y control de la actividad económica. En este punto, para conocer las fallas de las instituciones públicas en lo que se refiere a la garantía de unas condiciones de objetividad y racionalidad en el funcionamiento del mercado, es menester aproximarse al siempre atractivo tema de la naturaleza y alcance de las funciones del Estado en nuestros días. Cuestión que hoy, en plena crisis, adquiere tonos y aspectos nuevos.

Tras la estrepitosa crisis del Estado de bienestar estático, de ese modelo que se estancó en la perspectiva clientelar de las técnicas de fomento, hoy vuelve a estar en el candelero la perspectiva dinámica del Estado de bienestar. Tal situación se produce cuándo el Estado y sus dirigentes, bajo el prisma de la captura de la voluntad política de los ciudadanos, se lanza a subvenir y subvencionar, con los fondos del común, todas cuantas necesidades, también particulares, tienen los ciudadanos. Desde concursos de hípica hasta certámenes de filatelia, toda cuanta actividad social se podía intervenir, se intervino hasta que los fondos públicos se terminaron. En este desatinado ejercicio de irresponsabilidad también debemos citar a unas instituciones financieras que pusieron toda su imaginación y creatividad para convencer a los políticos de las bondades de diferentes técnicas y formas para conseguir sus fines a base de más y más endeudamiento. Se crearon entes y órganos innecesarios y se procedió al reclutamiento de miles y miles de adeptos y afines a la causa en la función pública con el propósito, no siempre expreso, de controlar más y más a la sociedad. Claro, una operación de tal calado, como los fondos públicos no son infinitos, provocó el colapso financiero del Estado. La gran paradoja, la tremenda contradicción, es que tales excesos se practicaron enarbolando la bandera de la acción social, de la sensibilidad hacia las necesidades colectivas de los habitantes.

En este marco, vuelve a recobrar fuerza, es lógico, el principio de subsidiariedad y se alerta acerca de la importancia de que las funciones de inspección, supervisión, vigilancia y control estén atendidas por competentes profesionales capaces de realizar su relevante trabajo en razonables condiciones de independencia. En este sentido, la intervención en sentido clásico ha fracasado. La acción reguladora del Estado no ha estado a la altura de los tiempos. Pareciera que el mercado y su "racionalidad" han sobrepasado los instrumentos tradicionales de reacción pública ante los desmanes que estamos conociendo. La propia funcionalidad del Estado está en entredicho cuándo la aguda crisis financiera y económica ha hecho añicos las formas conocidas de proyección de la acción pública.

El Estado no ha sido capaz de responder con la velocidad necesaria ante tanto atropello de los derechos de las personas. Incluso se ha replegado ante las nuevas formas de expresión de los mercados y sus instituciones más rutilantes. Por ejemplo, las agencias de calificación financiera campan a sus anchas sin que el más mínimo sentido del Estado de Derecho haga acto de presencia en sus polémicos veredictos. Los entes reguladores, en términos generales, no han podido frenar la oleada de unos mercados dominados como nunca por la sed de lucro y la obtención en el menos plazo de tiempo posible, y como sea, de los máximos beneficios económicos. A esto tenemos que añadir, por lo que afecta a la cuestión que abordamos en este epígrafe, que la versión estática del Estado de Bienestar ha ocasionado, como ya sabemos y estamos comprobando a diario, no pocos perjuicios a la gestión pública y a la calidad y continuidad de los servicios públicos y de interés general que debe preservar el propio Estado.

El Estado, como sabemos, es la comunidad de un pueblo asentada sobre un determinado territorio, dotado del más alto poder de dominio para la fundamentación completa de su bienestar general. Esta definición, una de las mejores que se pueden encontrar en el Derecho Público Comparado, recoge expresamente el término "bienestar". ¿Por qué será? Porque una de las funciones esenciales del Estado es la puesta en marcha de las instituciones que hagan posible la obtención autorresponsable de sus propios fines en el marco del bien común, del bienestar general de los ciudadanos, del interés general podemos escribir en términos jurídico-administrativos.

En 2012 celebramos el bicentenario de la Constitución de Cádiz de 1812. Podemos recordar que aquellos ilustres e inteligentes constituyentes dejaron escrito en el articulado de la Carta Magna que la función del gobierno es precisamente contribuir al bienestar de los ciudadanos. El bienestar de la población, como tal, es el objetivo de la acción del complejo Gobierno-Administración.

El bien común es precisamente la finalidad general del Estado. Es más, el poder estatal es el medio del que dispone la autoridad política para alcanzar el bien común, para conseguir precisamente el bienestar de la sociedad como un todo, el bienestar de todos y cada uno de los ciudadanos, de los habitantes en cuanto miembros de la comunidad. El bien común, en realidad consiste en hacer posible a los ciudadanos su realización como persona, como ser humano en plenitud (Messner). En palabras más claras: el Estado debe garantizar el marco y las condiciones necesarias para que los ciudadanos puedan desarrollar íntegramente su personalidad. Su personalidad en un contexto de libertad solidaria.

Si concordamos en que el bien común es un concepto filosófico, y el bienestar general de naturaleza sociológica, el interés general, como explicamos en el primer capítulo, será la expresión con la que desde el Derecho Público se ilustra esta idea fundamental. En efecto, el interés general en el Estado social y democrático se nos presenta como el conjunto de medios que el Estado pone a disposición de los ciudadanos para que éstos, desde su libertad solidaria, puedan realizarse, sin interferencias, en plenitud. El problema aparece cuándo el Estado se esclerotiza, cuándo su funcionalidad se dirige a la captura de la voluntad política de la población. Es decir, cuándo el bienestar se convierte no en medio sino en un fin, entonces ayudas, subvenciones y auxilios públicos, estructuras y organismos públicos inundan la vida social con el fin de la conservación del poder. En este marco, los presupuestos públicos siempre son insuficientes y hay que recurrir a la deuda, a una deuda que en algún momento terminará por hacerse insostenible porque el dinero público no es ilimitado, no es infinito.

El poder estatal tiene un evidente sentido de servicio al bien común, al interés general, y es el poder supremo entre los poderes sociales porque el cumplimiento de las tareas particulares de todas las pequeñas comunidades depende de que el Estado cumpla sus tareas sociales más básicas. Los seres humanos pertenecemos inmediatamente a pequeñas comunidades y el primer deber del Estado es crear los presupuestos para cumplir las tareas que a esas comunidades impone la realidad de las cosas. Por eso, desde el Estado se debe potenciar la familia, las asociaciones, los Entes locales, las instituciones profesionales, y las otras.

En efecto, el propio fin del poder estatal, del poder público en sentido amplio, en la medida en que se orienta hacia el cumplimiento de las funciones sociales básicas de protección del Orden jurídico y de aseguramiento del bienestar, implica evidentes restricciones a su libre y omnímodo ejercicio. Primera: los derechos fundamentales de las personas y sus derechos adquiridos, los derechos de las comunidades, de las minorías, de otros Estados, etc. Y segunda: los medios imprescindibles para garantizar una situación de bienestar. Estos límites son flexibles ya que las exigencias del bien común, del bienestar general, del interés general, son variadas y diversas según las distintas posibilidades. Pero como regla general puede afirmarse que la presunción jurídica está contra la extensión del poder estatal. ¿Por qué? Precisamente porque el poder estatal se justifica en la constitución del orden colectivo de las funciones sociales fundamentales. Sin embargo, si por algo se ha caracterizado la última versión del Estado de Bienestar que hemos conocido, de naturaleza estática, ha sido precisamente por un constante y crecimiento del poder público. Crecimiento y extensión que terminó por ahogar las legítimas y libres expresiones de la vida social conformando un diabólico entramado estructural dirigido y orquestado para una de las formas más sibilinas, y eficaces, de control y manipulación social como pocas veces se ha organizado en la vida de los pueblos.

Como sabemos, la responsabilidad o la competencia personal anteceden a la general. Es decir, lo que los individuos y las pequeñas comunidades sean capaces y estén dispuestos a hacer deben hacerlo sin interferencias del Estado, a partir de si esfuerzo personal o colectivo tal como señalara Messner hace bastante tiempo. El principio de subsidiariedad es un principio fundamental de toda autoridad social. Sin embargo, la perversión estructural de tal criterio básico de la Ética social ha sido tan evidente que prácticamente ha brillado por su ausencia en las últimas décadas. La razón es obvia: cuanto más poder público mejor, cuánta más intervención mejor, cuánta más presencia pública mejor. Poco a poco, sobre todo en el mundo occidental, la población fue introducida en un ambiente en el cual todo lo atinente al bien general debía ser confiado a las exclusivas manos de autoridades e instituciones públicas que por doquier emergieron precisamente para blindar esa magnífica y colosal operación de control social de la que ahora, cuándo se terminó la financiación, estamos despertando.

El principio de subsidiariedad, un principio más de actualidad que antaño, limita considerablemente la operatividad del poder estatal, del poder público en sentido amplio, y responsabiliza a las personas en el cumplimiento de sus fines vitales y sociales. Como principio filosófico-social, tiene tres importantes corolarios según Messner. Primero: un sistema social es tanto más perfecto cuanto menos impida a los individuos la consecución de sus propios objetivos vitales como miembros de la comunidad. Segundo: un sistema social es tanto más valioso cuanto más se utilice la técnica de la descentralización del poder y la autonomía de las comunidades menores. Tercero, y muy importante, un sistema social será más eficaz cuanto menos acuda a las leyes y más a la acción de fomento y a los estímulos para alcanzar el bien general de todos y cada uno de los ciudadanos. En este punto, sin embargo, hay que tener sumo cuidado porque ya hemos visto a dónde nos lleva una actuación pública fiada a la acción de fomento en su versión estática.

En efecto, si estudiando caso a caso la idoneidad de subvenciones, ayudas y auxilios públicos, éstos se orientan para liberar las energías vitales que afloran en la vida social, entonces el panorama cambia por completo. Si se usan para impedir el dinamismo social y petrificar las iniciativas de las personas, entonces aumenta el control y el dominio social por las alianzas entre las diferentes tecnoestructuras partidarias, financieras y mediáticas.

El libre y solidario desarrollo de la persona, en un contexto de bien común, es un dato capital. Por eso, el principio de subsidiariedad supone tanta libertad como sea posible y tanta intervención pública como sea imprescindible. En realidad, como sabemos, desde la perspectiva que defiendo en este ensayo, el ideal del orden social se orienta hacia la mayor libertad posible en un marco de mínima regulación estatal. Los pueblos que han tenido más leyes no es que hayan sido los que han disfrutado de mayores condiciones de justicia.

Sin embargo hoy por hoy todavía existe, a causa de la influencia de la mentalidad positivista, una fuerte convicción en que el progreso social depende de la intervención directa estatal. La cuestión, sin embargo, reside en reducir la intervención a ese marco de ayuda ínsito en la idea del bien común, porque no se puede olvidar que la gran paradoja, y tremendo fracaso del Estado "estático" de bienestar, ha sido pensar que la intervención directa producía automáticamente mayor bienestar general. La fórmula, más bien, es la que parte de la subsidiariedad: cuanto más se apoye y potencie a la persona y a las comunidades menores en que esta se integra, más se fomentará la competencia y la responsabilidad personal y el conjunto tendrá una mayor autonomía. Este es el problema, que la autonomía de las personas, a pesar de las monsergas de la extensión de los derechos, es una quimera en un mundo de profunda e intensa intervención pública.

No se puede olvidar que el principio de subsidiariedad protege los derechos de las personas y de las pequeñas comunidades frente a un Estado que, históricamente, ha cedido, estos años de forma sobresaliente, a la sutil tentación de aumentar considerablemente su poder y presencia a través de las más variadas e imaginativas formas existentes. Pero lo más importante, independientemente de la fuerza evidente de este principio básico de la Ética política, la subsidiariedad, es que el bien común se alcanza más fácilmente si los propios individuos y las pequeñas comunidades se realizan como tales en un contexto de responsabilidad e ilusión por conseguir sus fines existenciales, de forma especial a partir del libre y solidario desarrollo como personas y comunidades.

Hoy, no parece necesario recordarlo, la falta de reacción social y la actitud sumisa general ante el poder reclaman que el principio de subsidiariedad vuelva a colocarse en el primer plano de la Ética Política. La crisis, al menos, está levantando un movimiento general de indignación ante tanto desmán, ante tanta manipulación, ante tanto deseo de control social por parte, sobre todo, de los poderes financieros, que son, a la postre, quienes, de forma sutil y eficiente, mueven los hilos de los dirigentes políticos, hoy convertidos, más o menos según países, en marionetas que bailan al son de los verdaderos dueños del interés general.

El profesor Cassagne, gran defensor del principio de subsidiariedad, señala que quienes piensan que este principio genera Estados débiles o mínimos no son conscientes de que la realidad indica la necesidad de reafirmar la autoridad del Estado en sus funciones soberanas y la eficiencia de las actividades supletorias que lleve a cabo. Al contrario de lo que puede pensarse, el Estado no saldrá más débil de este proceso sino más fuerte, pues su grandeza descansa más en el cumplimiento de su finalidad esencial que en su tamaño o dimensión.

La función del bienestar general de la ciudadanía constituye, como es bien sabido, la segunda función social básica del Estado, después del mantenimiento de la paz y el orden interior y exterior. En realidad, la función del bienestar se refiere a la vida económica y social y sus principales campos de aplicación son las bases ordenadoras de la economía nacional. Ahora, en un mundo global, la cuestión debe plantearse desde una perspectiva multinacional.

La función del bienestar, que tiene mucho que ver, no sólo etimológicamente, con el bien común, puede alcanzarse a través de la intervención directa del Estado en la vida económica y social o a través de la aplicación del principio de subsidiariedad. En este sentido, conviene distinguir entre Estado-Providencia y Estado social del Bienestar. Probablemente la confusión de estos conceptos en la mente de no pocos legisladores y administradores esté en la base de lo que está pasando. La intervención directa es una opción para explicar la función de los poderes públicos ante el mercado. Y, por otra parte, la ausencia de intervención, es otra fórmula. Aquí nos vamos a situar en un marco de Estado social dinámico. Claro que tiene que haber intervención, pero una intervención medial al servicio del bienestar de los ciudadanos. Se trata de denunciar los excesos de la posición estática del modelo del Estado de bienestar y profundizar en la dimensión dinámica.

El Estado Providencia (WelfareState) es, como bien sabemos, el que se ocupa inmediatamente de todas las necesidades y situaciones de los individuos desde "la cuna hasta la tumba". Es, en origen y en su desarrollo posterior, un modelo de Estado de intervención directa, omnipresente, que exige elevados impuestos y, lo que es más grave, va minando poco a poco la responsabilidad y autonomía de los habitantes. Trae consigo una poderosa y omnipotente burocracia que crece y crece sin parar. En fin, este modelo de Estado de bienestar es el que ha fracasado estrepitosamente en el mundo occidental en este tiempo por haber olvidado el principio de subsidiariedad. Un principio, insisto, que debe estar en la base de la construcción de la tarea estatal de bienestar. Un principio que busca el bien común a partir de la promoción de las condiciones básicas para que el ciudadano se desarrolle en libertad solidaria y responsabilidad.

El Estado de bienestar, es bien sabido, es el resultado de una forma de intervención del Estado en la vida social que surge tras la crisis de 1929 y que adquiere carta de naturaleza después de la II Guerra Mundial. Desde entonces el grado de intervención ha ido "in crescendo" hasta llegar a alcanzar las dimensiones actuales. Unas dimensiones insostenibles que hay que repensar desde la subsidiariedad y también desde la solidaridad pues la sociedad ha estado demasiada dependiente de los poderes públicos que no han dudado en extender su larga mano hasta sustituir muchas actividades que con anterioridad se realizaban, con grandes resultados, desde el interior de la sociedad.

En realidad, el Estado social del Bienestar, una aproximación dinámica al modelo no supone que la regla deba ser la de mayor intervención del Estado en la vida económica y social, ni tampoco, por supuesto, que se deba practicar una no intervención de los Poderes públicos en la sociedad. El Estado, es necesario recordarlo, tiene una función ordenadora en la vida económica y social, tiene un cometido fundamental: establecer el orden en el que se consiga la mayor medida posible de bienestar general y se promueva el libre y solidario desarrollo de la persona en beneficio de la generalidad. Sin embargo, en el epicentro de la crisis económica descubrimos fallas, y no pequeñas, en esta relevante tarea estatal que han permitido, algunas veces con cierta complicidad, que determinados dirigentes financieros hayan conseguido privatizar el interés general obteniendo verdaderas fortunas.

La finalidad de la política económica, que siempre tiene un claro sentido instrumental, es la creación de los medios adecuados para que la economía alcance su fin social: una mayor productividad socioeconómica y un mayor nivel de vida para todos los ciudadanos. Ambos fines están interrelacionados y uno no puede darse sin el otro y viceversa. La elevación de la productividad socioeconómica implica que todas las instituciones económicas deben orientarse en su actuación a este objetivo. Y, para alcanzar el mayor nivel de vida posible es necesario, como indica Messner un justo reparto del producto social de manera que, también al servicio de esta finalidad ha de orientarse la política monetaria, la política crediticia, la política de salarios, de precios o de impuestos, la política laboral tendente al pleno empleo, la política agraria, etc. También la política fiscal ha de ser analizada en este contexto: debe orientarse hacia el bienestar económico y social. La realidad, empero, nos muestra como la política en general dejó de ser un medio para la mejora de las condiciones de vida de las personas adquiriendo inquietantes connotaciones finalistas cuyos resultado están a la vista. Claro, el precio de esta fabulosa maquinaria de intervención lo pagamos los ciudadanos de a pie que, en el colmo de los sinsentidos, hemos de financiar un sistema que atenta y lesiona, ahora ya directamente, las condiciones de vida de las personas.

El Estado social de Derecho, que parte del principio de subsidiariedad, supone que el propio Estado no debe ejercer actividad económica propia a menos que la iniciativa privada sea insuficiente para cubrir las necesidades sociales o que el bien común exija su presencia en la vida económica. Por tanto, debe recordarse que la actividad económica estatal se justifica solamente, como es lógico, en caso de bienes y servicios de necesidad pública. En relación con la empresa privada, después de lo escrito ya, se entenderá perfectamente que el Estado debe estar presente para garantizar el cumplimiento del bien común, como también puede ser necesaria la intervención en determinados sectores, eso sí, en función del bien común. Sin embargo, tanto en España como en otros países de nuestro entorno cultural, hemos seguido la dirección contraria a partir del establecimiento de un sector público elefantiásico, concebido como una todopoderosa maquinaria de control social poblado de afines a los partidos desde la que practicar un grado de control social inimaginable para los propios patrocinadores e inspiradores de este modelo de Estado.

Estudiemos ahora, para después comprobar lo que ha pasado, cuál es la posición del Estado social del Bienestar en materia de política social. Es obvio que algo ha fallado, y de manera grave, para que, por ejemplo en España a día de hoy tengamos una población de varios millones de desempleados. La política social, enseña Messner, se compone de las medidas e instituciones del Estado necesarias para proteger a los grupos sociales que dependen del trabajo contra todo perjuicio en la participación del bien común. Entre las medidas de la política social, cada vez más necesarias en un momento de fuerte crisis económica y financiera, están la protección de la salud digna y humana, la protección del salario a través de la seguridad social general y la protección de los convenios colectivos para que las condiciones de trabajo permitan la realización del hombre en su plenitud, en libertad solidaria. También en estos casos la acción del Estado está vinculada por el principio de subsidiariedad, de forma que en muchas ocasiones la integración social es posible dejando a los individuos y grupos que representan a los trabajadores la iniciativa en esta materia. Sobre todo si el sistema de pensiones públicas, por ejemplo, se concibe al modo de reparto y las tendencias demográficas constatan inequívocamente la evolución del modelo.

En caso de que el Estado intente actuar sobre otros riesgos de la vida, entonces ya nos encontramos con un modelo de Estado de Bienestar de corte intervencionista que todo lo invade, todo lo controla, todo lo quiere bajo su dependencia. En nuestro tiempo, la intervención en materia de política social es desproporcionada pues se ha conseguido, en no pocos casos, incrementar el presupuesto público para mantener a colectivos cada vez más numerosos de personas. Hoy, se destinan grandes dotaciones presupuestarias a los subsidios sin que se haya, ni mucho menos, orientado la acción pública al bien común, al bien de todos los ciudadanos, sino a financiar una todopoderosa maquinaria de control y dominio de la población.

En la medida en que los servicios públicos son de peor calidad, en la medida que crece irresponsablemente la burocracia y en la medida en que desaparece la iniciativa y la responsabilidad personal, nos encontramos ante un panorama desalentador. Por eso, una de las medidas más urgentes para recuperar el sentido originario de lo que denomino Estado dinámico del bienestar se dirige, además de a eliminar tanto organismo innecesario, a de erradicar toda esta suerte de subvenciones orientadas al control social sin más.

El Estado debe garantizar el cumplimiento de los derechos humanos en el marco del bien común, en un contexto de interés general. Por eso, el modelo del Estado social del Bienestar implica que la acción pública, en el marco de la subsidiariedad, se oriente hacia la dignidad de la persona, que es la fuente y la garantía del bien común, de manera que la intervención, cuando sea necesaria, tengas siempre esta connotación de servicio al hombre que vive en comunidad. De ahí que sea incompatible con el modelo del Estado social del Bienestar, también denominado hoy Estado dinámico del Bienestar, la creencia de que el mercado por sí mismo todo lo arregla. Sabemos que el liberalismo económico a ultranza lesiona los derechos humanos. Por eso, la intervención pública debe legitimar un orden económico al servicio de la dignidad del ser humano, a favor de su libertad solidaria. En este sentido puede entenderse la doctrina de la llamada economía social de mercado, que se encuentra en la entraña de lo que debe entenderse por el Estado social del Bienestar, por el Estado dinámico del Bienestar.

La caída del intervencionismo radical y, por tanto, la pérdida de confianza hacia el sector público como motor de la vida económica, es un dato, hoy, indudable. Incluso el ocaso de las más ortodoxas "social-democracias" ha supuesto una importante sacudida que ha socavado los pilares y fundamentos del principio de la intervención de los poderes públicos en la vida económica entendida en su formulación clásica. Sin embargo, la aguda crisis del pensamiento colectivista en modo alguno debe justificar el triunfo absoluto del capitalismo exacerbado y de la libertad de empresa sin límites. Tal aserto ha sido a día de hoy comprobado amargamente en el mundo occidental, en crisis precisamente por haberse entregado, en cuerpo y alma, a un sistema sin control, con muchos controles formales pero sin control material, del que se han aprovechado determinadas minorías que operan en el mundo de las alianzas entre los poderes políticos, financieros y mediáticos.

El protagonismo del Estado o del mercado fue el gran tema del debate económico del siglo XX. Ya desde muy pronto, como nos recuerda el profesor Velarde fuertes, encontramos el célebre trabajo de Enrico Barone publicado en el Giornale degli Economisti (1.908): "El ministro de la producción en un Estado colectivista", a partir del cual comienza un amplio despliegue de estudios de los teóricos de la economía sobre la racionalidad económica de una organización socialista como los de Wiesser, Pareto y sus discípulos. La crisis económica que sigue a la Primera Guerra Mundial pone en tela de juicio el pensamiento capitalista y alimenta formas intervencionistas que el economista Mandilesco se encargaría de configurar económicamente. De igual manera, tanto el New Deal de Rosevelt como la encíclica "Quadragesimoanno" se muestran críticas hacia el capitalismo. En 1.917 comienza la amarga experiencia comunista en Rusia y en los países "convertidos" a la paradójica sociedad sin clases. En 1.989, tras un largo y épico sufrimiento colectivo, cae una de las grandes farsas de la historia: el comunismo. El desmantelamiento del credo comunista ha traído consigo, lo comentaremos más despacio, la crisis del planteamiento socialista. Es lógico si se tiene en cuenta que nos encontramos en uno de esos momentos de la Historia en las que resulta muy difícil, a la vista de lo acontecido, apostar por modelos de corte intervencionista.

Los planteamientos intervencionistas de Keynes o Beveridge trajeron consigo, tras la Segunda Guerra Mundial, un acercamiento a la planificación del desarrollo o a una política fiscal redistributiva. En verdad, la época de la prosperidad de 1.945 a 1.973 mucho ha tenido que ver con una política de intervención del Estado en la vida económica. Quizá porque entonces la maltrecha situación económica que generó la conflagración, no permitía, porque no se daban las condiciones, otra política económica distinta. Ahora bien, en torno al llamado círculo de Friburgo surge un conjunto de pensadores críticos frente a las bases teóricas del Estado del Bienestar. Entre ellos, destacan Walter Eucken, Ludwig Erhard o Friedrich Von Hayek. Realmente, la importancia del pensamiento de estos economistas, conocidos como representantes de la economía social de mercado, es muy grande y su actualidad, cada vez más, innegable. Eucken, por ejemplo, se planteó la cuestión de la actividad estatal en materia económica. Su planteamiento es irrefutable: el problema es de orden cualitativo, no cuantitativo. El Estado ha de influir en el marco institucional y en el orden dentro del cual se desarrolla la actividad económica. El Estado, según Eucken, y la doctrina de la economía social de mercado, debe fijar las condiciones en que se desenvuelve un orden económico capaz de funcionamiento y digno de los hombres, pero no ha de dirigir el proceso económico. En resumen: el Estado debe actuar para crear el orden de la competencia, pero no ha de actuar entorpeciendo el proceso económico de la competencia. Como es bien sabido, el "milagro" alemán debe mucho a esta interesante doctrina de la economía social de mercado.

Ludwig Erhard entendió claramente la función del Estado cuando escribía en su célebre obra "Bienestar para todos" que el ideal que yo sueño es que cada cual pueda decir: yo quiero afianzarme por mi propia fuerza, quiero correr yo mismo el riesgo de mi vida, quiero ser responsable de mi propio destino. Vela tú, Estado, porque esté en condiciones de ello. Hoy, sin embargo, estamos pagando las consecuencias de haber aceptado que el Estado podía, y debía, sustituirnos incluso en muchas actividades propias de la condición personal.

El Estado de Bienestar que ha tenido plena vigencia en la Europa de "entreguerras" es un concepto político que, en realidad, fue una respuesta a la crisis de 1929 y a las manifestaciones más agudas de la recesión. Sin embargo, como sabemos muy bien, en su evolución histórica ha ido adquiriendo las características propias de un Estado fuertemente interventor en detrimento de las libertades del hombre hasta llegar hoy a una situación insostenible, en la que hay unanimidad general y que se ha bautizado como la crisis del Estado de Bienestar. La causa principal: que el Estado se ha excedido en su afán interventor y, además, no siempre la mayor carga fiscal ha supuesto mejores y más eficaces servicios públicos. Hoy precisamente se habla ya sin tapujos del desmantelamiento del Estado del Bienestar. En mi opinión, de lo que se trata, no es tanto de eliminar un modelo de Estado al que debemos muchas conquistas sociales sino de recuperar su esencia dinámica y su finalidad propia.

En efecto, debe reconocerse que en virtud del Estado del Bienestar se consiguió que el Estado asumiera como obligación las ayudas a quienes perjudicaba el funcionamiento del mercado y que los sindicatos se integraran en la determinación de los distintos intereses colectivos de carácter laboral. Es verdad que la aparición del Estado del Bienestar supuso una conciencia más social por parte de los ciudadanos. Sí, pero ha traído consigo una evidente crisis de responsabilidad personal, pero que muy preocupante, que ha trans-formado al ciudadano en un mero espectador pasivo, en sujete inerte a mer-ced de la intervención pública, en un ser inactivo que todo lo espera de papá Estado.

Quiero significar que aunque se critique el Estado del Bienestar, sobre to-do en su versión estática, es de justicia reiterar que surge de una convicción moral, como dice Karl Popper, sumamente humanitaria y admirable. Lo que ha pasado es que se ha olvidado el principio de subsidiariedad que, proba-blemente, permite llegar a mejores resultados, con menos costes y con mayor participación social. Debe reivindicarse nuevamente que el principio rector que justifica la intromisión del Estado en el plano económico y social es el de la subsidiariedad. Y no es que la subsidiariedad equivalga, como ya hemos señalado, a un Estado débil. Más bien, ocurre todo lo contrario porque la fortaleza o debilidad de un Estado pienso que no se debe medir por el tamaño del sector público sino por la sensibilidad frente al bien común de los ciuda-danos. Para conseguirla, el Estado debe transferirles, racionalmente y en un marco del bien común, las competencias que le son propias. ¿Por qué?. Por-que, entre otras razones, después de años de rodaje del sistema, ya nadie duda de que la acción estatal no es más que una de las formas en que políticos y burócratas de turno mantienen o disfrazan su hegemonía sobre la sociedad y una de las causas más comunes de los abusos y arbitrariedades que provoca la acción interventora del Estado.

El Estado Providencia está en crisis. En efecto, a la cobertura de los ries-gos de enfermedad, accidente, desempleo y vejez, se fueron sumando presta-ciones en materia de vivienda, educación, transporte, vacaciones, medio am-biente... que han supuesto el agotamiento financiero del sistema Es más, a través de sugerentes ofertas electorales, el "Welfare State" ha endosado a los poderes públicos la satisfacción de innumerables apetencias y caprichos de forma que el hedonismo y materialismo reinante, provocado en parte desde el aparato público, ha ido creando nuevas expectativas en los ciudadanos , cuya satisfacción se pide a un Estado que ha ido aniquilando toda referencia a la iniciativa y a la espontaneidad social, para convertirse en una especia de tutor social que hasta se atreve adoctrinar a los ciudadanos enseñando lo que está bien o lo que está mal.

VII
LA CRISIS DEL ESTADO DEL BIENESTAR

La crisis del Estado estático del Bienestar es clara, está fuera de duda. No solo desde el punto de vista económico, sino también, y ello es más importante, como modelo de Estado.

En el fondo, además de analizar algunas de las causas de la crisis, es conveniente subrayar que se está recuperando una nueva forma de entender lo público, no como algo propio del Estado, sino como algo en lo que tiene que participar el ciudadano. Se está rompiendo el monopolio que hasta ahora se pensaba que tenía el Estado frente a los intereses públicos. Y, además, está reapareciendo la idea de que el Estado está para fomentar, promover y facilitar que cada ser humano pueda desarrollarse como tal a través del pleno ejercicio de todos y cada uno de los derechos humanos. Por tanto, el ser humano, la persona es el centro del sistema, el Estado está a su servicio y las políticas públicas, por tanto, también.

En este contexto surge espontáneamente, como señalamos en el epígrafe anterior, el principio de subsidiariedad y se justifica que el Estado sólo debe actuar cuando así lo aconseje el bien común. Es más, el Estado debe propiciar, sin convertirse en actor, una sociedad más fuerte, más libre, más capaz de generar iniciativas y con mayor capacidad de responsabilidad política. El Estado debe permitir que cada ciudadano se desarrolle plenamente y que pueda integrarse en condiciones dignas en la sociedad. La muerte del "Welfare State" no es la muerte de una manera más social de ver la vida, sino la muerte de un sistema de intervención creciente y estática que ha terminado asfixiando y narcotizando al ciudadano. Por lo demás, las propuestas que aquí se esbozarán participan de la necesidad de seguir trabajando en un modelo de Estado de Bienestar dinámico.

El Estado del Bienestar, tal y como se ha manifestado en Europa en los últimos años ha asumido los gastos de la sanidad, las pensiones de jubilación, el sistema educativo y los subsidios de desempleo. Sin embargo, ha sido, en muchos casos, una tarea propia y exclusiva del Estado, sin abrirse a la sociedad, con lo que el Estado ha tenido que correr con los gastos hasta que se acabó la financiación. Es lo que ha pasado en su día, no hace mucho, en la todopoderosa Suecia y es lo que está pasando en otros muchos países, España entre ellos. Parece mentira pero era un sistema, más tarde o más temprano, abocado al fracaso porque la crisis económica que ha producido semejante gasto público acabaría apareciendo.

Se ha dicho que si el colapso del sistema de tipos de cambios, que si el crecimiento de la inflación, o que si el aumento del precio del petróleo, o que si la disminución de la demanda productiva eran causas de la crisis. Probablemente, como también lo ha sido el crecimiento del sector público, o la corrupción inherente a todo sistema de intervención administrativa. Es cierto, pero lo más interesante es poner de manifiesto que el sistema ha fracasado en su propia dinámica: a pesar de aumentar la presión fiscal y de, lógicamente, aumentar el gasto público, resulta que los servicios públicos no eran proporcionados al gasto. ¿Por qué?. Sencillamente, porque hemos vivido en un contexto en que para la Administración el ciudadano es la justificación para crecer y crecer y porque no ha calado en los políticos la Ética Política propia de un Estado que aspira a instaurar el verdadero bien común.

No se puede olvidar que ni siquiera en los momentos de prosperidad se ha incentivado el ahorro. Es más, se ha propagado, desde el Estado, porque era "conveniente", una manera de vivir en la que cada vez era necesario "más", cada vez era necesario consumir más y más, hasta el punto de que ha sido el Estado del Bienestar el principal responsable del consumismo imperante hasta no hace mucho. Pero es que, además, tampoco se ha incentivado, en las épocas de bonanza, la inversión a pesar del crecimiento incesante de los salarios. El colmo ha sido que, en el caso español, se ha disparado el paro de una manera alarmante. Hay más: esta mentalidad asistencial ha ido calando poco a poco hasta conseguir la improductividad económica. En este contexto, la natalidad desciende preocupantemente; se alarga la esperanza de vida. Aumenta, de esta manera, el número de personas que deben cobrar pensión de jubilación o de desempleo y desciende el número de personas que cotizan.

¿Qué pasó, entonces?. Pues que el ciudadano se ha acostumbrado a esperarlo todo del Estado y hasta los empresarios a no hacer nada que no tuviera la pertinente subvención. En efecto, se generalizó una peligrosa cultura de la subvención que ha enganchado a los ciudadanos y a sus agrupaciones en la todopoderosa maquinaria del Estado. El que paga manda, dice el refrán: y es así; de forma que la tentación de la extensión del poder ha sido ampliamente colmada hasta llegar a la más pequeña de las asociaciones de vecinos, porque no se quiere dejar nada a la improvisación. Eso sí, mientras tanto, los ciudadanos hemos ido perdiendo sensibilidad social y capacidad de reacción.

Hace pocos días, releyendo papeles de años atrás, me detuve gratamente impresionado ante un artículo de Edgar Morin, entonces director de Investigación en el Centro Nacional de la Investigación Científica de Francia. Morin, como es bien sabido, quizás es más conocido como uno de los teóricos socialistas más agudos que como funcionario de investigación. Pues bien, a finales de la década de los noventa del siglo pasado, 1993, escribió un magnífico artículo sobre "La solidaridad y las solidaridades". Edgar Morin, en su análisis, señala con claridad que a pesar de que los gastos sociales han crecido de la mano del todopoderoso Estado del Bienestar, sin embargo la calidad en la atención al hombre marginado concreto es todavía una quimera. Si cabe, la paradoja es patente, aumenta la solidaridad administrativa, pero "esta es insuficiente, impersonal, burocrática y no responde a las necesidades concretas, inmediatas e individuales".

La razón es bien clara y así lo admite Morin. El problema de la solidaridad concreta e individualizada es irresoluble en el marco tradicional de una política que se practica por Decreto o Programa. La solución, una vez más, viene de la mano, así lo reconoce el profesor Morin, de una política que despierte y estimule. En otras palabras, los poderes públicos deben fomentar y ayudar a que tantas personas que trabajan por la solidaridad lleven a buen fin sus proyectos. Una vez más se comprueba que los Poderes públicos, en tantas y tantas ocasiones, deben tener la inteligencia de potenciar las iniciativas sociales que, no lo olvidemos, son las que dan la temperatura de la vida democrática de un país.

Entonces, ¿por qué si aumentan los recursos para la solidaridad, los resultados son tan escasos, tan magros?. No por motivos económicos. La aguda crisis del "Welfare State" no es sólo de diagnóstico económico; la razón es mucho más profunda y tiene que ver con la actitud del Estado frente al hombre. En estos casos, hay que reconocer que en una sociedad libre no es función legítima del Estado obligar, imponer la ayuda a los necesitados. Es más saludable, y más propio de un Estado que busca una sociedad fuerte, potenciar a los grupos -que los hay, y muchos- que actúan voluntariamente y que disfrutan ayudando a los demás. La reducción de las prestaciones sociales ha sido la patente de corso de la crisis del Estado del Bienestar.

Los años ochenta y noventa del siglo pasado pasarán a la historia de las ideas como las décadas en la que el todopoderoso Estado del Bienestar, el llamado Estado Providencia, comenzó a entrar en crisis. El sector público quebró como fórmula única de progreso por todas las partes. La socialdemocracia más acrisolada, como el modelo sueco, fracasó y, por el contrario, dio lugar a un esperanzador movimiento a favor del hombre y de su libertad. La omnipotente presencia del Estado trajo consigo, paradójicamente, severas reducciones de prestaciones, lo que, como es lógico, no es más que la constatación, una vez más, del fracaso de cualquier sistema que todo lo fíe a los poderes Públicos y que intenta identificar Estado y Sociedad.

Como dice Karl Popper, tratando de la idea de igualdad de oportunidades en el acceso a la educación superior, resulta que para el estudiante sin recursos de hace algunos años, la lucha por el conocimiento era una aventura que exigía privaciones y sacrificios. Y, sin embargo, hoy ese derecho se da por supuesto y se valora poco aquello que se recibe como un derecho adquirido, sin sacrificio. Esta es una consecuencia evidente de la acción del Estado de Bienestar sobre la sociedad: eliminar la responsabilidad, liquidar la capacidad crítica de los ciudadanos y condenarlos a una actitud de pasiva y pesimista resignación frente a la autoridad estatal que es quien decide y quien estimula a los ciudadanos. Por ello, la capacidad de ilusión y de sacrificio hoy está en un mal momento. De ahí que la nueva versión del Estado debe ser más sensible ante la dignidad personal y debe buscar ese clima de bien común que tanto se necesita para que la efectividad en el cumplimiento de los derechos humanos sea una realidad.

En este contexto, en un ambiente de fuerte crisis del Estado del Bienestar, sobre todo en su versión estática, nos recuerda Popper que se ha producido un evidente aumento de las exigencias de las masas que, lo comentábamos antes, ha generado un peligroso materialismo de cuño individualista en el que se ha despertado una tremenda ambición y un desenfrenado deseo de éxito, sobre todo económico, a corto plazo y con independencia de la calidad de los medios que hayan de emplearse.

Una de las quimeras del Estado del Bienestar que ha justificado la expansión incontrolada del gasto público ha sido la necesidad de distribuir equitativamente la renta. Pero también en este punto el "Welfare State" ha fracasado, porque es bien conocido que tras décadas de actividades redistributivas, el nivel de desigualdad no ha disminuido. No sólo no se ha redistribuido del más rico al más pobre, sino, en la mayoría de los casos, de éste al más pobre. La pregunta que a continuación se plantea resulta evidente: ¿Dónde van a parar, entonces esos recursos que se nos detraen, si es que no se dedican a tareas redistributivas?. Pues sencillamente, a alimentar el aparato burocrático que, a pesar de todo, creció y creció sin parar y que los actuales dirigentes políticos no se atreven a racionalizar.

La burocracia, es un dato evidente, ha crecido desproporcionadamente en estos años ¿Por qué?. Porque como dice Luhmann, el Estado de Bienestar únicamente consigue cumplir sus deberes recurriendo a la burocracia. No cabe duda de que los burócratas buscan aumentar su poder en la Administración pública y para ello tienen necesidad de expandir sus actividades. ¿Seguirá creciendo, a pesar de todo la burocracia?. Mientras no se produzca una efectiva conversión de la burocracia, como organización, a la idea de servicio y mientras no se tenga claro, teórica y prácticamente, que la función pública está para solucionar las necesidades públicas poco podremos hacer. A pesar de la crisis tan fuerte que aqueja a países como el nuestro la reducción del aparato público, sobre todo en el área del personal de confianza o de alta dirección en las empresas públicas, no está en la agenda de la reforma administrativa.

También conviene llamar la atención sobre otro fenómeno que ha acentuado, y de qué manera, la crisis del Estado del Bienestar: la corrupción. ¿Por qué?. Sencillamente porque un Estado que interviene en todos los recodos de la vida social alienta necesariamente la creación de grupos de interés que desean sacar beneficios directos de los poderes públicos. Cuando la discrecionalidad es la regla general y los sistemas de contratación públicos permiten adjudicar sin excesivos controles, parece lógico que al aumentar progresivamente los fondos públicos, la proliferación de grupos de presión es imparable.

En un Estado con presupuestos más reducidos, estos grupos de presión carecen de estímulos porque el Estado no puede proporcionarles ventaja particular alguna.

Por eso, es necesario recuperar una dimensión nueva de la Ética política en la que se subraye otra vez, porque no es una idea nueva, que el Estado se justifica en la medida en que, a través del poder, haga presente el bien común, para que se den las circunstancias reales para que cada ciudadano se desarrolle en libertad solidaria. Es evidente que, en este contexto, el poder político debe radicalmente cambiar de consideración y el gobierno limitarse, y no es poco, a realizar actividades que proporcionen beneficios integrales a todos los ciudadanos. Hoy en día es cada vez más necesario recuperar el sentido auténtico del poder y conseguir que no se pierdan para el servicio público aquellas personas capaces de entender toda la fuerza, que no es poca, de la dedicación a la Política.

En nuestro tiempo, nadie duda ya que el desinterés frente a la política sea una característica bien definida de nuestra sociedad. Los tiempos cambian, se dice, y hoy nos encontramos con otras situaciones, otras convicciones, en definitiva, otros parámetros. Sin embargo, sabemos que en la Antigüedad la dedicación a la política, a la dirección de las cosas públicas, era considerada como una de las tareas más nobles a las que podía entregarse el ser humano. Es más, la política, con mayúsculas, ocupaba un lugar muy destacado entre el conjunto de todas las artes y se consideraba la más alta creación del espíritu humano. Hoy, sin embargo, cualquier sondeo o encueste en la que se pregunte por los políticos, y también por la política, expresa una especial repugnancia del pueblo hacia estas personas. Hasta están entre los principales problemas del país a juicio de no pocos ciudadanos.

¿Qué ha ocurrido para que hoy haya cambiado tanto la percepción que la generalidad de los ciudadanos tienen -o tenemos- de los políticos?. La causa no es difícil de adivinar puesto que hoy en día la esencia supra-individual de comunidad de la organización política se ha diluido a favor del interés personal, a favor del ánimo de lucro, a favor de toda suerte de comodidades y de confort, a favor la búsqueda desmesurada de mejores condiciones de vida. Y todo ello, como sea, sin reparar en la moralidad de los medios porque alcanzar el poder o el dinero todo lo justifica, todo, absolutamente todo. Así se explica, sin muchas dificultades, que en nuestro tiempo los mejores talentos no quieren oír hablar de política. Porque se ha perdido la idea del servicio público y, en su defecto, ha surgido, con no poca fuerza, una nueva y peligrosa dimensión de aprovechamiento personal, de interés personal, que también se ha instalado en la función pública en sentido amplio. Además, conviene señalar como elementos que han influido también en esa falta de interés frente a la política, la partitocracia dominante y la creencia, cada vez más extendida, de que los poderes públicos son incapaces de encauzar los problemas sociales del mundo actual.

En este contexto, resulta interesante recordar, con los estoicos y muy especialmente con Séneca, que la Ética política supone que el poder público se encuentra al servicio del llamado bien común entendido como bien de la propia colectividad y como bien de cada uno de los ciudadanos. Estas ideas, viejas por el tiempo, siguen presentes en el escenario filosófico y jurídico actual. En un Estado que se autoproclama social y democrático de Derecho resulta que nos encontramos con que la principal función de los poderes públicos es precisamente hacer posible que todos los ciudadanos gocen de todos sus derechos fundamentales, de todos los derechos que derivan de su condición humana. ¿ Por qué ?. Porque la dignidad de la persona es el fundamento del orden político y de la paz social, tal y como dispone, por ejemplo, el artículo 10.1 de la vigente Constitución española.

No debe olvidarse que en nuestro tiempo asistimos, por haberse desnaturalizado la idea del bien común, a situaciones más o menos generalizadas de corrupción política y administrativa. ¿ La causa ?. Muy sencilla: si el poder político se justifica por su adecuación al bien común, cuando el poder se utiliza al servicio de intereses particulares, aparece toda la reata de desviaciones de poder, cohechos, prevaricaciones, y similares. Por otra parte, también conviene recordar en este momento que en nuestro tiempo la idea de la efectividad de los derechos fundamentales tiene mucho que ver con la Ética política y con el bien común. Es más, puede decirse que la plena realización de los derechos del hombre supone la versión moderna del bien común.

El Poder es el medio que tiene el Estado para hacer presente el bien común. Por tanto, en sí mismo, tiene una clara dimensión relacional y se fundamenta en su función de crear los presupuestos para el pleno desarrollo del ser humano. Es decir, el Poder político se justifica en función de hacer posibles los fines existenciales del hombre. Es más, el poder público se legitima en la medida en que su ejercicio se orienta hacia este objetivo. El fundamento jurídico del poder público reside, como señala Messner, en la constitución natural del orden colectivo necesario para el cumplimiento de las funciones sociales fundamentales. Dicho orden, y por tanto su autoridad, se funda en la naturaleza del hombre. Así se entiende perfectamente que el poder político se encuentra subordinado al bien común.

El poder público, el poder de mando, el poder de dirección de la res pública en cuanto tal se fundamenta, como señala Messner, en la propia naturaleza humana y en su ordenación al bien común. Ahora bien, el poder público de coacción parte de los elementos irracionales ínsitos en la naturaleza humana como consecuencia de los cuales la voluntad del hombre se pone con facilidad en contradicción con sus fines. El poder de coacción se justifica en la necesidad de restablecer el bien común puesto en peligro por el propio hombre.

El poder político existe por y para la satisfacción plena de las funciones sociales. Tiene una dimensión de derecho público que se engarza con la propia finalidad de la comunidad política y se extiende, como dice el profesor Messner, a todas las funciones necesarias para la realización de su bien general específico. Por ello, el poder político en su sentido más propio está vinculado esencialmente al bien común, por lo que si se usa en beneficio propio o de grupos determinados se hace una utilización ilegítima, anti-ética del poder público. Las potestades públicas, lo sabemos bien los administrativistas, se justifican en cuanto que sirven al interés general.

Junto a la crisis del poder en el Estado del Bienestar, otra manifestación de su crisis ha sido la privatización de la empresa pública. Hoy ya no es soportable un sector público como el que hemos heredado del Estado de Bienestar: por ineficaz y porque el Estado no debe ser un empresario más. De nuevo, la aplicación del principio de subsidiariedad debe colocar al Estado al servicio de su función básica: el bien común

En la década de los ochenta del siglo pasado apareció un término que, por sí sólo, explica uno de los movimientos ideológicos más importantes operados en esta segunda mitad del siglo XX. Hace algunos años la palabra "privatización" es muy posible que ni formase parte de los vocabularios económicos o políticos. De todas maneras, una de las primeras privatizaciones aconteció en la ex-RFA tras la Segunda Guerra Mundial, cuando el gobierno alemán renunció a la Volkswagen. Hoy en día, sin embargo, es raro encontrar personas que no hayan discutido, al menos alguna vez, sobre el significado y alcance de esta mágica palabra. Artículos periodísticos, trabajos científicos de naturaleza económica o jurídica han, inevitablemente, acompañado la llegada de la denominada por el profesor Becker, de la Universidad de Chicago, "oleada del futuro".

Después de la Segunda Guerra Mundial comienza, como es bien sabido, un crecimiento razonable del sector público ayudado por el Estado Social que, en su primera fase, pasará a la historia por una decidida orientación intervencionista. Pues bien, la aparición, con cierta vocación de generalización, de la privatización, puede entenderse, sin gran dificultad, como una clara respuesta del conjunto de la sociedad frente a ese progresivo avance del sector público que, en cualquier momento, podría neutralizar el legítimo ejercicio de los derechos fundamentales y las libertades públicas de todos y cada uno de los ciudadanos. Y es que, sobre todo, entre los años 1960 y 1989 el crecimiento del sector público se produjo a un ritmo vertiginoso. Un crecimiento del que ahora sufrimos sus más amargas consecuencias.

Ideológicamente, la privatización de empresas públicas hace pensar en su exclusiva utilización por parte de gobiernos de cuño conservador. Pues bien, no puede ocultarse que la Inglaterra de Margaret Thatcher, la Norteamérica de Ronald Reagan y la Francia de Jacques Chirac, fueron los pioneros de la puesta en marcha de esta "revolución silenciosa" tal y como la denominada el profesor de Michigan Berg. Sin embargo, hay que decir que el fenómeno privatizador no es específico de los países conservadores. Pienso que hoy en día son bastantes conocidos los programas privatizadores realizados por Gobiernos en su momento de clara inclinación marxista como Angola, Congo, Benin, Vietnam y la República Popular China. El caso de la perestroika de Gorbachov es bien elocuente de este proceso universal.

Bajo el término privatización, en sentido amplio, no sólo se alude a la transferencia de elementos del sector público a la empresa privada. Es, si se quiere, la fórmula más conocida. Sin embargo, existen otras formas de conseguir la misma finalidad sin necesidad de que produzca un cambio sustancial en el titular de la propiedad. Así, se habla de subcontratación o gestión por parte de empresas privadas de servicios públicos, fenómeno que es bien conocido y bien antiguo en el Derecho Público. También constituye un buen exponente de la privatización la llamada "desregulación" o conjunto de medidas dirigidas a fomentar la participación, en régimen de competencia, de la empresa pública con las empresas privadas. En fin, desde una perspectiva económica, de gran interés para el jurista, la privatización admite un sinfín de técnicas, todas igualmente interesantes: venta total de acciones, venta de la fuerza de trabajo, desregulación mediante asociaciones voluntarias, desintegración de monopolios para permitir el crecimiento de la competencia.

Es ya clásica la clasificación de las causas del fenómeno privatizador en razones financieras, razones económicas y razones políticas. Las razones financieras vienen precedidas por la necesaria reducción del déficit de las Administraciones Públicas. Es un simple problema de reducción del gasto público que viene agravado por el hecho de que estos galopantes déficits se deben, sobre todo en el marco de la Europa comunitaria, al aumento de las transferencias corrientes y de capital a las empresas públicas. Por tanto, el fenómeno privatizador, que supone una importante reducción de financiación pública parece que puede ser de una importancia capital.

Sin embargo, aunque se reduzca el nivel de endeudamiento público, tampoco sería justo ignorar que, en determinados casos, el fenómeno privatizador requiere igualmente grandes fondos para el saneamiento y recapitalización de las empresas públicas. El fondo del tema es, quizás, la raíz de la propia filosofía privatizadora. Porque, en este punto, se encuentra una manifestación importante de la crisis del Estado del Bienestar. ¿Por qué las empresas públicas generan tan elevada financiación pública? En algunos casos, no tantos, no hay duda de que los directivos de estas empresas obtienen unas remuneraciones inferiores al sector privado y se encuentran sometidos a un conjunto de controles que impiden la flexibilidad empresarial necesaria para realizar operaciones verdaderamente rentables. En otros, los frecuentes problemas sindicales, a la larga, dejan huella en las cuentas de resultados.

Por lo que se refiere a las razones de naturaleza económica hay que señalar que no son otras que las que postulan que la privatización supone una forma de mejorar la eficiencia a todos los niveles de la empresa, facilitando su adaptación a la nueva situación económica. Se adopta la determinación de privatizar porque se está convencido de que la gestión privada es más eficaz que la pública. En otras palabras, son menores los costes para obtener una misma finalidad. Sobre todo debido, en buena parte a la existencia de múltiples factores políticos que acompañan al régimen de las empresas públicas. Entre ellos, el problema de la determinación de precios, la cuestión de la selección de los directivos, la negociación con los trabajadores. Problemas, todos ellos, que inevitablemente complican el proceso de producción de bienes y, en buena medida, proporcionan a la empresa pública una especial rigidez.

Junto a ello nos encontramos igualmente con un régimen proteccionista por parte de los poderes públicos que, muchas veces, consagran auténticos monopolios, en ocasiones de forma sutil, y, otras, generan una regulación tan amplia que, además de eliminar la competencia, llevan a dichas empresas hacia una situación de ineficacia. Aquí, por tanto, las políticas de desregulación que surgen en la década de los setenta del siglo pasado en Estados Unidos, juegan un importante papel y pueden conseguir agilizar y flexibilizar el régimen interno de las empresas públicas. Ello también permite pensar que la simple transferencia de capital público a manos privadas, si no va acompañado de medidas realmente liberalizadoras, apenas conseguiría el efecto buscado.

Esa falta de estímulo que produce la ausencia de una verdadera competencia justifica esa constante ineficacia que últimamente presenta la actividad empresarial de los poderes públicos. Y, por ello, también se explica la poca capacidad de innovación tecnológica que muchas veces se manifiesta en los obsoletos procedimientos de que hacen gala numerosas empresas públicas. Esta ausencia de capacidad dirigida a ahorrar en los costes de producción y distribución, constituye otro elemento más de carácter económico que explica los enormes déficits que año tras año las empresas de los poderes públicos han alcanzado.

Las razones de carácter político se centran en la vuelta a un nuevo liberalismo en el que la propiedad privada y la iniciativa privada juegan un papel de primer orden. La vuelta al liberalismo se ha debido, sobre todo, a los resultados globales del Estado del Bienestar en la actividad económica. La reacción ha sido generalizada y, desde los sistemas políticos y económicos más opuestos, la bandera de la privatización ha sido enarbolada. En el fondo, se trata de una clara reivindicación de los valores individuales en el marco de una economía de mercado. Sin embargo, cuándo tal reacción funciona sin límites ahí estás las consecuencias que todos contemplamos y tantos sufren en sus propias carnes.

La orientación privatizadora surgida en el mundo anglosajón ha puesto de manifiesto, entre otras cosas, la deficiente gestión de los recursos públicos y la mejora en eficiencia y rentabilidad cuando se traspasan al sector privado o se abren a la competencia las empresas públicas. Sin embargo, soy de los que pienso que la privatización ni es un fin en sí mismo, ni constituye la solución definitiva a los males endémicos de sector público. Es, como dice Shirley, uno de los muchos medios para ayudar a los Gobiernos interesados en fomentar una nueva división del trabajo entre los sectores públicos y privado con el fin de aumentar la eficiencia y la contribución al desarrollo tanto de las empresas como del Gobierno.

En fin, la crisis del llamado "Estado-Providencia" está dejando paso a un Estado cada vez más subsidiario, en el que se estimula la participación real de los ciudadanos, en el que debe recuperarse la idea del poder al servicio del bien común, en el que se promueva la responsabilidad personal, en el que todos los ciudadanos puedan ejercer sus derechos humanos, en el que se cuente con los individuos y los grupos que los representan para el bienestar social, en el que bajen los impuestos, en el que se instaure la economía social de mercado, en el que se adecue el tamaño del sector público a las funciones esenciales del Estado. Es decir, un Estado comprometido con la justicia particular porque así se protege la dignidad de la persona que constituye uno de los principios fundamentales del Derecho y, que es, en definitiva, el fin esencial que debe perseguir un Estado que actúe realmente al servicio del hombre, de un hombre que precisa que sus derechos fundamentales se encuentren garantizados efectivamente para su pleno desarrollo persona, libre y solidario.

VIII
DERECHOS HUMANOS Y ESTADO

La función fundamental del Estado reside en la realización del bien común, que no es, ya lo hemos comentado, la suma de los bienes individuales. Es el bien de todos y cada uno de los ciudadanos en cuanto miembros de la comunidad. Estamos en presencia de un nuevo valor específicamente distinto del bien individual y de la suma de los bienes particulares. El bien común se fundamenta en el respeto a la dignidad de la persona. De ahí que el Estado no debe ver en el hombre únicamente el ciudadano, porque el hombre es algo más, bastante más, que un ciudadano: es hombre con unos derechos fundamentales que surgen de su propia dignidad y que debe realizarlos para desarrollar en plenitud su personalidad.

El problema de la vigencia de los derechos fundamentales, lamentablemente, siempre está en candelero. Por una parte, debido al elevado número de seres humanos que apenas alcanzan un mínimo satisfactorio de dignidad personal. Y, por otro lado, porque conforme nos adentramos en el tercer milenio va siendo el momento de asumir un nuevo tiempo para que todos puedan realizarse como personas dignas, en libertad solidaria.

El inicio del siglo XXI no ofrece expectativas demasiado esperanzadoras en esas ansias de libertad y de humanismo. Es más, pienso que, en buena parte, Europa Occidental, que tanto ha colaborado al libre desarrollo de la persona y de sus valores fundamentales, ha caído en manos de un progreso tecnológico que, en lugar de situar al hombre en un primer plano, ha neutralizado, inconscientemente, la dignidad personal en aras de un materialismo consumista que impide el avance hacia la plena realización de los derechos fundamentales. Los costes de renunciar al derecho romano, al pensamiento y filosofía griega y a la solidaridad propia de la cultura cristiana están en el epicentro de la honda y profunda crisis que en estos momentos invade el viejo continente.

Los derechos fundamentales, es bien sabido, han jugado un papel de primer orden en la configuración del constitucionalismo. Las normas que los regulan, unidas a las que definen el sistema económico y a las que articulan el modelo de Estado constituyen, sin duda, la parte de la Constitución de la que se deduce el modelo constitucional de sociedad.

En su origen, los derechos fundamentales se concebían como auténticos límites frente al poder público. Es decir, imponían un ámbito de libre determinación individual completamente exento del Poder del Estado. Esta dimensión de los derechos fundamentales era la lógica consecuencia del establecimiento de los postulados del Estado liberal de Derecho en el que el sistema jurídico y político en su conjunto se orienta hacia el respeto y la promoción de la persona humana en su estricta dimensión individual. Por eso, el Derecho Público al gestionar los diferentes intereses colectivos debía contar siempre con un ámbito vedado a su actuación.

Sin embargo, el tránsito del Estado liberal de Derecho al Estado Social ha traído consigo una nueva dimensión del papel y de la funcionalidad de los derechos fundamentales. Nueva orientación que encuentra su apoyo en la superación de la clásica emancipación entre Estado y Sociedad. Ya no son, los derechos fundamentales, meras barreras a la acción de los Poderes Públicos. Todo lo contrario, se configuran como un conjunto de valores o fines directivos de la acción positiva de los Poderes Públicos. En otras palabras, el Derecho Público del Estado Social y Democrático de Derecho debe orientarse hacia su realización efectiva.

El Tribunal Constitucional Español ha precisado con claridad el alcance y la trascendencia de los derechos fundamentales como elementos "clave" del Ordenamiento jurídico. Así, por sólo citar algunos de los pronunciamientos más importantes del alto Tribunal Español, resulta que constituyen "la esencia misma del régimen constitucional". (Sentencia de 17 de mayo de 1983), "son los componentes estructurales básicos, tanto del conjunto del orden jurídico objetivo como de cada una de las ramas que lo integran, en razón de que son la expresión jurídica de un sistema de valores que, por decisión del constituyente, han de informar el conjunto de la organización jurídica y política" (sentencia de 11 de abril de 1985) o, también, como ha señalado solemnemente la sentencia de 14 de junio de 1981: "La Constitución reserva a las Cortes Generales todo cuanto se refiere al desarrollo de los derechos fundamentales y de las libertades públicas, que constituyen el fundamento mismo del orden político-jurídico del Estado en su conjunto". Afirmaciones todas ellas que responden, desde un punto de vista objetivo, a erigir a los derechos fundamentales como elementos esenciales sobre los que debe apoyarse el ordenamiento jurídico en su conjunto.

Subjetivamente, los derechos fundamentales tienden a tutelar la libertad, autonomía y seguridad de la persona no sólo frente al poder, sino también frente a los demás miembros del cuerpo social.

Los derechos fundamentales, desde la óptica subjetiva, ponen de manifiesto que "el mantenimiento de la libertad se erige en fin del mismo Estado. Lo cual, además de evitar las interferencias del Derecho Público en este sentido, demanda una actitud positiva del legislador que haga posible la realización de dicho fin y asegure en la práctica su efectividad. Principio de efectividad que es una de las auténticas manifestaciones de la "vis expansiva" de la interpretación de los derechos fundamentales y que se encuentra reconocido en el artículo 9.2 de la vigente Constitución española:

"Corresponde a los poderes públicos promover las condiciones para que la libertad y la igualdad del individuo de los grupos en que se integra sean reales y efectivas; remover los obstáculos que impidan o dificulten su plenitud y facilitar la participación de todos los ciudadanos en la vida política, económica, cultural y social".

El Derecho Público, por tanto, encuentra su razón de ser constitucional en la promoción de los derechos fundamentales ya que como señala también el artículo 10.1 CE "la dignidad de la persona, los derechos inviolables que le son inherentes, el libre desarrollo de la personalidad, el respeto a la ley y a los derechos de los demás son fundamento del orden político y de la paz social".

En otras palabras, el artículo 9.2 de la Constitución es un precepto, que compromete la acción de los Poderes Públicos, lo que explica que, como señala García de Enterría, la operatividad de los derechos fundamentales se dirija hacia la organización de prestaciones positivas del Estado a favor del ciudadano que hagan permanentemente posibles su existencia, su libre desarrollo y el mantenimiento de su papel central en el sistema.

El artículo 10.1 de la Constitución concibe el libre desarrollo de la personalidad como uno de los fundamentos del "orden político" y de la "paz social". Por tanto, el Estado Social debe posibilitar a cada persona adoptar decisiones individuales. Se trata, pues, de garantizar la igualdad de oportunidades: igualdad de todos los españoles ante la Ley con garantía de los mismos derechos fundamentales, lo cual puede conseguirse a través de la participación de los ciudadanos, con los mismos derechos fundamentales, en el control inmediato del funcionamiento del sistema político al servicio del interés general.

Así, a través de esa participación social en la responsabilidad y en las tomas de decisiones, el ser humano puede llegar a realizarse como personalidad propia y, esto es decisivo, esa realización personal le permite desempeñar mejor su papel en la sociedad.

De otra parte, conviene subrayar que la existencia de límites en el ejercicio de los derechos fundamentales ayuda a entender su operatividad en el Estado actual. La vinculación de los derechos fundamentales y libertades públicas a los intereses generales precisamente garantiza su existencia.

Así, por ejemplo la sentencia de nuestro Tribunal Constitucional de 17 de julio de 1981 señala que:

"Los derechos ejercitados bajo la presión de la posible eventual limitación, abstractamente existente, no se hacen valer con la misma libertad con la que se utilizan aquellos otros en los que tal previsión no existe. Sin embargo, creemos que esta observación no es decisiva. Los derechos

117

continúan ejercitándose libremente. La libertad no resulta coartada por el hecho de que eventuales correctoras puedan ponerse en práctica, como no deja de haber realidad donde hay margen de riesgo".

¿Por qué? Porque existen, ciertamente fines sociales que deben considerarse de rango superior a algunos derechos individuales. Esos límites operan, además de como elementos constitutivos del mismo derecho, como elementos de robustecimiento, de fortalecimiento. Entre otras razones porque los intereses generales se encuentran orientados precisamente hacia la consecución y hacia el efectivo servicio de la libertad personal de todos los ciudadanos en sociedad. El bien común es, pues, algo más que la mera suma de los bienes particulares.

Ahora bien, ni los derechos fundamentales o libertades públicas ni sus límites son absolutos. El principio constitucional de libertad y sus limitaciones precisamente se constituyen en "medios" para alcanzar el orden público y la paz social:

"... los derechos y libertades fundamentales no son absolutos, pero no lo es menos que tampoco puede atribuirse dicho carácter a los límites a que ha de someterse el ejercicio de tales derechos y libertades. Tanto las normas de libertad como las llamadas normas limitadoras se integran en un único ordenamiento inspirado por los mismos principios en el que, en último término, resulta ficticia la contraposición entre el interés particular subyacente a las primeras y el interés público que, en ciertos supuestos, aconseja una restricción. Antes al contrario, tanto los derechos individuales como sus limitaciones, en cuanto éstas derivan del respeto a la ley a los derechos de los demás, son igualmente considerados por el artículo 10.1 de la Constitución como "fundamento del orden político y la paz social" (sentencia del Tribunal Constitucional Español de 12 de diciembre de 1986)".

En resumen, las limitaciones por motivos de interés general potencian todavía más el conjunto de las libertades públicas. De ahí que el sentido de lo que deba entenderse por interés público o general en el Estado actual venga determinado, en última instancia, por una decisión firme del legislador o de la Administración en el sentido de fomentar la "libertad igual" de los ciudadanos de Sociedad, o lo que es lo mismo según el artículo 10.1 CE buscar "el libre desarrollo de la personalidad, la dignidad de la persona, los derechos inviolables, el respeto a la Ley y a los derechos de los demás". La referencia, pues, al bien común de la Ética Social, desde el Derecho Público es clara. En realidad, la limitación en el ejercicio de los derechos fundamentales, asegura que se entiendan en un contexto de bien común.

El Estado de Derecho es, sobre todo, aquel modelo de Estado que se propone mantener una situación materialmente justa (Klein). O, como sentenció Theodor Maunz, " el Estado de Justicia". Por eso, una de las más famosas resoluciones del Tribunal Federal Constitucional Alemán subrayó categóricamente que una vuelta a la mentalidad de un positivismo que prescinde de valores, ha sido superada hace ya tiempo en la Ciencia y práctica jurídica.

En el fondo, la crisis del positivismo jurídico ha venido de la mano de los mismos excesos que el respeto a la ley ha traído consigo y a las constantes infracciones que el principio de legalidad entendió rígidamente. Pero quizás la razón más determinante haya sido la mayor valoración y forma de conciencia de los criterios de justicia material.

Esta aproximación surge de la tendencia a sustituir el llamado "Estado de Derecho" por un "Estado de Justicia" tal y como aparece en la Ley Fundamental de Bonn y que afirma la vinculación "a la ley y al Derecho del poder ejecutivo y judicial". La fórmula Ley y Derecho parece aceptar la existencia de un Derecho supralegal que vendría a colocar a los Tribunales en una situación, hasta cierto punto autónoma, respecto a la Ley escrita. Esta corriente doctrinal parte, además del párrafo 3º del artículo 20 de la Ley Fundamental de Bonn -que es el que distingue entre Ley y Derecho-, del artículo 1 que configura a los "derechos humanos inviolables e inalienables como base de toda comunidad humana, de la paz y de la justicia en el mundo" y que declara que la dignidad del ser humano es inviolable. Preceptos que, en el Ordenamiento español actual, también aparecen recogidos como hemos comentado. Este Derecho supralegal, que deriva de la dignidad humana, es el marco normativo en que se mueve la Ética Política y el ejercicio del Poder Estatal.

Se reconoce, por tanto, que ciertas normas y valores quedan substraídos a la acción del legislador. De ahí que el Tribunal Constitucional Alemán, por sentencia de 23 de octubre de 1951, destacase, décadas atrás, la existencia" de un Derecho suprapositivo, que vincula también al Constituyente.

Pues bien, quizás no sea muy aventurado señalar que ese Derecho supralegal sea todo un conjunto de normas jurídicas que surgen precisamente de los derechos fundamentales, únicos elementos que permiten seguir pensando en la consecución de un Estado en el que, de verdad, se aspira a alcanzar parámetros de justicia material. O, con otras palabras, la realización de la justicia, fuente del ejercicio de los derechos fundamentales, constituye un compromiso de todos los poderes y representantes del Estado y de sus Entes territoriales. Por eso, y quizá aquí radique de alguna manera la solución, la justicia formal no debe contraponerse a la justicia material, sino que la apoya y supone su representación.

IX
REFORMA DEL ESTADO DE BIENESTAR Y PARTICIPACIÓN SOCIAL

Una de las polémicas más interesantes a las que podemos asistir en estos momentos es la de la función del Estado en relación con la sociedad y con las personas, sobre todo en un momento de crisis general que también afecta al denominado Estado de bienestar. Una crisis anunciada tiempo atrás, desde que la deriva estática de esa gran conquista social del siglo pasado sustituyó a una forma dinámica de entender la función del Estado en relación con la sociedad y sus habitantes.

En efecto, la tentación de muchos dirigentes públicos de usar los medios del Estado: ayudas, subvenciones o subsidios al servicio de su perpetuación en el poder ha arrojado unos resultados desoladores. La banca, que entendió que su gran negocio sería también financiar toda clase de actividades y servicios para los poderes públicos, contribuyó, no poco, al elefantiásico endeudamiento y crecimiento exponencial del aparato público en todas sus dimensiones, sea en el ámbito institucional sea en el ámbito territorial.

La participación, esa gran directriz política de la arquitectura constitucional del Estado social y democrático de Derecho, ha sido preterida, olvidada, hasta desnaturalizada por esa versión cerrada y unilateral del poder político y financiero que se ha instalado en las tecnoestructuras dominantes en los últimos años. Sin embargo, la juventud de este tiempo no está ni mucho menos por la labor de silencio y complacencia que ha caracterizado, que pena, a no pocos sectores sociales, incapacitados, a causa de su caída en el consumismo insolidario, a levantar la voz para reclamar que los asuntos de interés general deben administrarse contando con los ciudadanos. Por una poderosa razón que en estas líneas vamos a exponer con ocasión y sin ella porque es capital a día de hoy: el interés de todos y cada uno de los ciudadanos, como miembros del cuerpo social, ya no se define o gestiona desde la cúpula, de forma unilateral. Ahora, y esto es lo relevante, los intereses generales han de conformarse contando con la participación de la sociedad, de los sectores implicados o concernidos por razón de la materia.

A pesar de la letra y de la exégesis del artículo 9.2 de la Constitución española de 1978, que manda a los poderes públicos facilitar la participación de todos los ciudadanos en la vida política, económica, cultural y social, la realidad, la que se puede percibir y registrar, es la de una obvia ausencia de la ciudadanía en los asuntos más relevantes de la vida política, económica, cultural y social. La razón es bien clara: el interés general ha sido objeto de apropiación creciente por las tecnoestructuras políticas, financieras y mediáticas que han configurado un entramado impermeable a la vitalidad de lo real, destinado a sacar rédito a ese consumismo insolidario desde el que se ha ido, poco a poco, separando al pueblo del ejercicio de las principales cualidades democráticos que aportan temple cívico y vida real al sistema.

El gran problema es que esta situación de monopolio y utilización unilateral del interés general tenía fecha de caducidad porque los fondos públicos no son infinitos y la capacidad de engaño y falsificación de la realidad tiene límites. En estas, o por estas causas, sobrevino una feroz y dramática crisis que hasta ahora ha sido hábil y sutilmente manejada por algunos de los más conspicuos representantes de esta voraz tecnoestructura, pero que acabará devorando a sus principales instigadores.

La indignación de millones de personas que se han despertado del sueño consumista irá en aumento y el deseo de participación real del pueblo, sobre todo de los más jóvenes, obligará en tantos aspectos de la vida política, social, económica y cultural ha introducir grandes cambios. Grandes cambios y transformaciones que deben empezar por una evaluación y análisis exhaustivo de los cimientos y basamentos del sistema. No para cambiarlos todos, sino para remozarlos y apuntalarlos sobre los valores primigenios de la democracia que, en este tiempo, se convirtió en el gobierno de una minoría, para una minoría y por una minoría, en lugar de ser el gobierno del pueblo, por el pueblo y para el pueblo en la ya clásica expresión de Abraham Lincoln.

En este sentido, urge recuperar el sentido y funcionalidad del interés general en el Estado social y democrático de Derecho para que se abra a la vitalidad de la realidad y de la vida ciudadana en lugar de seguir en manos de la unilateralidad. Ahora bien, para proceder intelectualmente a la reconstrucción de estos cimientos es menester conocer en alguna medida las causas de este letal secuestro del interés general por las minorías dirigentes en diversos ámbitos. Las relaciones entre el Estado y la Sociedad, fundamentales en el modelo de Estado en el que estamos inscritos, han sido objeto de una peculiar forma de comprender el sentido del poder, el sentido de la participación, el sentido del sistema democrático.

En efecto, a la vista de lo que está aconteciendo, podríamos preguntarnos: ¿Porqué ha entrado en crisis esta forma de entender las relaciones Estado-Sociedad?. Me parece que, entre otras razones, hemos de anotar que el Estado, que está al servicio del interés general y del bienestar general, se olvidó, y no pocas veces, de los problemas reales del pueblo. Claro, el Estado no es un ente moral o de razón únicamente, el Estado es lo que sus dirigentes en cada momento quieren que sea, ni más ni menos. Es decir, el Estado, al contrario de lo que pensaba Hegel, para quien era la suma perfección por encarnar el ideal ético en sí mismo, tiene pasiones, tiene tentaciones, porque está compuesto por seres humanos. Esta realidad se constata todos los días y en todos los países con sólo abrir las páginas del periódico o asomarse a los telediarios con cierta frecuencia.

Por eso, la reforma del Estado actual hace necesario colocar en el centro de la actividad pública la preocupación por las personas, por sus derechos, por sus aspiraciones, por sus expectativas, por sus problemas, por sus dificultades o por sus ilusiones. Sobre todo porque el Estado se justifica para la protección, promoción y preservación de la dignidad del ser humano.

El modelo de Estado "intervencionista" acabó por ser un fin en sí mismo, como el gasto público y la burocracia. Ahí tenemos los datos de la deuda pública, de desempleo, del número de funcionarios y empleados públicos, que hablan por sí solos y nos eximen de largos comentarios. Hoy más que nunca hay que recordar que el Estado es de la ciudadanía, que la burocracia es del pueblo y que los intereses generales deben definirse con la activa participación de todos los miembros del cuerpo social. De lo contrario, se desnaturaliza el sistema y se pone a disposición de quienes lo usan para apropiarse en su propio, tal y como ha acontecido en estos años.

En este sentido, se entenderá sin demasiados problemas que la reforma del Estado del bienestar no puede depender de una ideología en la configuración de su proyecto porque la acción pública se delimita hoy por una renuncia expresa a todo dogmatismo político y por la apuesta hacia ese flexible dinamismo que acompaña a la realidad y, por ello, a los problemas de las personas. Hoy, me parece, la ideología cerrada aporta sobre todo y ante todo una configuración de la realidad social y de la historia de carácter dogmático que no puede, es imposible, acercarse a un mundo que se define por su dinamismo, pluralismo y versatilidad.

En este sentido, las prestaciones sociales, las atenciones sanitarias, las políticas educativas son bienes de carácter básico que un gobierno debe poner entre sus prioridades políticas, de manera que la garantía de esos bienes se convierta en condición para que una sociedad libere energías que permitan su desarrollo y la conquista de nuevos espacios de libertad y de participación ciudadana.

Este conjunto de prestaciones del Estado, que constituye el entramado básico de lo que se denomina Estado del bienestar no puede tomarse como un fin en sí mismo. Esta concepción se traduce, así ha acontecido estos años, en una reducción del Estado al papel de suministrador de servicios, con lo que el ámbito público se convierte en una rémora del desarrollo social, político, económico y cultural, por supuesto opaco e impermeable a toda forma de participación real. Además, una concepción de este tipo se traduce no en el equilibrio social necesario para la creación de una atmósfera adecuada para los desarrollos libres de los ciudadanos y de las asociaciones, sino que conduce, así ha acontecido, a una concepción estática que priva al cuerpo social del dinamismo necesario para liberarse de la esclerosis y conservadurismo que acompaña a ese pensamiento único que se ha apoderado del interés general.

Hoy, 2014, en España, aparece ante nosotros el Estado de bienestar en su dimensión más estática, en proceso de transformación. Un modelo que reclama reformas profundas, no parches o cambios puntales. Es menester trabajar sobre los fundamentos, sobre los pilares del Estado de bienestar para hacer de la centralidad del ser humano el pilar básico sobre el que giren todas las políticas públicas. Esta consideración supone un cambio radical en la forma de entender la política democrática. Ya no se trata de permanecer en el poder como sea posible, sino de atender lo mejor posible en cada momento el interés general, aunque ello pueda traer consigo en alguna ocasión costes políticos.

Las prestaciones, los derechos, tienen un carácter dinámico que no puede quedar a merced de mayorías clientelares, anquilosadas, sin proyecto vital, que puede llegar a convertirse en un cáncer de la vida social. Las prestaciones del Estado tienen su sentido en su finalidad. Veamos.

Sírvanos como ejemplo la acción del Estado en relación con los colectivos mas desfavorecidos, en los que -por motivos diferentes- contamos a los marginados, los parados, los pobres y los mayores. Las prestaciones del Estado nunca pueden tener la consideración de dádivas mecánicas, más bien el Estado debe proporcionar con sus prestaciones el desarrollo, la manifestación, el afloramiento de las energías y capacidades que se esconden en esos amplios sectores sociales y que encuentran su manifestación adecuada y proporcionada en la aparición de la iniciativa individual y asociativa.

Un planteamiento de este tipo permitiría afirmar claramente la plena compatibilidad entre la esfera de los intereses de la empresa y de la justicia social, ya que las tareas de redistribución de la riqueza deben tener un carácter dinamizador de los sectores menos favorecidos, no conformador de ellos. Además, permitirá igualmente conciliar la necesidad de mantener los actuales niveles de bienestar y la necesidad de realizar ajustes en la priorización de las prestaciones, que se traduce en una mayor efectividad del esfuerzo redistributivo.

La reforma del Estado de bienestar reclama sintonía entre la actuación política y las aspiraciones, el sentir social, el del pueblo soberano. Bien entendido que ese encuentro no puede ser resultado de una pura adaptabilidad camaleónica a las demandas sociales. Conducir las actuaciones públicas por las meras aspiraciones de los diversos sectores sociales, es caer directamente en otro tipo de pragmatismo y de tecnocracia: es sustituir a los gestores económicos por los prospectores sociales. Cuándo así acontece, es lo que ha pasado en los últimos años, se desvanece la idea del interés general para atender desde el poder público determinadas aspiraciones de grupos que están en la mente de todos, transformándolo lo general en lo particular, privatizando lo que por esencia y naturaleza es de todos, del conjunto social.

La prospección social, como conjunto de técnicas para conocer más adecuadamente los perfiles de la sociedad en sus diversos segmentos es un factor más de apertura a la realidad. La correcta gestión económica es un elemento preciso de ese entramado complejo que denominamos eficiencia, pero ni una ni otra sustituyen al discurso político. La deliberación sobre los grandes principios, su explicitación en un proyecto político, su traducción en un programa de gobierno da sustancia política a las actuaciones concretas, que cobran sentido en el conjunto del programa, y con el impulso del proyecto.

Las políticas públicas que parten de la participación social, se confeccionan siempre a favor de la ciudadanía, de su autonomía -libertad y cooperación-, dándole cancha a quienes la ejercen e incitando o propiciando su ejercicio -libre- por parte de quienes tienen mayores dificultades para hacerlo. Acción social y libre iniciativa son realidades que el pensamiento compatible capta como integradoras de una realidad única, no como realidades contrapuestas.

Las políticas públicas en el Estado dinámico del bienestar no se hacen pensando en una mayoría social, en un segmento social que garantice las mayorías necesarias en la política democrática, sino que las políticas que se diseñan desde esquemas reales de participación se dirigen al conjunto de la sociedad, y son capaces de concitar a la mayoría social, aquella mayoría natural de individuos que sitúan la libertad, la tolerancia y la solidaridad entre sus valores preferentes.

Conforme han ido avanzando los años noventa del siglo pasado y entrábamos en el nuevo siglo XXI, se ha ido perfilando con mayor claridad y se ha ido haciendo cada vez más explícita una idea que ha estado siempre presente de un modo u otro en el pensamiento democrático. El fundamento del Estado democrático hay que situarlo en la dignidad de la persona. No hacerlo así y situarlo en planteamientos clientelares o de permanencia en el poder da los amargos resultados que ahora estamos sufriendo en tantas partes del mundo.

La persona se constituye en centro de la acción pública. No la persona genérica o una universal naturaleza humana, sino la persona concreta, cada individuo, revestido de sus peculiaridades irreductibles, de sus coordenadas vitales, existenciales, que lo convierten en algo irrepetible e intransferible, precisamente en persona, en esa magnífica sustancia individual de naturaleza racional de la que hablara hace tanto tiempo, por ejemplo, Boecio.

Cada persona es sujeto de una dignidad inalienable que se traduce en derechos también inalienables, los derechos humanos, que han ocupado, cada vez con mayor intensidad y extensión, la atención de los políticos democráticos de cualquier signo en todo el mundo. En este contexto es donde se alumbran las nuevas políticas públicas, que pretenden significar que es en la persona singular en donde se pone el foco de la atención pública, que son cada mujer y cada hombre el centro de la acción pública.

Esta reflexión ha venido obligada no sólo por los profundos cambios a los que venimos asistiendo en nuestro tiempo. Cambios de orden geoestratégico que han modificado parece que definitivamente el marco ideológico en que se venía desenvolviendo el orden político vigente para poblaciones muy numerosas. Cambios tecnológicos que han producido una variación sin precedentes en las posibilidades y vías de comunicación humana, y que han abierto expectativas increíbles hace muy poco tiempo. Cambios en la percepción de la realidad, en la conciencia de amplísimas capas de la población que permiten a algunos augurar, sin riesgo excesivo, que nos encontramos en las puertas de un cambio de civilización. Y, sobre todo, tras la aguda crisis económica y financiera de estos años, los cambios son tan imperiosos como urgente es la situación de necesidad de muchos millones de ciudadanos en todo el mundo, ahora sobre todo, aunque parezca paradójico, en el denominado mundo occidental.

En efecto, es una reflexión obligada también por la insatisfacción que se aprecia en los países desarrollados de occidente ante los modos de vida, las expectativas existenciales, las vivencias personales de libertad y participación. Y es una reflexión que nos conduce derechamente a replantearnos el sentido de la vida y del sistema democrático, desde sus mismos orígenes a la modernidad, no para superarlo, sino para recuperarlo en su ser más genuino y despojarlo de las adherencias negativas con que determinados aspectos de las ideologías modernas lo han contaminado, contaminaciones que han estado en el origen de las lamentables experiencias totalitarias del siglo pasado en Europa y en la etiología de una crisis económica y financiera, trasunto de una honda crisis moral, que ha traído consigo un retroceso lamentable de las condiciones de vida de millones de seres humanos, sobre todo en el llamado mundo occidental.

Recuperar el pulso del Estado democrático y fortalecerlo, significa entre otras cosas, recuperar para el Estado los principios de su funcionalidad básica que se expresa adecuadamente -aunque no sólo- en aquellos derechos primarios sobre los que se asienta nuestra posibilidad de ser como hombres. Entre ellos el derecho a la vida, a la seguridad de nuestra existencia, el derecho a la salud. En este mundo en el que la exaltación del poder y del dinero ha superado todas las cotas posibles es menester recordar que la dignidad de todo ser humano, cualquiera que sea su situación, es la base del Estado de Derecho y, por ende, de las políticas públicas que se realizan en los modelos democráticos. La ausencia de la persona, del ciudadano, de las políticas públicas de este tiempo, explica también que a pesar de tantas normas promotoras de esquemas de participación, ésta se haya reducido a un recurso retórico, demagógico, sin vida, sin presencia real, pues la legislación no produce mecánica y automáticamente la participación.

Así las cosas, la reforma del llamado Estado de bienestar no ha sido tarea de un liberalismo rampante como algunos han pretendido hacer creer. No hay tal cosa. La necesidad de la reforma ha venido impuesta por una razón material y por una razón moral. La reforma del Estado de bienestar ha sido una exigencia ineludible impuesta por el fracaso de una concepción desproporcionada. Escrito de otra manera, la reforma del Estado de bienestar ha sido exigida por la realidad, por las cuentas, por su inviabilidad práctica. Y, en el orden moral, por la grave insatisfacción que se ha ido produciendo en las generaciones nuevas que han visto reducida su existencia -permítaseme la expresión- a una condición estabular que no podía menos que repugnarle.

Afirmar que el Estado de bienestar estático es inviable, afirmar que es necesaria la reforma de su estructura, que tal concepción presenta déficits insalvables en su mismo fundamento y articulación no significa en absoluto anunciar que el bienestar es imposible o que debemos renunciar al bienestar. Hacerlo así supone enunciar una crítica roma, limitada y corta de las posiciones que exponemos, y supone también, a nuestro juicio, instalarse en concepciones dogmáticas y consecuentemente maniqueas del Estado y de la sociedad. Equivaldría a afirmar que o el Estado de bienestar se establece conforme a una determinada fórmula o inevitablemente incumple su función.

Pues no es así. Denunciar el hecho comprobado de la inviabilidad del modelo errático y estático del Estado de bienestar, reivindicar la necesidad y las reformas necesarias, se formula desde la convicción irrenunciable de que no sólo el bienestar público es posible, sino necesario, y no sólo necesario sino insuficiente en los parámetros en los que ahora se mide. Es decir, es necesario, es de justicia, que incrementemos los actuales niveles de bienestar -si se puede hablar así-, sobre todo para los sectores de población más desfavorecidos, más dependientes y más necesitados. Insisto, es una demanda irrebatible que nos hace el sentido más elemental de la justicia, y que hoy es un unánime clamor a la vista de cómo la crisis golpea sobre todo a los más débiles y desfavorecidos.

En este contexto, tenemos que aprender de los errores en que cayeron los Estados providentes en estos años. Los sectores más desfavorecidos, los sectores más necesitados, son los más dependientes, y las prestaciones sociales del Estado no pueden contribuir a aumentar y agravar esa dependencia, convirtiendo, de hecho, a los ciudadanos en súbditos, en este caso del Estado, por muy impersonal que sea el soberano, o que tal vez por ser más impersonal y burocrático es más opresivo. En esta afirmación está implícita otra de las características del nuevo modelo dinámico de bienestar que habrá de aflorar: la finalidad de la acción pública no es el bienestar, el bienestar es condición para la promoción de la libertad y participación de los ciudadanos, estas sí, auténticos fines de la acción público. Es decir, el bienestar aparece como medio, y como tal medio, debe ser relativizado, puesto en relación al fin.

En este sentido, una afirmación cobra especial actualidad en estos momentos: el bienestar no sólo no está reñido con la austeridad, sino que no se puede ni concebir ni articular sin ella. Austeridad no puede entenderse como privación de lo necesario, sino como ajuste a lo necesario, y consecuentemente limitación de lo superfluo. Si no es posible realizar políticas austeras de bienestar no es posible implantar un bienestar social real, equitativo y progresivo, capaz de asumir -y para todos- las posibilidades cada vez de mayor alcance que las nuevas tecnologías ofrecen.

Insistimos en que austeridad no significa privación de lo necesario. Políticas de austeridad no significan por otra parte simplemente políticas de restricción presupuestaria. Políticas de austeridad significan, para nosotros, la implicación de los ciudadanos en el recorte de los gastos superfluos y en la reordenación del gasto. Sin la participación activa y consciente de una inmensa mayoría de los ciudadanos considero que es imposible la aproximación al Estado de bienestar social que todos -de una manera o de otra anhelamos-. Es necesaria por parte de la ciudadanía la asunción de la responsabilidad pública en su conducta particular, para hacer posible la solidaridad, la participación, que es meta de la acción pública.

En este sentido, las políticas austeras son compatibles, aunque parezca hoy paradójico con la que está cayendo, con una expansión del gasto. Porque la expansión del gasto es necesaria, porque no son satisfactorios aún los niveles de solidaridad efectiva que hemos conseguido. Pero expandir el gasto sin racionalizarlo adecuadamente, sin mejorar las prioridades, sin satisfacer demandas justas y elementales de los consumidores, es hacer una contribución al despilfarro. Y aquí no nos detenemos en una consideración moralista de la inconveniencia del gasto superfluo, sino que nos permitimos reclamar que alzando un poco la mirada vayamos más allá y comprendamos la tremenda injusticia que está implícita en el gasto superfluo o irracional cuando hay tantas necesidades perentorias sin atender todavía. Este es el gran problema del momento. Que la irracionalidad invadió el gasto público de estos años y al final la deuda es la que es. Ahora no queda más remedio que recortar lo superfluo pero sin olvidar, como bien dispone el artículo 31 de la Constitución española, que la equidad, junto a la eficiencia y a la economía, debe estar presente en las políticas de gasto público, también, o sobre todo, en épocas de crisis económica.

La sanidad española, por ejemplo, es expresión, a mi parecer, del profundo grado de solidaridad de nuestra sociedad en todos sus estamentos aunque en algunos casos el gasto público se haya disparado por irracional. Sólo se puede explicar su entramado, ciertamente complejo, avanzado técnica y socialmente -y también muy perfectible- por la acción solidaria de sucesivas generaciones de españoles y por la decidida acción política de gobiernos de variado signo. Pensamos que en este terreno hay méritos indudables de todos. Sobre bases heredadas a lo largo de tantos años, hemos contribuido de modo indudable al desarrollo de una sanidad en algunos sentidos ejemplar. Y con el desarrollo autonómico se han desenvuelto experiencias de gestión que suponen ciertamente un enriquecimiento del modelo -en su pluralismo- para toda España.

Pero si afirmamos que el modelo es perfectible estamos reclamando la necesidad de reformas, que deben ir por el camino de la flexibilización, de la agilización, de la desburocratización, de la racionalización en la asignación de recursos y de su optimización, y de la personalización y humanización en las prestaciones. Reformas que hoy son más evidentes por el notable despilfarro, también en este ámbito, que se ha producido consecuencia del esquema estático y errático del modelo de Estado de bienestar seguido a nivel nacional y también en los espacios territoriales.

Es decir, que en muchos sentidos el modelo sanitario sea ejemplar, no quiere decir que sea viable en los términos en que estaba concebido, ni que no pueda ser mejor orientado de cara a un servicio más extenso y eficaz. En efecto, queda mucho, muchísimo, por hacer. La asistencia sanitaria universal no puede ser una realidad nominal o contable, porque la asistencia debe ser universalmente cualificada desde un punto de vista técnico-médico, inmediata en la perspectiva temporal, personalizada en el trato, porque la centralidad de la persona en nuestras políticas lo exige. Y además debe estar articulada con programas de investigación avanzada; con innovaciones de la gestión que la hagan más eficaz; con una adecuación permanente de medios a las nuevas circunstancias y necesidades; con sistemas que promocionen la competencia a través de la pluralidad de interpretaciones en el modelo que -eso sí- en ningún caso rompan la homogeneidad básica en la prestación, etc.

Además, precisamente por no tratarse de un problema puramente técnico o de gestión, la política sanitaria, y los desafíos del bienestar deben encuadrarse en el marco de la política general, en ella se evidencian los objetivos últimos de la política que ya indiqué: promoción de la libertad -en nuestro caso liberación de las ataduras de la enfermedad-, solidaridad -evidente como en pocos campos en la asistencia sanitaria universal-, y participación activa. Este deber de participación, libremente asumido, enfrenta al ciudadano a su responsabilidad ante el sistema sanitario, para reducir los excesos consumistas; le abre y solicita su aceptación de posibilidades reales de elección; establece límites subjetivos al derecho, que debe interpretarse rectamente no como derecho a la salud estrictamente, sino como derecho a una atención sanitaria cualificada; y plantea también la necesidad de asumir la dimensión social del individuo buscando nuevas fórmulas que de entrada al ámbito familiar -sin recargarlo- en la tarea de humanización de la atención sanitaria.

La persona en el centro de la acción pública. Este es, insistimos, el punto de partida, también el de llegada. El bienestar es condición y medio para su desarrollo. La atención sanitaria como objetivo prioritario en las tareas del Estado y de la sociedad. Por tanto, sin participación ciudadana en el modelo sanitario, diseñado precisamente por y para los ciudadanos, el modelo no tendría sentido alguno desde una perspectiva democrática.

La participación la entendemos no sólo como un objetivo que debe conseguirse: mayores posibilidades de participación de los ciudadanos en la cosa pública, mayores cotas de participación de hecho, libremente asumida, en los asuntos públicos. La participación significa también, un método de trabajo social por constituir la gran directiva del denominado Estado social y democrático de Derecho. En el futuro inmediato, según la apreciación de muchos y salvando el esquematismo, se dirimirá la vida política y social entre la convocatoria de la ciudadanía a una participación cada vez más activa y responsable en las cosas de todos y un individualismo escapista avalado por políticas demagógicas que pretenderán un blando conformismo social. Lamentablemente, ese futuro inmediato pasa, en este tiempo, por el despertar de la conciencia cívica de no pocos ciudadanos que han sucumbido, durante la época de bonanza, a la tentación de ese consumismo convulsivo que se ha apropiado, en beneficio de las tecnoestructuras de todos conocidas, del interés general en los términos descritos en el capítulo anterior.

La política pública democrática significa poner en el centro de su elaboración, implementación, ejecución y evaluación, a las personas destinatarias de dichas actuaciones del poder público, es decir, sus aspiraciones, sus expectativas, sus problemas, sus dificultades, sus ilusiones.

En sentido negativo, las políticas públicas democráticas no pueden atender tan sólo los intereses de un sector, de un grupo, de un segmento social, económico o institucional, ya que una condición básica de estas políticas públicas es el equilibrio, entendiendo por tal, la atención a los intereses de todos. Atender públicamente el interés de algunos, aunque se trate de grupos mayoritarios, significa prescindir de otros, y consecuentemente practicar un exclusivismo que es ajeno al entendimiento democrático de la participación.

Por eso, la determinación de los objetivos de las políticas públicas no puede hacerse realmente si no es desde la participación ciudadana. La participación ciudadana se configura como un objetivo público de primer orden, ya que constituye la esencia misma de la democracia. Una actuación política que no persiga, que no procure un grado más alto de participación ciudadana, no contribuye al enriquecimiento de la vida democrática y se hace, por lo tanto, en detrimento de los mismos ciudadanos a los que se pretende servir. Pero la participación no se formula solamente como objetivo, sino que una política centrista exige la práctica de la participación como método.

En efecto, tratar la participación como método es hablar de la apertura de la organización pública que la quiere practicar, hacia la sociedad. Una organización pública cerrada, vuelta sobre sí misma, no puede pretender captar, representar o servir los intereses propios de la ciudadanía, de los vecinos. La primera condición de esa apertura es una actitud, una disposición, alejada de la suficiencia y de la prepotencia, propias tanto de las formulaciones propias de las ideologías cerradas como de las tecnocráticas o burocratizadas. Pero las actitudes y las disposiciones necesitan instrumentarse, traducirse en procesos y en instrumentos que las hagan reales. Y la primera instrumentación que exige una disposición abierta es la comunicativa, la comunicación.

Las reformas es esta materia deben traducirse, en primer lugar, en estar receptivos, tener la sensibilidad suficiente para captar las preocupaciones e intereses de la sociedad en sus diversos sectores y grupos, en los individuos y colectividades que la integran. Pero no se trata simplemente de apreciaciones globales, de percepciones intuitivas, ni siquiera simplemente de estudios o conclusiones sociométricas. Todos esos elementos y otros posibles son recomendables y hasta precisos, pero la conexión real con los ciudadanos, con los vecinos, con la gente, exige diálogo real. Y diálogo real significa interlocutores reales, concretos, que son los que encarnan las preocupaciones y las ilusiones concretas, las reales, las que pretendemos servir.

Parece que los objetivos públicos son unas concreciones de la pretensión genérica de alcanzar una mejora de la sociedad, del tipo que sea: económica, social o cultural. Ciertamente, se entiende que todos queremos una sociedad más próspera, más libre y solidaria. Ahora bien, a la hora de concretar el modelo de sociedad, o a la hora de perfilar cual es la vía para aproximarse a ella, es posible incurrir, a veces inconscientemente en contradicciones que puedan, llegar a ser incluso graves.

Por eso, aunque todos coincidamos en la expresión general de las metas, tenemos sin embargo planteamientos y objetivos diferentes. Si lo que está en juego es la mejora efectiva de la sociedad, se entenderá que el acierto en la definición de objetivos es la clave para el desarrollo de una actividad pública eficaz. ¿Cuál es, entonces, la finalidad de la acción pública que pretende hacerse desde los postulados de la reforma del Estado de bienestar? A nuestro juicio, una de las finalidades -si no la principal- que mejor definen estas medidas tan relevantes en el presente es la de la participación, la libre participación de la ciudadanía en los asuntos públicos.

Sí, en la libre participación encontramos un elemento central de la vida individual y social de los hombres y de las mujeres, un elemento que contribuye de forma inequívoca a definir el marco de las reformas que realizar desde la dimensión dinámica del Estado de bienestar, que lo que hacen, fundamentalmente, es poner en el foco de su atención a las mismas personas.

La participación, en efecto, supone el reconocimiento de la dimensión social de la persona, la constatación de que sus intereses, sus aspiraciones, sus preocupaciones trascienden el ámbito individual o familiar y se extienden a toda la sociedad en su conjunto. Sólo un ser absolutamente deshumanizado sería capaz de buscar con absoluta exclusividad el interés individual. La universalidad de sentimientos tan básicos como la compasión, la rebelión ante la injusticia, o el carácter comunicativo de la alegría, por ejemplo, demuestran esta disposición del ser humano, derivada de su propia condición y constitución social.

Afirmar por tanto la participación como objetivo tiene la implicación de afirmar que el hombre, cada individuo, debe ser dueño de sí mismo, y no ver reducido el campo de su soberanía personal al ámbito de su intimidad. Una vida humana más rica, de mayor plenitud, exige de modo irrenunciable una participación real en todas las dimensiones de la vida social, también en la pública.

Sin embargo, hay que resaltar que la vida humana, la de cada ser humano de carne y hueso, no se diluye en el todo social. Si resulta monstruoso un individuo movido por la absoluta exclusividad de sus intereses particulares, lo que resulta inimaginable e inconcebible es un individuo capaz de vivir exclusivamente en la esfera de lo colectivo, sin referencia alguna a su identidad personal, es decir, alienado, ajeno enteramente a su realidad individual.

Por este motivo la participación como un absoluto, tal como se pretende desde algunas concepciones organicistas de la sociedad, no es posible. De ahí que nos resulte preferible hablar de libre participación. Porque la referencia a la libertad, además de centrarnos de nuevo en la condición personal del individuo, nos remite a una condición irrenunciable de su participación, su carácter libre, pues sin libertad no hay participación.

La participación no es un suceso, ni un proceso mecánico, ni una fórmula para la organización de la vida social. La participación, aunque sea también todo eso, es más: significa la integración del individuo en la vida social, la dimensión activa de su presencia en la sociedad, la posibilidad de desarrollo de las dimensiones sociales del individuo, el protagonismo singularizado de todos los hombres y mujeres. Sin embargo, encontramos en nuestros sistemas con frecuencia aproximaciones taumatúrgicas a la participación. Es decir, se piensa, ingenuamente por un lado, maquiavélicamente por el otro, que la participación existirá y se producirá en la realidad si es que las normas se refieren a ella. Sin embargo, a día de hoy se registra, es verdad, una proliferación de cantos normativos a la participación, que conviven, así es, con una profunda desafección y honda distancia de la ciudadanía respecto a la vida pública.

En efecto, aunque los factores socioeconómicos, por ejemplo, sean importantísimos para la cohesión social, ésta no se consigue solo con ellos, como puedan pensar los tecnócratas y algunos socialistas. Aunque los procedimientos electorales y consultivos sean llave para la vida democrática, ésta no tiene plenitud por el solo hecho de aplicarlos, como pueden pensar algunos liberales. La clave de la cohesión social, la clave de la vida democrática está en la participación de todos los ciudadanos en los asuntos públicos.

En este sentido la participación no puede regularse con decretos ni con reglamentos. Sólo hay real participación -insistimos- si hay participación libre. De la misma manera que la solidaridad no puede ser obligada. Esta relación de semejanza entre participación y solidaridad no es casual, por cuanto un modo efectivo de solidaridad, tal vez uno de los más efectivos, aunque no sea el más espectacular, sea la participación, entendida como la preocupación eficaz por los asuntos públicos, en cuanto son de todos y van más allá de nuestros exclusivos intereses individuales.

Ahora bien, al calificar la participación como libre, nos referimos no sólo a que es optativa sino también a que, en los infinitos aspectos y modos que la participación es posible, es cada vecino quien libremente regula la intensidad, la duración, el campo y la extensión de su participación. En este sentido, la participación -al igual que la solidaridad- es resultado de una opción, de un compromiso, que tiene una clara dimensión ética, ya que supone la asunción del supuesto de que el bien de todos los demás es parte sustantiva del bien propio. Pero aquí nos encontramos en el terreno de los principios, en el que nadie puede ser impelido ni obligado.

De este modo, y aunque sea provisionalmente, cerramos el círculo, en cuanto que se vuelve la atención a la persona concreta, enfrentada a su quehacer político en toda su dimensión social. En esto parece consistir la concepción que se preconiza desde la reforma dinámica del Estado de bienestar: son los hombres y mujeres singulares y concretos quienes reclaman nuestra atención, y para ellos es para quien reclamamos el protagonismo. Y por esto mismo la libre participación en la vida de la sociedad, en sus diversas dimensiones -económica, social, cultural, política- puede erigirse como el objetivo político último, ya que una participación plenamente realizada significa la plenitud de la democracia.

La doble consideración de la participación, como objetivo y como método, podemos, pues, considerarla como otro rasgo que definen las nuevas políticas que se derivan de la formulación dinámica del Estado de bienestar que precisan especialmente las democracias europeas.

Si se considera que uno de los objetivos esenciales de las nuevas políticas públicas es la participación, debemos llamar ahora la atención sobre el hecho de que la participación se constituye también como método para la realización de esas políticas.

En efecto, suponer que la participación es un objetivo que sólo se puede alcanzar al final de un proceso de transformación política, sería caer en uno de los errores fundamentales del dogmatismo político implícito en las ideologías cerradas. El socialismo con la colectivización de los medios de producción; el fascismo con la nacionalización de la vida social, económica, cultural y política; el liberalismo doctrinario -aunque aquí serían necesarias ciertas matizaciones- con la libertad absoluta de mercado, pretenden alcanzar una libertad auténtica que despeje los sucedáneos presentes de la libertad, que no son sino espejismos, engañiflas o cadenas que nos sujetan.

Desde las nuevas políticas públicas que se alumbran desde la posición dinámica del Estado de bienestar, la percepción es bien distinta. La libertad y la participación que se presentan como objetivos no son de naturaleza diferente a la libertad y participación de cada ciudadano. Si la libertad y la participación de que gozamos hoy en las sociedades democráticas no fueran reales y auténticas, poco importaría prescindir de ellas -como desde ciertas posiciones ideológicas se puede afirmar-, pero no es así. La raíz de la libertad está en los hombres y mujeres concretos, singulares, no en la vida y en el ser nacional, ni en la liberación de una clase social a la que se reduce toda la sociedad.

Por eso precisamente, porque no es necesario liberar una clase ni una nación para que haya en algún grado libertad auténtica, es por lo que se puede afirmar la autenticidad de la libertad -mejorable, pero auténtica- que en distinta forma y medida todos hemos alcanzado. Proponer la participación como objetivo no significa otra cosa, pues, que desde el estadio presente de libertad y de participación caminar hacia cotas y formas de mayor alcance y profundidad que las actuales, pero contando con lo que tenemos y sin ponerlo frívolamente en juego.

Pretender recorrer este camino sin contar con las personas para quienes se reivindica el protagonismo participativo sería contradictorio, se incurriría en una incoherencia inaceptable. Y el rigor y la coherencia son valores de primer orden, cuya pérdida traería consigo la pérdida también de los valores de equilibrio y moderación que tan bien definen hoy los nuevos espacios políticos Se trata, pues, de poner en juego todas las potenciales formas de participación que en este momento enriquecen los tejidos de nuestra sociedad, como condición metodológica para alcanzar no sólo grados de participación más altos, sino también nuevos modos de participación.

Desde el punto de vista político tal pretensión pasa necesariamente por la permeabilidad de las formaciones políticas, de los partidos. La permeabilidad de los partidos quiere decir que los partidos tienen que desarrollarse como formaciones abiertas y sensibles a los intereses reales de la sociedad, que son los intereses legítimos de sus integrantes, tomados bien individualmente bien en sus múltiples y variadas dimensiones asociativas, bien en las diversas agrupaciones producto del dinamismo social.

Se comprende perfectamente -la experiencia de nuestra vida democrática lo refrenda- que esta pretensión es ya de por sí un reto político de primer orden, por cuanto la conjugación de la necesaria cohesión -¿disciplina?- interna de los partidos, con la flexibilidad a que nos referimos, constituye por sí misma un ejercicio de equilibrio político imprescindible, de cuyo éxito, me parece, depende la ubicación en la moderación y en la posición reformista.

En efecto, flexibilizar, permeabilizar, es al mismo tiempo una aspiración y un reto. Un partido abierto quiere decir un partido capaz de ponerse en sintonía con los grupos, sectores, segmentos sociales, y capaz, por tanto, de ejercer con eficacia y reconocimiento su representación. Pero es al mismo tiempo, un partido que aumenta aparentemente su vulnerabilidad ante las agresiones derivadas de las ambiciones personales o de los intereses particulares del tipo que sean.

En efecto, la formación ideológica, si podemos llamarla así, nada tiene que aprender de nadie. La vida social y cultural no tiene nada que ofrecerle para enriquecerla, ya que la ideología la proporciona las claves completas de interpretación universal, de interpretación de toda la realidad, en su conjunto o en sus partes. Desde el punto de vista de la ideología, cualquier interpretación o apreciación que se aparte de la ortodoxia ideológica es alienación, disidencia o revisionismo -por simplificar-, y la evolución del pensamiento ideológico parece transformarse finalmente en una escolástica.

En cambio, la mentalidad abierta que caracteriza a las nuevas políticas públicas, su carácter no dogmático, facilita como un rasgo constitutivo la necesidad del diálogo, del intercambio, el imperativo de percibir el sentido de los intereses y las aspiraciones sociales, que constitutivamente están sujetos a permanente mutación.

Es verdad que en las formaciones que denominamos ideologías se producen adaptaciones a las transformaciones sociales, pero, a nuestro entender, éstas sólo pueden tener dos sentidos: el de la atemperación de los contenidos ideológicos, que puede revestir -y ha revestido históricamente- formas diversas, lo que nos situaría ante una auténtica, aunque fuese lejana, aproximación al centro. El otro tipo posible de adaptación sería el de meras acomodaciones tácticas, es decir, cambios de procedimientos en la estrategia de conquista que toda ideología implica.

Mientras que los proyectos ideológicos suponen -como hemos repetido en ocasiones- visiones completas, cerradas y definitivas de la realidad social -también en la dimensión histórica de esa realidad- las políticas públicas participativas, al elaborarse en un contexto de convicciones sobre la sociedad más restringido, propician un mayor consenso social, y no hipotecan ni ponen en suspenso la libertad personal de quien se suma al proyecto.

Podría finalmente -no queremos extendernos más- afirmarse que desde la participación se propone una acción pública construida sobre la consulta o la prospección permanente del sentir social. Pues no en absoluto. La política pública así concebida no deja de responder a una concepción tecnocrática, a una reducción de la política a la exclusiva actividad gestora. Este fantasma se diluye si volvemos a la consideración primera de que el objetivo de la participación consiste en propiciar el protagonismo del ciudadano en la vida y la acción públicas. La implicación inmediata es que no hay lugar para un nuevo despotismo ilustrado que conciba la política como una satisfacción de los intereses de los ciudadanos sin contar con ellos en su consecución.

La participación, junto con la libertad, son objetivos públicos de primer orden. Incluso, por su carácter básico, y por lo que supone de horizonte tendencial nunca plenamente alcanzado, podríamos hablar de la participación como finalidad de la misma acción política en sentido amplio.

La participación política del ciudadano, debe ser entendida como finalidad y también como método. La crisis a la que hoy asisten las democracias, o más genéricamente nuestras sociedades, en las que se habla a veces de una insatisfacción incluso profunda ante el distanciamiento que se produce entre lo que se llama vida oficial y vida real, manifestada en síntomas variados, exige una regeneración permanente de la vida democrática. Pero la vida democrática significa ante todo, la acción y el protagonismo de los ciudadanos, la participación.

Sin embargo, frente a lo que algunos entienden, que consideran la participación únicamente como la participación directa y efectiva en los mecanismos políticos de decisión, la participación debe ser entendida de un modo más general, como protagonismo civil de los ciudadanos, como participación cívica.

En este terreno dos errores de bulto debe evitar el dirigente público. Primero, invadir con su acción los márgenes dilatados de la vida civil, de la sociedad, sometiendo las multiformes manifestaciones de la libre iniciativa de los ciudadanos a sus dictados. Y, segundo, y tan nefasto como el anterior, el de pretender que todos los ciudadanos entren en el juego de la política del mismo modo que él lo hace, ahormando entonces la constitución social mediante la imposición de un estilo de participación que no es para todos, que no todos están dispuestos a asumir.

Tratar de participación es, para terminar, tratar también de cooperación. La participación es siempre "participación con". De ahí que el protagonismo de cada individuo es en realidad coprotagonismo, que se traduce necesariamente en la conjugación de dos conceptos claves para la articulación de políticas públicas participativas: autonomía e integración, las dos patas sobre las que se aplica el principio de subsidiariedad. En ningún ámbito de la vida política debe ser absorbido por instancias superiores lo que las inferiores puedan realizar con eficacia y justicia.

Estos dos conceptos, por otra parte, están en correspondencia con la doble dimensión de la persona, la individual y la social, la de su intimidad y la de su exterioridad. Insistimos en que se trata de la doble dimensión de un mismo individuo, no de dos realidades diferenciadas y distantes, que puedan tener una atención diversa. Más bien, la una nunca actúa ni se entiende adecuadamente sin la otra.

Si la libertad -en el plano moral- es en última instancia una consecución, un logro personal; si la participación, el protagonismo en la vida pública -sea por el procedimiento y en el ámbito que sea- sólo puede ser consecuencia de una opción personalmente realizada; la solidaridad es constitutivamente una acción libre, sólo puede comprenderse como un acto de libre participación.

La diversificación de intereses, impulsados por un clima de participación y compromiso cada vez mayores con los asuntos públicos, sobre todo -aunque no exclusivamente-, por parte de los jóvenes, ha culminado en el establecimiento de un denso tejido asociativo, con intereses, sensibilidades e incluso planteamientos políticos diversos. En ese tejido deben buscarse -sin exclusiones preestablecidas- a los interlocutores: asociaciones y colegios profesionales, asociaciones de padres de alumnos, asociaciones de amas de casa, de mujeres, grupos juveniles; entidades deportivas y culturales, organizaciones no gubernamentales, grupos, entidades y asociaciones de la tercera edad, asociaciones parroquiales, grupos y asociaciones ecologistas, sectores industriales y empresariales, consumidores, asociaciones y movimientos vecinales, entidades educativas, órganos de la administración particularmente dirigidos a la atención al público; comisiones de fiestas, medios de comunicación, sociedades gastronómicas, instituciones de recreo y tiempo libre, sociedades de caza y pesca, y otras. La capacidad para establecer un diálogo con el más amplio número de representantes sociales será un indicativo de su apertura real a la sociedad.

En ese diálogo no debe olvidarse el objetivo principal que se persigue. No se trata de convencer, ni de transmitir, ni de comunicar algo, sino ante todo y sobre todo, en primer lugar, de escuchar. Y debe recordarse que en diálogo escuchar no comporta una disposición pasiva, sino al contrario, es una disposición activa, indagatoria, que busca el alcance de las palabras del interlocutor, comprender su manera de percibir la realidad, la conformación de sus preocupaciones y la proyección de sus ilusiones y objetivos. Por eso el punto de partida es la correcta disposición de apertura. Sin ella el diálogo será aparente, sólo oiremos lo que queremos oír e interpretaremos de modo sesgado lo que se nos dice. La pretensión de centrarse en los intereses de la ciudadanía será ilusoria.

Ese diálogo debe caracterizarse además por su flexibilidad. Es decir, no se trata de un intercambio rígido y formalista; no es una encuesta, está abierto, y han de ponerse en juego los factores personales y ambientales necesarios para hacerlo más confiado y fructífero. En ese mismo sentido ha de tenerse en cuenta el talante personal del interlocutor y contar también con el propio, para que la condición de los interlocutores no sea un elemento de distorsión en la comunicación. El diálogo debe conducirse sin limitación en los temas. También interesa conocer, cuando sea el caso el descontento que producimos, a quien y por qué. Y en medio de la multitud de propuestas de solución que se darán, habrá que resaltar que interesa considerarlas todas, pero de modo muy especial las que tengan como rasgo el equilibrio propio del centro, es decir, las que toman en consideración a todos los sectores afectados por el problema que se trate o la meta que se persiga, y no sólo al propio.

El diagnóstico que se pretende constituye un ejercicio público real, por su objetivo -comprender las aspiraciones de nuestra sociedad en su complejidad estructural-, por el procedimiento -comunicación-, por los juicios de valor que lleva aparejados -en cuanto a urgencia, importancia y precedencia de las cuestiones que se planteen-. Por otra parte, sustanciar un diálogo en estas condiciones comporta una mejora ética del dirigente público, porque sólo con un ejercicio de sinceridad y autenticidad podrá ponerse en el lugar de la ciudadanía a la que sirve.

No hay mejor modo de transmitir a las personas la importancia y la necesidad de su participación en los asuntos públicos que practicarla efectivamente. Fue Tocqueville, me parece, el que acuñó esa fantástica expresión que tan bien describe la sintomatología de las democracias enfermas: el despotismo blando. Sí, cuando el efecto de la acción pública -oficial- consigue anular la capacidad de iniciativa de los ciudadanos y cuando la ciudadanía se recluye en lo más íntimo de su conciencia y se retrae de la vida pública, entonces algo grave pasa.

Sabemos que fruto de ese Estado de malestar que inundó Europa en los años previos a la crisis, es el progresivo apartamiento del pueblo de las cosas comunes. Poco a poco, los intérpretes oficiales de la realidad pintaron, con gran eficacia, con pingües subvenciones, el paisaje más proclive para los que ansían la perpetuación en el poder. Se narcotizaron las preocupaciones de los ciudadanos a través de una rancia política de promesas y promesas entonada desde esa cúpula que amenaza, que señala y que etiqueta. Quien quisiera levantar su voz en una sintonía que no sea la de la nomenclatura estaba, todavía hoy lo está, condenado a la marginación. Quien se atreviera a poner el dedo en la llaga, corría serios peligros de perder hasta su puesto de trabajo.

Hay quien sabe que vive en un mundo de ficción, pero no tiene los arrestos necesarios para levantar el telón. Es el miedo a la libertad, es el pánico a escuchar los problemas reales de la ciudadanía, es la comodidad de no complicarse la vida, es el peligro de perder la posición. En una palabra, es la "mejor" forma de controlar una sociedad que vive amordazada.

Uno de los pensadores más agudos del momento, Charles Taylor, nos advierte contra uno de los peligros que gravita sobre la saludable cultura política de la participación, sea en el entramado político o comunitario, al señalar que cuando disminuye la participación, cuando se extinguen las asociaciones básicas que operan como vehículos de ella, el ciudadano individual se queda sólo ante el vasto Estado burocrático y se siente, con razón, impotente. Con ello, se desmotiva al ciudadano aún más, y se cierra el círculo vicioso del despotismo blando.

X
POLÍTICAS PÚBLICAS Y ADMINISTRACIÓN PÚBLICA

La constitución española de 1978, como ya he señalado, define la Administración como una organización que sirve con objetividad intereses generales (Artículo 103.1 CE), la Carta Magna nos recuerda que las reformas administrativas, así se está haciendo, deben levantarse en función de las personas y no en función de los intereses burocráticos o tecnocráticos. ¿Por qué?. Porque, como también señala la Constitución, corresponde a los poderes públicos -artículo 9.2 CE- promover las condiciones para que la libertad y la igualdad del individuo y de los grupos en que se integra sean reales y efectivas y remover los obstáculos que impiden o dificulten su plenitud y facilitar la participación de todos los ciudadanos en la vida política, económica, cultural y social.

En efecto, el Estado vive un momento de tránsito que se viene prolongando el tiempo suficiente para considerar el cambio como algo permanente y, en consecuencia, la capacidad de adaptarse a él como un auténtico rasgo definitorio del Estado moderno. Desde los postulados del pensamiento abierto, plural, dinámico y complementario se puede afirmar que el propio futuro del ejercicio democrático del poder pasa necesariamente por hacer de su capacidad de adaptación a los cambios, una condición esencial de su propia existencia.

La ingente tarea que supone este aspecto de la vida pública requiere profundizar en las ideas que lo sostiene: asegurar las libertades reales de la gente. Desde las nuevas políticas públicas, la Administración pública aparece como uno de los elementos clave para asegurar que las aspiraciones de los españoles puedan hacerse realidad, por lo tanto: ni nunca podrá ser un aparato que se cierra a la creatividad, o la impida con cualquier tipo de trabas, ni tampoco podrá dejar -especialmente a los más débiles- al arbitrio de intereses egoístas.

El modelo de las nuevas políticas en relación con la Administración pública, apuesta por la libertad, que es apostar por la sociedad, por confiar en el hombre, por confiar en la capacidad, en las energías, en la creatividad de los españoles que ha tenido amplia cabida en la historia y no solamente no tiene por qué dejar de tenerla: es el momento histórico de potenciarla.

El pensamiento compatible, permite que al tiempo que se hace una política de impulso de la sociedad civil, no haya compuertas que limiten una acción de la Administración que asegure la libertad de disfrutar, por ejemplo, de una justa y digna jubilación de nuestros mayores, que limiten la libertad de disponer de un sistema de salud para todos, que recorten la libertad de que todos tengan acceso a la educación en todos sus niveles, o acceso a un puesto de trabajo, o sencillamente a disfrutar de la paz.

Por eso, la Administración debe ser un entorno de entendimiento, y un marco de humanización de la realidad que fomente el objetivo constitucional central "la dignidad de la persona, los derechos inviolables que le son inherentes, el libre desarrollo de la personalidad, el respeto a la ley y a los derechos de los demás" (Artículo 10.1 CE).

El aparato administrativo debe, pues, promover las condiciones para que todos los españoles sin excepción podamos ejercer con mayor calidad nuestras libertades, teniendo también presente que la Administración también debe estar próxima, cercana a la gente en un ambiente de real descentralización (Artículo 103.1 CE) teniendo presente que la programación y ejecución del gasto público debe responder a los criterios de eficiencia y eficacia (Artículo 31.2 CE).

Pues bien, las reformas administrativas puestas en marcha, sobre todo entre 1996 y 2000 en España, en las que participé activamente, se encaminaron en esta dirección. Es el caso de la redefinición de la Administración Periférica del Estado como consecuencia de la LOFAGE, -Ley de Organización, Funcionamiento de la Administración General del Estado- con un contrastado ahorro en el gasto público. Es el supuesto del Pacto Local que apuesta definitivamente por el reforzamiento de los entes locales y por la autonomía local en un contexto de equilibrio de los diferentes poderes territoriales. Es el caso de la consolidación y estabilidad del Estado autonómico desde el acuerdo y el entendimiento. Es el caso de la reforma del procedimiento administrativo que por fin instaura un verdadero sistema de silencio administrativo positivo y un acortamiento real de los plazos que tiene la Administración para resolver los expedientes administrativos. Es el caso de la recepción del principio de lealtad institucional, de confianza legítima, y de transparencia como elementos vertebradores de la reforma administrativa.

Una Administración Pública que se ajuste adecuadamente a las demandas democráticas ha de responder a una rica gama de criterios que podríamos calificar de internos, por cuanto miran a su propia articulación interior, a los procesos de tramitación, a su transparencia, a la claridad y simplificación de sus estructuras, a la objetividad de su actuación, etc. Pero por encima de todos los de esta índole o, más bien, dotándolos de sentido, debe prevalecer la finalidad de servicio al ciudadano a que vengo haciendo alusión.

No puedo dejar de subrayar insistentemente, como el lector habrá comprobado desde el inicio de este libro, la centralidad de la persona en mi entendimiento de la vida pública. El individuo real, la persona, con el cúmulo de circunstancias que lo acompañan, en su entorno social, es el auténtico sujeto de los derechos y libertades que en la Constitución proclamamos. A ese hombre, a esa mujer, con su determinada edad, su grado de cultura y de formación, mayor o menor, con su procedencia concreta y sus intereses particulares, propios, legítimos, es a quien la Administración Pública sirve. Al servicio de esa persona concreta el aparato administrativo debe promover las condiciones para que ejerza con la mayor calidad y hondura sus libertades.

En este sentido, los empleados públicos para poder desempeñar su trabajo con eficacia necesitan, además de los medios y condiciones de trabajo adecuados, un constante esfuerzo en su competencia profesional para consolidar una Administración que no es una entidad abstracta, sino que la integran personas tan reales como los ciudadanos a los que sirven, y ellos mismos ciudadanos también. Detrás de cada expediente están las aspiraciones de un ciudadano.

Podríamos decir que la apertura a la realidad, la aproximación abierta y franca a las condiciones objetivas de cada situación, y la apertura a la experiencia son componentes esenciales, actitudes básicas del talante ético desde el que deben construirse las nuevas políticas. En ellas se funda la disposición permanente de corregir y rectificar lo que la experiencia nos muestre como desviaciones de los objetivos propuestos o, más en el fondo, de las finalidades que hemos asignado a la acción política. Por ella, la técnica británica de las "políticas públicas a prueba" es sumamente interesante.

Pensar la complejidad de la realidad y acercarse a ella desde el supuesto de la propia limitación, al tiempo que acaba con todo dogmatismo, rompe también cualquier tipo de prepotencia, en el análisis o en el dictamen de soluciones, a la que el responsable público pueda verse tentado. Éste debe tener claro que no es infalible, que sus opiniones, sus valoraciones están siempre mediatizadas por la información de que parte, que es siempre limitada, necesariamente incompleta. Abordar un conocimiento auténtico de esa realidad exige una mentalidad abierta que se traduce en la capacidad de desarrollar un pensamiento que sea dinámico y compatible.

El pensamiento dinámico lo planteo como condición para acceder a la comprensión de las relaciones entre la persona y la sociedad. El individuo, la persona concreta, contribuye al bien general de la sociedad, y al tiempo, la sociedad se debe orientar a las personas, al ser la dignidad de la gente prioritaria y fundante de la propia sociedad. Ahora bien, la dignidad de la persona se actualiza justamente cuando la persona colabora al bien común de la sociedad. De este modo la existencia de la persona puede ser definida como coexistencia.

Esta forma de abordar la realidad humana -personal y social- hace derivar su fuerza no tanto de su propia constitución como de la ruptura de los rígidos principios de oposición individualistas-comunitaristas, que carecen de capacidad de retroalimentarse y que se cierran sobre sí mismos, mostrándose incapaces de explicar la dimensión personal del hombre y su carácter social. Tal cerrazón provoca una tensión que se ve liberada por esta comprensión dinámica de las relaciones persona-sociedad, y que canaliza estas tensiones hacia concepciones equilibradas que, al tiempo que afirman radicalmente la condición individual del hombre, ni niegan ni menoscaban su dimensión social. Todo ello se traduce en que el individuo percibirá de forma habitual el bien de los demás hombres y mujeres como un bien también auténticamente suyo.

Un pensamiento que quiera abordar con éxito la comprensión de la realidad tal y como la perfilamos debe ser también, necesariamente, un pensamiento compatible. Se trata de un pensamiento que no encaja en los modelos rígidos y planos, y que tiene capacidad -precisamente porque trata de comprender al ser humano en todas sus dimensiones- de conciliar lo personal y lo social, lo estatal y lo civil, la libertad y el ordenamiento, el mercado competitivo y la regulación político-económica.

Quizás sobran estas pretendidas oposiciones y tantas otras que podríamos enumerar. De lo que se trata es, en este contexto, de buscar convergencias de las que pueden surgir sinergias, afloramientos de energías que no se agoten en enfrentamientos estériles, por falsos. Por una parte que cada persona o asociación aporte servicios en función de las demanda y de las necesidades sociales, desarrollando libremente sus iniciativas; y por otra que el Estado actúe de acuerdo con su función imprescindible de subsidiariedad, arbitraje y custodia de la competencia, en un intento real de conseguir cotas más altas de justicia y equidad, y de abrir nuevos campos operativos para la efectiva iniciativa personal y social.

Las prestaciones del Estado a los más desfavorecidos serán simples dádivas si se quedan sólo en una redistribución de bienes y no inducen una mayor libertad y autonomía. La cuestión sigue siendo enseñar a pescar y no dar peces.

Cuando abrimos los ojos y miramos, la realidad somete nuestra inteligencia a la dura prueba de la vibración caleidoscópica de sus singularidades. Entonces nuestra comprensión se ve agotada ante la complejidad de sus inextricables estructuras, y nuestra necesidad de modelos conceptuales se ve desbordada por los inéditos desarrollos que la historia manifiesta.

Rendirse a nuestra incapacidad para agotar la comprensión de la realidad significa aceptar nuestra limitación pero también empeñarnos en una aproximación cada vez más completa. Sin embargo, cabe también la posibilidad de afirmar la soberanía de nuestro pensamiento. Esta es la disposición que lleva al nacimiento de lo que llamo ideología cerrada, que entiendo aquí como un pensamiento sistemático-cerrado sobre la realidad social que se toma como presupuesto de la actividad política.

La expresión "pensamiento sistemático cerrado" la uso aquí en el sentido preciso de que parte de postulados, de aseveraciones no demostradas y sin base empírica; se desenvuelve deductivamente; es omnicomprensivo, abarca todos los aspectos de la realidad; es proyectivo, tiene capacidad para predecir cara a dónde, cómo y por dónde camina la realidad social. Por eso puede decirse que la ideología cerrada cumple la aspiración fáustica -es la ciencia que domina plenamente el mundo- y se resuelve al final en el amargo despertar del aprendiz de brujo. Porque, no lo olvidemos, parece que la realidad sigue siendo terca.

XI
LA ADMINISTRACIÓN PÚBLICA INTEGRADA

En los tiempos que corren, de crisis general, los comentarios y glosas sobre la evolución del Estado, habida cuenta de los derroteros que está tomando el modelo autonómico español desde la perspectiva financiera, reclaman estudios y análisis, que permitan situar esta cuestión desde la perspectiva constitucional teniendo en cuenta las exigencias de economía, eficiencia y equidad del gasto público (artículo 31 de la Constitución española) y sobre todo desde la esencial tarea de servicio objetivo al interés general que la Norma Fundamental demanda de la Administración pública, sea estatal, autonómica o local (artículo 103 de la Constitución española).

Comunidades Autónomas y Entes locales son Estado tal y como reconoció el Tribunal Constitucional desde 1981. Los Gobiernos y Administraciones autonómicas y locales rigen y administran intereses generales, intereses vinculados al territorio propio. Definen, diseñan y realizan políticas propias en el marco de sus competencias. Ambas están al servicio de las personas, de los ciudadanos, de los vecinos. Sus estructuras y reglas de funcionamiento están al servicio de las personas que son sus auténticos propietarios, sus legítimos dueños, ante quienes, unas y otras instituciones de autogobierno territorial deben rendir cuentas y responder cotidianamente del poder que se les encomienda.

La reforma de los Gobiernos y Administraciones locales es una cuestión que debe plantearse desde los postulados de la reforma de los Estados compuestos, en el marco, entre nosotros, de la reforma de las Comunidades Autónomas y del propio Estado-nación. En este sentido, hay quienes postulan que el concepto tradicional del Estado-nación ha de adecuarse a los imparables procesos de descentralización política de este tiempo. Otros, por su parte, reclaman desde posiciones inmovilistas una concepción más propia del siglo XVIII que del siglo XXI. Y, por supuesto, no faltan quienes entienden que el modelo ha sido superado por la realidad y que lo que hoy es necesario para el desarrollo de los pueblos es constituir Entes políticos soberanos a partir de la construcción, o reconstrucción, de determinadas identidades colectivas.

Tenemos, pues, tres versiones de la cuestión que responden a las perspectivas reformista, inmovilista y revolucionaria. Desde el punto de vista inmovilista, sus patrocinadores argumentan que hace falta afianzar la personalidad del Estado planteando, desde la supresión del modelo hasta esquemas de recentralización de competencias, denunciando los excesos y el elevado gasto público que acompaña a los procesos descentralizadores para desautorizarlos. Si atendemos a la posición revolucionaria, resulta que la estrategia puede ser, o bien reivindicar sin más la existencia de naciones sin Estado o con Estado en el seno de esquemas federales o confederales o subvertir el Ordenamiento jurídico a través de obvias mutaciones para alcanzar dichos objetivos. Por su parte, la posición reformista parte de la necesidad de adecuar las estructuras y la esencia del Estado-nación a la realidad de la descentralización política y territorial planteando cambios que, manteniendo la naturaleza del modelo, vuelvan más eficaz y operativo al Estado y a sus Entes políticos componentes, sean Comunidades Autónomas o Entes locales. En mi opinión, este es el camino por el que debiera discurrir la necesaria reforma general del Estado compuesto tal y como ha evolucionado desde 1978. Una reforma que debe producir obvias consecuencias sobre nuestro modelo territorial, demasiado apegado, desde su nacimiento, al esquema institucional del Estado-nación. Reforma que, dicho sea de paso, es cada vez más urgente si se pretende detener la sangría financiera que en la actualidad produce un modelo instalado en la irracionalidad y en el recurso permanente a la deuda como forma ordinaria de financiación de las políticas públicas a realizar.

En efecto, desde 1978 hasta hoy han pasado ciertamente muchas cosas. Una de ellas, por lo que se refiere al modelo territorial, es la consolidación de las entonces emergentes Comunidades Autónomas. Otra, el paulatino y sistemático olvido y preterición en que han quedado los Entes locales, que han sido verdaderamente los grandes sacrificados en el movimiento descentralizador. Además, resulta que el Estado ha ido perdiendo su capacidad jurídica y política en lo que se refiere al establecimiento del mínimo común denominador necesario para el funcionamiento equilibrado y armónico del sistema. La lectura del artículo 149.1.1 de la Constitución, en lo que se refiere a las políticas de equidad y solidaridad para garantizar la igualdad en las condiciones básicas para el ejercicio de los derechos de los ciudadanos, nos exime de mayores comentarios pues, como todos sabemos, la realidad política ha desbordado y desvirtuado el contenido y sentido de este precepto constitucional tan importante. Es decir, la programación general de políticas públicas en las que esté en juego la equidad y la solidaridad, y las posiciones jurídicas fundamentales para la preservación de los derechos fundamentales son, hoy por hoy, sobre todo pensando en el futuro, una de las principales tareas a las que debe hacer frente el Estado con los mejores medios personales y materiales de los que pueda disponer.

Ciertamente, en un Estado como el español, unitario y autonómico a la vez con la misma intensidad, las competencias de los distintos Entes públicos deben estar definidas con la mayor claridad posible. Con ello quiero señalar que según se deduce de los últimos documentos producidos por los principales organismos internacionales, por ejemplo un reciente informe de la OCDE sobre la modernización del Estado, la institución estatal ha de centrar su tarea, allí donde impera la descentralización, en la ordenación general de las principales políticas públicas, no tanto en su ejecución o implementación concreta, que es misión sobre todo de los Entes territoriales más cercanos a los ciudadanos.

En este sentido, de acuerdo con el atinado dictamen del Consejo de Estado del Reino de España de febrero de 2009 sobre la reforma constitucional es menester afrontar cambios que permitan que el Estado pueda cumplir mejor sus tareas y que las Comunidades Autónomas y Entes locales hagan lo propio. Para ello, la realidad de la deuda y del déficit público de las Autonomías y Entes locales justifica con urgencia la consecución de un pacto desde el que se pueda revisar la Constitución con el fin de mejorar un modelo que, siendo necesario, hoy requiere de evidentes retoques. Los datos financieros que conocemos aconsejan que se proceda a una reforma razonable que permita que las competencias se ejerzan mejor y que se eliminen las no pocas duplicidades y superposiciones que todos conocemos. Y la mejor forma de clarificar el mapa competencial es reformar la Constitución en un esfuerzo de mejor definición de las competencias del Estado, de las Comunidades Autónomas y de los Entes locales. No es sólo una cuestión económica y financiera porque el ejercicio de las competencias tiene sentido en un Estado social y democrático de Derecho si realmente sirve para la mejora de las condiciones de vida de los ciudadanos. En el caso de Gobiernos y Administraciones locales de manera evidente pues la incidencia de las actuaciones de estas instituciones de autogobierno territorial en la vida de los vecinos es una de sus principales señales de identidad.

En este sentido, la Ley de racionalización y sostenibilidad de la Administración local aprobada el 27 de diciembre de 2013, tiene como uno de sus objetivos, quizás el más importante, clarificar las competencias municipales para evitar duplicidades con las competencias de otros Gobiernos y Administraciones territoriales de forma, dice la Exposición de Motivos, que se haga efectivo el principio "Una Administración, una competencia". Tal principio es expresión de la llamada hace unos años Administración Única, Común, Integrada o Sincronizada, que quiere decir, no tanto que sólo haya una Administración para la gestión de las materias concurrentes o compartidas, como que la estructura de presencia de las Administraciones que convergen sobre una competencia en el territorio, porque así lo ha diseñado la Constitución, sea una. Esa es la consecuencia de que el artículo 103 disponga que la Administración, en singular, sirva con objetividad los intereses generales.

El Estado autonómico es, fundamentalmente, el garante de que la diversidad y la igualdad sean compatibles. Porque como decía Ortega y Gasset en relación con la denominada entonces cuestión regional, fortalecer la condición estatal es fortalecer cada una de sus partes integrantes, y fortalecer cada uno de sus componentes equivale igualmente a fortalecer al Estado. Esto es así porque en nuestro modelo, cómo dice la Constitución en su artículo 137, las Comunidades Autónomas y los Entes locales forman parte del Estado, que es lo mismo que decir, cómo ha señalado el Tribunal Constitucional, que las Comunidades Autónomas y los Entes locales son Corporaciones públicas de naturaleza estatal. Además, como muy bien intuyó hace años Madariaga, para comprender España es necesario situarse en las coordenadas del equilibrio dinámico que deben guiar las relaciones entre los diversos componentes territoriales del Estado.

La realidad del desarrollo del Estado autonómico español es bien conocida. El creciente déficit público y la abultada deuda pública del sistema de las Autonomías reflejan la necesidad de acometer reformas en profundidad. No para enmendarlo en su totalidad y sustituirlo por otro de nuevo cuño. Más bien, se trata de aprovechar el tiempo transcurrido desde su alumbramiento en la Constitución de 1978 para comprobar hasta qué punto se han cumplido los objetivos de la descentralización política y administrativa querida por nuestra Carta Magna. Y, sobre todo, para verificar hasta qué punto los cuatro principios sobre los que se estructura el modelo, establecidos en el artículo 2 de la Constitución, son una realidad creciente o no en este momento: unidad, autonomía, integración y solidaridad. Sin olvidar, claro está, la opinión general de la ciudadanía acerca de la pertinencia de estos cambios.

En términos generales se puede afirmar que el Estado de las Autonomías ha descentralizado en gran medida el Estado español en estos años casi treinta y cuatro años transcurridos desde 1978. Es verdad que el poder público se ha acercado a los ciudadanos. Sin embargo, el paradigma al que han tendido las Autonomías y no pocos Entes locales ha sido el del Estado-nación, produciéndose en muchos casos una verdadera réplica de su estructura con las consecuencias que trae consigo copiar o plagiar estructuras ajenas para revestir la propia identidad. Además, en un contexto de intensa y extensa intervención pública, se ha creado un sector público autonómico de colosales proporciones. Por si fuera poco, también la financiación de las Autonomías se acostumbró al recurso a la deuda como sistema ordinario de provisión de bienes y servicios, lo que condujo a parámetros económicos y financieros de déficit y de deuda realmente insostenibles. Por otro lado, los Entes locales, que bien podrían haber sido convocados, a su vez, a una segunda descentralización en aquellas materias en que estuvieran en mejores condiciones de prestarlas que las Comunidades Autónomas, por regla general han sido preteridos y, en muchos casos, obligados sociológicamente a prestar muchos servicios y a asumir muchas competencias impropias porque, de no hacerlo, podrían producirse quiebras muy importantes del Estado de bienestar. Y, al final, la preocupación por la calidad de vida de los vecinos hasta ha sido castigada y censurada desde planteamientos únicamente económicos o financieros.

Pensamos en una reforma que no es un simple ajuste organizativo o un proceso, más o menos intenso, de simplificación y racionalización de estructuras burocráticas o de personal. La cuestión, a mi juicio, es de más enjundia. Afecta al modelo mismo de Administración en un Estado compuesto como es el Estado de las Autonomías de las Comunidades Autónomas y de los Entes locales, ambos Gobiernos y Administraciones dotados de autonomía política. Un modelo que requiere relevantes transformaciones porque, en lugar de ser un medio para la mejora de la calidad de vida de las personas, se ha convertido en un fin en sí mismo. Este es el meollo d que debe presidir cualquier análisis jurídico del Estado autonómico puesto que se trata de un medio para la mejora continua y permanente de las condiciones de vida de los ciudadanos. Y hoy, por más que nos pese, tal modelo se ha convertido en un obstáculo para que los ciudadanos puedan realizarse mejor en el ejercicio de su libertad solidaria. Por eso, de lo que se trata es de repensar desde el marco constitucional un mejor diseño organizativo e institucional. Un diseño que requiere, es verdad, de la reforma constitucional del Título VIII de la Constitución para perfilar mejor las competencias del Estado, las competencias de los Entes Autonómicos, dando entrada, en la Carta Magna, a las competencias de los Entes locales, a quienes debe reconocerse la autonomía política claramente, así como regulando las exigencias del principio cooperativo y de coordinación en un modelo de Estado compuesto definido como autonómico.

A pesar del número de empresas, compañías, fundaciones o agencias autonómicas, del entramado del sector público local, especialmente en las grandes ciudades, y de la réplica institucional de la estructura del Estado-nación, pienso que el modelo autonómico fue un evidente acierto que permitió a las nacionalidades y regiones, como establece la Constitución, asumir cotas relevantes de poder político para administrar políticas públicas al servicio de los habitantes. Es un modelo, no podemos olvidarlo, que está basado, artículo 2 de la Constitución, sobre los principios de unidad, autonomía, integración y solidaridad. Principios, a la vista está, que requieren de una reflexión acerca del significado de la autonomía en su vertiente normativa, de autogobierno y de autoadministración.

Es decir, desde la autonormación, el autogobierno y la autoadministración, es posible, sin necesidad de plagiar el esquema organizativo del Estado, que las Comunidades Autónomas, también los Entes locales, procedan a conformar nuevas formas estructurales de realizar las políticas públicas que surgen del núcleo de sus intereses públicos propios. Evidentemente, desde el amplio espacio de las competencias de autoorganización, de mayor intensidad en el caso de las Comunidades Autónomas que para los Entes locales de acuerdo con el marco normativo actual.

En un contexto de autonomía no se puede, ni se debe, elaborar desde una norma de alcance general una estructuración homogénea para todos los Entes territoriales. Pero si se puede, en el marco de una reforma constitucional y legislativa, regular con mayor precisión las competencias de los diferentes Gobiernos y Administraciones territoriales y diseñar mejor fórmulas de cooperación e integración que busquen un modelo de Administración más integrada y más sincronizada que, en sus relaciones con los ciudadanos, actúe de acuerdo a la caracterización constitucional, esto es, al servicio objetivo del interés general. La reforma de la Constitución, insisto, es fundamental para diseñar mejor las competencias de cada nivel de gobierno territorial. Si no es posible, parece el caso actual, habría de procederse vía norma con fuerza de ley.

A pesar de que el autogobierno reconocido en la Constitución y en los Estatutos de Autonomía parecía invitar al establecimiento de esquemas organizativos más allá del sistema estatal, más allá de la estructuración institucional del Estado-nación, la realidad acredita indubitablemente que las Comunidades Autónomas, quizás por la necesidad de autoafirmación institucional frente al Estado y a los Entes locales, discurrieron por derroteros ya conocidos y utilizados por las instituciones estatales. El resultado de tal tránsito organizativo e institucional llegado el momento actual es el que es: un déficit público y una deuda insostenibles consecuencia de una réplica casi perfecta de la estructuración del Estado. Con el agregado, fundamental y que no se puede olvidar en un dictamen sobre este tema, de que la intensa y abundante planta organizativa y el espeso sector público montado estos años han oscurecido, y de qué manera, la capacidad de los poderes autonómicos, y de los poderes públicos locales en el caso de las grandes ciudades, de resolver los problemas reales de los ciudadanos.

Una expresión coloquial a veces ayuda a comprender mejor lo que ha acontecido: las ramas no dejan ver el bosque. Y si la descentralización, que es una técnica jurídico-administrativa, no sirve para la mejora de las condiciones de vida de los ciudadanos, entonces es que no sirve y hay que estudiar qué tipo de anomalías han aparecido en ella para que cumpla las fines para los que se implementó.

Otra cuestión, junto a la citada funcionalidad de la descentralización en un Estado social y democrático de Derecho como el nuestro, se refiere a la observación de la realidad. En efecto, la realidad tiene cada vez, junto a la racionalidad y a la justicia, una mayor importancia en el estudio jurídico-administrativo de las principales instituciones sociales y políticas. La realidad, como suele decirse, es la que es. Y la realidad también ofrece límites que adquieren naturaleza constitutiva. La realidad, junto a la racionalidad y a la justicia, debe estar presente en los diseños estructurales e institucionales de las principales instituciones públicas. Sin embargo, en el desarrollo del esquema organizativo de las Autonomías, también en el caso de las denominadas grandes ciudades, la realidad ha sido ampliamente superada por las aspiraciones, explicables aunque no justificables desde la perspectiva del servicio a los ciudadanos y de la eficiencia, de construir un elefantiásico diseño institucional que reflejara la plena realización de las instituciones autonómicas, y por emulación, de las grandes ciudades en muy poco tiempo.

Por otra parte, en el desarrollo del modelo estructural autonómico, y también "mutatis mutandis" en el de las grandes ciudades, se aprecia una ausencia de análisis profundo de la adecuación de las estructuras públicas al servicio de los principales intereses públicos propios a los que deben atender las políticas públicas de estos Gobiernos y Administraciones. Se prefirió, es lógico hasta cierto punto, seguir a pies juntillas los esquemas organizativos conocidos sin caer en la cuenta de que el Estado de las Autonomías exigía nuevos desarrollos organizativos fundados en la existencia de competencias exclusivas, y también, de competencias concurrentes o compartidas. Por eso, las numerosas duplicidades y superposiciones organizativas y competencias reinantes en esta materia, no sólo son una clara manifestación de despilfarro, conculcando el artículo 31 de la Constitución en materia de gasto público sino, sobre todo, ejercicio de una grave de insensibilidad frente al objetivo fundamental de la existencia de estos Gobiernos y Administraciones: la mejora de vida de las condiciones de vida de los ciudadanos.

No se puede olvidar en ningún momento que el artículo 9.2 de la Constitución, como ya sabemos, manda a los poderes públicos, no sólo promover las condiciones que hagan posible la libertad e igualdad de las personas y de los grupos en que se integren, sino también, y esto es fundamental en el Estado autonómico, remover los obstáculos que impidan la consecución de estos objetivos. Como este precepto es de aplicación a todos los poderes públicos, también a los autonómicos y locales, resulta que el llamado Estado de las Autonomías en lugar de constituirse en un medio para un mejor disfrute de la libertad solidaria de los ciudadanos, se ha ido convirtiendo en un fin en sí mismo, acumulando una suerte de estructuras y de personal que insisto, impide atender con claridad y en condiciones de servicio objetivo los intereses generales.

En efecto, la objetividad, que es otra característica de la actividad de todas las Administraciones públicas, autonómicas y locales incluidas, artículo 103 de la Constitución, reclama soluciones racionales y pensadas al servicio de los ciudadanos. Y hoy, treinta y cuatro años después, una evaluación cuantitativa de la realidad organizativa de las Autonomías y de los Entes locales, arroja resultados de todos conocidos por su reiterada publicación en medios de comunicación y en las estadísticas oficiales.

Efectivamente, sea cual sea la fuente oficial que consultemos, el número de organismos públicos, entre los que contamos sociedades, agencias, entes públicos o fundaciones de capital público, sometidos o no al Derecho Público, se cuentan por varios miles y demuestran un crecimiento exponencial, profundamente irracional, del gasto público. Y, lo más grave, la constitución de esas personas jurídicas a cargo del erario público en muchos casos se realizó sin las más elementales exigencias de una justificación suficientemente convincente desde la perspectiva del interés general, que en un Estado social y democrático de Derecho como el nuestro, ha de realizarse de forma concreta y con sólidos argumentos en todos estos supuestos.

En este contexto, lo más sencillo es proceder a una operación de poda masiva para que cada nivel territorial de gobierno y administración pública cumplan las exigencias del déficit público establecido por el ministerio de Hacienda y Administraciones Públicas. Sin embargo, ahora que realmente es posible iniciar este proceso de racionalización, es el momento de estudiar a fondo cuáles son las mejores fórmulas organizativas para atender mejor las políticas públicas propias, así como las compartidas o concurrentes y en qué sentido es menester realizar diseños de instituciones cooperativas y de coordinación que permitan gestionar en mejores condiciones para los ciudadanos estas competencias en las que existen intervenciones públicas de una pluralidad de Gobiernos o Administraciones. Las soluciones que se pueden colegir de la llamada Administración Común, Integrada o Sincronizada, que comentaremos en un próximo epígrafe, pueden ayudar a esta tarea.

Desde esta perspectiva habría que afrontar otro de los objetivos de la Ley de 27 de diciembre de 2013: "racionalizar las estructuras organizativas de la Administración local de acuerdo con los principios de eficiencia, estabilidad y sostenibilidad financiera". Por cierto, echamos de menos el principio de servicio a los ciudadanos, a los vecinos, que es el principal principio y guía de actuación de cualquier Gobierno y Administración que pretenda asumir como propios los postulados de un Estado social y democrático de Derecho.

En este sentido, debe repensarse, también y sobre todo, la estructura y funciones de un Estado que, a pesar de la descentralización política y administrativa operada en estos años, necesita de puesta al día para asumir el papel y funcionalidad que los nuevos tiempos le demandan. Es menester, por tanto, analizar el modelo del Estado en el siglo XXI. Un modelo, por cierto, que ha de tener en cuenta la evolución de las políticas públicas generales que afectan al nudo gordiano de la esencia del Estado. Promoción de las libertades, regulación, supervisión, vigilancia, programación y ordenación general, igualdad, solidaridad, entre otras tareas conforman políticas públicas en las que el Estado actual no está a la altura del tiempo que nos ha tocado vivir. De la misma manera, los funcionarios del Estado que trabajan en estos sectores deben estar adiestrados y preparados para llevar a buen fin la programación general y planificación estratégica de dichas políticas públicas. Por tanto, reforma del corazón del Estado, reforma de los planes de preparación del personal, y, después, en otra dimensión, reforma de las estructuras y organizaciones diseñadas `para poder realizar esas funciones de programación general que hoy, e mi juicio, configuran el alma de un Estado profundamente descentralizado como el nuestro.

Para abordar una cuestión de este calado otros países han elaborado libros blancos con participación de numerosos sectores buscando un acuerdo general que permita el desarrollo de un modelo que perviva en el tiempo. Por eso, pienso que para la realización de la profunda reforma que se precisa es urgente proceder en esta dirección pues una reforma unilateral no resistiría mucho tiempo. Se trata de escuchar a todos los sectores que puedan aportar ideas a tan magna tarea.

Precisamos, si se dan las condiciones para ello, de una reforma constitucional que sirva de presupuesto a la reforma que estamos planteando. No se trata, sin embargo, de una enmienda a la totalidad del modelo de distribución territorial del poder público, sino de reconocer la irracionalidad, el automatismo y la ausencia de reflexión sobre el desarrollo del modelo y cambiar lo que sea necesario. Una reforma de este porte implica en primer lugar una actitud de apertura a la realidad y de aceptación de sus condiciones. A partir de esta base, las políticas reformistas se caracterizan por la mejora constante de la realidad de manera que tal posición repercuta en un mayor bienestar y calidad de vida para todos los ciudadanos. Reforma y eficacia, pues, van de la mano pues no es concebible la reforma que no implique resultados para la mejora de las condiciones de vida de los habitantes. Por eso, en la reforma del Estado autonómico ha de escucharse la voz de los ciudadanos, de aquellos que acuden con frecuencia a las oficinas públicas, de los habitantes que pueblan las Comunidades Autónomas, de los vecinos relacionados con políticas públicas en las que convergen intervenciones públicas de varios gobiernos o administraciones

Resumiendo: no se trata, insisto, de un planteamiento radical de transformación total y completa del sistema autonómico porque quien escribe este dictamen no es partidario de alterar sustancialmente las bases del sistema. Sí el funcionamiento y los medios para que las estructuras autonómicas y locales realmente sirvan objetivamente al interés general en cada uno de sus territorios. El Estado autonómico es, en sí mismo, un acierto constitucional que ha sido positivo en términos generales. El problema ha sido el de la metodología y forma de implementación y opción organizativa. Ahora se trata de reformarlo para que cumpla cabalmente con los cuatro criterios del artículo 2 de la Constitución: unidad, autonomía, integración y solidaridad. Una reforma que, por otra parte, es reclamada, a juzgar por las encuestas y sondeos realizados en los últimos tiempos, por los propios ciudadanos, lo que en un sistema democrático, que es un sistema de opinión pública, debe tenerse muy presente si es que se está convencido de que vivimos en un régimen político en el que el gobierno es del pueblo, por el pueblo y para el pueblo.

La reforma de los Gobiernos y Administraciones locales debe partir, y converger, con la reforma de Gobiernos y Administraciones autonómicas. De otra forma, estaríamos procediendo a reformas parciales de algo que está indeleblemente unido, como unidas están las estructuras públicas, en sus diversos niveles de territoriales, que han de servir con objetividad a los intereses generales.

La Constitución de 1978 es, sin lugar a dudas, uno de los monumentos jurídicos más importantes de la historia de España. No sólo porque ya es la Norma Fundamental más perdurable del universo constitucional español, lo que a juzgar por lo azarosa y movido de nuestra historia constitucional es algo muy relevante, sino porque ha permitido un largo período de paz y prosperidad sin precedentes en el que se han abierto espacios de libertad y solidaridad idóneos para construir unas instituciones políticas y administrativas acordes con la centralidad de la posición jurídica de los ciudadanos en el conjunto del sistema político. Otra cosa, sin embargo, es que, con el paso del tiempo, el desarrollo de esas instituciones se haya apartado de sus objetivos y de sus fines constitucionales y que ahora, tras más de treinta años de andadura constitucional, sea menester una profunda reforma del esqueleto administrativo con el fin de que estos Entes públicos estén real y verdaderamente al servicio de las poblaciones de sus territorios en lugar de haberse convertido, como ha acontecido en no pocos casos, en fines en sí mismos, en tupidas redes organizativas incapaces de atender razonablemente a los ciudadanos.

Hoy, tras el tiempo transcurrido, y ante un necesario proceso de reforma de una de las políticas de Estado más relevantes, no podemos olvidar que el espíritu de consenso que hoy exige la reforma del Estado se puso particularmente de manifiesto en la elaboración de nuestro Acuerdo Constitucional. En aquel entonces, 1978, se cumplió una vez más esa máxima tan conocida que debiéramos tener más presente, especialmente a la hora de abordar los temas cruciales: si existe un acuerdo respecto a su fin, la posibilidad de realizarlas es cosa secundaria.

En efecto, podríamos ahora preguntarnos, con la finalidad de tener presente el ambiente en el que debe transcurrir una reforma como la que se propone, ¿cuál fue la herencia entregada en 1978, aquel momento constituyente, cual es el legado constitucional? Muy sencillo: un amplio espacio de acuerdo, de consenso, de superación de posiciones encontradas, de búsqueda de soluciones, de tolerancia, de apertura a la realidad, de capacidad real para el diálogo que, hoy como ayer, siguen y deben seguir fundamentando nuestra convivencia democrática y las reformas que sean menester implementar. En otras palabras, el triunfo de las coordenadas del pensamiento abierto, plural, dinámico y complementario al servicio del libre desarrollo de las personas en un contexto socio-económico justo y digno.

Como es bien sabido, en el tercer inciso del preámbulo de la Constitución se plantea la cuestión de los derechos humanos y el reconocimiento de la identidad política y cultural de los pueblos de España, al señalar la necesidad de "proteger a todos los españoles y pueblos de España en el ejercicio de los derechos humanos, sus culturas, tradiciones, lenguas e instituciones". Este principio general expresado en el preámbulo de nuestra Carta Magna se ve traducido, en el artículo 2 de Constitución, en el reconocimiento de la identidad política de los pueblos de España, al garantizar el derecho a la autonomía de las nacionalidades y regiones que integran la nación española, así como la solidaridad entre todas ellas, lo que se ha concretado, tras treinta y cuatro años de desarrollo constitucional, en un modelo de Estado que, habiendo sido un gran acierto en su definición y basamentos, en este momento requiere de una profunda transformación precisamente para adecuarlo a la propia lógica constitucional pues se han producido anomalías en su funcionamiento y en su implementación organizativa y de personal.

En este marco, España constituye un magnífico espacio de solidaridad y convivencia siempre desde la plena aceptación de las diferentes identidades que la integran, en un ejercicio activo de compromiso en el respeto a las diferencias. Por eso, la cooperación al bien de todos y común, parece el mejor bien posible para cada uno. Cooperación que, como ha reconocido el propio Tribunal Constitucional, se halla en la esencia del modelo autonómico y debe presidir, junto a la coordinación, las soluciones organizativas que se construyan para la mejor realización de las políticas públicas propias en cada territorio autonómico.

La tarea de afinar los instrumentos de cooperación y de coordinación debe ir acompañada de la reforma del Senado para que de una vez se cumpla la letra y el espíritu del artículo 69 de la Constitución y se pueda convertir en la verdadera Cámara legislativa de representación territorial: de Comunidades Autónomas y Entes locales. Es decir, precisamos de un Senado auténticamente territorial, como Cámara, por ejemplo, de primera lectura para todos los asuntos con trascendencia territorial, lo que traería consigo, por su propia lógica, un ambiente de mayor responsabilidad desde las perspectivas particulares en los asuntos generales, y consecuentemente un ambiente de mayor solidaridad y equidad. De esta manera tendríamos una Cámara en la que estarían representadas proporcionalmente los Entes territoriales, también los locales, una Cámara que haría posible la institucionalización de una nueva perspectiva autonómica: la multilateralidad, una nueva dimensión que, de seguro, simplificaría enormemente los problemas facilitando la constitución, sin aumento de gasto, de estructuras de cooperación y coordinación según los casos, y aseguraría mayores cotas de solidaridad y equidad en el sistema, y sobre todo de transparencia, al hacer más patente el reflejo institucional de la realidad plural de España.

Precisamente en este marco de equilibrio que es necesario redefinir se encuadra otro elemento del diseño territorial que requiere de la posición y la dimensión que la Constitución le asigna. Me refiero, claro está, a los Entes locales, que deben disponer efectivamente de la autonomía que constitucionalmente les está garantizada. La libertad y la justicia no se producen en las grandes declaraciones ni en las estructuras jurídicas generales, sino que se dan en los entornos personales y en los más próximos de la existencia, o no se dan. Por eso, adecuar la posición institucional y competencial de los Entes locales a las exigencias de su evidente realidad política por su relevante espacio de representación es, a mi juicio, una tarea ya iniciada en la que hay que seguir caminando con paso firme, si tenemos presentes los principios de proximidad y cercanía a la población que deben guiar las actuaciones de la Administración. Para ello pensamos que debería definirse el estatuto competencial mínimo de los Gobiernos y Administraciones locales en la propia Constitución, aprovechando que junto a la reforma del Senado, se debe perfilar mejor las competencias exclusivas del Estado, de las Comunidades Autónomas, así como las materias de convergencia constitucional, en supuestos de compartición y concurrencia competenciales, estableciéndose algunos principios que permitan en cada caso el diseño organizativo, de cuño cooperativo o coordinativo, que sea menester.

Además, para la correcta gestión y administración de los asuntos atinentes al interés general es necesaria una Administración integrada y sincronizada en la que Estado, Comunidades Autónomas y Entes locales puedan actuar armónicamente al servicio objetivo de la población. Por eso, la reforma del Estado Autonómico, siguiendo la pauta iniciada en la Ley de Organización y Funcionamiento de la Administración General del Estad (LOFAGE) de 1997, para la Administración periférica del Estado comenzó a funcionar, desde el punto de vista del funcionamiento administrativo, sobre el concepto de Administración Única, Común, Integrada o Sincronizada, especialmente en el caso de ejercicio de competencias compartidas o concurrentes. No puede ser que el ciudadano tenga que soportar la carga del retraso en la gestión de ciertos asuntos a causa de la existencia de varias Administraciones públicas con competencias convergentes en una misma materia. Sobre todo cuando el derecho fundamental a la buena administración, sentado en el artículo 41 de la Carta Europea de los Derechos Fundamentales, tiene como componente básico el derecho a resolver en plazo razonable. Si el modelo de 1978 se alumbró para una mejor gestión de los intereses públicos propios, es lógico que el esquema organizativo que le sirva de soporte esté pensado para la mejor administración de lo público en cada territorio autonómico al servicio de los propios habitantes.

Es verdad que la Constitución no es sagrada. Es, sin embargo, el Pacto en el que se sustenta la vida y el ejercicio político de los españoles. Es el Pacto de todos, por lo que no tendría mucho sentido que de cuando en cuando hubiésemos de plantearnos, desde el principio, las bases de nuestra convivencia política. Y más cuando las que ahora tenemos han demostrado sus virtualidades y, a lo que parece, no las han agotado. Sin embargo, reformarla para mejorar lo que no funciona bien, para definir mejor la dimensión territorial del Estado es razonable. No se trata, insisto, de alterar sustancialmente el modelo territorial del Estado, sino afinar su funcionamiento una vez identificados los problemas que en los últimos años han contribuido a situar al modelo en parámetros de irracionalidad y despilfarro, conculcando la letra y el espíritu del capital artículo 31 de la Constitución, que manda ejecutar el gasto público con arreglo a los centrales principios de equidad, eficiencia y economía. Desde el punto de vista financiero, los datos que periódicamente se suministran acerca de la deuda autonómica y local, a pesar de los resultados positivos del esfuerzo realizado, son todavía inquietantes consultemos la estadística que consultemos.

La estructuración de los Gobiernos y Administraciones locales también reclama profundos cambios en lo que se refiere al Estado autonómico. No se puede olvidar que cuándo se aborda esta cuestión normalmente se olvida a los Entes locales como si las Comunidades Autónomas fueran los únicos Entes públicos territoriales con autonomía reconocida constitucionalmente. Es más, en orden a la reforma del modelo de Estado no se los puede preterir porque teniendo como tienen las Comunidades Autónomas la competencia de la ordenación sectorial de las atribuciones o facultades de los Entes locales, éstas deben estar presentes en las propuestas que se hagan para la reforma de los Entes locales pues, además, en muchas ocasiones coexisten ambas Administraciones en la gestión de determinadas competencias sobre el territorio. Por si fuera poco, los procesos de fusión municipal y el papel de las Diputaciones, Consejos insulares y Cabildos son cuestiones que tienen una innegable trascendencia en la reforma del Estado autonómico. Por otra parte, la vieja ley de bases de 1985 debe sustituirse o reformarse por otra Ley en la que se permita una mayor autonomía organizativa a los Entes locales con el fin de que efectivamente puedan organizarse de acuerdo con el interés público local.

En este sentido, la reforma del régimen local aprobada por las Cortes Generales el 27 de diciembre de 2013 busca que, a partir de la racionalización de estructuras y la simplificación competencial, garantizar la sostenibilidad financiera de los Entes locales impidiendo que se incurra, como dice la Exposición de Motivos, en supuestos de ejecución simultánea de los mismos servicios públicos por parte de varias Administraciones públicas.

Los estudiosos del régimen local -y sobre todo los protagonistas de la gestión- saben que la realidad competencial que desarrollan los Entes locales es muy superior a la legalmente atribuida. Este simple dato, incontestable, demuestra la necesidad de modificar sustancialmente el marco jurídico que regular la materia competencial para que ésta esté presidida por el principio de subsidiariedad, un principio que debería tener reconocimiento constitucional. Además, es necesario pensar mecanismos de cooperación y colaboración que permitan ejercer las competencias con mayor lealtad constitucional sin olvidar que lo realmente decisivo es la mejora continua y permanente de las condiciones de vida de los vecinos.

Otra cuestión es determinar cuál es el método más idóneo para proceder a la atribución competencial. A este respecto caben varias posibilidades: desde la utilización de figuras como la transferencia de competencias, la delegación, la encomienda de gestión o los convenios y conciertos como mecanismos adecuados de cooperación y coordinación especialmente cuando se trate de la prestación de servicios compartidos o complementarios entre varias Administraciones públicas.

¿Cuáles serían las materias que bien pueden gestionar los Entes Locales en virtud del elemento territorial y del interés propio? Se trataría, pues de identificar materias, muchas de ellas compartidas o concurrentes, por lo que el ejercicio de estas competencias debiera realizarse de acuerdo con las exigencias de lo que denominamos Administración Integrada o Sincronizada, puesto de lo que se trata es de que los vecinos no tengan que sufrir el coste de la existencia de una pluralidad de intervenciones públicas para gestionar una determinada materia que, por mor de la naturaleza compuesta de muchas materias, reclame la existencia de fórmulas o mecanismos de coordinación o colaboración en función de la diferente intensidad de la intervención de cada una de las Administraciones con competencias en el territorio.

La realidad municipal española también exige, por otra parte, que la delimitación de funciones y materias trasladables al ámbito del Gobierno local se lleve a cabo teniendo en cuenta la efectiva capacidad de gestión, tomada como medida en las competencias que incorporan prestaciones de servicios, calibrada ya sea a través del número de habitantes, ya sea por el volumen, dentro del presupuesto anual, ya sea por la verificación de la efectiva implantación y dimensión de los servicios obligatorios. También ha de tenerse en cuenta la inserción de los municipios en estructuras de segundo grado eficientes; esto es, huir de la consideración aislada del municipio y reflexionar acerca del papel de las Mancomunidades de municipios, de las Diputaciones Provinciales y de los Cabildos y Consejos, como entidades de apoyo real a los Municipios para una correcta prestación de los servicios que estos tengan encomendados. Incluso sería posible pensar, para descongestionar de carga administrativa estos procesos, que las Diputaciones provinciales, Cabildos o Consejos Insulares sean los Gobiernos y Administraciones que ejerzan en su propio territorio las competencias de la Comunidad Autónoma.

La ley de 27 de diciembre de 2013 apuesta por definir con precisión las competencias locales, diferenciándolas de las competencias estatales y autonómicas. En concreto, "se enumera un listado de materias en las que los municipios han de ejercer, en todo caso, competencias propias, estableciéndose una reserva formal de Ley para su determinación, así como una serie de garantías para su concreción y ejercicio.", tal y como señala la Exposición de Motivos de la ley. El legislador no quiere bajo ningún concepto, por lo que parece, que los Entes locales asuman más competencias que las que tienen ex lege. Por ello, sólo podrán ejercer las que propias o atribuidas por delegación cuándo no se ponga en cuestión la sostenibilidad y no se incurra en un supuesto de ejecución simultánea del mismo servicio con otra Administración pública, sigue diciendo la Exposición de Motivos de la Ley.

La ley de 27 de diciembre de 2013 fortalece la posición institucional de Diputaciones, Cabildos y Consejos o entidades equivalentes. En concreto, las Diputaciones coordinarán servicios mínimos en los municipios con población inferior a 20.000 habitantes y contarás con nuevas tareas como pueden ser la participación activa en la elaboración y seguimiento de los planes económico-financieros, o la coordinación, de acuerdo con las Comunidades Autónomas, de los procesos de fusión de municipios.

El legislador de 2013 apuesta por fomentar estos procesos de fusión. En concreto, se introducen "medidas concretas para fomentar la fusión voluntaria de municipios de forma que se potencie a los municipios que se fusionan ya que contribuyen a racionalizar sus estructuras y superar la atomización del mapa municipal" (Exposición de Motivos de la Ley).

A principios de los años noventa del siglo pasado, en el marco de las propuestas de reforma del Estado realizadas entonces por el presidente de la Xunta de Galicia Manuel Fraga, se planteó la cuestión de la denominada Administración Única. En efecto, tras reconocer que existían, ya por aquellos años, un sinfín de superposiciones y duplicidades en el ejercicio de las competencias de los diferentes Entes territoriales, se propuso una fórmula jurídico-político-administrativa para intentar resolver estos gravísimos problemas. Incluso se redactó un completo análisis competencia a competencia en el que quien suscribe este dictamen tuvo ocasión de participar en su condición entonces de director de la Escuela Gallega de la Administración Pública y que está en dicha institución para quien lo quiera consultar. Por aquel tiempo, en el plano político y académico, se empezó a tratar acerca de la llamada Administración única, también denominada, quizás con mayor fundamento jurídico, Administración Común, Administración Integrada o también Administración Sincronizada, según diversos autores y diferentes doctrinas, especialmente del Derecho Administrativo.

Pues bien, lo más relevante de esta concepción de la Administración pública en un Estado compuesto es que, con independencia de que las competencias a ejercer sean exclusivas, concurrentes o compartidas, el ciudadano deber percibir siempre servicio objetivo al interés general, eficacia, eficiencia y equidad, que son los principios constitucionales que vinculan la actuación de la Administración pública, sea del Estado, de las Comunidades Autónomas o de los Entes locales. En otras palabras, la doctrina de la Administración Única, Común, Integrada o Sincronizada busca que la Administración, sea la estatal, la autonómica o la local, la que sea, funcione ante el ciudadano con criterios de servicio objetivo, por lo que ofrece importantes consideraciones de orden jurídico administrativo para solucionar el problema de la adaptación de la estructura administrativa al nuevo orden competencial definido por el Título VIII de la Constitución.

Por lo que se refiere a la adecuación de la planta y la estructura de la Administración periférica del Estado a la realidad autonómica, tal operación se realizó en virtud de la LOFAGE en 1997, correspondiendo a quien escribe esta opinión jurídica, en su calidad de subsecretario del ministerio de Administraciones Públicas, pilotar administrativamente tal tarea, que se saldó, al menos hasta el 2000, con un esfuerzo integrador que trajo consigo un razonable ahorro en las partidas de gastos corrientes en el funcionamiento sobre todo de la Administración periférica del Estado, tal y como se puede consultar en las memorias de la subsecretaria correspondientes a aquellos años: 1996-2000.

Sin embargo, quedó pendiente la adecuación de la planta y el esqueleto de la Administración pública autonómica a la realidad local, lo que denominé hace años la segunda dimensión de la Administración Única, Común, Integrada o Sincronizada y que se conoce más ampliamente como el Pacto local o también como la segunda descentralización. Y sobre todo, quedó pendiente, la fundamental cuestión de la determinación de las funciones de un Estado compuesto como el nuestro en el contexto de la intensa descentralización operada por la Constitución y los Estatutos de Autonomía.

La Administración Única es, sin duda, una idea-fuerza susceptible de entendimientos diversos y que, por su propia naturaleza, como la de un slogan, no ha de entenderse necesariamente en su estricta literalidad. El artículo 103.1 de la Constitución española, escrito en singular, y por tanto predicable de cualquier Administración pública, se refiere también a la Administración autonómica y a la Administración local. Por tanto, no es razonable que si la Administración está al servicio de la población, esta perciba, cada vez con más intensidad, duplicidades, superposiciones de competencias, confusión en que Administración debe actuar, pues tales fenómenos implican un flagrante incumplimiento de la vocación de servicio con que el Constituyente concibió a la Administración pública en cuanto tal.

La mejor gestión y administración del interés general está en relación directa con una Administración eficaz, sometida a la Ley y al Derecho, que sirva con objetividad, pero también cuanto más cerca mejor, a los ciudadanos. Por eso, las necesidades colectivas de los ciudadanos pueden ser atendidas mejor por una Administración única, común, preferente, ordinaria, común, integrada o sincronizada en el territorio. Ello, que no quiere decir que dejen de existir las otras Administraciones que convergen en el territorio en orden a gestionar competencias concurrentes o compartidas, eliminará muchas duplicidades administrativas y permitirá un mejor y más esmerado servicio de la propia Administración a sus ciudadanos.

Es decir, ante el ciudadano la Administración ha de ser una, aunque ésta actúe integradamente, sincronizadamente, unas veces en el marco de las técnicas de coordinación, otras veces, las más, en el contexto de las técnicas de cooperación. Obviamente, en las materias compartidas o concurrentes hay un concurso de Administraciones llamadas a actuar en función de la naturaleza de sus competencias. Pues bien, en estos casos, numerosos en la realidad administrativa española, es menester hacer un esfuerzo de racionalidad para que la Administración que tenga una vinculación más intensa con la competencia ejercer, sea la preferente, la ordinaria, la común, que actuará sincronizándose o integradamente con el resto de las Administraciones convergentes en esa materia. Esta es, me parece, la idea que estaba presente, veinte años atrás, cuándo se trató de esta cuestión.

España no es un Estado federal, aunque sí utiliza la metodología federal para el funcionamiento de las relaciones entre el Estado, las Comunidades Autónomas y los Entes Locales. Por tanto, en el marco del Estado autonómico deben buscarse fórmulas organizativas que hagan de nuestras Administraciones Públicas estructuras operativas que sirvan objetivamente al interés general y que, con criterios de eficacia, solucionen los problemas de los ciudadanos. En este sentido, la Administración Única, Común, Preferente, Integrada o Sincronizada es una fórmula organizativa que encaja en la Constitución y que pretende un mejor funcionamiento de todo el sistema, especialmente a partir de esquemas organizativos derivados del federalismo cooperativo, de las técnicas de trabajo común.

El Estado autonómico y sus exigencias requieren un cambio funcional de la Administración subsistente. Esta idea no es novedosa. Se apuntó en el Informe de la Comisión de Expertos de 1981, que hoy recobra una fuerza especial y que tiene mucho que ver con la Administración Integrada o Sincronizada. En aquel informe se sugería que la pérdida de competencias de gestión de la Administración del Estado debería ir acompañada de la potenciación de funciones de planificación, programación, coordinación y cooperación. Desde la LOFAGE, la estructura periférica del Estado central ha sufrido un ajuste precisamente para adecuar su planta y su esqueleto a las exigencias del llamado Estado de las Autonomías.

En este contexto, la reforma debe partir del dato de cuáles son las funciones que le corresponden al Estado y cuáles de esas funciones, por transferencia o delegación, pueden ejecutarse con más eficacia por otras Administraciones pues no se trata de acumular, sin más, competencias y facultades sino buscar la fórmula más adecuada para que los ciudadanos perciban de verdad calidad y eficacia en los servicios públicos.

El propio Tribunal Constitucional, en su sentencia 58/1982 ya hacía referencia a la necesaria reestructuración del Estado al disponer que "las Comunidades Autónomas no son entes preexistentes a los que el Estado ceda bienes propios, sino entes de nueva creación que sólo alcanzan existencia real en la medida en que el Estado se reestructura sustrayendo a sus instituciones centrales parte de sus competencias para atribuirlas a esos entes territoriales y les transfiere, con ellas, los medios personales y reales para ejercerlas". Pues bien, habiéndose realizado funcionalmente esta tarea por la Administración del Estado, la que realmente ahora debe iniciarse es la de reformar también la planta y el esqueleto de la Administración autonómica, teniendo por un lado presente las competencias del Estado y, por otro, las competencias de los Entes locales.

Los artículos 22 y 23 de la Ley del proceso autonómico de 14 de octubre de 1983 y la opción, proclamada en el Informe de los Expertos de 1981, de que las Comunidades Autónomas deleguen en las Diputaciones provinciales competencias -no facultades- transferidas o delegadas a aquéllas en virtud del artículo 150.2 de la Constitución, ayudan a comprender la necesidad también de la integración o sincronización de Administraciones para servir mejor al interés general.

La Administración Única, Común, Integrada o Sincronizada, como reflexión general sobre la organización administrativa del Estado autonómico, implica también otra idea, quizás no explicada suficientemente. Me refiero a la necesidad de que las Administraciones autonómicas descarguen buena parte de las potestades administrativas en favor de las Administraciones locales, que son las Administraciones, fuerza es reconocerlo, más próximas al ciudadano y que, por tanto, más carga competencial deben tener siempre que tengan las capacidades técnicas imprescindibles para mejor prestar los servicios.

Para ello es menester un estudio detallado, materia por materia, en que se concluya acerca de la mayor o menor vinculación de tales o cuales materias con el interés público local, en unos casos, con el interés público autonómico en otros, o con el interés público nacional en los casos en que así se reconozca. Si somos capaces de realizar este esfuerzo de delimitación, será más sencillo, en los casos de compartición o concurrencia de competencias, establecer las fórmulas de cooperación o coordinación que sean menester dando preferencia a la Administración cuya vinculación con dicha materia sea más intensa.

En otras palabras, desde el Estado central no se puede diseñar un esqueleto común administrativo para las Comunidades Autónomas y para los Entes locales porque ello lesionaría la competencia de autoorganización. Ahora bien, sí que el Estado puede fijar, como está haciendo, ex artículo 149.1.23 de la Constitución, techos de gasto para los Entes territoriales, de forma y manera que éstos deban ajustar sus estructuras a las posibilidades presupuestarias y financieras existentes. Y también se podría establecer que la estructuración pública de las Autonomías y los Entes locales, de acuerdo con la autonomía constitucionalmente reconocida, debe realizarse de la forma que mejor garantice el interés público propio.

Por otra parte, buena cosa sería que en el seno de la Comisión de Política Económica y Financiera en la que participan el Estado y las Comunidades Autónomas poco a poco se fuera trabajando en modelos de organización administrativa autonómica que sean capaces, sin replicar el esquema estructural del Estado-nación, de adecuarse mejor a las propias competencias, pudiendo así operar políticas públicas propias en mejores condiciones.

Es decir, el esquema administrativo de cada Autonomía debiera diseñarse en función de su propia realidad y al servicio del mejor ejercicio de sus competencias. Galicia, obviamente, debiera en este esquema disponer de una estructura administrativa en materia de pesca o de agricultura capaz de gestionar en las mejores condiciones una política tan relevante para esa Comunidad Autónoma. Lo mismo podríamos decir de la industria en Cataluña, del turismo en Canarias.

Como ha señalado el profesor Lorenzo Martín-Retortillo, el actual sistema de organización administrativa resulta muy arduo y complejo, no solo por el elevado número de niveles administrativos sino, sobre todo, si se tiene en cuenta que no es infrecuente que a la hora de dar por acabado un asunto concreto que interese al ciudadano, hayan de intervenir diversos órganos administrativos, cuando no diversas Administraciones públicas que, a veces, funcionan al unísono, pero sin que falten ocasiones para piques, recelos, distanciamiento y desencuentros y, en definitiva, disfunciones que terminan dañando a los administrados. En este sentido, este profesor aboga por la sincronización administrativa; es decir, podrían estar sincronizadas las distintas Administraciones para que todo se tramitara, desde el punto de vista del ciudadano, como si estuviera actuando una única organización. Esta es, me parece la clave, para comprender la Administración Preferente, Integrada o Sincronizada que cabría esperar de la proyección de las técnicas de coordinación o colaboración para resolver los problemas de duplicidades o superposiciones de funciones todavía hoy existentes.

Este planteamiento parte de que todas las Entidades territoriales son Estado y se integran en la amplia unidad organizativa en qué éste consiste. En efecto, las Comunidades Autónomas son Estado así como los Entes locales, de forma y manera que la sincronización o integración de Administraciones para dar un mejor y más claro servicio a los ciudadanos es una exigencia de la eficacia que la Constitución reclama a todas las Administraciones pública.

La cuestión de los espacios territoriales locales y sus Gobiernos y Administraciones es, desde luego, un asunto de discusión permanente y, hoy en día, de gran actualidad. El debate académico y político, por ejemplo, acerca del tamaño de los municipios es permanente. En la propia Historia de España, sin ir más lejos, este polémico tema lo encontramos, desde la Constitución de Cádiz en 1812 hasta nuestros días sea cuál sea la forma de gobierno, sea cuál sea el partido político en el poder.

Es lógico que así sea porque siendo como es la Administración y el Gobierno local la estructura política y administrativa primaria, la primera con la que se topa la persona, ésta ha de tener una organización y unos medios adecuados para cumplir sus tareas de mejora de las condiciones de vida de los vecinos. Sin embargo, al menos en España, tras la Constitución de 1978, los Entes locales han sido las Administraciones y Gobiernos territoriales más olvidados por el sistema político, probablemente, como se ha dicho y escrito hasta la saciedad, porque había que cuidar y alimentar adecuadamente a las Comunidades Autónomas, de emergencia y creación constitucional. Hasta tal punto esto es así que en la agenda política surgió no hace mucho una expresión para llamar la atención acerca de la relevancia de estas instituciones públicas y su sistemática preterición en la acción pública de los últimos tiempos: el pacto local, también denominado, según los casos y las circunstancias, la segunda descentralización.

Ciertamente, desde el Estado se han transferido a las Comunidades Autónomas numerosas competencias. Sin embargo, todavía está pendiente de realización, el congruente traspaso de competencias de las Comunidades Autónomas a los Entes locales desde la lógica de la subsidiariedad, desde la lógica de que las personas reciban los mejores servicios que puedan mejorar, valga la redundancia, sus condiciones de vida y así poder ser más libres personal y solidariamente. Esta segunda descentralización no llega, aunque es verdad que en algunas Comunidades Autónomas se han adoptado algunas medidas en esta dirección, sin que el proceso, ni mucho menos, haya alcanzado un volumen de transferencias razonable.

El análisis de la realidad político-administrativa local debe hacerse desde la perspectiva del Derecho, por supuesto, pero también, como desarrollaré en el siguiente parágrafo, desde la óptica de la Ciencia Política. Por una razón poderosa, los Entes locales son estructuras de servicio objetivo al interés general, por supuesto, pero por su carácter representativo de la ciudadanía y la forma de elección de sus regidores, tienen un obvio carácter político que no se puede perder de vista. Es decir, no son exclusivamente Entes públicos dotados de autonomía administrativa o de mera gestión, tienen autonomía política, por mucho que algunas doctrinas intenten supeditar la naturaleza de la autonomía al hecho de disponer de una Asamblea legislativa, a la capacidad de autoformación del máximo rango.

Los postulados del pensamiento abierto, plural, dinámico y complementario, tan importantes en las ciencias sociales, han de facilitar un acercamiento de tal naturaleza a la realidad local, una realidad que constituye el primer espacio de encuentro para la persona con el interés público. Un concepto, éste de interés público, que tiene una dimensión compuesta y que pude ser gestionado y gobernado desde cada Ente público de acuerdo con su imbricación en la esfera de competencias y atribuciones propias. Por eso, para estar en mejores condiciones de comprender el alcance y operatividad de los Entes locales, sería menester disponer de un estudio en el que se clarificara el ámbito de competencias de cada Ente territorial, tanto desde la perspectiva constitucional y autonómica, como desde una consideración del interés público local y las competencias que en un estado compuesto como el español debieran corresponder a los Entes locales, sean Ayuntamientos, Diputaciones, Consejos o cabildos insulares.

Con alguna frecuencia los estudios jurídico-administrativos y políticos sobre las estructuras políticas y administrativas se olvidan de un elemento central: del ciudadano, en este caso del vecino. Tal preterición constituye todavía una herencia del modelo de Estado burocrático que todavía habita en las mentes de no pocos gestores y académicos, más preocupados de análisis y estudios endogámicos que se agotan y se cierran sobre sí mismos. En cambio, cuando el centro de la cuestión pasa de la estructura a la persona, de la institución al ciudadano, entonces las reflexiones y las propuestas, de uno u otro signos alcanza parámetros de racionalidad que permiten comprender mejor el objeto de estudio y dar a cada actor el valor que realmente tiene.

El marco constitucional y estatutario va a estar necesariamente presente en nuestro análisis. Porque es una premisa metodológica y sustancial de cualquier investigación sobre los Entes locales en España y porque para un jurista son sus principales armas para la tarea.

Las experiencias comparadas acerca de cómo han resuelto y resuelven la cuestión local en otras latitudes proporcionan, desde luego, aportaciones muy importantes en orden a pensar posibles soluciones para nosotros. También existen legislaciones autonómicas en España, por ejemplo la catalana, que ofrecen planteamientos y desarrollos de interés. Especial interés ofrecen los casos de las reformas realizadas en los países del Norte de Europa y especialmente en Alemania, dónde se ha conseguido reducir el número de los Entes locales a partir de estrategias públicas bien interesantes que conviene conocer, no sólo para aprender, sino para comprender mejor el sentido del éxito en las reformas administrativas, algo desde luego ignoto para muchos especialistas y estudiosos de la Administración pública en general. Como regla, deberíamos entrar que todas las cuestiones que afecten de manera relevante a los espacios locales cuenten con el concurso y participación de los vecinos, no sólo de sus representantes o gobernantes. Algo, ciertamente, olvidado en un momento en que relevantes y trascendentales políticas públicas que afectan a cuestiones vitales para la existencia de los hombres se adoptan sin contar con la opinión de la población. Al menos, en el ámbito local, la participación vecinal debiera ser una pieza maestra de cualquier solución que se adopte. De lo contrario seguiremos en planteamientos burocráticos en los que una serie de iluminados o elegidos por la tecnoestructura tengan la última palabra y decidan cuestiones que en cualquier democracia seria y madura se consultan con el pueblo en su conjunto.

En el caso español, la realidad local es la que es que todos conocemos. Despoblación, y consiguiente inframunicipalismo en los espacios rurales y superpoblación en los espacios urbanos, escasa natalidad, fórmulas organizativas bien rígidas, también para las grandes ciudades a pesar de las previsiones de la nueva Ley de modernización del gobierno local de 2003, bien reciente. La planta de los Entes locales, heredada de la tradición francesa, se aplica por igual a todos los Entes locales, ahora con algunas especialidades para los grandes Ayuntamientos. La estructura de gobierno y administración local deja mucho que desear y es menester diseñarla en función de la realidad y de las necesidades colectivas de los vecinos.

En España, la existencia de una panoplia de Entes públicos con competencias en el territorio: Estado, Comunidades Autónomas, Provincias, Islas, Municipios, Comarcas... plantea también, aprovechando la crisis económica en que estamos sumergidos, soluciones a una presión administrativa que elevan irracionalmente el gasto público, lo que lleva inevitablemente a una competencia entre Administraciones a veces propia de una novela surrealista. Es conveniente, desde nuestro punto de vista, una reforma institucional, reforma, insisto, que sólo será posible si previamente se diseña un mapa competencial realista y objetivo. A partir de él, el montaje institucional es más sencillo y coherente.

Los Entes locales en España, como señaló una temprana sentencia del Tribunal Constitucional sobre el tema, de 1981, son Entes públicos con una naturaleza bifronte o híbrida. En efecto, en lo que atiende a las bases o a la ordenación general de su régimen jurídico. Es el Estado quien tiene la competencia. Ahora bien, si se trata de la ordenación de asuntos sectoriales entonces es la Comunidad Autónoma quien dispone normativamente de estas materias. La ley de bases de 1985 está superada tal y como reconoce unánimemente la doctrina. Es momento, también, para elaborar una Ley de bases que permita una mayor flexibilidad a los Entes locales, al modo anglosajón o centroeuropeo, para diseñar esquemas de gobierno y gestión más acordes con las necesidades colectivas de los vecinos.

Mientras que en Europa, el porcentaje de gasto público que administran los Entes locales es del orden del 24%, en nuestro país es del 16 %. Otro dato para la reflexión: las Corporaciones locales españolas tienen un gasto sobre el producto interior bruto del 6% mientras que el conjunto de la Euro-zona se encuentra en el 10.1%

En Galicia, los datos son los que son: 315 municipios, dos más que hace veinte años; más de 3.000 Parroquias, y la mitad de los núcleos de población de todo el Reino: 32.000. Del total de Ayuntamientos, 200, más de la mitad cuentan con apenas 2.000 o 3.000 habitantes. Tenemos un Ayuntamiento de menos de 500 habitantes y 16 con menos de 1.000 En estas condiciones, no es difícil colegir que las arcas locales, sobre todo en una época de aguda crisis como la que sufrimos, no estén muy boyantes. Más bien, el gran problema del mundo local en España, y especialmente en Galicia, es que numerosos municipios, por su tamaño y capacidad de gestión, serán inviables sino se buscan soluciones que permitan superar estos problemas.

En el ámbito de Galicia, como en otras Comunidades, especialmente en Valencia, cuya ley del régimen local apuesta por los fenómenos de asociacionismo y las fusiones locales fomentándolos claramente, se ha abierto un debate acerca de cómo resolver este gran tema. Un debate en el que deben participar los políticos, los empresarios, los sindicatos, los usuarios, la universidad, los colegios profesionales y todas aquellas instituciones y corporaciones relacionadas con el ámbito local.

Esta es la clave, tener bien presente que las fórmulas que se puedan arbitrar no pueden dejar de espaldas a los vecinos, por muy bien diseñadas que estén o por muy bien que puedan encajar en el Ordenamiento Jurídico. Si no se tiene claro que los dueños de los intereses públicos locales son los vecinos, si no se es consciente de que los vecinos son los propietarios de las instituciones públicas locales, si los políticos no asumen que son delegados o representantes de los vecinos a quienes deben dar cuenta de sus decisiones permanentemente, entonces estaremos perdiendo una oportunidad magnífica para poner las bases de la solución del problema.

Estamos en el siglo XXI y así como no tiene sentido alguno, por ejemplo, seguir explicando en la Universidad las instituciones y categorías del Derecho Administrativos por los manuales de autores franceses tan relevantes como Cormenain o Laferriere, que editaron sus lecciones en la primera mitad del siglo XIX, así tampoco es lógico que la planta organizativa de los Entes locales siga teniendo una impronta pensada para otros tiempos, con otro modelo de Estado y en un ambiente político y social distinto. Por tanto, reconociendo como se reconoce la importancia del Derecho Francés en el nacimiento del moderno Derecho Administrativo, es lo cierto que a día de hoy, la centralidad de los derechos de los vecinos y sus razonables expectativas de mejores servicios han de presidir las soluciones a adoptar. Soluciones que demanda el tránsito del Estado burocrático al Estado social y democrático de Derecho y que deben alumbrar nuevas piezas normativas y nuevas posibilidades organizativas. Ahora, sin embargo, tenemos que operar con lo que hay, de ahí que lo más razonable y sensato sea tener en cuenta los medios disponibles y buscar la mejor solución posible.

Las cuestiones que afectan a la realidad política y administrativa, especialmente las que se refieren al estudio de las Administraciones y Gobiernos locales han de afrontarse desde una perspectiva abierta, plural, complementaria. Todos los enfoques que tienen relación, directa o indirecta, con los espacios territoriales locales han de ser convocados a su estudio. Si así no se hace, si se invoca una pretendida orientación como única para el estudio, entonces aviados estamos. Tanto si se decide que el enfoque politológico como el jurídico, el histórico, el económico o el psicológico han de tener pretensión de pensamiento único, entonces el estudios será parcial y, además, probablemente será un análisis sesgado, insuficiente. Esto ha acontecido en muchas ocasiones, no me importa confesarlo, con la pretendida soberanía científica del

Derecho Administrativo en relación con la Administración Pública. Sin embargo, tan perverso es la dictadura en esta materia del Derecho Administrativo como, por ejemplo, la dominación de la ciencia política.

Los Entes locales, como reza la Carta Europea de la Autonomía Local, son uno de los principales fundamentos de la democracia. No sólo porque son el primer espacio público, y por ende político, con el que se encuentran las personas, sino porque en las democracias los Entes locales tienen un obvio carácter representativo que no se puede obviar. Como dice la exposición de motivos de la ya vetusta ley de bases del régimen local de 1985, constituyen uno de los principales fundamentos del régimen democrático. Como ha señalado el profesor Meilán Gil, son la expresión de la convivencia social más próxima dentro del Estado. No los crea la Constitución precisamente porque a lo largo de los siglos, sin que sean necesariamente la encarnación de una institución tan antigua como el mismo ser humano, el espacio local ha sido, es y seguirá siendo, el primer ámbito de acercamiento de las personas a la dimensión pública.

Es decir, la persona penetra en el espacio de la deliberación pública ordinariamente en el municipio. En este sentido, siempre se ha entendido que el tamaño de los municipios y su población son elementos muy importantes en orden a facilitar la participación vecinal. En municipios de varios millones de personas, el grado real de participación es más bien bajo, creciendo en consecuencia la desafección y la distancia de los habitantes en relación con los asuntos públicos, y tantas veces con los propios representantes locales.

En la Constitución española de 1978, como es bien sabido, están reconocidos en el Título VIII como elementos integrantes del Estado y dotados de autonomía, para la gestión de sus intereses, al igual que las Comunidades Autónomas. Es verdad que las Comunidades Autónomas según el artículo 2 de la Constitución disponen de capacidad legislativa, la mayor expresión de la autonomía. Que, además, la utilización del término Administración local sea el elegido por el constituyente para el capítulo II del Título VIII de la Constitución no ayuda de demasiado. Ahora bien, como ha señalado Meilán Gil, el carácter representativo de los municipios, expresado claramente en el artículo 140 de la Constitución no deja lugar a dudas, como también abona la tesis de la naturaleza política, también administrativa, de los Entes locales, que la nota de la representatividad, de la elección, no figura, dice Meilán Gil, en el artículo 103 de la Constitución, que es el referido por antonomasia a la Administración pública. Se trata de gobiernos y administraciones locales, o por mejor decir, gobiernos locales, pues la denominación gobierno incluye en sí misma, la existencia de una Administración que actúa bajo la dirección del gobierno para el servicio objetivo del interés general.

En el Reino Unido, como sabemos, los llamados poderes locales están en la entraña misma de la democracia y son, desde luego, una de sus pilares más destacados. Junto a la institución democrática, la vitalidad de los poderes locales es fundamental, junto al Parlamento, para una vida democrática real. Como recuerda Meilán Gil, hay un dicho bien claro en la literatura sobre los poderes locales británicos que demuestra claramente este aserto central: si el self-government se marchita, las raíces de la democracia se secan.

En realidad, la explicación de conformar a los Entes locales desde la perspectiva administrativa exclusivamente, como Administración local, hunde sus raíces en la ideología burguesa que conformó el quehacer público en la España del siglo XIX y que tanto influyó, aunque parezca sorprendente, en la perspectiva centralista, unilateral y anclada en el Estado de la misma concepción del Derecho Administrativo y de todas sus categorías e instituciones. Hoy, sin embargo, como ha ratificado el Tribunal Constitucional ya en su sentencia de 2 de febrero de 1981 son corporaciones locales de naturaleza representativo, y su gobierno y administración tienen el carácter de autónomas para la gestión de sus respectivos intereses, lo que exige que se dote a cada Ente local de todas las competencias propias y exclusivas que sean necesarias para satisfacer el interés respectivo.

La autonomía local existe porque hay un determinado círculo de intereses públicos imbricados sustancialmente con la dimensión local. El problema es que si bien la Constitución quiso establecer las materias de competencia de las Comunidades Autónomas y del Estado, en el caso de los Entes locales guardó silencio. Un silencio que demuestra de alguna manera que los constituyentes se concentraron especialmente en las Comunidades Autónomas y dejaron a los Entes locales bajo la disponibilidad normativa del Estado y de las propias Autonomías. Desde el principio el Tribunal Constitucional reconoció, desde esta perspectiva, la naturaleza bifronte de los Entes locales. Por una parte, es el Estado quien puede ordenar jurídicamente los asuntos centrales y medulares de la vida local. Y, por otra, son las Comunidades Autónomas, a través de sus correspondientes Parlamentos, las competentes para la ordenación sectorial de los Entes locales.

La Constitución reconoce que existen intereses locales, reconocimiento que debe ser garantizado. La técnica elegida, ahora un poco pasada de moda, fue la de la garantía institucional, de tradición germana. De esta manera, la actuación normativa del Estado y de las Comunidades Autónomas sobre los Entes locales, deben respetar la garantía institucional de la autonomía local, que se centra en los elementos esenciales o núcleo primario del autogobierno. La garantía institucional acogida tempranamente por la doctrina del Tribunal Constitucional por ejemplo, en la sentencia de 28 de julio de 1981, cuando afirma el alto Tribunal que la garantía institucional no garantiza un contenido concreto o un ámbito competencial determinado y fijado de una vez por todas, sino preservación de una institución en términos recognoscibles que para la imagen que de la misma tiene la conciencia social en cada tiempo y lugar.

En el caso del espacio local, hay Gobierno porque hay elecciones, y hay Administración porque se toman decisiones políticas que precisan de implementación, como ahora se dice, administrativa, porque hace falta tarea de "servicio objetivo al interés general". Y, por supuesto, el enfoque económico y presupuestario es capital porque las políticas públicas locales han de estar soportadas en un presupuesto que tiene ingresos, procedentes de varias fuentes, y tiene gastos para atender el personal y las obras y servicios de interés vecinal. Es más, si las haciendas locales no están saneadas, la autonomía local será una quimera y no se podrán prestar adecuadamente servicios a los vecinos.

También desde la realidad social se observa un fenómeno preocupante desde el punto de vista de la capacidad de gestión y de la suficiencia financiera de los Ayuntamientos. Me refiero a que en muchas ocasiones los Entes locales asumen competencias que no son propias, que se llaman impropias, que terminan por descuadrar los presupuestos a pesar de que se trata realmente de tareas que si no las realizan los Entes locales se quedan sin hacer. Esta realidad ha de tenerse presente en un futuro catálogo de competencias locales.

Años atrás, en 1999, el gobierno británico, entonces liderado por Blair, publicó un libro blanco sobre la reforma administrativa bajo el mandato del ministro Cunningham, que llevaba como rótulo: la Administración pública una tarea para la mejora de las condiciones de vida de los ciudadanos. Pues bien, para que las Administraciones y Gobiernos locales puedan contribuir decisivamente a la mejora de las condiciones de vida de los vecinos es obvio que han de poder organizarse, en el marco de unas bases generales amplias, de la forma que entiendan más eficaces y eficientes. Este es un punto muy relevante porque imponer un modelo organizativo único para todos los casos, sea cual es el tamaño y la dimensión del Ente local, resulta algo anacrónico en los tiempos en que vivimos en los que, insisto, el modelo de Estado burocrático ha sido abandonado por un modelo de Estado humano, a escala humana, con estructuras e instituciones territoriales, entre ellas las locales, dedicadas a contribuir a la mejora de las condiciones de vida de los vecinos.

De la Ciencia Política, nos interesan sobremanera las consideraciones sobre la definición, ejecución, y evaluación de políticas públicas locales y, sobre todo, las políticas de participación vecinal, de forma y manera que la opinión de los vecinos tenga el peso que debe tener, por ejemplo, en los procesos de fusión municipal. Las explicaciones sobre la forma de prestar los servicios locales de manera más eficaz y eficiente, las cuestiones sobre las tripas de la gestión local o sobre el manejo y conducción de determinados intereses públicos locales también competen a la ciencia política y de la administración y son relevantes para el análisis de la situación de los Entes locales en España y en Galicia.

Los aspectos financieros son básicos. Las políticas públicas locales, consecuencia de las competencias de que disponen los Entes locales según el esquema de atribuciones dibujado en el bloque de constitucionalidad, sólo serán posibles si los Gobiernos y Administraciones locales tienen fondos para afrontar tales responsabilidades. Y hoy, tras más de treinta años de andadura constitucional, es lo cierto que la suficiencia financiera de estos Entes de los que tanto se espera y en lo que tanto se confía, no es más que una quimera. Por eso, la financiación local es una cuestión indisolublemente unida al tema competencial y a un nuevo esquema organizativo en el mundo local puesto que sin fondos no hay autonomía posible, no hay autonomía real. La autonomía en estos casos, bien lo saben los alcaldes y concejales, no es más que pura retórica.

Por lo que se refiere al esquema estructural de los Entes locales, hay que tener presente que las Cortes Generales son competentes para la ordenación general del régimen jurídico de estos Gobiernos y Administraciones, correspondiendo a los Parlamentos autonómicos la regulación de sus competencias específicas. Esta situación, junto a una pretendida atribución de autonomía administrativa es, a día de hoy, insuficiente y no encaja realmente e la naturaleza de estas instituciones de autogobierno. Los Entes locales son instituciones políticas cuyos miembros son elegidos por los vecinos y, además, son la dimensión pública primaria, y principal, con que se encuentran los ciudadanos en su experiencia de relaciones con el interés general.

En los fenómenos de descentralización observamos, sobre todo en los Estados compuestos como el español, la necesidad de buscar equilibrios territoriales que conformen las diferentes estructuras gubernamentales territoriales en espacios para la gestión pública adecuados. El problema existe desde el momento en el que no es fácil ni sencillo que poderes federales, autonómicos o regionales coexistan equilibradamente con los poderes locales por la elemental razón de que en las cuestiones referentes al poder no siempre prima la racionalidad y la proporción, sino más bien lo contrario. En la experiencia política española tal situación se ha cumplido a la letra. En cualquier caso, el modelo español es un modelo en el que los diferentes niveles territoriales reclaman estructuras de Gobierno y Administración en armónica relación con el ámbito de los intereses públicos que les son propios, para lo que han de disponer de las competencias necesarias, siempre en el contexto de servicio permanente a la ciudadanía.

España es un Estado compuesto por Comunidades Autónomas y Entes locales, ambos de naturaleza estatal, dotados de autonomía para la gestión de sus respectivos intereses, disponiendo, es verdad, las Autonomías de una autonomía política que le permite el ejercicio de la potestad legislativa, circunstancia que hoy por hoy no acompaña a los Poderes locales, y que para muchos, quizás en un exceso de formalismo y afán diferenciador, lleva a olvidar, en atención a la autonomía administrativa que se les reconoce, la realidad de la incidencia de estos Entes territoriales en la vida de muchos millones de habitantes. En este sentido, ha habido quien se ha atrevido a plantear, no sin razones de peso por cierto, que dentro de la fiebre reformista del momento se incluyera a los Entes locales también, además de en el artículo 137 constitucional, en el artículo 2 de la Carta Magna con el objeto de zanjar de una vez por todas la cuestión de la naturaleza de la autonomía de los Entes locales.

Es menester que estos Entes territoriales dispongan de la dimensión institucional y operativa adecuada, en funciones y competencias, para que el resultado de la gestión pública a ellas encomendada esté presidida por los parámetros y criterios constitucionales que deben distinguir la actuación administrativa: eficacia, servicio, eficiencia, objetividad y legalidad. En efecto en un Estado compuesto en el que los intereses públicos tantas veces ofrecen aspectos nacionales, autonómicos y locales, no debe sorprender que la cooperación interadministrativa e intergubernamental deba ser una de las principales reglas del juego para evitar superposiciones, duplicidades o triplicidades que en nada facilitan la vida de los ciudadanos. Estas tres dimensiones de gobierno y administración deben ser armónicamente planteadas para que cada una tenga el peso y valor que le corresponde. Claro, lo más sencillo sería, como en un Estado federal clásico, que dispusiéramos de un sistema de tres listas: materias de competencia del Estado, materias de competencias de los Estados federales y materias de competencia de los Entes locales. Pero en nuestro sistema constitucional, porque nos empeñamos en que el entendimiento y la búsqueda de acuerdos fuese la metodología normal de solución de los problemas, establecimos competencias exclusivas, concurrentes y compartidas entre Estado y Comunidades Autónomas y, las de los Entes locales, según que fuesen de naturaleza general o sectorial, se encomendaron bien al Estado bien a las Comunidades Autónomas.

Sin embargo, una reforma constitucional en la materia debiera clarificar esta cuestión haciendo un esfuerzo para perfilar mejor el diseño competencial y para establecer fórmulas de cooperación y coordinación que hagan posible la mejor gestión de los intereses generales para la mejora de las condiciones de vida de los ciudadanos.

Una vez acometida la primera tarea de la llamada Administración Única o Común, es momento de plantearse la segunda dimensión de esta operación descentralizadora que, en mi opinión, busca disponer mejor las competencias y los poderes públicos para que, en efecto, a través de la gestión pública se mejoren las condiciones de vida de los ciudadanos. Y en esta cuestión, también debería pensarse en aprovechar mejor los órganos de gobierno provincial en el proceso de ejecución de las políticas públicas provinciales de las Comunidades Autónomas, de manera que se redimensione hasta límites razonables y operativos el aparato administrativo periférico de las Comunidades Autónomas. Con otras palabras, al haberse producido en España un proceso de distribución territorial del poder marcado por el protagonismo autonómico, resulta necesario que se reconozca, en esta estructuración del reparto del poder político establecido por la Constitución tras casi ya treinta y cuatro años, el papel que le corresponde a los Entes locales como gobiernos y administraciones representativas.

Además de la Constitución, las propias Comunidades Autónomas contemplan en sus Estatutos una descentralización de funciones hacia los Entes locales. De lo que se trata, en definitiva, es de aceptar que el Gobierno y la Administración local son, en aplicación del principio de subsidiariedad, las Administraciones ordinarias o comunes en el territorio que les es propio, como son las Administraciones autonómicas las ordinarias y comunes en el territorio autonómico y la del Estado en el conjunto de la nación. Y ello supone, como fácilmente puede colegirse, que en la demarcación territorial

171

local, el gobierno y la administración que debiera tomar el timón de la nave debería ser el gobierno y la administración local.

Estas consideraciones ponen de actualidad una de las grandes directrices de reforma que se propuso en el informe elaborado en 1981 por la denominada Comisión de expertos sobre las Autonomías al sugerir la conversión de las Diputaciones Provinciales -Cabildos en Canarias Consejos en Baleares- en gestores ordinarios de las competencias autonómicas tanto estatutarias como delegadas. Cuestión que, en mi opinión, es de gran actualidad y que en Canarias, por ejemplo, se ha tenido presente por la especial funcionalidad de los órganos de gobierno insular, los cabildos, que son, además, instituciones de la Comunidad Autónoma. Además, no debe olvidarse que el artículo 8 de la Ley del Proceso Autonómico permite que las Comunidades Autónomas deleguen en las Diputaciones Provinciales y organismos similares, según la naturaleza de la materia, el ejercicio de competencias transferidas o delegadas por el Estado a aquellas salvo que la Ley a que se refiere el artículo 150.2 de la Constitución disponga otra cosa.

En el marco del denominado derecho a la buena administración de los asuntos públicos, recogido ya en el artículo 41 de la Carta Europea de los Derechos Fundamentales, la existencia de Entes locales con medios suficientes para satisfacer este nuevo derecho fundamental de las personas resulta elemental. Tal derecho fundamental quedaría reducido a la nada si en los pequeños Ayuntamientos, por problemas económicos o de personal, no se pudiera contribuir al bienestar y mejora de las personas que allí conviven.

En este contexto, buena cosa sería proceder a un estudio en profundidad del mapa competencial de los distintos Entes territoriales. A día de hoy, como sabemos, todavía existen muchas duplicidades y superposiciones que podrían eliminarse si dispusiéramos de mayor claridad competencial. Si tras un estudio sereno y riguroso se llegara a la conclusión de que fuera necesario modificar la Constitución para delimitar con mayor precisión las competencias del Estado, de las Comunidades Autónomas y de los Entes locales, adelante. Si, por el contrario, se concluyera que es mejor confiar estas cuestiones a los procesos de deliberación pública de manera que sea el consenso y la colaboración entre Gobiernos Administraciones públicas el que presida la solución a estos temas, adelante.

En este orden de cuestiones, también merecería la pena pensar en la idoneidad de las diputaciones provinciales para erigirse, no sólo en instancias públicas en las que la Xunta de Galicia, por ejemplo, como dispone el Estatuto, pueda delegar o confiar la ejecución de sus acuerdos de naturaleza provincial, sino en las Administraciones periféricas provinciales del propio Gobierno de la Comunidad Autónoma. La ley de 27 de diciembre de 2013, como hemos señalado, refuerza el papel institucional de las Diputaciones y amplia el listado de sus competencias

Como es bien sabido, la historia ofrece siempre perspectivas iluminadoras de la realidad porque ayuda sobremanera a comprender las causas y el sentido que tienen en el presente las instituciones objeto de estudio o análisis. En el campo de los Entes locales, no es ningún secreto afirmar que en efecto el mapa local española es manifestación del espíritu ilustrado que presidió las Cortes de Cádiz de 1812. En virtud de la lógica racionalista del momento y del protagonismo de la institución estatal como paladín y solución de todos los males y transmisor de todos los bienes, la benemérita Constitución de Cádiz de 1812 dispone que se constituya en cada pueblo de al menos mil habitantes un Ayuntamiento. Más adelante, por mor de un Real Decreto de 1835 los Ayuntamientos verán ampliado su territorio con la incorporación de parroquias vecinas hasta alcanzar la nada desdeñable cifra de 11.271 municipios, muy superior a la actual, lo que quiere decir que en algún momento se procedió a racionalizar un mapa de estructuras locales demasiado elevado. Las leyes de 1856, 1870 y 1877 vincularon la dimensión territorial del Ayuntamiento con la capacidad para gestionar y administrar las competencias atribuidas, estableciéndose como parámetros básicos para que un Ayuntamiento viniera al mundo: contar con no menos de 2.000 habitantes residentes y capacidad para atender los gastos municipales con los recursos autorizados por las leyes de entonces. Recordemos que hoy hay en España, y también en Galicia, reino donde los haya de inframunicipalismo, hay Concellos de menos de 2.000 habitantes.

Es bien conocida la óptica profundamente racionalizadora desde la que se elaboraron las bases para la Ley Orgánica Municipal de 1906, entre las que se exigía una población no menor de 2000 habitantes para ser considerado Ayuntamiento. Los municipios que no contaran con esta población habrían de ser incorporados a los más próximos prohibiéndose la constitución de nuevos Entes locales con una población menor a la referida. El tamaño, pues, de los Entes locales, estuvo muy presente en los legisladores y gobiernos del siglo XIX y del XX hasta el punto de propiciarse a principios del siglo XX operaciones de incorporación para disponer de Entes locales con capacidad suficiente para prestar los servicios a la medida de los vecinos. Esta es la cuestión: Entes locales con medios suficientes para gestionar las competencias en un marco de mejora de las condiciones de vida de los habitantes. Incluso durante la etapa política anterior a la actual, los Gobernadores civiles podían, bajo los auspicios de la todopoderosa dirección general de Administración local, proceder a operaciones de fusión o incorporación para que los Entes locales tuvieran el tamaño y los medios adecuados para atender razonablemente a los vecinos. En 1966, una modificación parcial de la Ley de Régimen local constituyó un Fondo Nacional de la Hacienda Municipal con el propósito de, entre otros, de estimular económicamente las agrupaciones municipales a efectos del sostenimiento económico del servicio o una ulterior racionalización de la organización territorial. Ya por entonces se tomó conciencia, desde el centralismo imperante, de la necesidad de proceder a una reforma de la organización territorial de base local. Otra norma destacable en este proceso racionalizador es el Real Decreto 3.046/1977 por el que se estableció la agrupación forzosa de los municipios de menos de 5000 habitantes para el sostenimiento de la secretaría municipal y en su caso de personal común cuando la población no alcanzaba los 2.000 habitantes, algo que a día de hoy se produce, al menos que yo sepa en el ámbito de las secretarías, gracias al apoyo técnico que ofrece para estos supuestos la Diputación provincial.

Con el advenimiento del régimen constitucional, las competencias para la alteración, según el artículo 148.1.2º de la Constitución de 1978, corresponde a la Comunidad Autónoma, que tiene las facultades para diseñar una estructuración del mundo local que, coherente con las bases estatales, puede realmente racionalizar y modernizar unos Entes públicos territoriales hoy en muchos casos sin medios, sin personal, sin capacidad real de incidir positivamente en la vida de los vecinos. La ley de bases del régimen local de 1985 atribuyó al Estado la posibilidad de adoptar medidas de fomento para las fusiones municipales. Veamos el resultado brevemente en los últimos cincuenta años más o menos.

Se calcula que entre 1960 y 1980, con estas medidas racionalizadoras, desaparecieron 1.263 municipios, mientras que se constituyeron, con los nuevos criterios, 103: 13 por segregación 90 por fusión. Por tanto, precedentes en España los hay. En los países del Norte de Europa, especialmente en Alemania, en la década de los sesenta del siglo pasado, se pusieron en marcha una serie de medidas orientadas a racionalizar el mapa local que dieron bastante resultado con un relativo coste para los políticos y reformadores.

Hoy contamos con 8.112 Ayuntamientos. En 1981 había 8.022, luego hemos crecido. En Galicia, de 313 en 1990, ahora tenemos 315. Este es el drama, que sabemos que hay que racionalizar pero caemos presos de la irracionalidad política, tantas veces a causa de tolerar y permitir que sean los políticos locales los dueños y señores de un mundo en el que los vecinos deberían participar más activamente y desde las instancias autonómica y nacional, proceder a lanzar más mensajes racionalizadores. En efecto, entre 981 y 1991 desparecieron 12 Ayuntamientos y se crearon 67: 2 por fusión y 65 por segregación. Entre 1991 y 2001 todavía seguimos creciendo, aunque a un ritmo menor: se crearon 10 municipios, llegándose, repito a 2008 con 8.112 municipios, más de los que había en 1981. Es verdad que hoy hay menos que en 1812, pero también es verdad que hoy las cosas son distintas y que hoy las potencialidades de los Entes locales no tienen comparación alguna con las posibilidades de entonces de los más de 11.000 Ayuntamientos.

Desde el punto de vista de la fenomenología actual, hay que tener presente que la tendencia que se aprecia en todo el mundo acerca del asentamiento de las poblaciones refleja un claro predominio de las Áreas metropolitanas. En general, la corriente circula en dirección a los fenómenos de integración, de asociación, siendo capaz más escasos los procesos de segregación o aislamiento. Desde el campo de la Hacienda pública, los fenómenos de colaboración suelen denominarse: fusión, asociación y aglomeración. La profesora Cadaval Sampedro ha estudiado esta cuestión desde la perspectiva de la Hacienda pública. Por lo que se refiere a la fusión, reunir sobre un mismo territorio administrativo, financiero y político a varios Entes locales que asumen diversas funciones en un área determinada, hay argumentos de diversa naturaleza. Cadaval Sampedro entiende que la fusión permite una mayor eficacia en la provisión de bienes y servicios públicos, economías de escala, incremento en la calidad de las prestaciones, reducción de los costes así como una mejor internalización de los efectos desbordamiento. Por otra parte, la fusión facilita que los el nuevo Ente local tenga una mayor posición institucional para negociar de forma efectiva con otras instancias de gobierno superior al aumentar la autonomía perceptible y mejorar el sistema de perecuación financiera. Otra ventaja que señala Cadaval Sampedro se refiere a que la fusión municipal permite desarrollar capacidades relacionadas con el capital humano y los medios financieros que no serían posibles anteriormente, posibilitando la puesta en valor de las potencialidades del territorio a través, por ejemplo, de la creación de polígonos industriales, recalificación de usos del suelo, canalización de suministros o mejora de las comunicaciones.

Sin embargo, no todo son ventajas en estos casos de fusiones de municipios desde la óptica de la Hacienda pública. La profesora Cadaval Sampedro señala también algunos problemas que debemos registrar: la fusión no resuelve todos los problemas de inadaptación del territorio: algunos se mitigarían pero otros subsistirían. Es decir, podría ocurrir que se interiorizaran todos los efectos externos, se aprovechasen las economías de escala y se redujesen los costes de congestión, sin asegurar que esto sea así para todos los bienes públicos locales. La situación es más complicada en las denominadas fusiones mayores, donde es prácticamente imposible encajar los territorios funcional, institucional y relacional para todas y cada una de las funciones del sector público local. Además, cuanto mayor es el Ente público, normalmente mayores son los problemas burocráticos aumentando la ineficacia. Según parece, la fusión con el tiempo distancia a los vecinos de los problemas reales generando una cierta dejadez a la hora del ejercicio del derecho democrático del voto.

Como apunta la profesora Cadaval Sampedro, la desaparición de un número de municipios elegidos de manera democrática hace susceptible el incremento de la distancia entre los ciudadanos y sus representantes. Las fusiones encuentran resistencia, fundamentalmente, en las circunscripciones más pequeñas, al considerar que todo el poder se centrará en la ciudad mayor, la que impondrá sus preferencias sobre todos los demás, privándoles de participar en las decisiones que les atañen.

Las distintas fusiones municipales acontecidas en el pasado, como ya hemos indicado, fueron ocasionadas en su gran mayoría por la incapacidad de los municipios de prestar los servicios de su competencia debido a las dificultades financieras existentes. Hoy, en una situación de aguda crisis económica y financiera, la posibilidad de las fusiones constituye una realidad que debe plantearse si es que se pretende que los Entes locales sean un instrumento adecuado para la mejora de las condiciones de vida de los vecinos y la mejor gestión y administración de los asuntos locales.

Como es sabido, en la segunda mitad del siglo pasado se inició un proceso de fusiones municipales que redujo drásticamente el número de Entes locales, más a instancia del poder político de turno que a la propia voluntad de los vecinos. Se demuestra una vez más que a pesar de que la población es elemento capital de la institución municipal no siempre, por obvias razones, está en condiciones de iniciar procesos que pueden afectar a sentimientos, emociones y otras consideraciones subjetivas relativas al sentido de las instituciones y a su historia.

En realidad, la conformación en esos años del Estado de bienestar trajo consigo la necesidad de articular nuevos servicios públicos que, con gran coste económico, impusieron una nueva adaptación de la realidad local a las nuevas exigencias públicas y sociales. Según el Consejo de Europa, entre 1950 y 1992, la mayor parte de los países redujeron notablemente el número de municipios. Bulgaria el 88%, pasando de 2.178 a 255; Suecia el 87%, pasando de 2.281 a 286; Dinamarca el 80%, pasando de 1.387 a 285; Bélgica el 78%, pasando de 2.669 a 589; Reino Unido el 76%, pasando de 2.028 a 484; Alemania el 67%, pasando de 24.272 a 8.077; Chequia el 44%, pasando de 11.051 a 6.196; Austria el 42%, pasando de 3.999 a 2.301; Noruega el 41%, pasando de 744 a 439; y Holanda, el 36%, pasando de 1.015 a 647.

Sin embargo, en España y Francia, dónde el inframunicipalismo es más fuerte, la reducción de municipios apenas alcanzó un 12% y un 5% respectivamente para el período de 1950 a 1992. En Italia y Portugal, por el contrario, en lugar de reducir municipios, los aumentaron: en Italia se pasó de 7.781 a 8.100 y en Portugal, de 303 a 305 municipios.

En Alemania, las más de 24.000 comunas que tenían en 1960, de las el 70% tenían una población inferior a los 1.000 habitantes, pasaron a ser, tras la reunificación, 8.400, con un tamaño siete veces mayor. En Bélgica, la tendencia a la reorganización local se produce con mayor intensidad en la década de los 70 del siglo pasado, cuando sus Entes locales se redujeron en una cuarta parte.

El caso del Reino Unido también es significativo pues la reducción operada es notable. La metodología empleada en Gran Bretaña es bien ilustrativa de la importancia de que estos procesos de reorganización local se aborden a partir de estudios serios y minuciosos con presencia de todos los sectores implicados: sociólogos, economistas, juristas, geógrafos… y, sobre todo, teniendo presente la naturaleza de los servicios y prestaciones que habrían de realizar los Entes locales. Como es sabido, tras diez años de trabajos, la Local Government Act de 26 de octubre de 1972 aprobó el nuevo mapa local británico.

Dinamarca es ciertamente uno de los países que ha efectuado más fusiones municipales reduciendo a una quinta parte su número de Entes locales. La integración de Entes locales se produjo también en Suiza, pasando de 3.203 municipios en 1.850 a los 2.880 actuales. Sin embargo, en el área mediterránea, las fusiones no han tenido mucho éxito. El caso de España y Francia así lo atestigua. Y dentro de España, en Galicia hemos pasado de 303 municipios a 305 en la última década.

Desde luego, si pretende implementar una política de fusiones municipales es menester premiar a quienes asuman esta operación de alteración de los términos municipales. Así, por ejemplo, la ley de promoción para la fusión de municipios distritales de Perú, de 20 de mayo de 2007, dispone toda una serie de incentivos para las fusiones: desde subvenciones de un fondo público hasta la asesoría directa de la presidencia de la República para la formación del personal y para la preparación del plan de desarrollo concertado pasando por la prioridad para la asignación de recursos de cooperación técnica por el consejo de ministros y para el financiamiento de adquisición de maquinaria y equipos a través del programa de equipamiento básico municipal. Si no existen estímulos a la fusión con los que transmitir a la población que es rentable unirse, tales alteraciones de los términos municipales son imposibles, especialmente por razones políticas fáciles de colegir, que no de justificar.

En Taiwan, la consideración de municipio especial ofrece mayor autonomía en materia tributaria y en lo que se refiere a la propia Administración pública. Por eso algunas ciudades y distritos han solicitado ante el ministerio del interior la pertinente fusión con el fin de convertirse en locomotoras del desarrollo local.

En Asturias, por ejemplo, el catedrático de economía de la Universidad de Oviedo Carlos Monasterio es partidario de las fusiones municipales en su región porque el mapa local actual es deudor de situaciones económicas y demográficas de hace doscientos años, mientras que hoy en día hay concejos con muy poca población, sin apenas actividad económica. Es más, con la actual división territorial y su reducida capacidad de gestión no se puede ofrecer una red de servicios potente. Además, la población es un elemento muy importante para la captación de fondos, sobre todo europeos. Según este profesor, la fusión de municipios beneficiará a los ciudadanos porque dispondrán de mejores servicios, aunque reconoce que el tema de las alteraciones de los términos municipales es un tema espinoso por que donde hay tres o cuatro alcaldes pasaría a haber uno. Desde luego, sin un mínimo consenso vecinal estas operaciones están llamadas al fracaso pues el 70 % de los concejales españoles lo son de pueblos de menos de 5.000 habitantes. Por su parte, el catedrático de geografía de la misma Universidad, tras reconocer que el mapa municipal asturiano le parece inamovible desde el punto de vista político, reconoce que desde una óptica económica muchos concejos deberían de fusionarse para mejorar las prestaciones a los vecinos ya que las prestaciones de los pequeños municipios son muy limitadas.

En 1990, el Comité de las Regiones, tal y como recuerda el informe del Círculo de Empresarios de Galicia en su página 18, señalaba en un dictamen al referirse a España que es responsabilidad primaria de las Comunidades Autónomas la política de fomentar fusiones o agrupaciones de municipios, aunque hasta el momento lo que se aprecia es un estímulo tímido a la constitución de mancomunidades voluntarias para la prestación de determinados servicios. En realidad, si las mancomunidades voluntarias funcionan, es más probable que una política de fusiones municipales pueda producirse sin graves problemas puesto que puede decirse que la consecuencia lógica de una inteligente política de asociacionismo voluntario de municipios es su fusión.

Una pregunta que debemos formularnos a la luz de la experiencia comparada es la relativa a si es recomendable o no establecer un número mínimo de habitantes por municipio de manera que se asegure la viabilidad económica. Por ejemplo, el propio Consejo de Europa propuso algunas ratios para algunos países: de 5.000 a 6.000 en Dinamarca, 5.000 en Noruega, de 6.000 a 7.000 en Países Bajos, 8.000 en Suecia. En ningún caso se contemplan municipios de menos de 5.000 en habitantes. En España, de 8.112 municipios, el 84 % (6.082) tienen menos de 5.000 habitantes con una población que apenas llega al 15% del total nacional. En Galicia, estos municipios de menos de 5.000 habitantes, que son 199 de 305, suponen el 63.2 % del total de municipios y el 17 % de la población de Galicia.

El modelo territorial definido por la Constitución de 1978 se asienta sobre los principios de unidad, autonomía, integración y solidaridad, tal y como se deduce de la letra del artículo 2.1 de nuestra Constitución. En este merco, como ha señalado el Tribunal Constitucional el principio de cooperación, aunque no se encuentra expresamente recogido en nuestra Carta magna, es un criterio que está ínsito en el modelo constitucional.

El principio de cooperación se desenvuelve en el ámbito de las relaciones entre los distintos Entes territoriales, tanto vertical como horizontalmente, y surge de la evidencia de la necesaria complementariedad del ejercicio de las propias competencias con la concurrencia o compartición en actuaciones comunes de los diferentes poderes públicos, a partir de las cuales se tratan de obtener beneficios recíprocos, una mayor efectividad en el ejercicio de las competencias compartidas o el funcionamiento armónico de un sistema cuyos elementos son interdependientes del mismo, que no sería real y, sobre todo, no sería eficaz sin tener presente un principio, junto a los de unidad, autonomía, integración y solidaridad que se refiere al funcionamiento del sistema en su conjunto, a su aspecto dinámico: el principio de cooperación.

Avanzando en el conocimiento del principio de cooperación conviene detenerse en distinguir éste de otros principios que, aunque relacionados, no pueden asimilarse al mismo, si bien en muchas ocasiones se presenten entrecruzados o se confundan entre sí. Nos referimos a los conceptos de coordinación y colaboración, conceptos que han sido abundantemente configurados y delimitados por la jurisprudencia del Tribunal Constitucional.

El primero de ellos parece previsto en nuestra Constitución como un propio título competencial en el artículo 149.1 números 13,15 y 16, referido a ámbitos materiales concretos (actividad económica, política científica y técnica, y sanidad) en los que se atribuye al Estado la competencia de coordinación. Además de título competencial concreto, la coordinación es un principio general, e implica integración de las partes en un todo realizada de forma jerárquica. Es pues una necesidad derivada de la propia estructura del Estado que aun siendo descentralizada, constituye una unidad, correspondiendo por tanto a éste la labor de coordinación. La coordinación, integración de las partes en el conjunto, recaerá en manos, por lo que se refiere al ejercicio de competencias en la que existen varias Administraciones convergentes, del nivel de Gobierno que mayor vinculación tenga con el interés público en presencia. Es decir, la necesidad de coordinación de Administraciones debe operarse de forma y manera que el ciudadano sea capaz de percibir en el funcionamiento administrativo el constitucional criterio de servicio objetico al interés general.

El segundo de estos principios es el de colaboración y a él nos vamos a referir en este momento. En este caso nos encontramos más bien ante un deber, el deber de colaborar. En este punto, el Tribunal Constitucional ha precisado que no es necesario encontrar su justificación en preceptos concretos de la Constitución, ya que se encuentra implícito en la propia esencia de la forma de organización territorial del Estado y puede considerarse análogo a conceptos como auxilio recíproco, mutua lealtad o recíproco apoyo.

El deber de colaboración no implica extensión de las competencias estatales, ni es susceptible de ser impuesto por el Estado. Consecuencia del principio de voluntariedad podría ser su consideración en el marco de las actitudes o disposiciones de cada parte integrante en sus relaciones con las demás y con el conjunto.

Tras estas precisiones podemos avanzar que la cooperación no se configura, pues, como un deber a diferencia de la colaboración, ni como una competencia a diferencia de la coordinación: la cooperación se refiere a una forma de relación. Así, se puede hablar de las relaciones de cooperación, en el ejercicio y desde el respeto de las respectivas competencias. Sus notas características podrían plantearse en los siguientes términos.

Es un modo de articular el ejercicio de las competencias consustancial al Estado autonómico, que parte del respeto a las reglas del juego. Debe acordarse entre las instancias afectadas y su ejercicio está presidido por la voluntariedad. Por tanto, el grado de compromiso de las partes será el que ellas deseen. En fin, debe buscar métodos flexibles y adecuados de convergencia que disminuyan la conflictividad entre poderes, los cuales deben guiarse por la mutua lealtad constitucional. El concepto de cooperación se configura, desde esta perspectiva, como un modo de ejercicio necesario o como un modo de articulación de las competencias conjuntamente con el de colaboración.

La labor en esta materia del Tribunal Constitucional no puede sustituir la capacidad de decisión política y técnica para diseñar cuáles han de ser en cada momento las fórmulas e instrumentos precisos para el buen funcionamiento del modelo. Por ello, a lo largo de estos años se ha ido desplegando un variado conjunto de técnicas y mecanismos de cooperación que si bien en un primer momento podían responder a necesidades o circunstancias puntuales, posteriormente no han sido objeto de la improvisación o de una invención desordenada, a lo que ha contribuido también la valoración de la utilidad práctica de estos conceptos.

Efectivamente, la configuración de los criterios, principios y mecanismos de cooperación se presenta a lo largo de la evolución del Estado autonómico bajo diferentes situaciones, deudoras en cada momento de la naturaleza de dicha evolución. Sin embargo, el común denominador lo hallamos en la búsqueda de soluciones a los problemas reales de los ciudadanos consecuencia de la articulación o superposición de diferentes facultades públicas en torno a la ejecución de competencias compartidas o concurrentes especialmente.

Existen numerosos instrumentos de cooperación, tanto orgánicos como funcionales, en la mayoría de los ámbitos de actuación de las Administraciones territoriales. Quizás con un comportamiento y resultados desiguales, pero que han logrado establecer una cultura compartida de la cooperación. Es por tanto el momento de lograr un soporte jurídico adecuado que permita a este principio desplegar todas sus posibilidades. La Conferencia de Presidentes presidida por el Presidente del Gobierno de la nación es bien reflejo de lo que estamos afirmando.

En cuanto a la fórmula para establecer esta regulación o institucionalización, se ofrecen distintas posibilidades. Hasta ahora las normas jurídicas han venido siendo un instrumento frecuente, bien de carácter general, como la Ley de Régimen Jurídico de las Administraciones Públicas y del Procedimiento Administrativo Común, o de forma particular, en las distintas leyes sectoriales que han previsto distintos órganos de cooperación, fundamentalmente conferencias sectoriales. Pero no han sido los únicos.

Existen en la experiencia de estos años instrumentos de cooperación consolidados, como las Comisiones Bilaterales de Cooperación o algunas Conferencias Sectoriales, creadas y reguladas por actas de constitución o por propios acuerdos de estos órganos. Finalmente, al más alto nivel intergubernamental tenemos la Conferencia de Presidentes.

XII

LA RESPONSABILIDAD PATRIMONIAL DEL ESTADO

El tema de la responsabilidad patrimonial de la Administración pública es uno de los temas centrales del Derecho Público. Se trata de una cuestión clásica en los programas académicos de nuestra disciplina siempre presente en la medida en que el principio de la reparación de los daños ocasionados a los particulares en sus bienes o derechos por el funcionamiento de los servicios públicos constituye uno de los principios generales del moderno Derecho Administrativo Constitucional. Como ha señalado Santamaría Pastor, este principio es expresión directa de la cláusula del Estado de Derecho.

Estamos en presencia de un principio general del Derecho, tanto en su dimensión privada como pública. Quien causa un daño, sea quien sea, una persona jurídica privada o una persona jurídica pública, está obligado a reparar el daño causado. El problema es, para el Derecho Público, que la cuestión no queda zanjada con la satisfacción de la indemnización que corresponda, sino que es preciso, desde la perspectiva de la buena Administración pública, determinar de qué forma, con arreglo a qué parámetros, se va evitar en lo sucesivo que se sigan produciendo esos daños. Es decir, si el ciudadano dispone, como pensamos, de un derecho fundamental a una buena Administración, ésta, para adecuarse a estos patrones, debe actuar con diligencia, sin lesionar los derechos y bienes de los ciudadanos.

Desde otro punto de vista, puede decirse también que la cuestión de la responsabilidad extracontractual, patrimonial, de la Administración pública es un tema que aunque la ley positiva ha resuelto hace algún tiempo en España, la contemplación de la realidad y, sobre todo, el sentido de la justicia y el entendimiento del interés general en el Estado social y democrático de Derecho, demanda nuevos enfoques, nuevos planteamientos.

En efecto, la responsabilidad objetiva de la Administración pública, tal y como está configurada en nuestro Derecho desde hace largas décadas, es una cuestión de palpitante y rabiosa actualidad en la medida en que las reclamaciones de daños ocasionados por el funcionamiento, normal o anormal, de los

181

servicios públicos supusieron, de acuerdo, por ejemplo, con la memoria del Consejo de Estado de 2002, la nada desdeñable suma de 200 millones de euros, estimándose el 10 % de las demandas presentadas frente al Estado por este título.

Año a año sigue aumentando el montante de las indemnizaciones que debe sufragar el Estado por este concepto. Se trata, es obvio, de una cantidad de dinero muy alta que debiera hacer pensar también hasta qué punto, con qué alcance, el Estado debe ofrecer una cobertura universal de todos cuantos riesgos, sociales, de una u otra forma, tengan alguna relación con actividades más o menos vinculadas al interés general. Afortunadamente, el Tribunal Supremo español ya ha afirmado en alguna ocasión que la Administración no es una aseguradora universal de riesgos.

La responsabilidad del Estado es una cuestión delicada que puede analizarse desde los postulados del pensamiento abierto, plural, dinámico y complementario, metodología que suelo utilizar para analizar las instituciones y categorías del Derecho Administrativo. Por una razón poderosa: porque el sistema de responsabilidad universal, objetiva y directa no es real. Más bien, el sistema español, aunque objetivo en su formulación, no lo es tanto en su aplicación, pues como señala el profesor Moreno Molina, la jurisprudencia nos ofrece ribetes culpabilísticos que no son más que la constatación de la proyección del modelo a la realidad. Es lógico que así sea porque el juzgador, cuándo debe aplicar las normas a la realidad, debe buscar la solución justa y muchas veces, cada vez más, tal forma de proceder le conduce a resultados que poco tienen que ver con un sistema demasiado teórico.

Nos encontramos, pues, ante una cuestión de gran trascendencia, donde se ventilan intereses económicos cuantiosos que los juristas tenemos que analizar y estudiar con detenimiento porque mantener, contra viento y marea, como dogma, el principio objetivo, directo y universal de la responsabilidad de la Administración pública tal y como está planteado en nuestro Derecho a partir de la Ley de Expropiación Forzosa de la década de los sesenta del siglo pasado sin variaciones, entraña problemas de entendimiento con los postulados del nuevo Derecho Administrativo que ha alumbrado la Constitución de 1978.

En efecto, una Administración que sirve con objetividad el interés general es una Administración que debe actuar siempre con pleno respeto a los bienes y derechos de los particulares. Si nos quedamos solo en las consecuencias de los daños que eventualmente cause la Administración pública y no entramos en el corazón de su funcionamiento, estaremos resolviendo solo una parte del problema, pero no estaremos ofreciendo una solución integral y completa a un problema que hoy debe ser analizado, desde mi punto de vista, desde la perspectiva del derecho fundamental del ciudadano a una buena Administración pública, que no es la que más indemniza porque lesiona mucho los bienes y derechos de las personas, sino que es la que menos indemniza porque es más respetuosa con la posición jurídica de los ciudadanos.

En este sentido, pienso que el Estado social y democrático de Derecho no se compadece con este super-blindaje que tienen los funcionarios frente a los ciudadanos como consecuencia del principio de responsabilidad objetiva, directa y universal de la Administración pública. Insisto, es verdad, sólo faltaría, que los ciudadanos tienen derecho a ser resarcidos de los daños que les produzcan, en sus bienes o derechos, las Administraciones públicas con su actuación, su omisión, su inactividad o a través de las vías de hecho. Pero, además, y sobre todo, ha de tenerse en cuenta que un régimen general de anonimato, porque no se individualiza al causante del lesión, propicia y hace posible una cierta irresponsabilidad en la tarea de quienes componen las estructuras de la Administración que son los agentes, los funcionarios, los empleados públicos que en ella laboran. Si resulta que no está bien resuelta la acción de repetición, entonces el margen de irresponsabilidad alcanza cotas impropias de un Estado que presume de social y democrático de Derecho.

Es decir, las actuaciones de las Administraciones públicas, en uno u otro sentido, son realizadas por funcionarios concretos, con nombre y apellido, cada uno en función de la posición jurídica que tengan concretada en la relación de puestos de trabajo, en el catálogo o en la estructura básica del organismo público de que se trate. En efecto, cuando se lesiona un derecho o un bien de un ciudadano desde la Administración pública, es siempre consecuencia de que alguien, alguna persona o algunas personas del entramado administrativo, con su actuación, inactividad, omisión o vía de hecho, provocan el daño al particular.

Esto, que es obviamente así, reclama que la cuestión se plantee también desde la Ética pública y desde el Derecho Sancionador. En materia de altos cargos, la reciente Ley de 10 de diciembre de 2013, de Transparencia, Acceso a la Información y Buen Gobierno, ha juridificado los principios éticos estableciendo sanciones ante conductas lesivas de los bienes y derechos de los particulares. Sin embargo, el sistema de responsabilidad de los empleados públicos en general reclama algunos cambios que permitan imputar la responsabilidad a quien efectivamente provoca el daño, lo cual, insisto, no es sencillo en el actual régimen jurídico español.

No contemplar la posición de la Administración y centrar la cuestión en la dimensión del patrimonio de una persona que no tiene, por supuesto, la obligación de soportar un daño producido por la Administración, debe ser complementada con la consideración de la buena Administración, sea como principio, como derecho fundamental, o como obligación inherente al funcionamiento y actividad de toda estructura pública.

En este sentido, se puede afirmar como criterio general, que el principio de la Ley de expropiación forzosa establecido en el año 1.954, ya no es 2.014 un principio razonable; más bien necesita ser repensado y replanteado de acuerdo con el modelo del Estado social y democrático de Derecho y en función de las modernas teorías fundadas en la buena Administración pública.

El sistema actual, como veremos, es un sistema que reclama reformas, también si contemplamos este problema desde el Derecho de la Unión Europea o desde la recientemente aprobada Carta Iberoamericana de los Derechos y Deberes de los Ciudadanos en relación con la Administración público

En efecto, el artículo 41.3 de la Carta Europea de los Derechos Fundamentales parece reclamar un Derecho Común Europeo sobre responsabilidad pública que a día de hoy, si contemplamos el Derecho Español, Italiano, Francés o Alemán, se antoja una tarea relevante aunque bien compleja. Como es sabido, el sistema objetivo, directo y universal que tenemos en España desde hace varias décadas no coincide, en modo alguno, con los sistemas de Alemania, Francia o Italia, instalados sobre otros postulados más en consonancia con la idea aquiliana o culpabilística de la responsabilidad.

En concreto, el artículo 41.3 de la Carta dispone:

"Toda persona tiene derecho a la reparación por la Comunidad de los daños causados por sus instituciones o agentes en el ejercicio de sus funciones, de conformidad con los principios generales comunes a los Derechos de los Estados miembros".

El precepto plantea, ciertamente, la construcción de un Derecho Común de la responsabilidad administrativa de aplicación a todos los países miembros de la Unión Europea. La tarea, desde luego urgente y necesaria, va a suponer necesariamente una modulación de nuestro modelo para adaptarlo a la realidad, a una perspectiva más abierta e integral del alcance y significado del derecho del ciudadano a ser resarcido de los daños que le cause el funcionamiento de las instituciones públicas.

La Carta Iberoamericana de los Derechos y Deberes de los Ciudadanos en relación con la Administración Pública, aprobada por el Centro Latinoamericano de la Administración para el Desarrollo (CLAD) el 10 de octubre de 2010, reconoce, como ya hemos señalado al tratar de buena Administración, el derecho fundamental de la persona a la buena Administración pública y sus derechos componentes. En este sentido, el preámbulo de la carta dispone, como ya hemos indicado, que "el Estado Social y Democrático de Derecho otorga una posición jurídica a la persona, un estatus de ciudadano en sus relaciones con la Administración Pública. En efecto, ahora los ciudadanos ya no son sujetos inertes, simples receptores de bienes y servicios públicos; son protagonistas principales de los asuntos de interés general y disponen de una serie de derechos, siendo el fundamental el derecho a una buena Administración Pública, a una Administración Pública que promueva la dignidad humana y el respeto a la pluralidad cultural. En efecto, la Administración Pública, en sus diferentes dimensiones territoriales y funcionales, está al servicio de la persona atendiendo las necesidades públicas en forma continua y permanente con calidad y calidez". Es decir, este derecho humano reclama una concreta forma de actuación administrativa caracterizada precisamente por la promoción de la dignidad humana, marco en el que el respeto a los bienes y derechos de las personas sea la principal expresión de ese servicio objetivo al interés general.

Tal y como sigue diciendo el preámbulo de la Carta, "en el marco del complejo Gobierno-Administración Pública, núcleo en el que se realiza la definición e implementación de las políticas públicas propias del Poder Ejecutivo, ha ido cobrando especial relieve en los últimos tiempos la obligación de las instancias públicas de proceder a una buena Administración Pública, aquella que se dirige a la mejora integral de las condiciones de vida de las personas. La buena Administración Pública es, pues, una obligación inherente a los Poderes Públicos en cuya virtud el quehacer público debe promover los derechos fundamentales de las personas fomentando la dignidad humana de forma que las actuaciones administrativas armonicen criterios de objetividad, imparcialidad, justicia y equidad, y sean prestadas en plazo razonable ".

Merece la pena subrayar, para que se comprenda el alcance de esta nueva forma de entender el Derecho Administrativo, que, como señala el preámbulo de la Carta, "es de la centralidad del ser humano, principio y fin del Estado, el interés general debe estar administrado de tal forma que en su ejercicio las diferentes Administraciones Públicas hagan posible el libre y solidario desarrollo de cada persona en sociedad. Es decir, hace a la condición de la persona, es inherente al ser humano, que el Gobierno y la Administración del interés general se realice en forma que sobresalga la dignidad y todos los derechos fundamentales del ciudadano".

La Carta consta de principios en los que descansa el derecho fundamental de la persona a la buena Administración. Entre ellos se encuentra el "principio de servicio objetivo a los ciudadanos, que se proyecta a todas las actuaciones administrativas y de sus agentes, funcionarios y demás personas al servicio de la Administración Pública, sean expresas, tácitas, presuntas, materiales –incluyendo la inactividad u omisión- y se concreta en el profundo respeto a los derechos e intereses legítimos de los ciudadanos, que habrá de promover y facilitar permanentemente. La Administración Pública y sus agentes, funcionarios y demás personas al servicio de la Administración Pública deben estar a disposición de los ciudadanos para atender los asuntos de interés general de manera adecuada, objetiva, equitativa y en plazo razonable". Es decir, la Administración pública debe actuar con exquisito respeto a los derechos e intereses legítimos de los ciudadanos.

Y, no sólo eso, de acuerdo con el "principio promocional de los poderes públicos se dirige a la creación de las condiciones necesarias para que la libertad y la igualdad de los ciudadanos iberoamericanos y de los grupos en que se integran sean reales y efectivas, removiendo los obstáculos que impidan su cumplimiento y fomentando la participación ciudadana a fin de que los ciudadanos contribuyan activamente a definir el interés general en un marco de potenciación de la dignidad humana".

Por otra parte, como señala la Carta Iberoamericana, de acuerdo con el principio de eficacia, "las actuaciones administrativas deberán realizarse, de acuerdo con el personal asignado, en el marco de los objetivos establecidos para cada ente público, que siempre estarán ordenadas a la mayor y mejor satisfacción de las necesidades y legítimas expectativas del ciudadano Las Autoridades buscarán que los procedimientos y las medidas adoptadas logren su finalidad y, para ello, procurarán remover de oficio los obstáculos puramente formales y evitarán las dilaciones y los retardos, buscando la compatibilidad con la equidad y el servicio objetivo al interés general. En esta materia será de aplicación, de acuerdo con los diferentes ordenamientos jurídicos, el régimen de responsabilidad del personal al servicio de la Administración Pública".

Además, "en virtud del principio de responsabilidad la Administración Pública responderá de las lesiones en los bienes o derechos de los ciudadanos ocasionados como consecuencia del funcionamiento de los servicios públicos o de interés general de acuerdo con el ordenamiento jurídico correspondiente".

Desde el punto de vista del derecho humano a la buena Administración pública, encontramos en la Carta Iberoamericana "el derecho a exigir el cumplimiento de las responsabilidades de las personas al servicio de la Administración Pública y de los particulares que cumplan funciones administrativas de acuerdo con el ordenamiento jurídico respectivo. Los ciudadanos, además del derecho a exigir la justa indemnización en plazo razonable por la lesión que puedan sufrir en sus bienes o derechos a causa del funcionamiento de los servicios públicos o de interés general, en los casos en que así se determine de acuerdo con el ordenamiento jurídico correspondiente, podrán demandar, ante la Administración y/o ante los Jueces o Tribunales, las responsabilidades en que puedan haber incurrido los servidores públicos en el ejercicio de sus funciones".

La modificación que se hizo en el año 1.999 de la Ley española de Régimen Jurídico de las Administraciones Públicas y del Procedimiento Administrativo Común, estableció en el primer párrafo del artículo 145 que para hacer efectiva la responsabilidad patrimonial a que se refiere el capítulo primero de dicho título, los particulares exigirán directamente a la Administración pública las indemnizaciones por los daños y perjuicios ocasionados por las autoridades y personal a su servicio. En el párrafo segundo, se puede leer: "la Administración pública correspondiente exigirá de oficio a las autoridades y demás personal a su servicio la responsabilidad en que hubieran incurrido por dolo, culpa o negligencia grave; previa instrucción del procedimiento que reglamentariamente se determine".

Es decir, en aquellos casos en que exista dolo, culpa o negligencia grave es obligatorio para la Administración repetir, dirigirse de oficio a las autoridades y demás personal que hubieran incurrido en actuaciones que produjesen lesión de los bienes o derechos de las personas. Esta regulación antes no existía y me parece que abre una línea que supone una pequeña grieta de ese pétreo, granítico, sistema super-objetivo de responsabilidad patrimonial de la Administración pública que viene de 1954. Sin embargo, a pesar de los pesares, si preguntamos acerca del número de expedientes incoados de oficio en la materia, para repetir contra el funcionario doloso o culposo o negligente grave es probable que la respuesta refleje la necesidad de la introducción de estos cambios.

En este sentido es legítimo cuestionarse por qué el centro de la discusión se coloca no tanto en la conducta en que incurre el funcionario que ocasiona el daño, como en un patrimonio que sufre un daño antijurídico; es decir, en un daño que no tiene el deber jurídico de soportar. Esta es la polémica: ¿es preferible seguir manteniendo, a capa y espada, el dogma de la objetividad de la responsabilidad o no será mejor acercarse a sistemas o modelos más flexibles que fomenten mayor diligencia en el funcionamiento y actuación de las Administraciones públicas?. Es probable que de esta manera, sin cuestionar el derecho de los ciudadanos a ser resarcidos de los daños que puedan ocasionarle el funcionamiento de los servicios públicos, se reduzcan considerablemente las reclamaciones de responsabilidad patrimonial de las Administraciones públicas.

Con independencia de que más adelante podamos hacer algún comentario referente a este aspecto, sí quiero señalar que en alguna medida la razón de que la situación actual discurra por estos derroteros surge de una determinada manera de entender el Derecho Administrativo que parte de que la presunción de legalidad y legitimidad no reside en la actuación administrativa. Más bien, se trataría de una presunción de torpeza en la gestión de lo público y consiguiente presunción de razonabilidad de las reclamaciones y recursos que los ciudadanos interponen ante la propia Administración pública. De ahí que el centro de gravedad del sistema bascule sólo, exclusivamente, sobre el derecho a la indemnización, ignorando que si contemplamos el problema *in toto* y dinámicamente, la solución debe ser integral.

El Derecho Administrativo, según esta concepción, es siempre un Derecho de parte del ciudadano frente a una Administración que ordinariamente gestiona mal y torpemente lo público. Por tanto, la esencia de las instituciones, categorías y conceptos han de colocarse, siempre y en todo caso, de una manera apriorística, en la necesidad de defender al particular de las continuas lesiones de que es objeto desde la Administración pública. En este contexto, se entiende perfectamente que el centro del sistema se sitúe en la existencia de un patrimonio concreto que sufre un daño antijurídico, aquel que no tiene el deber de soportar. Sin embargo, si la perspectiva se torna más amplia y se contempla, junto a la lesión, su causa real, que es la conducta de la que presta sus servicios en el servicio público correspondiente, entonces se podrían formular soluciones más acordes con un Derecho que ordena racionalmente los intereses generales.

En efecto. Esta cuestión es especialmente grave cuando estamos tratando de una institución de tanto calado y de tanta importancia para explicar el Derecho Administrativo y que tiene que ver precisamente con algo tan esencial como es el funcionamiento de la Administración pública.

JAIME RODRÍGUEZ-ARANA MUÑOZ

Insisto, la Administración pública no es únicamente esa fría máquina de la que nos hablaba Max Weber que ejecuta fría y neutralmente la ley; sino que la Administración pública está compuesta por personas que con defectos o virtudes procuran hacer lo mejor que pueden su trabajo y que a veces incurren, en dolo, negligencia o culpa en su trabajo cotidiano. Supuestos en los que parece lógico que no responda única y exclusivamente la Administración, sino que, en última instancia, responda, porque es el causante del daño, el funcionario que actúa en determinado sentido y que provoca una determinada lesión o perjuicio en un derecho o en un bien de un ciudadano, sobre todo cuando actúa con dolo o culpa o negligencia grave.

El sistema diseñado en España en 1.954 respondía a las circunstancias de entonces. Hoy, 2014, estamos en otro contexto histórico muy distinto en el cuál precisamente el interés general no es un concepto que monopoliza o interpreta unilateralmente un funcionario sino que, como ha dicho el Tribunal Constitucional en una célebre sentencia de 7 de febrero de 1.984, es un concepto que se define armónicamente a través de la intercomunicación entre los poderes públicos y los agentes sociales.

Esta es una cuestión que no es baladí ni circunstancial. Tiene gran calado, gran importancia y una gran incidencia sobre la construcción del Derecho Administrativo moderno y también sobre el entendimiento del marco constitucional que debe de presidir la construcción de todas y cada una de las categorías e instituciones del Derecho Administrativo.

El profesor García de Enterría, en un artículo muy relevante de 1981 sobre la significación de las libertades públicas en el Derecho Administrativo español publicado en el Anuario de derechos humanos de la Universidad Complutense de Madrid, afirmó que resulta que el interés general en un Estado social y democrático de derecho reside en la promoción de los derechos fundamentales de las personas. Es decir, la Administración pública como organización ha de buscar en todo momento el interés general de todos y cada uno de los ciudadanos en cuanto miembros de la comunidad, lo que a mi juicio se traduce, en relación con la materia que estamos analizando, en que efectivamente no haya ningún patrimonio sin resarcimiento cuando se produzcan daños antijurídicos que lesione bienes o derechos de personas y, por otra parte, en que, como consecuencia del derecho a la buena Administración pública, la diligencia caracterice el trabajo y quehacer de todos los funcionarios en sus relaciones con los particulares. Ambos aspectos deben estar unidos, si sólo nos concentramos en un aspecto, por importante que sea, que lo es, la solución a estos problemas no se construirá desde la perspectiva del Estado social y democrático de Derecho.

Desde este punto de vista, la aplicación como principio absoluto del criterio de solvencia económica de la Administración pública como fundamento de la obligación de indemnización no nos debería llevar a correr un tupido velo sobre la razonable conexión entre libertad y responsabilidad en las actuaciones de los funcionarios que al final son los que con su tarea profesional, con su actuación en un sentido o en otro, fomentan el bienestar general de los ciudadanos o provocan en algunas ocasiones daños o perjuicios a los bienes y derechos de los ciudadanos.

Quisiera extraer más conclusiones acerca de por qué se colocó en 1954 el centro de la institución examinada en el patrimonio que debe ser reparado por no existir el deber jurídico de soportar el daño antijurídico que se le irroga a un ciudadano desde la Administración pública. Sobre todo porque me parece que en los tiempos que corren ya no es sostenible una reflexión de esta naturaleza y, por tanto, es mejor acudir a la aplicación de los principios de proporcionalidad, de racionalidad, del Estado social y democrático de Derecho, en la medida en que la Administración pública ya no puede gozar de ese privilegio tan absoluto y fenomenal de la discrecionalidad en materia de repetición cuando provoca daños a los particulares a causa de la acción dolosa, culposa grave o gravemente negligente de los funcionarios públicos.

Como sabemos, en el Derecho español hasta el año 1.950 la Administración pública era irresponsable. Se aplicaba para aquellos supuestos en que se provocaban daños o perjuicios, lesiones en bienes o derechos de los ciudadanos por actuación administrativa, el Código Civil. Por ello, sólo respondían los funcionarios cuando se producían daños por ellos directamente causados.

Más adelante se piensa, lógicamente, que esta irresponsabilidad de la Administración pública debía ser modificada y se empieza a trabajar pensando ya en otros criterios jurídicos. En el año 1.950 se promulga una Ley del Régimen Local en la que empiezan a cambiar las cosas, pero sería en el año 1.954 cuando se aprueba la Ley de Expropiación Forzosa, y en concreto en su artículo 121 nos encontramos ya con la primera regulación de la institución que ahora analizamos.

Dicho precepto dice lo siguiente: "dará también lugar a indemnización con arreglo al mismo procedimiento una lesión que los particulares sufran en los bienes y derechos al que esta ley se refiere, siempre que aquella sea consecuencia del funcionamiento normal o anormal de los servicios públicos, o de la adopción de medidas de carácter discrecional no fiscalizables en vía contenciosa sin perjuicio de las responsabilidades que la Administración pública exige de sus funcionarios..."

Tenemos que pensar que en virtud de esta disposición, la responsabilidad era directa, objetiva, global, con independencia de que el daño ocasionado fuera como consecuencia del funcionamiento normal o anormal de los servicios públicos. Es decir, que cualquier tipo de lesión, cualquier tipo de daño que los particulares sufran en sus bienes y derechos siempre que haya sido consecuencia de la actuación administrativa ya sea por funcionamiento normal o anormal de la Administración pública, daría lugar siempre a la indemnización por cuenta del erario público.

El centro de gravedad del modelo se sitúa, pues, en ese daño antijurídico que se causa en el patrimonio, que, por ello, quien los sufre no tiene el deber jurídico de soportar. Lo relevante es que siempre que se produzca un daño a un particular consecuencia del funcionamiento, normal o anormal, de los servicios públicos, su reparación corra con cargo al presupuesto público. Entonces, mitad del siglo pasado, no se pensaba en las consecuencias en que tal principio podría traer para las arcas públicas en Administraciones de otras dimensiones, con más organismos y con más agentes.

Podemos preguntarnos ahora por qué no se sitúa el centro del modelo en la actuación que ocasiona el daño y que realiza un determinado funcionario. Porque, que se sepa, la Administración pública como organización abstracta, como ente de razón, hasta el momento al menos no ocasiona "per se" daños a los particulares. Los daños son causados por el funcionamiento de los servicios públicos como consecuencia de la conducta humana. Los actos administrativos, las omisiones, las vías de hecho o las inactividades, bien lo sabemos bien, son consecuencia de la conducta humana. La Administración, al menos por ahora, no ha llegado a tal grado de perfección que no precise de personas para actuar.

Por eso, insisto, aquí está la cuestión central, el asunto básico y fundamental se encuentra en explicar, si es que se puede, por qué la Administración pública dispone de ese gran privilegio y los funcionarios podemos cubrirnos con el cómodo manto del anonimato a partir de esa responsabilidad super-directa, super-objetiva y super-global de una Administración que asume patrimonialmente todos los supuestos de daños ocasionados por el funcionamiento normal o anormal de los servicios públicos.

En un Estado social y democrático de Derecho, con independencia de que este principio ocasione un grave quebranto a las arcas públicas, se debe tener presente que las consecuencias de los actos libres de los funcionarios son de su cuenta, sobre todo en lo que se refiere a los realizados con dolo, culpa o negligencia grave, por lo que una aplicación objetiva y global de la responsabilidad administrativa sin límites, no se compadece con un entendimiento moderno del sentido de la libertad y de la responsabilidad en la actuación profesional, también, sólo faltaría, de los empleados públicos.

En fin, más adelante, la Ley de Régimen Jurídico de la Administración del Estado de los años cincuenta del siglo pasado estableció una regulación parecida que excluía, eso sí, la fuerza mayor, y diseñaba técnicamente una mejor caracterización del daño para que fuera susceptible de indemnización como consecuencia del funcionamiento normal o anormal de la Administración pública. En este sentido, se exigía que el daño debía ser efectivo, evaluable e individualizado en relación con una persona o grupo de personas.

La Constitución española de 1978, por su parte, se refiere a este tema en el artículo 106, precepto que tenemos que analizar porque afirmar categóricamente que se ha constitucionalizado "in toto" el régimen de la responsabilidad patrimonial de la Administración pública ideado en 1954 es, desde luego, un asunto, cuando menos, ciertamente polémico.

El precepto en cuestión dispone en su segundo párrafo, que "los particulares en los términos establecidos por la ley tendrán derecho a ser indemnizados por toda lesión que sufran en cualquiera de los bienes y derechos, salvo en los casos de fuerza mayor siempre que la lesión sea consecuencia del funcionamiento de los servicios públicos".

Llama la atención y, no poco, la literalidad de la parte final del párrafo en cuestión donde expresamente se dice que toda persona tiene derecho a ser indemnizada por toda lesión que sufra en sus bienes y derechos salvo los supuestos de fuerza mayor, siempre que la lesión sea consecuencia del funcionamiento de los servicios públicos. ¿Por qué ahora no se hace referencia, como antes, al funcionamiento normal o anormal de los servicios públicos?. Probablemente porque en un Estado social y democrático de Derecho, incluir en la responsabilidad de la Administración pública los supuestos de funcionamiento normal de un servicio público puede ocasionar graves problemas interpretativos. En ocasiones, los daños se pueden causar con motivo del funcionamiento normal, correcto, adecuado, del servicio público y, cuándo son consecuencia de actuaciones razonables que se enmarcan en supuestos que deben ser soportados, entonces discurren por otros derroteros.

Por eso, aunque no se regula expresamente en la Constitución, me parece que en la mente del constituyente, cuando se habla del funcionamiento de los servicios públicos pareciera que se está queriendo referir al funcionamiento anormal de los servicios públicos, o, en todo caso, a supuestos que si deben ser soportados por los ciudadanos.

En el año 1.992, como es sabido, se aprueba se a la Ley de Régimen Jurídico de las Administraciones públicas y del Procedimiento Administrativo común, norma que en sus artículos 139 y 141 mantiene el sistema de la responsabilidad directa, objetiva y global con independencia del funcionamiento normal o anormal de los servicios públicos, algo que se pudo haber matizado pero no se hizo.

En 1.999 se produce una reforma parcial de esta ley que tuve el honor de dirigir como subsecretario de Administraciones públicas, de manera que el artículo 145 estableció, como antes se comentó, que cuando efectivamente el daño se haya producido como consecuencia de actuación por dolo, culpa o negligencia grave por parte del funcionario, previa instrucción del procedimiento que se establezca reglamentariamente, la Administración exigirá de oficio la responsabilidad en que hubiera incurrido al empleado público. Es decir, nos encontramos ante una modificación no pequeña en relación con la voluntariedad o la exigibilidad de la repetición contra el funcionario causante del daño. En 1992 la repetición era voluntaria; ahora, en estos supuestos, la repetición "se exigirá de oficio" siempre que se acredite en un expediente contradictorio que el daño haya sido causado como consecuencia de la actuación por dolo, culpa o negligencia grave del funcionario público. El problema, por lo que parece, es que ese reglamento que debería haberse dictado, brilla todavía por su ausencia.

Quiero recomendar ahora un libro relativamente reciente titulado "La responsabilidad patrimonial en la Administración pública: hacia un nuevo sistema", de 2.002, cuyo autor es Oriol Mir Puig-Pelat. Invito a su lectura porque el libro patrocina una tesis que, en alguna medida comparto, está dirigida a reformar el sistema reinante de la responsabilidad patrimonial de la Administración pública, limitándolo desde la racionalidad, la lógica y el entendimiento entre derecho a la indemnización y la consideración de la actuación del agente público.

Una de las personas que participaron en la elaboración de la Ley de 1.954 y que además hace el prólogo al libro de Oriol Mir Puig-Pelat es el profesor Eduardo García de Enterría, uno de los maestros universales del Derecho Administrativo, recientemente fallecido, que en el mencionado prólogo explica como en el año 1.954 nunca hubo la intención de que la responsabilidad patrimonial fuera tan objetiva y absoluta como el tiempo se encargaría de demostrar con aplastante evidencia.

Una cosa es, efectivamente, que no hubiera un deseo de que las cosas fueran en esta dirección, pero la realidad registró que la responsabilidad patrimonial fue tan absoluta y tan objetiva que incluyó toda suerte de supuestos, salvo la fuerza mayor, en los cuáles toda lesión de un bien o un derecho de un particular que se haya provocado por la actuación normal o anormal de un servicio público daba lugar a la correspondiente indemnización. Ciertamente, el sistema mereció grandes elogios en su tiempo por parte de la doctrina de otros países.

Por otra parte, debe hacerse constar que el profesor García de Enterría en el año 1.955 escribe un artículo titulado potestad expropiatoria y garantía patrimonial en la nueva Ley, en el que analiza las causas de la responsabilidad patrimonial y señala que fundamentalmente su principal causa se encuentra en el daño antijurídico, una daño que el patrimonio del lesionado no tiene la obligación de soportar. Realmente determinante en el sistema es la existencia de un patrimonio que no está obligado jurídicamente a soportar un daño ocasionado por la Administración pública. En cambio, la causa del daño, las características de la acción, omisión, inactividad o vía de hecho administrativa ocupa un segundo plano. De esta manera, la conducta del funcionario es irrelevante, incluso irresponsable, puesto que, finalmente, siempre responde la Administración. Hasta 1999 la Administración podía, o no, repetir contra el funcionario. Ahora, tras la reforma de 1999, ésta habrá de repetir contra el funcionario causante del daño siempre que se aprecie en un expediente contradictorio dolo o gravedad en la culpa o negligencia. Sin embargo, al no existir el reglamento que desarrolle esta previsión legislativa, las cosas, lamentablemente, siguen como antes.

En este sentido, podemos preguntarnos: ¿por qué se sitúa el centro de gravedad del sistema en la perspectiva del patrimonio del dañado y no en la perspectiva de la conducta del agente público? O, al menos, ¿por qué no se consideraron causa y efecto en un cierto plano de igualdad o complementariedad?

Me permito volver, para ir terminando, a la reflexión que hacía al principio de este breve análisis. Parece ser que la construcción de algunas categorías jurídico-administrativas se ha realizado desde una perspectiva en virtud de la cual la presunción de legalidad está situada siempre y en todo caso del lado del particular, del ciudadano, no tanto en la Administración pública, que resultaría que como regla general actúa siempre de forma torpe pues provoca numerosos daños y perjuicios a los ciudadanos.

Respetando, claro está, la posición contraria, me permito criticar este punto de vista y pienso que es positivo que exista la presunción de legalidad y legitimidad en la actuación administrativa siempre que tal potestad no sea absoluto, siempre que la actuación de la Administración, para ser ejecutoria, pueda contrastar con el control jurisdiccional. ¿Por qué? Porque no parece razonable afirmar que siempre en y todo caso la actuación de la Administración es negligente y que no vela por los intereses generales. Más bien, la regla es que la Administración cumple su tarea de servicio objetivo al interés general y, excepcionalmente, se desvía de su finalidad constitucional para ocasionar daños injustificados a los ciudadanos. Si así no fuera, haría tiempo que la ciudadanía habría dejado de acudir a los servicios públicos masivamente.

En todo caso, desde una perspectiva más amplia, interesa buscar soluciones que permitan un mejor y más correcto funcionamiento de la Administración, lo que se producirá si de verdad disminuyen los expedientes fundados de reclamación de indemnizaciones por título de responsabilidad patrimonial de la Administración pública.

Hoy por hoy, nos encontramos con que la causa de la responsabilidad es el perjuicio antijurídico, el daño antijurídico.. Esa idea antijurídica del daño se intentó explicar con el concepto del perjuicio que el dañado no tiene el deber jurídico de soportar, concepto incluso que recoge el legislador de 1.992 en el artículo 141 al señalar que los particulares tendrán derecho a ser indemnizados por las Administraciones públicas correspondientes de toda lesión que sufran en sus bienes y derechos salvo en los casos de fuerza mayor siempre que la lesión sea consecuencia del funcionamiento normal o anormal del servicio público.

El principio básico es el siguiente: sólo serán indemnizables las lesiones producidas al particular, provenientes de daños que éste no tenga el deber jurídico de soportar tal y como dispone el artículo 141 punto 1 de la Ley.

La jurisprudencia, a partir de la centralidad del daño antijurídico, ha llegado a interpretaciones demasiado complejas, que han provocado una cierta ilimitación no siempre deseable, con la consiguiente desnaturalización de una institución que, como parece, no se pensó como panacea universal para resolver toda clase de lesiones producidas por la Administración a los particulares en sus bienes o derechos.

Por supuesto, también es necesaria la concurrencia de alguna causa de imputación que no puede reducirse a un canon unitario. Aquí es donde el profesor García de Enterría habla de las tres causas específicas que pueden dar lugar a los daños o las lesiones en los bienes o derechos de los ciudadanos.

La primera sería la realización directa y legítima del daño por la Administración pública cuando incide sobre un patrimonio que no estaba previamente obligado a soportar ese daño. Serían daños como consecuencia de las construcciones de obras públicas, a causa de la represión de desórdenes o calamidades públicas o, en el año 1.950, de actos no fiscalizables en vía contencioso administrativa.

La segunda causa específica sería la actuación ilícita de la Administración pública imputable subjetivamente al agente público. Esto sería el supuesto de funcionamiento anormal de un servicio público.

En tercer lugar, nos encontraríamos con casos de riesgo creados por la Administración que implicaría la imputación del caso fortuito derivado de ese riesgo que la Administración ha originado en beneficio propio a los ciudadanos. Pues bien, técnicamente sólo en estos casos se puede aplicar esa institución de la responsabilidad patrimonial de la Administración pública siempre que el riesgo, insisto, se haya creado por la Administración pública. No se trata de cualquier riesgo general, sino de un riesgo que haya creado en concreto la Administración pública.

Y en cuarto lugar estarían, señala el profesor García de Enterría, los supuestos de enriquecimiento sin causa.

Realmente, el manejo del sistema se ha hecho sobre el supuesto de funcionamiento anormal del servicio público, que me parece que es el supuesto propio y específico sobre el cual debe operar la responsabilidad patrimonial de la Administración pública.

Es verdad que en 1954 se trató de romper la regla de la irresponsabilidad administrativa por daños que venía beneficiando a la Administración pública en nuestro Derecho. Por ello, repito, se buscó una fórmula general y abstracta que se recogería luego en la Ley de Régimen Jurídico en el año 1957 y en la Ley de Régimen Jurídico de las Administraciones Públicas y de Procedimiento Administrativo Común del año 1.992.

Es probable que se haya provocado una huida a la cláusula general de la que García de Enterría nos dice que es un peligro para el Estado de Derecho, aunque reconoce que en Francia, sin embargo, el sistema ha funcionado sobre principios generales sin especiales problemas.

La solución, en opinión de García de Enterría, está en mantener fórmulas generales con matizaciones concretas, o reducir la responsabilidad como regla al funcionamiento anormal de los servicios públicos y remitir los demás supuestos a otras categorías jurídicas. Solución que desde luego comparto y me parece que es la más razonable, no solamente desde el punto de vista constitucional, sino de acuerdo con los principios propios de una Administración pública moderna en un Estado social y democrático de Derecho.

En este sentido, las reflexiones que hace el profesor Mir Puig-Pelat tienen mucho que ver también con el fundamento de la responsabilidad objetiva en el derecho de daños público. En este sentido, este autor enumera tres fundamentos para establecer esa responsabilidad objetiva.

Primero, en los supuestos en los que hay un riesgo especial creado por la Administración nos encontramos ante una categoría general de responsabilidad objetiva.

El segundo fundamento trae causa del principio de igualdad ante las cargas públicas y por lo tanto, en su virtud, cuando se produce ese daño debe ser asumido por la colectividad y ciertamente si el interés general es el interés de todos los ciudadanos, la asunción por la colectividad de ese principio llevaría también a esa indemnización de acuerdo con los principios del Derecho patrimonial de daños.

Sin embargo, en Europa no existe, como regla, el sistema de responsabilidad objetiva. Como señala el profesor Mir Puig-Pelat, la idea de que el interés general produce siempre beneficios susceptibles de valoración económica, corre pareja con la idea de que el interés general es equiparable a la persecución del lucro por parte de los particulares, lo que no es exacto. Y claro, puede ser que el interés privado se oriente a la persecución del lucro, pero hoy los intereses generales o los intereses privados ya no son conceptos unilaterales sino que son complementarios y compatibles.

Ciertamente, la idea de que los intereses generales implican un beneficio económico y patrimonial a la ciudadanía supone una visión reducida y restringida que no siempre se compadece con una visión más amplia como la del bienestar general de la colectividad.

Por eso, reducir el interés general a esta perspectiva patrimonial, de orden crematística o pecuniaria, me parece desacertado. Parece mucho más interesante sostener perspectivas más abiertas de lo que es el interés general, más amplias, más en la línea de pensamiento complementario, del pensamiento compatible

Por lo tanto, y para terminar, señalaría que estamos en presencia de una institución, la de responsabilidad patrimonial, que tal y como está regulada en nuestro Derecho es excesivamente general. Es una institución en crisis por su excesivo alcance, por su excesiva abstracción y por su excesiva uniformidad.

Como es sabido, en Francia existe un sistema de responsabilidad por culpa, en Alemania también y en Italia responden los funcionarios de acuerdo con el Código Civil.

En Europa ya se empieza a hablar de un Derecho Común de responsabilidad administrativa. En este sentido, el sistema español es manifiestamente mejorable debiendo caminar hacia parámetros en los que se contemple, junto al derecho del particular lesionado a la indemnización, la obligación de la Administración pública de actuar diligentemente tal y como se desprende del contenido al alcance del nuevo derecho fundamental europeo a una buena Administración pública.

Por tanto, el artículo 106 de la Constitución no impone la responsabilidad objetiva, ni mucho menos. Establece, eso sí, como regla general, que todo ciudadano debe ser indemnizado cuando se le provoque o se le ocasione un daño a sus bienes o derechos como consecuencia del funcionamiento de un servicio público.

Intentar a toda costa hacer derivar del artículo 106 de la Constitución española de 1978 el principio de responsabilidad patrimonial objetiva de la

Administración pública me parece que es una interpretación, por supuesto legítima, pero no acorde con el modelo del Estado social y democrático de Derecho y que ciertamente. Hoy en día, ese super-blindaje, ese super-privilegio del que dispone la Administración pública debe ser modulado y debe ser atemperado de acuerdo con las reglas de la recta razón y de acuerdo también con los principios jurídicos más modernos que nos invitan o nos animan a replantear de nuevo esta institución.

El sistema de responsabilidad patrimonial de la Administración Pública española, tal y como se recoge en nuestro Ordenamiento jurídico desde hace más de cuarenta años, no parece razonablemente sostenible y precisaría de una rectificación. Sobre todo, porque contra lo que se había llegado a pronosticar, la responsabilidad objetiva no se ha impuesto sobre la responsabilidad por culpa del Derecho Civil.

Ni el criterio del "riesgo especial", tan manejado en Derecho privado en apoyo de la responsabilidad objetiva justifica una responsabilidad global de la Administración, ni procedería equiparar la persecución del interés general por parte de la Administración a la persecución del lucro por parte de los particulares. Por otra parte, el Artículo 106.2 de la Constitución no impone la responsabilidad objetiva global de la Administración española.

Limitada así la responsabilidad objetiva a supuestos excepcionales, parece que la regla general debería ser la responsabilidad por el funcionamiento anormal de los servicios públicos de la Administración. Un funcionamiento "anormal" que habría de entenderse como culpa objetiva delimitado de acuerdo a exhaustivos estándares normativos de diligencia a elaborar por el legislador y la Administración. Es decir, se trataría de contar con una cláusula general de diligencia que permita conferir al sistema la necesaria flexibilidad en los casos concretos.

Justo es reconocer, sin embargo, que ni en el ánimo de los redactores del Artículo 121 de la Ley de Expropiación Forzosa de 1954, ni en el de los que autores, después, del régimen vigente, regulado hoy en la Ley 30/1992, de Régimen Jurídico de las Administraciones Públicas y del Procedimiento Administrativo Común, parece haber existido la pretensión de fijar, de manera absoluta y objetiva, una responsabilidad patrimonial de la Administración que incluyese supuestos ilimitados de indemnización por el sólo hecho de que hubiese intervenido un agente público. Otra cosa, sin embargo, son las consecuencias que se han deducido del sistema actual, hayan sido previstas o no. Lo cierto es que resulta suficientemente probado que la jurisprudencia ha venido extendiendo el ámbito de la responsabilidad de la Administración hasta tales extremos, que no sólo son desconocidos en países de nuestra órbita, sino que van resultando gravosos para las finanzas públicas.

La causa, como hemos señalado, radica en que, al ser los sistemas de responsabilidad civil de las Administraciones Públicas excesivamente genéricos e indeterminados, dejan en manos de la jurisdicción contencioso-administrativa el entero instituto de la responsabilidad patrimonial de la Administración, con detrimento de los principios democráticos de seguridad jurídica e igualdad.

El profesor García de Enterría, comprometido tanto en los trabajos prelegislativos de la Ley de Expropiación Forzosa de 1954, como en su posterior desarrollo, ha venido a reconocer la necesidad de una reconsideración profunda del sistema legal español de la responsabilidad administrativa, si bien, para mejorar el sistema, propone el mantenimiento, con puntualizaciones de la formula general aceptada. No es esta la postura unánime de la doctrina. En un tema de tanta trascendencia como éste, aparecen, así, posiciones alineadas en sectores enfrentados y, en consecuencia, no parece que pueda hablarse de una doctrina dominante en relación con el alcance que deba tener la responsabilidad patrimonial en la Administración española.

Se ha quebrado, pues, un consenso que duraba más de cuarenta años. En efecto, hasta 1994, sólo Garrido Falla se había apartado abiertamente de la interpretación doctrinal mayoritaria, negando que la normativa española recogiese una responsabilidad objetiva global que cubriese toda actividad administrativa.

Otros autores, como Nieto o Lorenzo Martín-Retortillo, no fueron tan lejos y sólo advertían de ciertos peligros y al poner de manifiesto algunas dudas y preocupaciones sobre la problemática de la responsabilidad de la Administración pública.

De forma extensa ha sido el civilista Pantaleón el que habla, claramente, de la necesidad de revisar el régimen de responsabilidad patrimonial de las Administraciones Públicas, postura ésta seguida por algunos administrativistas (Parejo, Parada) y civilistas (Coderch).

El sistema actual, en crisis, demanda la construcción de un nuevo modelo de responsabilidad administrativa, máxime cuando el mercado común, la libre competencia y la profundización de la integración supranacional, exigen la aproximación de los sistemas de responsabilidad administrativa de los distintos países miembros de la Unión Europea.

Por otra parte, la Carta de los Derechos Fundamentales de la UE, en su Artículo 41.3, no hace más que confirmar lo apuntado. En efecto, llegados a este punto, cabría preguntarse acerca de las más inmediatas reformas que deberían acometerse en el sistema español en relación a la responsabilidad patrimonial de nuestras Administraciones. Y, en este sentido, se hace preciso corregir el excesivo alcance, generalidad y uniformidad de nuestro sistema, adaptándolo a las nuevas exigencias, de todo tipo, del siglo XXI. En concreto, parece razonable insistir en dos reflexiones.

Primera, procurar una separación clara de la responsabilidad administrativa de otras instituciones, como la delimitación de derechos y la expropiación forzosa que, aunque afines, son, sin embargo, instituciones distintas, tanto por sus respectivos orígenes históricos, como por sus respectivos fundamentos, presupuestos y consecuencias jurídicas. Una correcta solución de muchos de los problemas que plantea la responsabilidad civil de las Administración pasa, en gran medida, por un adecuado deslinde de figuras afines.

Es el Derecho Alemán el que conoce una mayor interrelación entre estas tres instituciones, hasta el punto de que la doctrina suele estudiar en una misma sede la responsabilidad de la Administración, la expropiación y, en lo concerniente a su indemnizabilidad, la delimitación de derechos. Las tres instituciones quedan encuadradas, en el derecho alemán, en la categoría general de "prestaciones indemnizatorias públicas".

Mientras la "delimitación de derechos" cubre todas aquellas medidas de carácter normativo, procedentes del poder público, destinados a conformar el contenido de los derechos individuales, la "expropiación forzosa" abarca toda privación, total o parcial, de derechos e intereses patrimoniales, acordada imperativamente por el poder público, para la satisfacción del interés general. Por último, la "responsabilidad extracontractual de la Administración", cubre los daños derivados "incidentalmente" de la actuación administrativa, siendo, pues, una institución de garantía residual que sólo opera en defecto de las dos instituciones arriba citadas: delimitación de derechos y expropiación forzosa.

Segunda, procurar que la Administración goce de un sistema "articulado" de responsabilidad que recoja las especialidades de los distintos ámbitos de la acción administrativa. Se trata, por tanto, de abandonar, por tanto, un sistema, como el recogido en la Ley de Régimen Jurídico de las Administraciones públicas y del Procedimiento Administrativo Común, que somete a un mismo régimen de responsabilidad todas las manifestaciones de la actividad administrativa, pese a su gran disparidad.

Finalmente, hay que tener presente que, en el ámbito civil, también en el penal, quien aparece como responsable es una persona concreta, por lo que las reglas reguladoras de estas formas de responsabilidad no pueden trasladarse, sin más, cuando la actuación la realiza un "poder público" que persigue la consecución de intereses generales y que no puede omitir el ejercicio de sus facultades pese a eventuales perjuicios. Aquí radica el interés y la problemática suscitada por un tema de tanto calado, y de tanta trascendencia, como es el de la responsabilidad administrativa.

XIII

LA TRANSPARENCIA

Ciertamente, hoy vivimos, no sólo en España, un momento histórico en que las sociedades, en parte desengañadas de sistemas dogmáticos estáticos, fracasados, en profunda crisis general, exigen un acercamiento a la realidad, a la naturaleza de las cosas; a las viejas, y siempre nuevas ideas de la persona y de sus derechos fundamentales, a la centralidad de la dignidad humana.

Del mismo modo, desde el pensamiento abierto, plural, dinámico y complementario, comienza a calar una nueva manera de acercarse a la realidad administrativa a partir de la cual lo decisivo y relevante no va a ser la autocontemplación cerrada de la Administración, sino el fin de la acción pública. Fin y sentido de la acción pública que hoy, efectivamente, en una sociedad en constante y acelerada evolución que todo lo fía a la innovación tecnológica y al progreso, en el sentido más material del término, ha ido perdiendo, poco a poco, la centralidad de la persona en la construcción del orden político, jurídico, económico y social.

En las sociedades occidentales de este principio de siglo, castigadas por una crisis sin precedentes, la distancia que media entre el pueblo y los dirigentes públicos crece sin parar y, por tanto, la confianza de la ciudadanía en la Administración pública está en los índices en que está. Esta situación de control y dominio del interés general por los profesionales de la conquista y conservación a ultranza del poder pueda mudarse si de verdad las instituciones públicas se abren a los ciudadanos, lo que reclama, en efecto, que la idea de que son las personas los dueñas de las instituciones públicas sea la columna vertebral de los programas de educación cívica. De esta manera, si la transparencia o la participación, pasan de la relevancia retórica a su trascendencia práctica y real para la ciudadanía, entonces será más fácil y sencillo proceder a abrir el interés general a la vitalidad de la realidad y a la mejora continua de las condiciones de vida de los ciudadanos.

Hace unos años, cuando dirigía la Escuela Gallega de Administración Pública, en 1993, Chistensen señaló en un seminario del Consejo de Europa celebrado precisamente en este instituto de formación de funcionarios, que en los períodos de dificultades económicas, de inseguridad y de inestabilidad política, los políticos se ven sometidos a presiones crecientes para favorecer a los grupos y opiniones a los que representan, influyendo en las condiciones de funcionamiento de la Administración pública, afectando a su credibilidad y socavando la confianza que en el aparato público ha de tener la población.

Esta afirmación, que es atinada y adecuada, se podría completar señalando que, no obstante, no es imprescindible que se produzcan situaciones especiales para que quiebre la transparencia. Es más, la profunda fractura que existe entre lo que generalmente se predica desde los púlpitos de la reforma y la modernización administrativa y lo que realmente se practica es, por doloroso que resulte, una de las constantes sobre las que discurre la realidad de este tiempo. Probablemente nunca se habló y se escribió tanto sobre la transparencia, y probablemente nunca haya sido, dadas las expectativas generadas, tan desconocida, hasta lesionada, en la realidad cotidiana.

La reforma administrativa hoy sigue reclamando una cierta radicalidad puesto que todavía estamos bastante lejos de un aparato público realmente comprometido con los derechos fundamentales de las personas, para lo que es menester transparencia y participación. Por tanto, siguen pendientes los principios esenciales del cambio y la transformación en la Administración. Especialmente, sigue pendiente, aunque algo se ha avanzado, esa idea preclara del constituyente español que sintetiza a la perfección el sentido de la Administración pública en un Estado social y democrático de Derecho: el servicio objetivo al interés general.

A estas alturas, afirmar que la transparencia ha de ser un principio connatural a la Administración pública puede parecer baladí o innecesario. En efecto, la Administración Pública debe ser transparente en su tarea permanente de servicio a los ciudadanos. Ahora bien, al realizar su tarea, el aparato público ha de mostrar al pueblo cómo trabaja, porqué adopta determinadas decisiones, cuáles son los derechos de los ciudadanos y, también, cuáles son sus deberes y obligaciones para con la cosa pública. En este sentido, todavía queda un largo trecho por recorrer en lo que se refiere a la transmisión al pueblo de los derechos que le asisten como personas que se relacionan con las Administraciones públicas. Es verdad que las leyes administrativas los recogen, incluso los recopilan (art. 35 Ley de Régimen Jurídico de las Administraciones Públicas y del Procedimiento Administrativo Común de 1992), pero es también cierto que hay muchos ciudadanos que desconocen el alcance y la funcionalidad de su posición jurídica en relación con la propia Administración pública y que en muchas ocasiones tales derechos son sistemáticamente incumplidos por desconocimiento o, es peor, arbitrariedad en el manejo de las potestades públicas.

En realidad, la razón de fondo que explica hasta qué punto la transparencia ha de ser una de las características más relevantes del funcionamiento administrativo reside en que, como sabemos, en democracia, el titular de todos los poderes es el pueblo soberano. Por eso, los ciudadanos son, legítimamente, los dueños del aparato administrativo y tienen legítimo derecho a conocer las razones de su actuación y la forma en que se producen sus declaraciones de voluntad o juicio sobre las más diversas cuestiones.

Durante los últimos años, es verdad, la transparencia administrativa ha suscitado un interés creciente y un amplio consenso. Es natural, por eso, que afirme el profesor Gennal que en Italia, las reuniones, los seminarios y las revistas especializadas en Administración pública suelen coincidir en el tratamiento de la necesidad de construir Administraciones públicas eficaces, transparentes, al servicio del pueblo, capaces de atender las necesidades colectivas del pueblo y de responder a los intereses generales de forma diligente y eficiente.

En este escenario, Gennal nos dirá que los resultados no han estado a la altura de las circunstancias ni de la amplitud del debate. Las realizaciones son escasas y subsisten numerosos problemas en cuanto a la manera de poner en práctica la transparencia, sobre todo en las Administraciones municipales, cuyos servicios son muy diferenciados y mantienen relaciones múltiples con las Administraciones del Estado y de los Entes autonómicos, federales o regionales.

En este punto es esencial destacar que el concepto de transparencia no es contradictorio, como a veces se piensa, con el de eficacia. Para alcanzar esa deseada Administración transparente, esa caja de cristal accesible a todos los ciudadanos, es necesario programar la actividad y, por tanto, tomar decididamente la vía de la racionalización de los procedimientos, que inevitablemente conduce a una mayor eficacia. Programación y racionalidad que normalmente hacen previsible y cognoscible con facilidad la actuación de la Administración, actuación que, por otra parte, ha de estar siempre inspirada en el principio de continuidad de los servicios y actividades públicas. La transparencia es, por tanto, una condición transversal de la actuación administrativa desde que se decide hasta que se confecciona y se da público conocimiento de los actos y resoluciones administrativas. O, lo que es lo mismo, la transparencia ha de estar presente en todo el proceso de las políticas públicas, desde su determinación y análisis hasta su implementación y evaluación.

Como pone de manifiesto Vargas Moniz, la idea de la Administración Pública ligada a manifestaciones unilaterales de poder y autoridad está en crisis. Privilegios y poderes exorbitantes deben revisarse, repensarse, replantearse, a partir y a través de los principios y parámetros del Estado Social Democrático y Social de Derecho. En efecto, la proyección de la luz constitucional del moderno Estado Social y Democrático de Derecho sobre entero sistema del Derecho Administrativo ha producido un notable impacto sobre no pocas instituciones que han tenido que ser actualizadas y explicadas de acuerdo con el modelo de Estado definido constitucionalmente.

Como afirma este autor, es un hecho que el modelo tradicional constituido por una estructura jerarquizada y burocratizada, de carácter autoritario, indiferente al movimiento social y a las necesidades colectivas del pueblo, obsesionado por encontrar amplias esferas de independencia y autonomía, celoso por las parcelas de secreto y discreción, está en crisis porque la distancia alcanzada, desde tales atalayas, en relación con la ciudadanía ha conseguido, en buena medida, que el tópico del alejamiento y la despreocupación de la Administración de cuño weberiano en relación con el común de los mortales haya hecho fortuna y hoy sea, prácticamente, una opinión generalizada cuándo se pregunta a la gente por su percepción de la Administración pública. Por tanto, la transparencia es hoy una necesidad, pero es también, insisto, una condición de cualquier aparato público democrático.

Efectivamente. La asunción y asimilación de la centralidad de la transparencia, pasa por superar completamente el significado de la palabra súbdito, ciertamente desterrada del común, pero desgraciadamente de moda ante las tendencias clientelares que todavía se aprecian en el funcionamiento de no pocas Administraciones públicas que se tildan de democráticas. Ciertamente, la transformación del concepto de súbdito en el de ciudadano no sólo implica ser titular de derechos e intereses frente al Estado -Estado de Derecho-, sino también que el respeto a la legalidad pase también por la salvaguarda de las posiciones legítimas de terceros, superando la unilateralidad absoluta como forma ordinaria de ejercicio de poder y una perspectiva de dependencia y sujeción como fórmulas normales de relación del ciudadano con la Administración pública.

Los modernos postulados de la reforma administrativa plantean, en efecto, que la participación y la colaboración entre ciudadanos y Administración sea la expresión real de una concepción del interés general abierto, plural, dinámico y complementario. Es más, como ha reconocido solemnemente nuestro Tribunal Constitucional en la tan citada sentencia de 7 de febrero 1984, hoy, en el Estado Social y Democrático de Derecho, los intereses públicos deben definirse, no de manera unilateral o monolítica como en el pasado, sino a través de una acción combinada entre poderes públicos y agentes sociales.

En este punto la Constitución Española es suficientemente clara, pues el artículo 105 establece los presupuestos necesarios para la participación de los ciudadanos en la actividad de la Administración Pública. En efecto, se diseña un trámite de audiencia de los ciudadanos en el procedimiento de elaboración de las disposiciones administrativas que les afecten; se prevé el acceso, también de los ciudadanos, a los archivos y registros administrativos -salvo en lo que afecte a la seguridad y defensa del Estado, la averiguación de los delitos y la intimidad de las personas- y, finalmente, se dispone la audiencia del interesado en el procedimiento -cuando proceda y regulado por la Ley-. Se trata de previsiones constitucionales que reflejan de alguna manera la preocupación del constituyente por facilitar la participación de los ciudadanos en el corazón y en la mente de las decisiones administrativas que les afecten. De esta manera, siquiera sea indirectamente, se produce una suerte de constitucionalización indirecta o implícita de la transparencia, aunque es lo cierto que mejor hubiera sido que el principio de transparencia, como acontece a nivel legal en el artículo 3 de la ley de régimen jurídico de las Administraciones públicas y del procedimiento administrativo común, hubiera quedado situado en el conjunto de principios que el artículo 103 de la Constitución dedica a la Administración pública.

Entre la Administración Pública y los ciudadanos se desarrolla una relación compleja, simultáneamente de aproximación y de tensión. Los objetivos administrativos son -o deben ser- los del conjunto de los ciudadanos, pero esta identidad no evita que las personas que integran la Administración -en su actividad discrecional normalmente- no queden, de hecho, al margen de la lucha de intereses y de presiones que entran en tensión con la estricta legalidad.

Pues bien, la identidad intereses administrativos-intereses de los ciudadanos, la aspiración a la realización del bien general e integral del pueblo y la transparencia harán posible una Administración sensible a las necesidades sociales de la ciudadanía y, por ello, abierta a la información, a la participación y al control. En definitiva, una Administración transparente.

La exigencia de la transparencia viene fundada en las propias normas constitucionales. Normas que no son, obviamente, meras consideraciones programáticas, sino propiamente jurídicas. En efecto, los términos del artículo 103 de nuestra Constitución no dejan lugar a dudas. La Administración Pública sirve con objetividad los intereses generales y actúa de acuerdo con los principios de eficacia, jerarquía, descentralización, desconcentración y coordinación, con sometimiento pleno a la Ley y al Derecho. Aunque obviamente se puede deducir la transparencia de la letra del precepto, mejor hubiera sido su inclusión explícita entre los principios constitucionales de la Administración pública. Si es que se plantea una reforma constitucional, que se aproveche también para incluir el principio de transparencia, como el de confianza legítima en el artículo 103 de la Constitución.

La juridicidad como presupuesto de la actividad administrativa y la defensa y persecución de los intereses generales como finalidad esencial de su actividad, permiten conciliar los intereses públicos y la garantía de los derechos privados. Esta síntesis, que puede orientar la actividad del Estado hacia el bien general e integral de la ciudadanía, razón esencial de todo Ordenamiento Jurídico, se deduce de todo el contenido de las Constituciones modernas en las que la persona es núcleo esencial de la protección del Derecho.

En palabras de Meilán Gil, los derechos fundamentales de la persona se han abierto paso en las Constituciones, configurándose como Derecho objetivo supranacional, ya que han de interpretarse de acuerdo con las Declaraciones y Tratados Internacionales, vinculando al propio legislador ordinario.

Nuestra Constitución reconoce que la dignidad de la persona y los derechos inviolables que le son inherentes, el libre desarrollo de la personalidad, el respeto a la Ley y a los derechos de los demás son fundamento del orden político y de la paz social (art. 10.1); y exige que las normas relativas a los derechos fundamentales y a las libertades que la Constitución establece, se interpreten de conformidad con la Declaración Universal de los Derechos

Humanos y los Tratados y acuerdos internacionales sobre las mismas materias ratificados por España (art. 10.2).

La persona y la sociedad deben volver a ocupar el centro del Derecho. Esta es una tarea ingente, para todo el Ordenamiento jurídico de este tiempo. Es un trabajo, además de necesario, no exento de dificultades y resistencias porque los vientos que soplan no corren en esta dirección, sino, más bien, del lado del utilitarismo, del feroz individualismo que caracteriza la sociedad a la que pertenecemos.

Esta devolución del protagonismo a la sociedad y a la persona, es en sí misma un proceso, en palabras de Vargas Moniz de desacralización de la propia Administración Pública. Es un proceso de democratización de la Administración en el marco de la jerarquía y objetividad que le es propia. Se trata de un proceso en el que conceptos como el de interés general, o interés público primario, deben perder su carácter absoluto e intangible que le venía de la existencia de conceptos unilaterales sobre los que no cabía ninguna modulación, ningún contraste. Ahora, sin embargo, por mor de la centralidad de la dignidad del ser humano y por la capitalidad de los derechos fundamentales de la persona, el Estado y el Derecho Público se convierten, ya no en defensores a ultranza de ese interés general de naturaleza mística que, como varita mágica se encargaba de todo y todo lo arreglaba, sino en categorías que alcanzan su sentido y funcionalidad en el marco constitucional en la medida en que a su través se generan ambientes que propician y facilitan el ejercicio de la libertad solidaria por parte de todos los ciudadanos.

Pues bien, en el marco de este movimiento de acercamiento a la idea de servicio objetivo a la persona y a la sociedad, a los ciudadanos, la reforma y la modernización administrativa exigen, junto a otras características esenciales, la transparencia de la Administración pública. Cuándo no hay transparencia, es que hay algo que ocultar. Cuándo la acción administrativa transita por aguas turbulentas, cuándo estamos en el reino de la confusión, de la ambigüedad, de la calculada abstracción, entonces ni hay transparencia ni hay objetividad. Lo que hay es, lisa y llanamente, arbitrariedad, que es la ausencia misma de racionalidad. Y cuándo reina la arbitrariedad, no hay seguridad jurídica, falla la confianza legítima y la Administración vuelve a los dictados del Antiguo régimen olvidando su justificación constitucional y su engarce con los mismos fundamentos del Estado de Derecho. Algo que, por lamentable y políticamente incorrecto que sea, es, en ocasiones, moneda común en la praxis de determinadas Administraciones que todavía no han superado la oscuridad y las tinieblas del amiguismo y del nepotismo de tiempos pasados.

La transparencia supone, si es real, una verdadera participación de los ciudadanos en la vida administrativa. Una verdadera presencia de los intereses reales de la ciudadanía en el proceso de confección de las normas y de los actos administrativos. Sin esa participación y sin esa presencia, nos encontraríamos en un ambiente de transparencia dirigida o de transparencia fingida, que tantas es la vez de la llamada transparencia taumatúrgica, que es aquella que trae causa de las afirmaciones rimbombantes y solemnes de legisladores y administradores, pero que no tiene fundamento ni en la realidad ni en los hábitos de los dirigentes de algunas instituciones públicas.

Tal y como señala Vargas Moniz, el tema de la transparencia en general, y el de la transparencia administrativa en particular, es siempre un tema de actualidad. Cómo dirían los periodistas, se trata de una cuestión de palpitante y rabiosa actualidad. En España el 10 de diciembre de 2013 se acaba de aprobar una Ley en la materia que aunque con limitaciones y restricciones, al menos permite avanzar en esta tarea.

En primer lugar, por el simbolismo asociado a la transparencia: es transparente lo que es visible y accesible, lo que puede ser conocido y comprendido, por contraposición a lo cerrado, misterioso, inaccesible o inexplicable. La transparencia, desde este punto de vista, es un valor positivo que, cuándo es real, suele proyectar un efecto benefactor que da confianza y genera un ambiente propicio y positivo para la colaboración y la cooperación. En cambio, cuándo prevalece el misterio, el enigma, la oscuridad o la opacidad, se transmite una idea de arbitrariedad, de ausencia de seguridad jurídica y de mundo en el que la perspectiva subjetiva y caprichosa del poder vuelve por sus fueros.

En segundo lugar, porque la transparencia se asocia igualmente a una carga afectiva ligada a la tranquilidad y serenidad provocada por todo aquello que se domina y racionaliza, por oposición a la angustia y perturbación ante lo misterioso y desconocido. El ciudadano se perturba y desconfía ante las prácticas administrativas que no conoce, ante los procedimientos oscuros y ante las decisiones que no comprende, como si todo sucediese en un medio mal iluminado e impenetrable a los ojos de los interesados.

Finalmente, en tercer lugar, porque de ese contraste entre las sombras y la luz, entre opacidad y transparencia, nacen nuevos instrumentos jurídicos que dan cuerpo a la transformación de la Administración Pública, y que están en el origen de las nuevas prácticas y de los nuevos métodos que se ensayan. Es más, la transparencia -contrapuesta a la opacidad- en las propias causas y en los cumplimientos de los programas concretos de actuación pública, puede concienciar a los ciudadanos de su relevancia y de la necesidad de llevarlos a cabo.

Los mecanismos concretos que el ordenamiento jurídico-administrativo diseña para propiciar la transparencia requieren de un profundo convencimiento de que se trata de trabajar en un campo básico y fundamental de la reforma y modernización administrativa. En este sentido, es fundamental la racionalización de los procedimientos administrativos, ya que, como pone de relieve GENNAL, la transparencia no es un resultado que se obtenga sin haber cumplido antes la condición previa fundamental: procedimientos claros, documentados y difundidos entre todos los operadores internos y externos.

Por todo ello, hablar de transparencia es hablar de uno de los valores esenciales en que se asienta la reforma y modernización de la Administración

Pública. Caracterización de lo visible, accesible y comprensible, en términos de actuación de la Administración Pública, la transparencia acaba por ser el resultado de su actividad, para lo cual concurren factores diversos.

Así, esencial a la transparencia es la posibilidad del destinatario de la acción administrativa, de acompañar el proceso de producción de la decisión y participar en la propia formulación de esa decisión. Para ello, es del todo punto necesario que el destinatario de esa acción administrativa pueda conocer y tener acceso a los expedientes y a cualquier documento que pueda interesar a la defensa directa o indirecta de sus pretensiones.

Pero no es esto, con ser muy importante, suficiente para que, en efecto, se pueda decir que estamos ante la transparencia en la Administración pública. Para que exista un conocimiento cabal y completo de la actividad administrativa por el ciudadano basado en la confianza y en la claridad, la decisión ha de tener para él la garantía de una suficiente motivación. Así, de esta manera, se cumple un doble objetivo: asegurar mejor sus intereses y controlar las decisiones de la propia Administración en los planos del mérito y legalidad.

La motivación de las actuaciones administrativas, como bien sabemos los administrativistas, son el caballo de Troya del Derecho Administrativo. Es una cuestión de tanta trascendencia que en la configuración del derecho fundamental a la buena administración pública que se hace en el artículo 41 de la Carta Europea de los Derechos Fundamentales aparece como componente esencial de este nuevo derecho del hombre que sintetiza muy bien la centralidad que para los ciudadanos tiene el que las actuaciones del poder público estén convenientemente motivadas.

Desde otro punto de vista, si no hay motivación debiendo haberla, se produce un cierto desprecio de la Administración hacia los destinatarios de esa actuación administrativa, a quienes se priva del conocimiento de las razones en virtud e las cuáles se forma el criterio de la Administración pública.

Es esencial a una Administración transparente, según lo que llevamos expuesto, que la posición del ciudadano quede decididamente fortalecida. Precisamente, una de las fundamentales medidas de las nuevas disposiciones reguladoras del procedimiento administrativo es la formulación, a modo de compendio, de los derechos de los ciudadanos en sus relaciones con las Administraciones Públicas.

La participación de los interesados en la adopción de las resoluciones administrativa que les afecten, es una exigencia, como ya adelantamos, de la propia Constitución Española, si bien modulada por la expresión "cuando proceda". Expresión que ha de interpretarse en sentido expansivo, no en sentido restrictivo y que, en mi opinión, reclama de la Administración, cuándo así no se produzca la oportuna motivación.

La posibilidad de los interesados en el procedimiento de pronunciarse, en el momento inmediatamente anterior a la resolución, sobre el acto administrativo que se decide en ella, es un tema clave en materia de transparencia administrativa.

Este "derecho a la última palabra", a la confrontación de los interesados con el expediente, sólo puede ser válida y eficazmente ejercido si éstos son informados de todos los elementos relevantes para la decisión, facilitándoseles el acceso al expediente y a los documentos que lo integran y solicitando que se pronuncien sobre la decisión que se va a tomar.

Es indudable el fundamento democrático en la participación de los ciudadanos en el ejercicio del poder a través del instituto de la audiencia. No obstante, para que tal participación sea real y efectiva -y no meramente formal- debe comportar consecuencias prácticas en lo que respecta a la extensión de la fundamentación de los actos por los órganos administrativos y, consecuentemente, a la legalidad, racionalidad y transparencia de sus decisiones.

La motivación de la decisión absolutamente esencial a una verdadera Administración Pública que pueda calificarse de transparente. Es evidente que sólo la motivación suficiente de la resolución puede dar sentido al sistema. Se trata, pues, de establecer un límite sustancial a la arbitrariedad, como exigencia de claridad en el marco fundamental, y constitucional, de la audiencia.

Efectivamente, para fundamentar el acto desfavorable al interesado, el órgano administrativo debe acreditar las razones por las que eventualmente entiende que no debe atender las alegaciones de los interesados en la audiencia previa. A la simple motivación de actos de contenido negativo debe añadirse la doble fundamentación en esos mismos actos: la motivación del acto y de la no estimación de las alegaciones de los interesados. Si así no se hiciese, se pondría en cuestión la seriedad y transparencia del procedimiento administrativo, falseando las mismas reglas del juego y frustrándose en buena medida la razón de ser del instituto de la audiencia misma.

La motivación así entendida constituye una obvia garantía de calidad de las resoluciones, en la medida en que se puede considerar que obliga a una mayor ponderación y a reflejar de una manera más cuidada la racionalidad objetiva del mismo.

Asimismo, constituye garantía de la protección de los derechos de los ciudadanos, que de esa forma, con más criterios, podrá optar entre la aceptación del acto y la reclamación contra el mismo a través de los medios de impugnación legalmente previstos; constituyendo finalmente el refuerzo de la seguridad jurídica, en la medida en que las decisiones administrativas serán más racionalizadas y previsibles.

El acceso de los ciudadanos a los archivos y registros podemos diferenciarlo del derecho a conocer en cualquier momento el estado de la tramitación de los procedimientos en que tengan la condición de interesados. En este aspecto, Castronovono pone de manifiesto que la publicidad es principio cardinal del procedimiento administrativo para conseguir precisamente la transparencia en la actividad administrativa.

Por su parte, De Bruicker señala que en Bélgica el ciudadano que intenta tener acceso a un documento administrativo corre el riesgo, a falta de disposiciones que confieran este documento un carácter público, de que su demanda sea rechazada. Si en este último supuesto hablamos de un mecanismo fundamental de colaboración y participación, en el acceso genérico a los archivos se trata de construir una fase cualitativamente más significativa en el camino a la transparencia administrativa. Sobre todo, por la inexigibilidad de la actualidad del procedimiento administrativo para viabilizar el acceso al correspondiente expediente. De hecho, el propio artículo 37 de la Ley 30/1992, exige como requisito para el ejercicio de ese derecho de los ciudadanos al acceso a archivos y registros, que los expedientes correspondan a procedimientos terminados en la fecha de la solicitud.

En este punto, deben reconocerse los límites que el artículo 105 de la Constitución establece y en los cuales el desarrollo legislativo debe concretarse; en tales límites no se establece la pendencia del procedimiento, salvo que una interpretación forzada permita ver una defensa de la intimidad de las personas en tales supuestos.

Pues bien, por otro lado, surge un nuevo concepto de legitimidad para la relación con la Administración pública, no ligada ya al concepto de interés, sino al de ciudadanía. Interés que ya no se trata de que sea individual, genérico o difuso, cualidad meramente personal atribuida en exclusivo a los titulares del mismo, sino que se reconoce a la generalidad de los ciudadanos al reconocerles el poder de acceder a todos los documentos, declaraciones y manifestaciones producidos o recibidos por la Administración Pública, sin que sea necesaria la invocación de un denominado interés legítimo, que ni siquiera se presume -iuris tamtum o et de iure- sino que se ostenta por la sola condición de ser ciudadano.

La apertura de los archivos ejerce una doble función. Protege a los ciudadanos como destinatarios directos de un acto administrativo, permitiendo los conocimientos necesarios y adecuados a la defensa de sus intereses, bien cara a la producción del acto o en la revisión del mismo. Al propio tiempo, se revela sumamente efectivo para la protección de intereses colectivos al permitir el conocimiento a las organizaciones que tienen atribuido la defensa de aquellos de las razones, decisiones, orientaciones y proyectos de la actividad administrativa que les afecte.

En lo que respecta al secreto, verdadero límite y reverso de la transparencia administrativa, continua existiendo, pero encerrado en los límites constitucionales que referimos. De garantía del funcionamiento de la Administración, pasa a ser un mero límite de la protección de otros derechos e intereses de valor fundamental.

Es evidente que la síntesis del derecho a la información y del deber de secreto altera las relaciones tradicionales entre la transparencia y el secreto, erigiéndose el primero en regla y el segundo en excepción.

Por esta razón, los deberes del personal al servicio de la Administración Pública no pueden dejar de ser revisados a la luz del derecho de acceso a los archivos y documentos del expediente.

La transparencia exige esencialmente la participación -formal y material- de los ciudadanos en el proceso de adopción de decisiones públicas, y esta participación sólo puede basarse en la información. Consecuencia de la información ha de ser la caída de los muros que protegían la Administración Pública y la sustitución de la protección de la reserva y del secreto por el deber de información; atribuyéndosele un contenido enteramente nuevo al tradicional deber de sigilo, centrándolo en materias excepcionales, como el secreto por razones de Estado, el secreto del sumario o la intimidad y protección de la vida privada, tal como dispone precisamente el artículo 105 de la Constitución; único límite válido al desarrollo legislativo del secreto administrativo.

En este sentido Gawthorp señala, pensando en la Administración anglosajona, que el respeto que se muestra hoy en día hacia la "privacidad" -intimidad, secreto- del poder político, no es adecuado para mantener un servicio público ético y comprometido.

El tradicional deber de sigilo exige hoy una revisión que lo limite a esos ámbitos constitucionalmente protegidos. Tal como afirma Duffau, la obligación de discreción profesional, instituida en interés del servicio para proteger los "secretos de la Administración", cuya divulgación podría perjudicar el buen cumplimiento de sus tareas, debe hoy ser matizada. Debe combinarse con su opuesto, la obligación de transparencia, conforme por otra parte con las prescripciones del artículo 15 de la Declaración de los Derechos del Hombre y del Ciudadano, según el cual, la sociedad tiene derecho a pedir cuentas a todo agente público de su administración. Se necesitaron doscientos años, dice Duffau, para que esta disposición fuese aplicada, lo cual, demuestra la actualidad y la trascendencia del tema.

Más importante que las formulaciones normativas es la transformación de las ideas y comportamientos del personal al servicio de las Administraciones Públicas, capaz de hacer suyas las transformaciones, dando contenido concreto en la práctica a las medidas de reforma que se pretenden. Para ello es fundamental el comportamiento ético de los funcionarios.

El silencio administrativo, decía en sus clases el profesor Garrido Falla, es una patología administrativa. Con toda razón porque lo normal en un régimen democrático es que las autoridades y funcionarios, que están a disposición de la ciudadanía, contesten, salvo casos extraordinarios debidamente justificados, a las preguntas y solicitudes de los ciudadanos. Es decir, la regla debe ser que se contesten las peticiones. Si es verdad que existe un derecho fundamental a una buena administración pública parece que una de sus consecuencias debiera ser, salvo excepciones justificadas, que la Administración pública responda a las peticiones de información y de datos que demandamos los ciudadanos. Claro está, ante peticiones abusivas o desproporcionadas, la Administración lo que debe hacer, en lugar de dar la callada por respuesta, es explicar porque tal solicitud o petición es irracional o pone en peligro el servicio público, si fuera el caso.

La realidad, sin embargo, es otra muy distinta. Probablemente porque la convicción, profundamente democrática, de que las instituciones, los procedimientos y los fondos públicos son de los ciudadanos, aunque bien sabida, no se practica demasiado, al menos por estos lares. Si así fuera, lo habitual ante solicitudes razonables es que se cursen y se contesten en plazo. El derecho fundamental a la buena administración pública, recogido en la Carta Europea de los Derechos Fundamentales, se concreta en que la Administración responda a los ciudadanos en plazo razonable. Y el plazo razonable es eso, plazo razonable, no la callada por respuesta.

En este tiempo ha trascendido un interesante estudio promovido por el sitio web tuderechoasaber.es, patrocinado por la Fundación Civio y Acess Info Europa precisamente sobre la eficacia de la Administración en relación con las preguntas y peticiones de los ciudadanos. El estudio se realizó entre el 20 de marzo de 2012 y el 31 de diciembre de ese año. Se registraron 567 preguntas válidas a las distintas Administraciones públicas de las que sólo 75 recibieron una contestación satisfactoria. Los responsables del estudio concluyen que el principal hábito de las Administraciones es el silencio. Las barreras que se han identificado se refieren al uso de formularios complejos en los que se exigen datos personales que son innecesarios y también, aunque parezca mentira, a la inexistencia de webs de referencia en algunos organismos públicos.

En la Ley de transparencia española, de 10 de diciembre del 2013, el silencio administrativo negativo es la consecuencia jurídica ante la falta de respuesta de la Administración. Es verdad que el silencio administrativo abre la puerta a los recursos, y que desde hace tiempo tiene una consideración procesal para recurrir ante la propia Administración pública, pero en los tiempos que corren el silencio debe ser considerado una práctica censurable que debe ser sancionada salvo que, insisto, exista justificación razonable para no contestar en plazo. Y la justificación debe estar conveniente y concretamente argumentada en razones de interés general.

En el 70% de las consultas, según este informe, silencio. Si a este dato, que vale lo que vale, se añade que el proyecto de ley sigue considerando el silencio administrativo como respuesta negativa, el panorama resulta desalentador. Sobre todo cuando a nivel europeo se ha reconocido el derecho fundamental de la persona a una buena administración pública, derecho que se concreta en que las resoluciones administrativas europeas deben dictarse en un plazo razonable. Por tanto, si tal principio se incorporara al Derecho español, la consecuencia del silencio no sería su consideración negativa y correspondiente acceso a los recursos, sino, simple y llanamente, la demanda ante el juez contencioso administrativo de la inactividad administrativa. Si además, pensáramos en un régimen de responsabilidad personal del funcionario que no contesta en los supuestos de dilaciones indebidas, como acontece por ejemplo en el reciente Derecho italiano, entonces probablemente el silencio administrativo dejaría de tener la frecuencia que tiene en nuestro tiempo.

El silencio administrativo, como es una patología, hay que curarla. Y para ello nada mejor que permitir al ciudadano que ejerza con todas las garantías su derecho a la buena administración y que el funcionario incumplidor, responda de su actuación. La transparencia es, debe ser, un hábito propio que ha de distinguir las actividades realizadas por los diferentes Entes públicos. También, por supuesto, debe presidir la actuación de todas las organizaciones e instituciones que realizan actividades de interés general. Por una razón bien sencilla: como el pueblo es el dueño y señor, el soberano, de los fondos públicos, es lógico que todos los organismos y organizaciones que manejan estos recursos, sean Administraciones, partidos, sindicatos, patronales o, entre otros, concesionarios de servicios públicos o de interés general, den cuenta de los contratos realizados así como de la selección del personal.

Efectivamente, los fondos públicos requieren, por su propia naturaleza, uso transparente y publicidad. Por eso, los procesos de selección de personal que se realizan siempre que hay fondos públicos de por medio, han de estar regidos por los principios de mérito y capacidad. Igualmente, cuándo se trata de contratar bienes o servicios, el carácter público de esos fondos, reclama siempre publicidad y concurrencia.

En el mismo sentido, las instituciones que realizan tareas de interés general también deben guiar su actuación en materia de personal y de contratos a estos criterios. No hacerlo así, encastillarse en la oscuridad y en la opacidad, no es más que una manifestación de autoritarismo que debiera ser incompatible con los postulados del Estado de Derecho.

En este contexto, la transparencia y el acceso a la información de interés general debe ser gestionada o administrada por un órgano colegiado de representación plural, en el que estén representados los tres clásicos poderes del Estado así como la sociedad civil. Es lógico que así sea porque el pluralismo es también una cualidad democrática que debe estar presente en todas aquellas cuestiones que afectan a la rectoría de asuntos de tanta envergadura como la gestión de la transparencia o del interés general.

España, aunque pueda sorprender, es uno de los últimos países del mundo en contar con una ley de transparencia y acceso a la información pública. Como es sabido, el acceso del pueblo, de todos y cada uno de los ciudadanos a los asuntos de interés general, constituye una de las manifestaciones más relevantes de la centralidad que la persona humana tiene en el sistema democrático. Además, en estos casos, nos hallamos ante un derecho fundamental a obtener información en relación con los asuntos de interés general. Desde luego que la Administración y los Entes públicos así como las personas jurídicas que reciban subvenciones, manejen fondos públicos o que realicen tareas de interés general están obligados a suministrar y facilitar información acerca de sus actividades.

En realidad, este derecho fundamental es un corolario necesario del principio básico de la democracia: el poder es del pueblo, los ciudadanos son sus titulares. Los poderes públicos no son más, ni menos, que instituciones de la comunidad a la que han de rendir cuentas periódicamente de forma argumentada y razonada. Siendo esto así, es lógico que se disponga de una ley orgánica que regule este derecho fundamental, respetando su núcleo básico, para facilitar que las Administraciones y demás Entidades que realicen funciones de interés general suministren en tiempo razonable y de la manera más veraz y completa posible la información que demanden los ciudadanos.

Se trataba, pues, de incorporar las tendencias más modernas para mejorar el régimen de un derecho que en muchos países, debido al juego de la información reservada y confidencial, se ha quedado en papel mojado. Si los supuestos de reserva de la información o de confidencialidad no se redactan en términos bien concretos huyendo de abstracciones o generalidades, seguiremos instalados en un ambiente de oscuridad, o, peor, de penumbra, que tanto desprestigia a la Administración pública. Por eso, la redacción de los preceptos relativos a estas materias debe ser muy concisa y muy concreta interpretándose restrictivamente.

La autoridad que debe velar por la efectividad de este derecho, como es lógico, habrá de ser colegiada. No es bueno dejar en unas solas manos la administración de esta materia, máxime si tal autoridad es nombrada por el poder ejecutivo. En la composición del colegio, de la agencia o de la comisión deberían estar representados, además de los poderes del Estado, las asociaciones profesionales vinculadas con este sector, las asociaciones de usuarios de servicios públicos y los expertos desde una perspectiva de equilibrio en la que no sería de recibo la preferencia de los representantes del Estado.

La ley española de acceso a la información pública podría haber colocado a nuestro país a la vanguardia de una regulación que precisa abrirse más a la sociedad achicando hasta donde sea posible esos espacios de ambigüedad que tanto daño hacen a la democracia y, por ende, a la credibilidad de las instituciones públicas. Para eso hubiera hecho falta una voluntad firme para que la ciudadanía ocupe la centralidad de la vida pública, que ya va siendo hora. Primero los personas, luego las estructuras.

Una de las consignas más repetidas y cacareadas acerca de la reforma del Gobierno y de la Administración pública se refiere, como es bien conocido, al gobierno en red, al gobierno abierto, al gobierno y a la administración transparente. Es verdad que todavía, a pesar de los pesares, el pesado aparato público ahoga a no pocos ciudadanos y asfixia las legítimas aspiraciones de tantas personas que chocan, una y otra vez, contra la muralla de la indiferencia en que en ocasiones se nos presentan las distintas administraciones públicas. Por eso, entre otras razones, desde hace algún tiempo, se nos habla y se nos pontifica, a menudo desde el dogma y la prepotencia, acerca de las bondades de la proyección de las nuevas tecnologías en el Gobierno y la Administración pública.

En casi todos los países desarrollados se han acometido, con distinta suerte, procesos de implantación de las nuevas tecnologías al amparo de la reforma o modernización de turno. Se han gastado millones y millones de euros en esta tarea y la verdad es que los resultados están a la vista. Hay oficinas que funcionan mejor, que son más transparentes, y hay oficinas que se han convertido a la oscuridad y a la penumbra.

La cuestión más relevante es la del modelo. Mientras no esté claro el modelo y, por ello, las funciones encomendadas a cada administración pública, el uso de las nuevas tecnologías, sin pretenderlo, puede, y de qué manera, ahondar en la descoordinación, en la confusión y en el eterno peregrinaje administrativo en que acaba convirtiéndose cualquier gestión o trámite que se pretenda realizar en cualquier oficina del aparato público. Ahora que estamos sumidos en una crisis económica y financiera parece que sin precedentes es momento de definir el modelo. Después, sobre el modelo, y pensando en la transparencia, es más sencillo implementar un sistema de administración pública abierta, accesible a los ciudadanos.

Otra cuestión, sin embargo, es previa a la implantación coherente y razonable de un sistema de gobierno y administración pública en red. Me refiero a un tema cultural todavía, en alguna medida pendiente: la centralidad de los usuarios de los servicios públicos y de interés general. Mientras la persona concreta no disponga del grado de conciencia cívica necesaria para asumir su papel de protagonista en el sistema gubernamental y administrativo, poco o nada podremos hacer. Como todo proceso cultural, ni se puede imponer si aparece por generación espontánea. Requiere de un compromiso educativo serio y mantenido en el tiempo. Requiere de confianza en un sistema político que no goza precisamente de gran prestigio. Y, sobre todo, se requiere que el personal al servicio de la administración pública asuma como propia la convicción de que el dueño de los intereses generales, de que el señor de procedimientos e instituciones públicas, ni es ni el alto cargo ni el jefe del partido, sino la persona corriente y moliente.

Por tanto, el debate sobre la eficacia y la eficiencia de la Administración a través de las nuevas tecnologías es un debate importante que debe ir precedido, sin embargo, del debate acerca de la funcionalidad del aparato público en relación con los ciudadanos. Debate que nos acerca al gran problema de la administración en este tiempo: la ampliación de los espacios de discrecionalidad y las conexiones, demasiado frecuentes entre política y administración pública. Mientras no estén claros los derechos, y los deberes, de los ciudadanos en relación con la Administración, el problema de la eficacia y la eficiencia hasta puede ser superfluo. Porque, de lo contrario, las nuevas tecnologías, que constituyen un magnífico avance en todos los sentidos, hasta se podrían convertir en peligrosos aliados de quien toma el gobierno y la administración pública para dominar a la sociedad o transformarla en una manada de ovejas dóciles y sumisas al poder único que se extiende desde la cúpula.

Un estudio reciente demuestra que los partidos se financian fundamentalmente con cargo a las arcas públicas. Es más, el reciente informe del profesor Mikel Buesa constata que los ingresos de los partidos se nutren mayoritariamente, hasta el 83%, con fondos públicos. Es decir, con aportaciones que proceden del bolsillo de los españoles. Por esta razón, porque estas instituciones de interés general, no instituciones privadas, se financian sobre todo con fondos públicos, deben estar sometidas a la ley de transparencia. Así, sus contratos, sus procesos de selección de personal, y, sobre todo el destino concreto de estas subvenciones, deben ser de conocimiento público. Que la presión social a causa de la corrupción política haya aconsejado a los promotores del proyecto que se debate en las Cortes incluir a los partidos en esta ley no debe hacernos olvidar que la causa de tal inclusión es, ni más ni menos, que se trata de instituciones de interés general que manejan fondos de todos.

Si bien en la transición política era justificable que los partidos, que estaban en sus inicios, contaran mayoritariamente con ayuda pública, hoy, tres décadas después, las cosas debieran ser de otra manera. Es verdad que hay que tener sumo cuidado con la financiación privada para que estas instituciones no acaben en manos de élites, pero no podemos olvidar que el sistema actual ha permitido que los partidos sean prácticamente del dominio, en cada caso, de la cúpula dirigente.

Los datos sobre la financiación de los partidos aconsejan que las reformas que se anuncian contemplen esta realidad. No puede ser que hoy las formaciones partidarias se hayan convertido en cortijos o haciendas de determinados dirigentes que por décadas se instalan cómodamente en las tecnoestructuras para hacer su voluntad al margen de las ideas que inspiran tales estructuras.

Es necesario cambiar este panorama para que los verdaderos dueños de los partidos sean los militantes y afiliados. Y, sobre todo, que las cúpulas no traicionen las ideas que conforman el núcleo ideológico del partido con el fin de mantenerse en el poder. Para eso, para que los partidos estén abiertos a la sociedad y a los afiliados, a todos, hay que dar mayor participación a la militancia. Que reciba las rendiciones de cuentas de los cargos institucionales y electos del partido. Que participe activamente en la elección de la dirección de la formación por sufragio universal y directo. Que colabore en la determinación del ideario del partido y, sobre todo, que opine cuándo se pretendan alterar o modificar compromisos o ideas fundamentales del partido.

Los partidos, si quieren ser lo que deben ser, y sobre todo, si quieren adecuarse al espíritu y a la letra de la Constitución, deben iniciar procesos de reforma sustanciales. Hay que cambiar normas y hábitos para que penetre de verdad la sabia de la democracia y la participación.

La transparencia es una exigencia del Estado Social y Democrático de Derecho y un atributo del funcionamiento de su Administración Pública, al destacar la actitud -y aptitud- de servicio en detrimento de la práctica del ejercicio de autoritario. Es también el resultado de un conjunto de medidas necesarias de reforma administrativa; medidas que deben integrarse en un sistema y manifestarse en las diversas fases del proceso de elaboración del acto administrativo.

Por ejemplo, la preparación del acto administrativo asegura a los ciudadanos el derecho a la información sobre el modo en cómo van siendo apreciadas sus pretensiones. Asimismo, en la fase de resolución del acto, asegurando a los interesados, mediante la audiencia previa, su participación en la decisión y asegurando, a través de la motivación de la decisión, la clarificación de las razones sobre las que se fundan sus decisiones. Finalmente, cuando garantiza esa transparencia el acceso a los archivos y registros administrativos, independientemente de la invocación de cualquier interés

XIV
SOBRE EL PODER PÚBLICO

El poder público es, en una acepción clásica, el medio que tiene el Estado para hacer presente el bien de todos. Por tanto, en sí mismo, tiene una clara dimensión relacional y se fundamenta en su función de hacer posibles los presupuestos para el pleno desarrollo del ser humano. Es decir, el poder público se justifica en función de hacer posibles los fines existenciales del hombre. Es más, el poder público se legitima en la medida en que su ejercicio se orienta hacia este objetivo. El fundamento jurídico del poder público reside en la constitución natural del orden colectivo necesario para el cumplimiento de las funciones sociales fundamentales. Dicho orden, y por tanto su autoridad, se funda en la naturaleza del hombre. Así se entiende perfectamente que el poder político se encuentra subordinado al bien de todos.

Resulta en este sentido revelador recordar que el poder público se encuentra acompañado de un conjunto de facultades jurídicas especiales, que podríamos calificar de supremacía. Sí, de supremacía o de superioridad en la medida en que se dirigen a la consecución del bien de todos, del bien de toda la comunidad, del bien de todos. Por eso, las personas que ejercen poderes públicos deben tener claro, muy claro, que dichos poderes se justifican en la medida que se utilicen al servicio del bien de todos. Este es un punto básico y fundamental sobre el que volveremos más adelante y desde diferentes perspectivas.

Uno de los mejores historiadores del Derecho, el Padre Mariana, integrante de la famosa Escuela de Salamanca del siglo XVI que tanto influyó en la conformación de la esencia y sentido de los derechos humanos, escribió sobre el origen del poder lo siguiente:

"Al principio del mundo vivían los hombres derramados por los campos a manera de fieras; no se juntaban en ciudades ni en pueblos; solamente cada cual de las familias reconocía y acataba al que entre todos se aventajaba en la edad y en la prudencia. El riesgo que todos corrían de ser oprimidos de los más poderosos y de las contiendas que resultaban con los extraños y aún entre los mismos parientes, fueron ocasión que se juntasen y tomasen por cabeza al que entendían con su valor y prudencia los podría amparar y defender de cualquier agravio y demasía. Este fue el origen que tuvieron los pueblos éste es el principio de la majestad real, la cual por entonces no se alcanzaba por negociaciones y sobornos; la templanza, la virtud y la inocencia prevalecía".

El origen del poder, pues, tiene mucho que ver con la defensa de los más débiles. Con el paso del tiempo ciertamente se ha instalado, no por casualidad, una idea del poder conectada desgraciadamente a la fuerza y a la exclusión, siquiera sean indirectas, como manifestaciones de una sociedad en la que todo tiene un precio y en la que la notoriedad y la fuerza mueven los hilos de casi todo.

Sin embargo, ahora me interesa fundamentalmente recordar que el poder nace para la protección de los más necesitados, no como instrumento de opresión o de exclusión. Por eso, quizás Diderot escribió sobre el fundamento del poder en la Enciclopedia que "el consentimiento de los hombres reunidos en sociedad es el fundamento del poder. El que es establecido por la fuerza, no puede subsistir más que por la fuerza". En ocasiones, no se trata de la fuerza animal, de la fuerza brutal, es suficiente, vaya si lo es, la fuerza sutilmente ejercida a través de formas y métodos, suaves en las formas, pero dirigidos directamente al amedrentamiento, al dominio de la sociedad y de sus miembros.

El poder público existe por y para la satisfacción plena de las funciones sociales. Tiene una dimensión de Derecho público que se engarza con la propia finalidad de la comunidad política y se extiende, como dice el profesor Messner, a todas las funciones necesarias para la realización de su bien general específico. Por ello, el poder público en su sentido más propio, está vinculado esencialmente al bien de todos, al bien de todos y cada uno de los ciudadanos en cuanto miembros de la comunidad, por lo que si se usa en beneficio propio o de grupos determinados se hace una utilización ilegítima, anti-ética del poder público. Las potestades públicas, lo sabemos bien los administrativistas, se justifican en cuanto sirven objetivamente al interés general. Entendido, el interés general, como defendemos en esta monografía, desde una perspectiva abierta, como el ambiente en el que deben promoverse los derechos humanos de todos.

El poder público es encomendado por los ciudadanos a los representantes, no sólo para que realicen una mera y automática ejecución de la ley -función ejecutiva-, sino para que dirijan la comunidad política en orden al bien de todos. Aquí radica precisamente la diferencia entre administrar y gobernar. Es más, el poder público en el marco de la ley, se encuentra vinculado por el bien de todos.

El poder público es un poder de mando, de rectoría, de jurisdicción, porque debe garantizar el orden fundamental de la sociedad en orden a la realización de todos los fines de la existencia humana a todos los ciudadanos sin excepción. Es también un poder autónomo en el ámbito de sus funciones vinculado a la Ley y al Derecho, a la norma escrita y a los principios generales, a las expresiones de la justicia vengan por la vía o la fuente que vengan.

La persona, el ser humano, es el centro y la raíz del Estado como comunidad política jurídicamente organizada. Por eso, cuando las personas son la referencia del sistema de organización político, económico y social, aparece un nuevo marco en el que la mentalidad dialogante, la atención al contexto, el pensamiento reflexivo, la búsqueda continua de puntos de confluencia, la capacidad de conciliar y de sintetizar, sustituyen en la substanciación de la vida democrática a las bipolarizaciones dogmáticas y simplificadoras, y dan cuerpo a un estilo que, como se aprecia fácilmente, aspira a la mejora continua de las condiciones de vida de todos los ciudadanos.

En efecto, colocar a las personas en el centro del Estado tiene una consecuencia inmediata, conduce a una disposición de prestar servicios reales a los ciudadanos, de servir a sus intereses reales. Para ello es necesario subrayar que el entendimiento con los diversos interlocutores es posible partiendo del supuesto de un objetivo común: libertad y participación.

La importancia de los logros concretos, los resultados constatables -sociales, culturales, económicos,- en la actividad pública, derivan de las necesidades reales de la población que, viéndose satisfechas, permiten alcanzar una condición de vida que posibilita el acceso a una más plena condición humana.

Una más profunda libertad, una más genuina participación son el fruto del ejercicio del poder entendido desde el pensamiento abierto, plural, dinámico y complementario. Porque no debemos olvidar que las cualidades de la persona tampoco tienen un carácter absoluto. El hombre no es libre a priori, si se puede hablar así; la libertad de los hombres no se nos presenta como una condición preestablecida, como un postulado, sino que la libertad se conquista, se acrisola, se perfecciona en su ejercicio, en las opciones y en las acciones que cada hombre y cada mujer inicia y, si puede, culmina.

La libertad es ante todo y sobre todo el rasgo en el que se declara la condición humana. Las libertades formales no son el fundamento de la democracia. El fundamento de la democracia son los hombres y mujeres libres. La actividad pública se debe entender, pues, como un ejercicio a favor de cada individuo, que posibilita a cada vecino su realización como persona. Ese, sin confusión, podría ser el punto de conexión entre política y ética.

¿Qué sentido tiene, en este contexto, lo que se llama el poder público?. Muy sencillo, el "poder" es el medio para hacer presentes los bienes de orden colectivo y personal que la ciudadanía precisa para el ejercicio de la libertad solidaria. Así pues, el poder tiene, como ya he señalado, una clara dimensión relacional y se fundamenta en su función de crear los presupuestos para el pleno desarrollo de las personas. O lo que es lo mismo, el poder público se justifica en función de hacer posible los fines existenciales del hombre: de posibilitarlos, no de realizarlos, ni siquiera de prejuzgarlos, porque la elección y procura de los propios fines es libre, y competencia exclusiva de cada individuo, en eso consiste la tarea moral, tal y como la entiendo. Es más, el poder público se legitima en la medida en que su ejercicio se orienta a ese objetivo.

De acuerdo con esta línea argumental el "Poder" deja de sustanciarse y pasa a escribirse con minúsculas. El poder lo entiendo, desde este punto de vista, como capacidad de acción y, en su uso, lo que cobra ahora una dimensión vital es la actitud de quien dispone de él. Como capacidad de acción el poder se alimenta de los medios -por ejemplo, una Administración pública ágil, moderna, eficaz-; de la legitimidad, derivada de los procedimientos democráticos, y consecuentemente del respeto a los demás, especialmente a aquellos que piensan de otra forma, de manera diferente.

Por eso, el centro de la acción pública es la persona, el ciudadano. Desde este principio básico de actuación es posible establecer algunas de las líneas fundamentales que, desde una perspectiva que podríamos denominar -de un modo genérico- ética, configuran una concepción del poder público entendido desde los postulados, insisto, del pensamiento abierto, plural, dinámico y complementario.

La persona no puede ser entendida, lo hemos señalado con anterioridad, como un sujeto pasivo, inerme, puro receptor, destinatario inerte de las decisiones políticas. Definir a la persona como centro de la acción pública significa no sólo, ni principalmente, calificarla como centro de atención, sino, sobre todo, considerarla el protagonista por excelencia de la vida pública.

Esta afirmación realizada en los más variados tonos, y con los acentos más diversos, en situaciones incluso a veces contrapuestas, tiene desde esta perspectiva un significado propio. Afirmar el protagonismo de la persona no quiere decir darle a cada individuo un papel absoluto, ni supone propugnar un desplazamiento del protagonismo ineludible y propio de los gestores democráticos de la cosa pública. Afirmar el protagonismo de la persona es poner el acento en su libertad, en su participación en los asuntos públicos, y en la solidaridad.

Se ha dicho que el progreso de la humanidad puede expresarse como una larga marcha hacia cotas cada vez más elevadas de libertad. Aunque el camino ha sido muy sinuoso -tal vez demasiado- y los tropiezos frecuentes -y a veces muy graves-, podemos admitir como principio que así ha sido. De modo que el camino de progreso es un camino hacia la libertad.

Una de las cuestiones más importantes de la Ética Política es la relación entre derecho y "poder" o entre Derecho y Ética. Ambos binomios, han ocasionado ríos y ríos de tinta a muchos sesudos pensadores de todos los tiempos. No hay más que teclear estos conceptos en la red o bucear cualquier biblioteca bien constituida para percatarse de ello.

Desde el punto de vista normativista, el Derecho incorpora una referencia esencial de coactividad. La fuerza es, en esta orientación, medio y contenido de las normas jurídicas por lo que el Derecho se asienta básicamente sobre la realidad del poder. Es más, como sostiene Peces-Barba, siempre desde una aproximación normativista, el poder constituye la realidad jurídica de forma que se erige en el fundamento del Derecho. Esta concepción, que encuentra quizá su precedente en Bodino y en el mismo Hobbes, tiene, al menos, una consecuencia peligrosa: la conversión del Derecho en fuerza. Para evitar esta conclusión el propio Peces-Barba dirá que el Derecho es, efectivamente, poder, fuerza, pero racionalizada. O lo que es lo mismo: fuerza autorregulada. Pero, ¿es posible que el Derecho sea una norma sobre la fuerza dada por la fuerza misma?, ¿es posible pensar en el Derecho como fuerza que se autolimita por sí misma y desde si misma?.

La verdad es que, cuando menos, es bastante difícil de entender esta posición porque la idea de racionalidad de la fuerza alude necesariamente a una realidad extrínseca a la del poder que precisamente nos lleva al elemento ético del Derecho; a saber, la noción de finalidad. Porque racionalizar el poder será por algo o para algo: racionalidad sin finalidad no parece posible. De ahí que el Derecho, la norma jurídica, sea racional y, por tanto, ordenada a un sistema de valores. Si no hay racionalidad, Derecho es igual a poder, a fuerza y resultará "jurídico", según esta tesis, por ejemplo, el nazismo o cualquier fundamentalismo o planteamiento abiertamente opuesto a la dignidad de la persona siempre que formalmente alcance el apoyo electoral suficiente.

Por ello, la idea del poder para el Derecho público siempre se ha analizado desde la óptica del servicio al interés general. Es más, con la constitución de 1978 en la mano, como ya hemos comentado, el poder debe estar siempre al servicio de los intereses generales que, me parece, se puede traducir por el bien de todos los integrantes de la colectividad en cuanto tales, en cuanto miembros de la comunidad. (artículo 103 CE).

En este sentido, me parece poco acertado afirmar que el Derecho es poder o fuerza racionalizada. Primero porque la idea de la fuerza es una nota excepcional. Segundo porque el elemento central del Derecho es la justicia. Y, tercero, porque en una sociedad democrática, la idea de la fuerza alude a conceptos profundamente retrógrados y emparentados con expresiones que no concuerdan bien con el ambiente en el que se desenvuelven las libertades. Me estoy refiriendo, claro está, a escenarios de utilización personal o patrimonial del poder en los que la fuerza o su exhibición permiten la consolidación de concepciones utilitaristas del poder tan en boga, al menos en su dimensión práctica.

Como ha escrito Bertrand Rusell "a la mente típica moderna nada le interesa por si, sino por lo que puede hacerse con el objeto considerado. Las características importantes de las cosas, desde este punto de vista, no son cualidades intrínsecas, sino sus usos". Pues bien, el uso o el ejercicio del poder deben estar siempre orientados a la consecución del bien de todos en cuanto miembros de la comunidad. Es más, el poder, en sí mismo, es un instrumento para este fin. El problema aparece cuando la persona que representa al poder se olvida de su finalidad y el poder y su mantenimiento se convierte en la principal finalidad. Por eso, como sigue escribiendo el filósofo Bertrand Rusell, "todo es un instrumento. Si se pregunta lo que es un instrumento, la respuesta será que es un instrumento para la fabricación de instrumentos que a su vez harán instrumentos más poderosos y así sucesivamente hasta el infinito. Dicho psicológicamente, significa esto que el amor al poder ha desplazado a todos los demás impulsos que completaban la vida humana".

¿Por qué tantos ponen en la adquisición, ejercicio y mantenimiento del poder tanto interés?. ¿Por qué tanta adicción al poder?. ¿Por qué cuesta tanto abandonar el poder?. ¿Por qué ese especial atractivo que tiene el poder para tantas personas?.

Como punto de partida hay que tener en cuenta que el poder, insisto, el verdadero poder es un instrumento de servicio a las personas y, por ello, cuando se tiene claro que el poder debe ir acompañado de un ambiente de integración, de diálogo, de mentalidad abierta, de búsqueda de soluciones y de sensibilidad social, entonces reclama a personas entrenadas en estas cualidades democráticas y, a su vez, rechaza a esa fauna de perfiles que viven en las arenas movedizas de la adulación o del servilismo.

Desde un entorno crítico, es posible una nueva dimensión del ejercicio del poder que anime a personas con aspiraciones nobles de servir a su pueblo y no a servirse de su pueblo para su enriquecimiento personal.

Desde muy antiguo, la pasión por el poder ha sido objeto de muchos libros y comentarios. Se trata de la pasión por el mando que, rectamente orientada, no tiene nada de particular. Como escribe Cervantes en su célebre Don Quijote: "yo imagino que es bueno mandar aunque sea a un hato de ganado". Ahora bien, esa "bondad" del poder se justifica en la medida en que su ejercicio desprenda ese aroma del servicio al pueblo y de las cualidades democráticas que hoy espera la ciudadanía de los que ejercen el poder público.

La conquista del poder es una tarea importante. No se debe olvidar que en una democracia son los ciudadanos los que deciden la opción política que va a dirigir la vida colectiva de una nación. Por eso Francisco de Vitoria enseño en el siglo XVI que la base del poder está en el consentimiento de los ciudadanos y probablemente Diderot más adelante escribiría en la Enciclopedia que el consentimiento de los hombres reunidos en sociedad es el fundamento del poder.

Grave equivocación es la de aquellos que piensan que ejercen el poder por su valía o sus condiciones personales. El poder público por excelencia que es el poder ejecutivo, se ejerce porque la sociedad ha confiado el gobierno de una nación a un partido que representa unas determinadas ideas. Y, por tanto, los que gobiernan deben tener ese programa político como la guía de acción para llevarlo a la práctica con el consenso técnico de los que administran.

El poder se asume, recordemos, para contribuir al bien de todos, para mejorar el bienestar general de todos y cada uno de los ciudadanos y de modo especial de los más desfavorecidos. El poder es un medio, no un fin. De ahí que rechace esa máxima de Tácito que aconsejaba "proceder servilmente en todo para alcanzar el poder". No, de ninguna manera. Entonces, ¿es qué no es legítima la búsqueda del poder?. Claro que es legítimo y lícito buscar el poder. Faltaría más. Lo que no es moralmente correcto es condicionar las cualidades democráticas o el bienestar general a la conquista del poder.

El poder, en una sociedad democrática, está reñido con la fuerza, o la violencia. Me refiero a la normalidad en su ejercicio, porque puede haber circunstancias especiales que aconsejen su utilización, como los supuestos del orden público, supuestos, insisto en que la coactividad se justifica por la necesidad de restaurar la paz social, el bien general, la convivencia pacífica de los ciudadanos. Pero lo ordinario, lo habitual, es que la fuerza no debe ser una nota determinante del ejercicio normal del poder. Como enseña Diderot "el que es establecido por la fuerza no puede subsistir más que por la fuerza".

Es bien claro: los sistemas autoritarios o dictatoriales sólo pueden mantenerse a través de la fuerza. ¿Por qué? Porque, como también recuerda Diderot en la Enciclopedia "el poder que se adquiere por medio de la violencia es una usurpación y dura mientras que la fuerza del que manda se impone sobre los que obedecen; de manera que si estos últimos consiguen ser a su vez los más fuertes y se sacuden el yugo, lo hacen con tanto derecho y justicia como la del que se lo había impuesto". La adquisición del poder por la violencia es una usurpación en su sentido más cabal. Por supuesto. Pero no menos grave es algo que me preocupa desde hace algunos años. Me refiero a que en la democracia es posible la falta de hábitos o cualidades democráticas o, por el contrario, la pervivencia de costumbres y modos de gobernar de corte autoritario. Es una tentación sutil en la que caen no pocos que se dejan seducir por la fuerza de atracción del poder y sus pompas. Decía Kissinger que el poder es el afrodisiaco más fuerte y parece que no andaba descaminado. Por eso, qué importante es saber para que se ejerce el poder y qué importante es saber que a través del poder debe hacerse visible el bienestar de todos los ciudadanos.

Cualquier persona que haya ejercido en algún momento el poder o lo ejerza en la actualidad sabe lo cierto de las palabras de García de la Huerta: "¡Que gustoso es el mando, aun en el medio de peligros¡". Pero siempre que se anteponga el bien de todos al bien propio.

"Todo poder es una conspiración permanente" sentenció Balzac. Es una frase peyorativa que nos sugiere que en la antesala del poder y en su propia estancia se vive en una conspiración continua. Sí, si es una conspiración para servir a los intereses de la nación, o, lo que es lo mismo, para servir objetivamente al interés general. Y no, si se trata de conspirar única y exclusivamente para mantenerse a toda costa en el poder. Volvemos al principio; se está en el poder para dos cosas: para servir al Estado o para servirse a uno mismo. Por eso, siempre me he preguntado, y me pregunto, antes de tomar una decisión si se va a beneficiar la gente, o si me voy a beneficiar yo. Un gobernante debe tener la capacidad crítica de examinarse con frecuencia sobre la causa de las decisiones que adopta.

En el ejercicio del poder, como escribió Tolstoi hay que tener presente que "en este mundo, el poder es un capital que hay que manejar con cuidado". Por eso, la moderación y el equilibrio son dos cualidades democráticas básicas.

Al analizar estas cualidades democráticas para el ejercicio del poder, aparece con gran fuerza el sentido que tiene esta institución como espacio para la mejora de las condiciones de vida de los ciudadanos.

Las posiciones dominadas por la ideología, las posiciones radicales, conducen a acciones públicas desmesuradas. Los políticos radicalizados tienen la convicción de que disponen de la llave que soluciona todos los problemas; que poseen el acceso al resorte mágico que cura todos los males. Esta situación deriva de la seguridad de poseer un conocimiento completo y definitivo de la realidad, y siendo consecuentes -la coherencia de las posiciones ideológicas es la garantía de su desmesura- se lanzan a una acción política decidida que ahoga la vida de la sociedad y que cuenta entre sus componentes con el uso de los resortes del control y dominio a que someten el cuerpo social.

El poder debe ejercerse con moderación, con templanza, con sentido del equilibrio. El político moderado respeta la realidad y sabe que no hay fórmulas mágicas. Por supuesto que sabe qué acciones emprender y sabe aplicarlas con decisión pero con la prudencia de tener en cuenta que la realidad no funciona mecánicamente. Es consciente de que un tratamiento de choque para solventar una dolencia cardíaca puede traer complicaciones serias en otros órganos.

La moderación no significa medias tintas, ni la aplicación de medidas políticas descafeinadas ni tímidas, porque la moderación se asienta en convicciones firmes, y particularmente en el respeto a la identidad y autonomía de cada actor social o político, es decir, en la convicción de la bondad del pluralismo. Por eso política moderada es una política de convicciones y de tolerancia, no de imposiciones. Más que vencer le gusta convencer.

El poder debe ejercerse con sentido del equilibrio Con esto quiero referirme a que el ejercicio del poder debe contemplar el conjunto de la sociedad, y no sólo el conjunto como una abstracción, sino el conjunto con todos y cada uno de sus componentes, de modo que tendencialmente a través del poder público se debe intentar dar una respuesta individualizada –podríamos decir– a las aspiraciones, necesidades y responsabilidades de cada uno de los ciudadanos.

El ejercicio del poder debe articularse mirando a todos los sectores sociales, sin exclusión de ninguno. Y desde la moderación debe negarse absolutamente que la mejora de un grupo social haya de hacerse necesariamente a costa de otros grupos o sectores. Esta interpretación sólo cabe desde una perspectiva de lucha de clases o desde un radical individualismo liberal.

Hoy, la experiencia histórica y la ciencia social y económica nos permite afirmar que sólo un crecimiento equilibrado permite una mejora real de los distintos sectores y segmentos de población. La experiencia soviética, el yermo social, político y económico a que se ha vista reducido ese gran país que es Rusia, se explica, en buena parte, por la destrucción revolucionaria de los sectores dinámicos de la economía. Las sociedades postindustriales, por otra parte, nos vienen enseñando que no es posible un desarrollo económico sostenido si no es sobre la estabilidad social conseguida por una participación efectiva de todos en la riqueza producida.

En cierto modo, el pensamiento ecológico y el pensamiento holístico nos han permitido descubrir que todo reduccionismo, toda visión sesgada o auto-limitada de la realidad reduce la eficacia de la acción, la convierte en estéril o incluso en perjudicial. En el campo técnico no sucede necesariamente así, pero en el campo político, sí, porque la política contempla la realidad en todas sus dimensiones. La política no es ingeniería.

Sin moderación no se alcanza el equilibrio político. Sólo la moderación no basta, pero la moderación sola centra las posiciones, aproxima al denominado espacio del centro. La moderación es, entre otras cosas, un ejercicio de relativización de las propias posiciones políticas. Las políticas radicalizadas, extremas, sólo se pueden ejercer desde convicciones que se alejan del ejercicio crítico de la racionalidad, es decir desde el dogmatismo que fácilmente deviene fanatismo, del tipo que sea. Pero toda acción política es relativa. El único absoluto asumible desde la posición que se defiende en estas líneas – repitámoslo- el hombre, cada hombre, cada mujer concretos, y su dignidad. Ahora bien, en qué cosas concretas se traduzcan aquí y ahora tal condición, las exigencias que se deriven de ellas, las concreciones que deban establecerse, dependen en gran medida de ese "aquí y ahora", que es por su naturaleza misma, variable.

La moderación, lejos de toda exaltación y prepotencia, implica una actitud de prudente distanciamiento, la asunción de la complejidad de lo real y de nuestra limitación. La complejidad de lo real no es una derivación del progreso humano, de los avances científicos y de la tecnología, por mucha complejidad que hayan añadido a nuestra existencia. Más bien los avances de todo tipo nos han hecho patente esa complejidad. Los análisis simplistas y reduccionistas se han vuelto a todas luces insuficientes, no sólo para el erudito o el experto, sino para el común de la gente. Justamente los medios de comunicación, el progreso cultural, la información, ha permitido a una gran parte de la ciudadanía constatar de modo inmediato, con los medios a su alcance – simplemente con la información diaria que ponen a su disposición la prensa, la radio o la televisión-, esa complejidad: la información diaria nos permite a todos percibir intuitivamente la incidencia de los avatares de la bolsa de Hong-Kong en la vida económica española. Esa complejidad la descubrimos hoy a través de cualquier afición que cultivemos, en el campo deportivo, cultural o recreativo: Un buen aficionado al fútbol ya no sabe sólo de tácticas o de juego, analiza presupuestos y balances, discute sobre cláusulas contractuales, se familiariza con nociones de sociología, conoce mecanismos de protección del orden público.

Con la actitud de equilibrio en el ejercicio del poder me refiero a la atención que se debe dirigir no a un sector, a un segmento de la población, a un grupo –por muy mayoritario que fuese- de ciudadanos, sino que el político debe tener presente la realidad social en todas sus dimensiones. Precisamente por eso, entre otras cosas, el ejercicio equilibrado del poder no es fácil. Se trata de gobernar, de legislar, para todos, contando con los intereses y las necesidades de todos, y también y sobre todo con las de los que no las expresan, por cuanto entre ellos se encuentran posiblemente los que tienen más escasez de medios o menos sensibilidad para sentir como propios los asuntos que son de todos.

Ciertamente una política genuinamente democrática sólo puede desarrollarse en la medida en que una sociedad alcanza estándares adecuados de seguridad económica y de maduración social. Políticas democráticas en entornos económicamente subdesarrollados, socialmente inmaduros o desequilibrados, culturalmente inertes o convulsos, presentarán necesariamente graves deficiencias y correrán el riesgo de reducirse a puras formalidades que esconderán probablemente la acción de oligarquías más o menos encubiertas.

El equilibrio es, pues, es una exigencia y una condición del ejercicio del poder en la democracia, y quien ejerce el poder sólo podrá responder a esa exigencia si su tono ético y su inteligencia le permiten sobreponerse a las presiones, y sortear las tensiones -cuando fuere el caso- que el juego de la vida social lleva implícitas. El que ejerce el poder no debe estar comprometido con un segmento, ni con una mayoría por amplia que fuese, sino que lo está con todos, aunque la base social que constituye su soporte serán necesariamente los sectores más dinámicos, activos y creativos del cuerpo social.

Al hablar de las condiciones objetivas de las diversas situaciones a las que quien ejerce el poder se enfrenta podría alguno interpretar que debe atender sólo a lo que podríamos llamar condiciones reales, prescindiendo de las referencias a la subjetividad, a las inclinaciones, a la conciencia de las gentes, al sentir social. Nada más lejos de lo que debe ser. El sentir social, la conciencia social, debe ser un elemento de primer orden en la consideración del ejercicio del poder, si realmente se admite que la ciudadanía es el elemento fundamental en la articulación de la vida política. El sentir social forma parte – podríamos decir- de las condiciones objetivas, porque es un factor que actúa realmente, que gravita sobre las situaciones reales, y debe ser tenido en cuenta en su valoración.

Pero ha de verse como un factor más, de gran importancia, pero de importancia relativa, en la configuración de las situaciones y por tanto en la configuración del ejercicio del poder, que debe tener muy en cuenta la opinión pública. Sería suicida, pero sobre todo sería inadecuado e injusto, actuar de espaldas a ella. Pero la acción pública no puede plantearse como un seguidismo esclavizado de esa opinión.

La atención a la opinión pública no significa sólo atención a la opinión mayoritaria, ni mucho menos. Quien ejerce el poder debe tener particular sensibilidad para atender a las demandas de grupos y sectores minoritarios que manifiestan un especial compromiso ético-político en la solución de graves problemas que aquejan a nuestra sociedad, y trascendiéndola, al mundo entero, y que representan, en cierto modo, aquello que se denominaba conciencia crítica de la sociedad. La conciencia ecológica, el antimilitarismo, el reparto de la riqueza, el compromiso con los desposeídos, la crítica de una sociedad consumista y competitiva, la reivindicación de la dignidad de la condición femenina, la denuncia de una sociedad hedonista y permisiva, etc., son tantas manifestaciones de una particular sensibilidad ética. A veces –es cierto- estas tomas de postura se hacen con manifestaciones desmesuradas y reduccionistas o totalizadoras, pero que nunca quien ejerce el poder en democracia debe dejar de tener presente, con el equilibrio y mesura que deben caracterizarle. Una respuesta cumplida a las demandas y expectativas de la sociedad de nuestro tiempo, requiere estar abierto también a las nuevas sensibilidades y hacer una ponderada valoración de sus diversas manifestaciones, sabiendo distinguir los compromisos auténticos de los oportunismos y de las estrategias de lucha partidista.

En el ejercicio del poder, la moderación, el equilibrio y la sensibilidad social pienso que garantizan hasta cierto punto la consecución del objetivo básico: el bienestar de todos y cada uno de los miembros de la sociedad en cuanto tales. El poder, insisto, no es malo. Es bueno, muy bueno, pero, insisto también, siempre que su fin no se difumine o desnaturalice. El poder debe estar siempre contextualizado para evitar que sea una fuerza descontrolada. Para eso, es imprescindible que quien ejerce el poder tenga dominio de sí, autocontrol, moderación. Como dice Richter "después del poder, nada hay tan excelso como el saber tener dominio de su uso".

¡Cuántas veces por encomendar el ejercicio del poder a personas destempladas, se rebaja el prestigio del arte del gobierno¡. ¡Qué importante es seleccionar bien a los que deberán dirigir las cosas públicas¡. Para Saavedra Fajardo, "los príncipes nacieron poderosos, pero no enseñados". Para el poder son necesarias una serie de cualidades democráticas en las que hay que tener ciertos hábitos. Me refiero a la moderación fundamentalmente y a la sensibilidad social.

Algunas veces me he preguntado hasta qué punto son necesarias las Escuelas de Gobierno y cada vez me parece que es imprescindible que las personas que accedan al poder sepan claramente lo que tienen que hacer y lo que realmente el pueblo espera de ellos. No se trata, ni mucho menos, de burocratizar el poder. Se trata, por el contrario, de ayudar a que las personas llamadas al desempeño del poder puedan ejercitarlo en las mejores condiciones posibles.

¡Los hábitos autoritarios¡. Qué difícil es para los que están en el poder resistir los encantos del mando. Qué fácil es utilizar el poder para excluir a aquellos que nos pueden hacer sombra. Qué difícil es informar a nuestros superiores de las cualidades de colaboradores que, en su momento, puedan acceder al poder. Qué fácil es utilizar el poder para exhibir y demostrar la fuerza. Qué difícil es abrir el poder en un esfuerzo permanente de integración y de mentalidad abierta. Qué fácil es siempre descargar las culpas o la responsabilidad sobre algún colaborador. Qué difícil es asumir siempre y en todo la responsabilidad.

Como escribió Shakespeare "excelente cosa es tener la fuerza de un gigante; pero usar de ella como un gigante es propio de un tirano". Siempre he pensado, efectivamente, que el verdadero hombre, mujer, de gobierno es como el buen director de orquesta: sabe dar juego a su equipo, sabe delegar, sabe animar y concibe el poder como una escuela de cualidades democráticas para que, cuando llegue el momento, otros puedan sustituirle donde él ha terminado.

Sin embargo, cuantas veces podemos parafrasear a Montherlant: "no hay poder, hay abuso de poder, nada más". Y hay abuso de poder cuando se "utiliza" a las personas, cuando resulta "rentable" la adjudicación de los contratos, cuando se "desconoce" el mérito y la capacidad en el acceso a la función pública, cuando "molesta" que otros den sus puntos de vista, cuando se improvisa continuamente, cuando no se mueve ni un papel sin que lo autorice el jefe, cuando se levanta la voz sin necesidad, cuando habitualmente se solicitan los trabajos para "ayer", cuando todo es urgente.

"El poder más seguro es aquel que sabe imponer la moderación a sus fuerzas" (Valerio Máximo). La moderación es muy importante para el hombre de gobierno. Muy importante. Es más, quien orgánicamente esté imposibilitado para la moderación no debería asumir poder en una sociedad democrática. Porque, como escribió Velez de Guevara: "es más sabio templar el poder que no tenelle".

No hace mucho tiempo recuerdo que una persona importante, de esas que la gente califica de relevante, me dijo categóricamente al tratar de ciertos asuntos: ¡no me digas que estas convencido de que la ley es igual para todos!, ¡convéncete, hay personas que están por encima de la ley!. He de confesar que aquel día me quedé bastante afectado porque soy de los que pienso que las personas que han sido constituidas en autoridad tienen una especial responsabilidad de ejemplaridad ante la ciudadanía.

Sin embargo, lo cierto es que en diversas épocas y regímenes no es difícil encontrar expresiones que manifiesten la superación de los límites de ejercicio del poder. Por ejemplo, es bien conocida la frase de Segismundo I:"soy el rey de Roma y estoy por encima de la gramática". Y, en este tiempo, no deja de sorprender lo que escribiera Miterrand: "régimen obliga: el poder absoluto tiene razones que la república no conoce" en un intento de justificar la existencia de zonas de inmunidad en el ámbito del poder ejecutivo.

> "El poder es bien tenido
>
> cuándo es el poderoso más amado
>
> que temido".

Este verso de López de Ayala nos pone en la pista de lo importante que es el ejercicio razonable del poder, el buen gobierno que, de ninguna manera, debe infundir en los ciudadanos la más mínima sensación de temor. Y, sin embargo, cuántas veces se cumple a la letra la máxima de Larra:

"Te llamas liberal y despreocupado, y el día que te apoderes del látigo azotarás como te han azotado".

Claro que hay límites innatos en el ejercicio del poder. No sólo existen las técnicas jurídicas del control de las potestades discrecionales. Existe toda una manera de entender el ejercicio del poder en una democracia que parte de la consideración ética. Es decir, el poder es un medio para realizar el bien de todos. Por eso, me parece que pueden tener interés traer a colación unas líneas que escribí en 1996 sobre Ética y Democracia y que se pueden aplicar "mutatis mutandis" al presente.

En estos primeros años del nuevo siglo en que tantos cambios se han producido y se están produciendo, no deja de llamar la atención la constante apelación que se viene haciendo, desde distintos puntos de vista, a la necesidad de perfeccionar el sistema democrático. Efectivamente, se trata de mejorar el sistema político porque se han detectado quiebras, y no pequeñas, en su funcionamiento. En el fondo, pienso que la crisis, si es que se puede hablar de crisis, parte de la necesidad de recuperar los pilares básicos de la filosofía democrática: la efectiva participación de los ciudadanos en las opciones políticas y en el control sobre los gobernantes.

Otro síntoma de la crisis, no menos preocupante, es la peligrosa identificación que se ha ido produciendo en no pocos casos, entre intereses públicos y privados o de grupo, con las funestas consecuencias que todos, más o menos impasibles, estamos contemplando. Otro elemento de este pesimista diagnóstico es la falta de configuración de la persona como centro del sistema y la pérdida de la referencia, básica, de la democracia como sendero que debe promover las condiciones necesarias para el pleno desarrollo del ser humano y para el libre ejercicio de sus derechos fundamentales.

Edgar Pisani, director del Instituto del Mundo Árabe de París, escribía no hace mucho que "sabemos que la democracia, tal y como hoy la vivimos (...) llevará al poder a hombres y mujeres cuya principal calidad no será precisamente la excelencia, sino la mediocridad. (...). Estamos lejos de aquello que constituía la ambición de las democracias nacientes: que la elección de todos distinguiera al mejor de todos". En estos años, como consecuencia del ascenso de la mediocridad y de la banalización creciente de los asuntos públicos y de la misma corrupción, se ha ido agostando una de las principales funciones de la democracia: dar sentido a las cosas haciendo a cada hombre responsable más allá de los estrechos límites de un horizonte cotidiano.

En este contexto, como nos recuerda Messner, la democracia moderna, como hija de la fe en la razón propia de la época de la Ilustración, debería asegurar que la racionalidad presidiese la discusión de los asuntos públicos. Discusión que, lógicamente, debería orientarse hacia los fundamentos más racionales independientemente de las posiciones partidistas. Por eso, convendría preguntarse hasta qué punto los gobiernos tienen presente las distintas opiniones de los distintos interlocutores para buscar soluciones razonables que posibiliten el consentimiento general de quienes participan en el proceso legislativo.

En 1992, a finales, la editorial Paidós tradujo al castellano el libro del entonces profesor emérito de Ciencias Políticas en la Universidad de Yale Robert. A. Dahl, titulado "La democracia y sus críticos". El libro está escrito en 1989 y no tiene desperdicio. Para lo que aquí interesa, conviene destacar que Dahl, como es lógico, está convencido de que la democracia tiene que ser criticada para que mejore, sobre todo después de lo que está ocurriendo. En concreto, Dahl, como el filósofo Macintyre, piensa que en estos tiempos del llamado posmodernismo es necesario potenciar la civilidad, la vida intelectual y la honradez moral. Porque, sin valores, falla el fundamento de la democracia y, sin darnos cuenta, se rebaja el grado de la dignidad humana, crece el hedonismo y, a la larga, se fomenta una cultura consumista que anima a los ciudadanos, más que a preocuparse a ser hombres libres y responsables, a obsesionarse por poseer cada vez más bienes.

Es necesario regenerar la democracia. Y, para ello, nada mejor que volver a los principios. Y, en este marco, como ha recordado Tusell, reviste especial importancia la exigencia de un nivel ético elevado. No es solo necesaria la existencia de códigos de conducta sino, sobre todo, transparencia en cada uno de los aspectos en que la vida privada se encuentra con la pública. La Ética es, debe ser, una condición intrínseca a la democracia, por lo que la situación actual nos invita a buscar fórmulas para colocar la exigencia ética, hoy tan baja, en el lugar que debe ocupar. Pero para ello hay que articular sistemas educativos que formen en los valores de la libertad y de la democracia en un ambiente de humanización de la realidad.

Quizá lo que se está perdiendo son los hábitos vitales de la democracia que, en opinión del filósofo norteamericano John Devey, se resumen en la capacidad de perseguir un argumento, captar el punto de vista del otro, extender las fronteras de nuestra comprensión y debatir objetivos alternativos.

Es evidente, como se ha dicho hasta la saciedad, que a mayor intervención pública, mayor probabilidad de corrupción. Y, en este proceso de crisis del Estado del Bienestar en el que llevamos ya anclados, de forma más o menos consciente, un buen número de años, hay que reconocer que, unida a la también evidente -no quiero ni deseo generalizar- falta de verdaderas vocaciones para el servicio público, el campo de la discrecionalidad ha crecido desproporcionadamente al tiempo que la confusión de intereses públicos o privados o de grupo ha hecho acto de presencia con inusitada fuerza. Pero de ello trataremos monográficamente en un epígrafe especial.

En este ambiente, el Estado puede ir absorbiendo poco a poco a la sociedad civil hasta destruir la iniciativa social. Es lo que ha ocurrido, sin exagerar, en el Estado del Bienestar como consecuencia de lo que profetizara Tocqueville hace muchos años al referirse a lo que podría ocurrir si se confundía el ideal democrático con la tiranía de la mayoría a partir del despotismo o del poder tutelar del Estado. Porque, en el fondo, no lo olvidemos, está la crisis del planteamiento ético y el abandono, quizás no consciente en el primer momento, de los valores originarios del ideal democrático: libertad, igualdad y fraternidad que, tristemente, se han convertido en magníficos elementos retóricos para las campañas electorales, pero nada más. Incluso, es la misma desnaturalización de la democracia, para algunos se ha convertido, su discurso y exposición, en un medio de vida que se caracteriza, en la práctica, precisamente por lo contrario. Es el caso, si no me equivoco, de los derechos humanos: nunca se ha hablado tanto, nunca se han escrito tantos libros, nunca se han organizado tantos y tan magníficos seminarios y jornadas y, sin embargo, quizá nunca han sido tan conculcados.

La democracia, cuando no se fundamenta en la Ética puede fácilmente desvirtuarse. Entonces aumenta la corrupción pues la sociedad civil desaparece prácticamente de escena y se produce lo que Habermas calificó de crisis de legitimación que, en esencia, no es más que la ausencia de los ciudadanos del proceso democrático. La corrupción, lo señalaba hace poco Brademas, presidente de la Fundación para la democracia, es un freno para la democracia. Por eso no conviene que la sociedad civil sea un concepto retórico o evanescente sino una realidad sólida que garantice una relación solvente entre ciudadanos y gobernantes. La Ética es fundamental en el pensamiento democrático.

Es necesario subrayar, recuperar, si se han perdido, los valores democráticos. En esta tarea, difícil, debe ocupar un lugar central un sistema educativo coherente. Aristóteles ya lo decía en su "Política" al señalar las formas o remedios para recuperar las situaciones de estabilidad política: "... es de la máxima importancia la educación de acuerdo con el régimen, que ahora todos descuidan, porque de nada sirven las leyes más útiles, aún ratificadas unánimemente por todo el cuerpo civil, si los ciudadanos no son educados y entrenados en el régimen...". Es decir, la educación en los valores propios del sistema democrático es una condición de estabilidad política y, lo que es más importante, permite que esos valores se manifiesten en la sociedad y se "interioricen" y se "vivan" por la mayoría de la ciudadanía.

En este marco, habría que preguntarse hasta qué punto se explican los valores de la libertad, de la responsabilidad, de la igualdad, de la fraternidad, de la transparencia, de la honestidad, de la integridad, en escuelas y en todos los grados del escalón educativo empezando por el familiar, que es el contexto más adecuado para ejercitarse en los hábitos democráticos. La respuesta a esta cuestión no podemos contestarla en este momento, porque excede de este estudio, pero es fundamental. Es quizá mejor analizar el papel que los Gobiernos están asignando a la educación, a la televisión o a la familia. El resultado no es más que la lógica consecuencia de las políticas que se practican, sobre todo si tenemos en cuenta que la pasada por el Estado del Bienestar ha producido, como ya hemos advertido oportunamente, un triste efecto de casi aniquilación de la sociedad civil y, en todo caso, de la anulación de la iniciativa privada. Se dirá, por ejemplo, que la solución pasa por el ejercicio de las virtudes públicas pero lo cierto, como acaba de reconocer A. Wolfe, es que lo mejor es no dejar aisladas la dimensión pública y privada de la persona sino tender un puente que las una. Porque la única Ética que puede coadyuvar a que la situación cambie sustancialmente es una Ética personal que se apoye en el ejercicio de actos personales orientados por la recta razón hacia los valores democráticos.

Es necesario que las sociedades democráticas velen por el desarrollo de las virtudes cívicas, pero no conviene olvidar, como nos recuerda Lamberti, que el Antiguo Régimen fracasó precisamente por la degradación de tan cacareadas virtudes públicas.

Una forma de defensa de la democracia parte de la necesidad de enseñar a los ciudadanos a salir de sus asuntos privados para combatir su tendencia al aislamiento y conseguir que los hombres y mujeres encuentren en las instituciones intermedias en el ejercicio de su libertad, una ocasión para la elevación moral y una defensa inexpugnable frente a la presión, hoy casi asfixiante, de unos poderes públicos que quieren, a toda costa, controlar la vida de las personas.

Realmente, pocas expresiones son tan utilizadas en el lenguaje y en la conversación y, sin embargo, el sentido de la palabra tolerancia es, más bien, un auténtico misterio para mucha gente. Para unos significa que vale todo, que nada se puede imponer por la fuerza, para otros se trata de un término equivalente a la indiferencia e, incluso, hay quien piensa que, como todo es relativo, cada uno puede pensar lo que le venga en gana. Ahora bien, para entender lo que es la tolerancia no cabe más remedio que, como señala Marías, tener en cuenta su contrario: la intolerancia. ¿Por qué?. Precisamente porque, se quiera o no, la intolerancia es el fenómeno principal y la tolerancia aparece por oposición a ella. Por eso, el tema clave es si se puede tolerar la intolerancia ya que, en un sentido amplio, tolerancia es permitir que cualquier idea, así como su expresión y los comportamientos a que dé lugar, se desarrollen sin trabas.

Si hubiera que tolerar la intolerancia, lo cual es obvio que es un disparate, nos encontraríamos con algo en sí mismo imposible: la absolutización de la tolerancia. Por tanto, la tolerancia tiene límites, pues, como señaló hace poco tiempo el mismo Humberto Eco "para ser tolerantes hay que fijar los límites de la tolerancia" ya que, de lo contrario, la tolerancia iría desapareciendo. Ejemplos de intolerancia sobran en la historia pero, como denominador común, conviene señalar que su principal característica reside en no aceptar la realidad, eliminar al adversario, estorbar su existencia o su expresión o no darle opción para manifestarse. La intolerancia, en sí misma, implica la eliminación de quienes expresan lo que se considera un error. Las persecuciones de los romanos, las matanzas de campesinos a manos de protestantes, las deportaciones de irlandeses a causa de la intolerancia puritana en Gran Bretaña, el nazismo, el fascismo o el comunismo, etc. son algunos de los muchos ejemplos en los que se ha manifestado la intolerancia.

A principios de siglo XXI no se puede decir que la tolerancia sea una práctica habitual en el mundo actual. Todavía coexisten actitudes fundamentalistas, todavía hay personas, no pocas, que no pueden exponer libremente sus ideas, todavía hay no poca censura, todavía hay, en definitiva, actitudes que marginan a muchos seres humanos debido a sus convicciones, ya sean políticas o religiosas.

La tolerancia es, sobre todo, una actitud que hay que promover sin descanso y sin temor. La tolerancia no implica indiferencia, ni falta de crítica o discrepancia. Como tampoco supone que sea imposible la verdad, pues nadie puede ser tan escéptico que niegue ser verdad su propio escepticismo. No todo vale, ni todo es relativo, ni todo es posible. Como dice Marías, esto es absolutamente erróneo, y se está llegando a que lo que no se tolera es la razón que justifica la verdad o la moralidad de algo. La cultura de la tolerancia, que ahora se quiere impulsar, como señaló Mayor Zaragoza, "no es una actitud de simple neutralidad o indiferencia". Por eso la tolerancia tiene mucho que ver con la comprensión y con el respeto ante lo que piensan los demás, sabiendo que es posible la verdad. Se trata de propiciar un sano ambiente de convivencia, de libertad, de respeto mutuo. Eso sí, sabiendo que, en este marco, cada uno puede discrepar, criticar sin ningún miedo las opiniones ajenas. Esperemos que en los inicios de este nuevo siglo, vayamos perdiendo el miedo a la libertad y a esa apasionante tarea que es la búsqueda de la verdad. Buena falta hace que nos acostumbremos más a que se nos pueda llevar la contraria sin que por ello se agrie el carácter. En fin, es cada vez más urgente que el pluralismo sea real y efectivo y que todo ser humano, independientemente de su posición en la sociedad, pueda, de verdad, sentirse escuchado. Porque, como escribió Sir Francis Bacon en sus "Essays", "no existe placer que pueda compararse al de mantenerse erguido sobre el terreno de la verdad".

Ciertamente, el Estado de Bienestar todo lo ha fiado a la fuerza de lo público, de lo oficial. El protagonismo lo ha asumido el Estado. El aparato público ha sido el gran configurador, el gran definidor de los intereses colectivos de manera exclusiva. Se ha hablado mucho de los problemas de los hombres, de la pobreza, del subdesarrollo, de la necesidad de salvar al hombre de la miseria. Se han destinado cuantiosos fondos a la provisión social y, sin embargo, el resultado no ha podido ser más desalentador.

La razón del desaguisado es bien sencilla y simple: el sistemático olvido de la persona y el convencimiento de que la estructura pública, la poderosa burocracia, a la que no se reparó en dotar de toda clase de medios, ya se encargaría de solucionar todos los problemas. Lo que pasó, y lo que pasa todavía en algunos países, es que no se llega a la persona concreta; todo se queda en Decretos y Programas.

En este contexto, no pocas veces el Estado ha intentado absorber a la sociedad apoderándose, sin empacho alguno, de los grupos y pequeñas comunidades que podrían levantar la voz para protestar ante tanto abuso. El Estado-Providencia, ya lo señalamos con anterioridad, intentó definir lo que necesitan los ciudadanos, sin contar con ellos. Las demandas de participación han quedado sin contestación y, lo que es más grave, se ha suscitado una manera de estar en la sociedad a merced del poder público.

Sin embargo, el ciudadano está llamado a configurar los intereses públicos y, por tanto, el bien de todos, porque en el sistema democrático todos son, o deben ser, responsables de los intereses generales.

Es decir, desde el poder se debe fomentar la participación. La participación es posible cuando el Estado es sensible a las iniciativas de los individuos. La participación es posible, y auténtica, cuando existe el convencimiento de que todos los ciudadanos pueden, y deben, aportar y colaborar en la determinación de los asuntos públicos. La participación es posible cuando se estimula, cuando se promueve, cuando se desea formar personas que se tomen en serio su papel en la promoción del bien general.

Desde luego, no hay vocación de estimular la participación cuando el Estado se hace omnipresente para subvenir a todos los problemas. Entonces, se va eliminando poco a poco la fuerza de la participación, se liquida, también lentamente, la responsabilidad, y se va configurando un tipo de ciudadano preocupado de cómo conseguir más del Estado, sin dar nada a cambio. En una situación de este tipo, no hay que pensar mucho para caer en la cuenta que la dependencia de los ciudadanos del Estado trae consigo evidentes peligros.

Si la participación está en crisis es porque la sociedad es débil, porque no hay tradición de asociacionismo. En una palabra, porque esta sociedad actual es humanamente pobre y se encuentra poco articulada. La carencia o el anquilosamiento de las acciones civiles debilitan la participación de los ciudadanos, empobrecen el dinamismo social y ponen en peligro la libertad y el protagonismo de la sociedad frente al creciente poder de la Administración y del Estado. Una sociedad sin iniciativa social y sin medios eficaces para llevar a la práctica los proyectos por ella promovidos, puede llegar a ser enteramente dominada y controlada por quienes consiguen apoderarse de los resortes de la Administración y de los centros de poder más importantes. Es la sociedad cautiva en manos del poder legitimado en su origen, pero no en su desarrollo, y que, a fuerza de deslegitimar su desarrollo, llega a la posibilidad de deslegitimación del origen.

Por ello, uno de los retos del sistema democrático desde el punto de vista ético se encuentra en la necesidad de que los ciudadanos se interesen y participen en la vida colectiva. La tarea no es fácil porque no se trata de forzar la participación, sino hacer posible que los ciudadanos quieran participar y colaborar en las tareas públicas porque son conscientes de que su aportación es esencial para el funcionamiento del sistema. Para conseguirlo, conviene recordar, aunque sea algo obvio, que el hombre, en sí mismo, al ser miembro de una comunidad, debe, es un compromiso moral, colaborar a la buena marcha de los asuntos generales de la comunidad. Y cuando las cosas no se suceden de este modo, algo grave, muy grave, ocurre en el entramado social porque, ni más ni menos, se ha oscurecido la idea del deber y, a la par, se sublima la versión de la exigencia del derecho. En buena medida, si nos asomamos al mundo que nos rodea con una cierta perspectiva crítica, no podrá negarse que algo hay de esto que ahora describimos.

El problema de la participación es una cuestión clave que se encuentra en la misma base del fundamento de la democracia. Para que se produzca una verdadera recuperación de este principio debe producirse una presencia razonable de la presencia de los ciudadanos en la vida pública, dinamizar las instituciones sociales, y sobre todo, colocar en el primer plano valores como el esfuerzo, la honradez o la responsabilidad.

Otro límite al ejercicio del poder: promover la efectiva realización de los derechos humanos. El problema de la universalización de los derechos humanos es otra cuestión de gran calado que se puede, y se debe, plantear en unas reflexiones sobre Ética y Democracia. Es, además, una preocupación actual. La invasión de Chechenia constituye un triste caso, como lo es el de la ex-Yugoslavia, del cinismo y la doble moral que impera en temas tan delicados como el de los derechos humanos. Curiosamente, en unos casos, Haití, se interviene, y en otros no, existiendo la misma justificación: el cumplimiento de los derechos humanos.

La universalidad de los derechos humanos es hoy, según parece un principio tan incontrovertible en abstracto como violado en lo concreto, cuándo a algunos interesa o conviene. Se ha debatido mucho y se han efectuado numerosas denuncias, pero una vez más, no se han establecido los organismos de las Naciones Unidas encargados de vigilar la aplicación de la Declaración de Viena. Parece que hay miedo a establecer instituciones que velen por la efectividad de los derechos humanos. El fenómeno no es nuevo, y prueba, de nuevo, hasta qué punto las diferencias entre el mundo desarrollado y el subdesarrollado siguen presididas por la insolidaridad, la falta de generosidad y el mercantilismo.

Es evidente, y está en la entraña misma del régimen constitucional, que hay conductas que van contra el orden público, que no se pueden realizar ni a título individual ni a título colectivo. Un referéndum, por muy democrático que sea, jamás podría amparar, por ejemplo, la persecución de judíos. Precisamente porque existen derechos humanos, porque existen valores superiores, porque, como decía el profesor Bobbio, en relación con el aborto, hay conductas que pertenecen a la categoría de lo que "nunca puede ser hecho", porque, en fin, hay valores humanos que deben resplandecer con fuerza propia en nuestra sociedad.

Desde una perspectiva sociopolítica, la persona ha encontrado posibilidades más claras para su plena realización en las sociedades estructuradas participativamente, sea cual fuera el entorno histórico y geográfico. Pero la ampliación de los horizontes para la realización de las personas se ha producido de modo muy particular en las sociedades democráticas. Las sociedades democráticas son fundamentalmente, esencialmente, sociedades plurales, hasta el punto de que un pluralismo disminuido o menoscabado puede ser interpretado como un síntoma de déficit democrático.

Esa maduración sociopolítica del hombre se entiende entre dos negaciones, ambas correlativas a la falta de madurez social. Me estoy refiriendo por una parte a lo que podríamos denominar tribalismo de cualquier clase, a las sociedades tribales, que con la afirmación de la propia condición sociocultural pueden llegar a impedir o condicionar seriamente el desarrollo de la libertad personal y consecuentemente del pluralismo. El otro caso es el de las formas diversas de autoritarismo, o mejor habría que decir de tiranía, que con el pretexto de establecer una organización social más desarrollada y perfeccionada, someten las peculiaridades y los intereses de individuos y grupos a los intereses de la organización misma.

El pluralismo auténtico se traduce en diálogo. Cuando existe diversidad social, pero no hay diálogo, propiamente no deberíamos hablar de pluralismo sino de sectarismo. Aquí nos encontraríamos otra vez con la división maniquea del cuerpo social propio de todo comportamiento sectario. Al análisis de este tipo de comportamientos es al que más sensibles resultan los cuerpos políticos que adolecen de este defecto, por eso es el más difícil de practicar porque produce inmediatamente una reacción agresiva desproporcionada. Tampoco se trata de bajar aquí a los casos concretos. Digamos, no obstante, que posiblemente este tipo de comportamientos maniqueos son lo que más separa hoy, en nuestras sociedades, a algunas fuerzas políticas de las posiciones de centro.

Sobre el supuesto de un pluralismo auténtico se establece el diálogo. Posiblemente en el diálogo es donde más puede apreciarse la condición personal a la que venimos refiriéndonos. En el diálogo se ponen en juego todas las condiciones que caracterizan el talante político del centro: moderación, respeto mutuo, conciencia de la propia limitación, atención a la realidad y a las opiniones ajenas, actitud de escucha, etc.

Pero la disposición al diálogo no debe ser sólo una actitud del que ejerce el poder, sino que el diálogo, como actitud socialmente generalizada, debe ser un objetivo público de primer orden. Una sociedad democrática no es tanto una sociedad que vota, ni una sociedad partidista, con ser estos elementos factores vertebradores fundamentales en una democracia. Una sociedad democrática es ante todo una sociedad en la que se habla abiertamente, en la que se hace un ejercicio público de la racionalidad, en la que las visiones del mundo y los intereses individuales y de grupo se enriquecen mutuamente mediante el intercambio dialógico. El diálogo auténtico entraña un enriquecimiento de la vida social y una auténtica integración, pues el diálogo supone la transformación de la tolerancia negativa ,el mero soportar o aguantar al otro, al distinto, en tolerancia positiva, que significa apreciar al otro en cuanto que no nos limitamos simplemente a existir a su lado, sino que coexistimos con él.

Una forma de ejercer el control cuando el poder se esclerotiza, cuándo se sirve sólo a sí mismo, es la preocupación central por cercenar al rival. Es lógico que se pretenda derrotar al adversario, pero la forma de hacerlo tiene que ser ganándole la partida en el aprecio de los ciudadanos, dando soluciones realistas, y también con los proyectos más ilusionantes,... Lo que constituiría una negación del espíritu democrático sería pretender ganar a base de socavar el trabajo de los demás.

La hegemonía política que siempre tendrá en un régimen democrático un carácter temporal, no debe encumbrase prepotentemente por verse establecida sobre un yermo de ideas y de proyectos políticos. Triste hegemonía, reinado de tuertos en un país de ciegos políticos. Tal situación es signo inequívoco de debilidad democrática, lo que se traduce en debilidad de la libertad y de la participación.

Quien ejerce de verdad el poder debe jugar sus bazas, es obvio, pero no puede estar pendiente sólo de romper el espinazo político del adversario. En la emergencia del adversario el gobernante auténtico siente el acicate para buscar una respuesta más honda, que vaya más allá y que deje en evidencia la precariedad, la debilidad o la insuficiencia de determinados aspectos de la propuesta del contrario.

El juego democrático tiene componentes esencialmente competitivos, como sucede con la concurrencia electoral. La competitividad se manifiesta también en el trabajo de control -en el sentido de fiscalización- del ejecutivo por la oposición. No es vana la afirmación de que un buen gobierno precisa de una buena oposición. Por eso tan nocivos son para el bien general el trabajo opositor de entorpecimiento del trabajo de gobierno -no ciertamente el de control del ejecutivo- que llegue a negar radicalmente la posibilidad de entendimiento, como el trabajo de gobierno que se dirija torcidamente a destruir la oposición o que sistemáticamente se imponga por mayorías mecánicas, o que no dé ocasiones a la oposición para sus aportaciones y cooperación.

La clave vuelve a estar en la actitud que define una de las coordenadas del ejercicio del poder que propongo: la solidaridad que busca, repetimos nuevamente, ámbitos de convivencia y de cooperación, lo que supone aceptar previamente el pluralismo social, refrendado por una acción política que persigue ampliar los campos de la libertad y de la participación.

Vivimos un principio de siglo muy interesante. Desde el punto de vista de las ideas y de los sistemas de pensamiento, las transformaciones han sido, si bien sorprendentes, no menos esperadas. Ha caído el marxismo y, lo que es más grave, la época actual, tildada por algunos como de crisis de las ideologías, se caracteriza por una notable falta de compromiso frente a los valores. Me refiero ahora a esos valores que exigen esfuerzo y trabajo para su ejercicio personal, porque los simples valores vitales, aquellos incorporados a la estructura social misma, como el dinero, el triunfo o el placer, se imponen por sí mismos. Porque los valores que necesitan una justificación intelectual y un esfuerzo personal para ser vividos, son considerados como ideología. ¿Cómo es posible? Porque una vez enterrado el marxismo como ideología, los pseudomarxistas, que aún quedan muchos, pretenden que los demás abdiquemos y renunciemos a nuestros valores porque las ideologías han fracasado. Pues bien, este planteamiento no solo es erróneo sino que admitir que, una vez fracasada la crítica materialista del capitalismo, es imposible una crítica ética supone, parafraseando al profesor Buttiglione el gran problema filosófico y político de muestro tiempo. Sin embargo, una vez que las ideologías han fracasado se plantean su supervivencia, parece que no dudan en adornarse con plumas ajenas.

En efecto, estos años de principio de siglo pasarán sin duda a los anales de la historia como uno de los más importantes de nuestra civilización. Muchos acontecimientos sorprendentes hemos podido observar, pero quizás sea la caída del socialismo real uno de las características más singulares del final de este siglo. En efecto, el comunismo ha pasado a la historia. El comunismo como alternativa al capitalismo ha sido incapaz de ganarse la confianza de los hombres porque se ha caracterizado precisamente por la anulación sistemática de la libertad y del libre desarrollo del hombre. El socialismo como sistema ha fracasado. Su aparición a mediados del siglo pasado como fenómeno de reacción ante la nueva sociedad industrial y frente a un incipiente e inhumano capitalismo tiene su justificación. Sin embargo, su entramado interno, su auténtico rostro, lo representaron elementos ya tan caducos como la lucha de clases, la dictadura del proletariado, el marxismo, el control del Estado sobre la sociedad, la expansión del Estado, la negación de la propiedad privada, el intervencionismo, la planificación de la economía o la preferencia de la igualdad sobre la libertad. La historia ha sido implacable pues ha demostrado la inoperatividad de la metodología socialista de una manera quizás dramática. El caso de la ahora ex-URSS es paradigmático: falta de libertad, pobreza, mala calidad de vida, despotismo, dictadura del partido "salvador", corrupción, etc.

El capitalismo actual también, especialmente en su versión salvaje, ha supuesto una profunda decepción como fórmula de articulación social y de progreso real. La absolutización del libre mercado ha traído consigo una nueva modalidad es esclavitud, si se quiere más sutil que la socialista, pero más destructora de la capacidad de reflexión y de crítica del hombre: el materialismo consumista. A medida que se eleva el nivel material de vida, desciende el nivel de la verdadera vida ha escrito Octavio Paz. Aumenta la insensibilidad social, un conformismo pesimista se ha adueñado de no pocos ambientes y se han perdido los valores en aras de una utilidad y un precio a veces inconfesables. En este sentido, me parece interesante la aportación de Albert en su último libro "Capitalismo contra capitalismo". Albert, que denuncia la obsesión por un beneficio empresarial incapaz de generar función social, apuesta por un nuevo capitalismo que debe recomenzar su andadura y se muestra partidario de la llamada economía social de mercado como fórmula de capitalismo a favor del éxito colectivo y del consenso social con una visión a largo plazo de proyectos industriales generadores de empleo estable cualificado.

El discurso de los valores, tan importante en los tiempos que corren, procede a encubrir, si no se hace con rigor, incluso una perspectiva de falta de compromiso con la verdad y de praxis materialista. ¿ Es posible ?. Claro que sí Si partimos del hecho de que hoy hablar o escribir sobre Ética es siempre bien admitido, podemos encontrarnos, como explica certeramente Buttiglione, con que el discurso de los valores se realiza siempre que no implique compromiso personal y si compromiso para otros. Esta es una de las grandes paradojas del momento presente: se hace compatible la exaltación de los valores con la ausencia de compromiso personal. Es claro, pues, que la situación actual es una situación de un claro dominio del egoísmo del que decía Leopardi que "ha sido siempre la peste de la sociedad; cuanto mayor ha sido, tanto peor fue la condición de la sociedad".

Pensar que el sistema democrático es perfecto y que funciona sólo es un gran error. Es lo que Benjamín Constant describió tan lúcidamente en el caso del gobierno jacobino en Francia. Y es lo que ha advertido uno de los más famosos liberales del momento como pasa por ser el recientemente fallecido Isaiah Berlin. Pues bien, en el libro "Isaiah Berlin en diálogo con Joahnbeglod", el famoso pensador, ante la pregunta que le hace su famoso contertulio Joahnbeglod sobre el apoyo que puede dar a la democracia su teoría del pluralismo, Berlin no duda en reconocer que "en ocasiones la democracia puede ser opresiva para las minorías y los individuos, porque la democracia no es necesariamente pluralista; puede ser monista: la mayoría hace lo que quiere, por cruel, injusto o irracional que parezca (...). Puede haber democracias intolerantes. La democracia no es pluralista "ipso facto". Para el conocido liberal su perspectiva de la democracia, sin embargo, parece que dista mucho de lo que se ofrece en nuestro tiempo: "Yo creo en una democracia específicamente pluralista, que exige consulta y compromiso, y que reconoce las reivindicaciones -los derechos- de grupos e individuos a los cuales, excepto en situaciones de crisis extrema, está prohibido excluir de las decisiones democráticas..."

Democracia y relativismo, Democracia y pluralismo son binomios importantes para desentrañar la profunda crisis en que se encuentra, nos guste o no, hoy la idea democrática. Es muy conocida la tesis de que es imposible la verdad absoluta; y de que todo es provisional y temporal, porque afirmar una verdad como algo absoluto es una manifestación de intolerancia cuando no de fanatismo o de fundamentalismo. Es el relativismo, el tan traído y llevado relativismo que tan bien cae en la época presente, que tantos amigos tiene y que, sin embargo, si no me equivoco, está en la misma base de la crisis actual. El relativismo, sin embargo, como hemos comentado que ocurre al tratar de la tolerancia, tampoco es, o puede ser, algo absoluto. Es más, como señaló Ortega y Gasset, el relativismo es una teoría suicida porque cuando se aplica a sí misma, se mata. El relativismo se aplica selectivamente. En efecto, pocos tolerarían que el pensamiento relativista se extendiera a la ciencia experimental o a ciertas normas imprescindibles de justicia y civilidad.

Tras el relativismo, el permisivismo: el "todo vale", "prohibido prohibir". Pero, ¿todo vale?, ¿no se puede prohibir nada?. ¿Es posible seriamente este planteamiento? Ya hemos indicado que el relativismo tiene evidentes límites como los tiene la tolerancia. En la práctica hay límites, hay prohibiciones: en Alemania se prohíben los actos públicos de grupos neonazis, por ejemplo, y nadie sensato puede pensar que se trata de un acto irresponsable. En fin, el propio Berlín acepta que el relativismo no puede ser absoluto y que, en virtud del relativismo no se pueden justificar todas las posturas, incluso las que suponen en sí mismas atentados evidentes a los derechos humanos como la actitud de Hitler frente a los judíos. Por eso, no todo es relativo. No lo puede ser, es imposible. De ahí que el propio Berlín llegue a decir que "no conozco ninguna cultura que carezca de las nociones de lo bueno y lo malo, lo verdadero y lo falso, la valentía ha sido admirada en todas las sociedades. Existen valores universales". Es decir, existe la verdad objetivamente considerada como existen unos criterios racionales y universales que permiten juzgar los actos humanos. El propio autor de "El nombre de la Rosa" no hace mucho reconocía que "para ser tolerante hay que fijar los límites de lo intolerante". Si solo vivimos en un mundo de preferencias o buenos sentimientos, y no de verdades, ¿en qué podemos basarnos para afirmar que hay opiniones que todos han de reconocer como intolerables, con independencia de la diversidad de culturas o creencias?.

Hoy vivimos en un contexto en el que domina un relativismo frágil que rezuma alergia a hablar de verdad y que descalifica y desprecia de inmediato al que ose decir algo en relación a la verdad. En este marco, el famoso sociólogo francés Touraine escribe "Crítica de la Modernidad", libro en el que, entre otras cosas admite que la revolución de los sesenta fracasó porque, ¿cómo es posible decir que todo vale, que prohibido prohibir, o que hago con mi cuerpo lo que quiero, si vivimos en un mundo en el que hay prohibiciones efectivas? Es el fracaso de la "Modernidad" del que también ha escrito Sebreli en "El asedio a la modernidad" que tiene una edición castellana de 1992. Para Sebreli, si vale todo, vale la razón del tirano, la del torturador, o la del extorsionador o la del corrupto. Como, obviamente, no es posible, resulta que la ilustración racionalista ha fallado y que ese relativismo cultural que nos invade es uno de los grandes sofismas que se descubre en las discusiones de hoy: "pues para mí el aborto es un derecho humano", "pues para mí la droga aumenta la productividad", o "pues el sexo con menores de edad un signo de madurez".

Incluso los llamados supervivientes del colapso marxista (Habermas o Sebreli, por ejemplo) no cejan de criticar ese relativismo ambiental son darse cuenta, como ha señalado acertadamente Gómez Pérez en su recensión al libro de Sebreli, el relativismo tan condenado por estos pensadores procede del racionalismo, viene de la mano del fracaso de la modernidad racionalista en su mismo horizonte de materialismo. Es la consecuencia de abandonar al hombre únicamente a la razón, cortando cualquier relación con la trascendencia. Al final, la profecía del bueno de Dostoievski se ha hecho realidad, como no podía ser menos, "si Dios no existe, todo está permitido".

El tema más importante es, por todo lo escrito, el de la verdad. Si el poder no se asienta en la verdad, no tendrá ningún sentido más que como instrumento de dominación o de manipulación. Para enfocar la cuestión de la verdad con cierta garantía de éxito, no queda más remedio que distinguir entre "objetividad de la verdad" y "libertad de hecho para descubrirla o no, para adherirse o no a ella". Veamos. Resulta que el hecho de que existan verdades objetivas ancladas en la naturaleza humana no implica que se produzca atentado alguno contra la libertad. ¿Por qué? Sencillamente, debido a que esas verdades, por si mismas, no pueden ser impuestas sino que, en su caso, han de ser elegidas, queridas en virtud precisamente de un acto de libertad. No se trata, en estos supuestos, de "verdades" o "construcciones" que son fabricadas por el hombre. Se trata más bien de dimensiones esenciales a todo hombre, a los hombres, por lo que el mismo hombre puede encontrarlas, pero no fabricarlas o producirlas en su interior. Su existencia no atenta a la libertad. Su imposición, si, como es lógico. En este caso, estaríamos en un caso de fundamentalismo, lo contrario, esencialmente, de la libertad. Obviamente, el fundamentalismo pugna con el relativismo por aspirar a imponer la verdad violentando la libertad. Por el contrario, el realismo filosófico admite la existencia de la verdad y, quien quiera adherirse a ella, que lo haga en ejercicio de su libertad.

La crítica al relativismo, por ello, no desemboca, sin más, en posiciones fundamentalistas como parece que desean muchos pensadores de hoy. Como ha reconocido el profesor Del Noce, la verdad metafísica es una verdad universal, pero su reconocimiento implica un acto de libertad, en el que evidentemente el diálogo juega un papel fundamental. Pero esta tesis no es fundamentalista. Su calificación de tal es precisamente propia de una mentalidad totalitaria o fundamentalista. Los fundamentalistas dicen que la verdad no necesita del ejercicio de la libertad, mientras que el relativismo se apoya en que la libertad no tiene el deber de reconocer la verdad.

A finales del siglo pasado falleció una de las grandes figuras del liberalismo: Popper. Efectivamente, hace poco tiempo, muy poco, dejaba este mundo uno de los hombres más clarividentes de este siglo. Popper, nadie lo niega, es uno de los filósofos más importantes que ha dado el siglo XX. No solo en lo que se refiere a la filosofía de la ciencia sino en el ámbito de la filosofía política en el que ha sido bien conocido por su defensa de la sociedad civil frente a todo totalitarismo, y cuya obra emblemática ha sido su nunca bien ponderada "La sociedad abierta y sus enemigos".

Pero no se trata ahora de glosar su obra y su vida, tarea que en este tiempo está siendo realizada por especialistas y profundos conocedores de Popper. En este caso, quiero rendir homenaje a tan egregio pensador comentando algo que me ha llamado la atención y que pienso que puede encerrar algún interés. Es bien sabido que el pensamiento de Popper bascula en torno a la defensa a ultranza de la democracia, de la tolerancia y del respeto a la persona. Pues bien, según ha publicado algún medio de comunicación, el último ensayo de Popper giró en torno a la degradación de la televisión: tema no exento de polémica, pero que, en el momento presente, me parece que no es baladí que Popper lo seleccionara como objeto de su reflexión crítica. Nuestro filósofo, tras criticar esa idea tan extendida de que se debe ofrecer a la gente lo que la gente pide, aprovecha para advertirnos sobre el peligro que encierra para la democracia la falta de control de la televisión: "la democracia consiste en poner bajo control al poder político. No debe haber ningún poder político incontrolado en una democracia. Ahora que resulta que la televisión se ha convertido en un poder político colosal, potencialmente se puede decir que es el más importante de todos (...). Y así será si continuamos consintiendo este abuso (...). Una democracia no puede existir si no pone bajo control a la televisión..." Y ese control, cada vez más necesario, se encuentra en la propia dignidad de la persona y, lo que es más importante, en que de una vez nos decidamos a formar a la juventud seriamente en los valores, en el respeto a las ideas de los demás y en el amor a la verdad.

En su obra "El yo y su cerebro", de 1977, se recogen en la tercera parte los diálogos que Popper y Eccles -premio Nobel de neurofisiología- mantuvieron en 1974 en Villa Serbelloni. Pues bien, al concluir su diálogo con Eccles, Popper nos dice: "pienso que he de hablar por ambos al decir que, a pesar de estar en desacuerdo, tomamos en serio y respetamos nuestras respectivas opiniones sobre la materia. Creo que ambos nos alzaríamos en contra de la falta de respeto hacia la actitud de alguien acerca de estas importantísimas cuestiones".

Para lo que ahora interesa, resulta que Popper, en la primera parte de su famoso libro "La sociedad abierta y sus enemigos" sostiene, sorprendentemente, que los que deforman la verdad no pueden ser demócratas. En este punto Popper es de los que piensa que democracia y relativismo son dos caras de la misma moneda. Sin embargo, cuando la democracia es relativista, lo que pasa, sólo basta con asomarse al mundo en que vivimos, es que se degrada el valor de la persona humana -aborto, eutanasia, guerras, pobreza, explotación, marginación, drogas- . Se elimina toda posibilidad de transcendencia, e incluso molesta que haya personas verdaderamente coherentes y comprometidas. ¿Por qué? Porque el relativismo y el permisivismo moral aspiran a tener vocación de generalidad, de forma que toda actitud contraria molesta y debe ser atacada. Si no se admite la transcendencia, se "trascendentalizan" los principios de la libre convivencia y lo que se desea de verdad es que dirijan la sociedad los grandes de este momento: el dinero, el poder, la notoriedad o el placer. De esta manera, se tiene "secuestrada" a toda una importante mayoría de la sociedad, a la que se promete la salvación "mundana" a cambio de rendirse a una vida "sin esfuerzo" y "sin pensamiento". Prohibido pensar, prohibido esforzarse y prohibido comprometerse, como no sea con el relativismo y el permisivismo. Estas son algunas de las consecuencias de un planteamiento que ni quiere oír hablar de la verdad ni quiere oír hablar de compromiso.

Pues bien, en este marco, como dice el profesor Buttiglione, la lógica del intercambio de los equivalentes se hace la lógica social dominante y se destruye la lógica de la gratuidad, de la generosidad o de la magnanimidad. Se elimina, por tanto, toda referencia a la virtud y se declara la guerra, como si democracia y virtud fueran dos enemigos irreconciliables, cuando, como ya he comentado reiteradas veces, resulta que sin virtud no es posible ningún sistema político, porque la virtud, lo dice Buttiglione, necesita conocimiento fuerte, certeza. Sin ella no tendremos razones, además, para defender la democracia.

Relativismo y tolerancia no siempre van de la mano. Así parece que lo ha demostrado nada menos que Bobbio en "El tiempo de los derechos" en que señala que el relativismo no constituye, en contra de lo que pudiera parecer, la base más sólida para la tolerancia. Bobbio distingue entre la tolerancia en sentido positivo y negativo. En sentido positivo, es firmeza de principios y se opone a la indebida exclusión de lo diferente. En sentido negativo, es indulgencia culpable, condescendencia con el error. Para Bobbio nuestras sociedades democráticas y permisivas sufren de exceso de tolerancia en sentido negativo, de tolerancia en el sentido de dejar correr, de no escandalizarse ni indignarse nunca por nada. Incluso, lo cuenta el propio filósofo del Derecho, en una ocasión pidieron su apoyo para una petición a favor del "derecho a la pornografía". La tolerancia, en sentido positivo, es más firme cuando se apoya en convicciones sólidas.

Ya que estamos tratando de relativismo y libertad. ¿Cómo se prepara mejor la libertad, desde el relativismo o desde el realismo? Sabemos que el relativismo tiene el peligro de anular las convicciones que hacen posible la libertad misma. Evidentemente, un presupuesto básico para enfrentarse con esta cuestión es admitir, sinceramente, que la verdad, ya lo hemos indicado, no se puede imponer por la fuerza lo cual no quiere decir que no haya verdad, ya que la verdad frecuentemente no es inmediata. El "punctum dolens" quizá esté en distinguir entre "objetividad de la verdad" y "libertad para adherirse o no a ella".

También el problema del relativismo tiene una aproximación jurídica. En este momento sólo me interesa, siguiendo al profesor Ollero, distinguir entre relativismo fuerte y mitigado. El relativismo mitigado, que se mueve en el plano del conocimiento, no discute si existen bienes o valores sino en qué medida cabe un marco razonable de sus contenidos o exigencias. Es decir, trata de buscar el conocimiento más ajustado de un objeto doblemente problemático no solo en función de su dimensión ética sino, también, teniendo en cuenta el dinamismo histórico que acompaña a ese enlazamiento captación-desarrollo propio del conocimiento práctico. Sin embargo, el relativismo que podemos denominar fuerte impide, en sentido estricto, fundamentar racionalmente postura ética alguna, ni siquiera argumentar jurídicamente a partir de los derechos humanos. ¿Por qué? Porque, en definitiva, piensan que el Derecho no es más que la manifestación del poder del más fuerte.

Después de lo escrito ya en relación con el relativismo; ¿qué podemos escribir sobre el problema del consenso? Como es bien sabido, el consenso aparece en la escena de la filosofía jurídica de la mano de las modulaciones a la tesis de la racionalidad como fundamento del Derecho. En concreto, es Perelman fundamentalmente uno de los pioneros de esta aproximación aunque él mismo admitirá que quizá fuera más eficaz utilizar el término de "lo razonable" ya que el consenso de la comunidad es normalmente el ámbito donde surge lo razonable. Ahora bien, la tesis consensualista no se justifica por sí misma, sino por algo sobre lo que no cabe el consenso como es la dignidad de la persona. El consenso, además, no se opone a la existencia de verdades universales, sino que trae su causa de la verdad porque si prescindimos de la objetividad, la arbitrariedad está servida. El hecho de que el consenso se fundamente en la dignidad de la persona implica el que sea ilegítima la imposición por la fuerza de cualquier decisión. Evidentemente, no todo puede consensuarse: la dignidad del hombre está por encima, incluso de la propia democracia. La dignidad de la persona trasciende la democracia de forma que el sistema democrático debe orientarse, si quiere actuar legítimamente, al servicio de la dignidad del hombre que, como vemos, se erige en fundamento, no sólo de los derechos humanos, sino del mismo pensamiento democrático. Pero la dignidad de la persona no se reduce, como querían los liberales del siglo XVIII, a pura libertad vacía de contenido porque así se excluye la democracia y todo Derecho abriéndose peligrosamente las puertas a la fuerza o a la utilidad, en una palabra, a la arbitrariedad.

El consenso, pues, debe partir de la dignidad humana, pues, de lo contrario, más que convivencia nos encontraríamos con la imposición del más fuerte. El consenso, sin la Ética, degenera en un cierto fundamentalismo del que el momento actual no se ha caracterizado precisamente por su ausencia. Como ha escrito Ollero, el consenso no funda la Ética sino que viene exigida por ella: es una de las más elementales exigencias de la verdad de la dignidad humana.

Como en la cuestión del relativismo, la clave para entender el consenso en la sociedad democrática, reside en el problema de la verdad. Ya hemos indicado que la verdad, no sólo es posible, sino que es lo más propio de la dignidad humana. Esta es la gran verdad de la idea democrática. Ahora bien, cuando nada es verdad ni mentira, sino todo lo contrario, se atenta gravemente a la esencia democrática y se posibilitan, ejemplos hay en la historia y no precisamente muy antiguos, conductas claramente vejatorias de los derechos humanos. Así lo reconoce, por ejemplo la profesora Camps al reconocer que es éticamente inadmisible una cultura que permita el infanticidio o el genocidio, que agravie a las mujeres o admita la esclavitud.

El consenso en la sociedad democrática encaja con el respeto a la verdad, al menos desde un planteamiento ético. Buscar el consenso no implica, ni mucho menos, rechazar la verdad. Todo lo contrario, la búsqueda del consenso puede ser una vía muy buena para llegar a la verdad, siempre que se tenga bien presente que es posible equivocarse, pero no decir que la verdad es imposible. Consenso y verdad, por tanto, están más próximos de lo que puede parecer: un consenso sin referencia a la verdad pierde su legitimidad ética porque no es función del consenso señalar lo éticamente en concreto, sino su aproximación a la verdad.

Finalmente, conviene no olvidar, porque en todo este tema es básico, que afirmar que se debe convivir sin que nadie imponga sus convicciones a los demás, no deja de ser una falacia. Porque, ¿qué sería si la fuerza de la dignidad personal y de los derechos humanos no prevaleciera? Sencillamente: el caos; y de cercanía al caos tenemos experiencia, y no muy lejana en el tiempo. ¿Por qué? Porque no se puede olvidar que el Derecho con mayúscula, tiene como finalidad evitar que cada cual pueda comportarse como le venga en gana, sin límites, pues la convivencia sería imposible. La limitación de los derechos es una de las bases de la democracia, como lo es la convivencia pacífica y la dignidad del ser humano. De todas formas, lo capital es discernir cuáles son las convicciones que desde la racionalidad deben presidir la convivencia social y asegurar una vida digna y humana así como el procedimiento a emplear.

El tema del procedimiento también es fundamental pues reside en el sufragio universal, aunque, en todo caso, la existencia a la objeción de conciencia garantiza el seguimiento, a todos los dictados, valga la redundancia, de la conciencia. Lo que sí es intolerable, con todas las letras, es que sin previo debate, sin sufragio universal por medio, se eleven a la categoría de "normales" determinadas conductas, que puedan promover determinados grupos -casi siempre vinculados por intereses económicos- y que pretendan imponerse a las demás, condenando al ámbito de lo privado a los discrepantes, aunque estos puedan ser mayoritarios. Esto sí que es intolerante. Como lo es esa consecuencia laicista de rechazar, porque si, todo lo público que contradiga una Ética personalista. Estas posiciones están cerca del fundamentalismo, de ese fundamentalismo practicado, muchas veces, no sé si sin saberlo, por quienes, por ejemplo, han expulsado todo planteamiento trascendente de la vida pública por considerarlo confesional.

Verdad y libertad en democracia exigen la existencia de unos criterios válidos para todos ante los que no haya discriminaciones ni desigualdades y que funden una sociedad justa y en paz. Por eso, la dignidad de la persona y los derechos humanos constituyen el mínimo ético general y verdadero de la convivencia entre los hombres y garantizan la libertad y la responsabilidad.

Una de las cuestiones más importantes una vez admitido el carácter central de la dignidad humana, es el de su fundamentación. Ni mucho menos pretendo ahora extenderme sobre tema tan apasionante. Solamente, por su uso continuo a lo largo de todas estas páginas, creo necesario un breve comentario. No es algo baladí porque cuando se basa -la dignidad humana- solamente en la racionalidad o en la libertad, resulta, por paradójico que parezca, que se justifican conductas como el aborto, la eutanasia o el abandono de niños por considerarse que no son dignos de protección. De ahí que, como ha señalado, entre otros el profesor Ballesteros en su interesante libro "Postmodernidad: decadencia o resistencia", la única explicación que garantice la existencia de ese mínimo ético verdadero sea la aproximación trascendente al hombre ya que, parafraseando a Mariel, la dignidad no se puede preservar más que con la condición de llegar a explicar la cualidad propiamente sagrada que le es propia, y esta cualidad aparecerá tanto más claramente cuando nos aproximamos ante todo ser humano considerándolo en su desnudez y en su debilidad, al ser humano desarmado que encontramos en el niño, en el anciano, en el enfermo, en el pobre.

La fundamentación racional, por tanto, trae su causa de la metafísica, desgraciadamente hoy tan olvidada; sí de esa metafísica que al final desemboca, como no podía ser de otra manera, en la transcendencia. Sólo así, la dignidad humana puede ser una realidad fundante de los derechos humanos. De lo contrario, podría ser tildada de "imposición de los débiles", como dice Serna o "forma de narcisismo", como la califica, por ejemplo, Millan Puelles. En este ámbito, la dimensión ontológica y la axiológica, proporcionan datos pero que muy interesantes.

Veamos. Lo fundamental es que el hombre es un fin en sí mismo y no solo un valor para sí mismo. Porque, como razona Serna, entonces podría justificarse algo injustificable: el asesinato perfecto. Si es eliminado un sujeto que considera su propia vida como algo valioso, no se puede hablar propiamente de pérdida de valor. El carácter valioso de esa vida dependía del sujeto para el que dicha pérdida tenía valor. Lo mismo podría, por tanto, predicarse de la aniquilación de la humanidad por medio de una catástrofe atómica. Si todo valor es relativo al sujeto que valora, no se puede llamar crimen a la aniquilación completa de todos los sujetos que valoran". Al final, pues, no cabe más remedio que poder contestar a cuestiones de este tipo ¿me he dado yo a mí mismo la libertad que tengo? Sin transcendencia, pues, no podremos progresar realmente en la calidad de los derechos humanos y, lo que es peor, seguiremos siendo espectadores de permanentes atentados a la dignidad del hombre. Al final, lo importante es el valor del hombre en sí, no para los demás hombres.

Desde luego, me parece que no es admisible admitir que el hilo conductor de la vida política sea la confrontación, de modo que, consecuentemente, el objetivo para una fuerza política no debe ser aplastamiento del adversario político. Uno -o muchos- pueden pensarlo así, y desde luego que lo hacen, como es manifiesto en muchos que se declaran de izquierdas o de derechas, y en la acción política de muchos otros, se encuentren o no en esas franjas políticas. Pero así no debe ser entendida la vida política. Considero que el hilo conductor fundamental de la vida política es el acuerdo. Sin acuerdos fundamentales y profundos no puede establecerse una vida política democrática. Cuando menos, al decir de los liberales, el acuerdo en los procedimientos, que debe ser escrupulosamente cumplido. Aun pensando que el acuerdo va mucho más allá, quedémonos al menos con ese mínimo.

Y una vez señalado esto, subrayemos ahora que destacar el carácter fundante o constituyente del acuerdo, para la vida pública, no permite inferir de ahí que toda la vida política se reduzca a acuerdo. El acuerdo, el pacto, el consenso, es un momento del diálogo, no es ni su estado ideal, ni su conclusión. Pero el consenso sistemático no es posible cuando se afirma la fluidez y el dinamismo de la vida humana, y no ya el dinamismo de un sistema mecánico, o evolutivo, sino de un sistema libre. El consenso, el acuerdo es una etapa del diálogo, pero lo son también el disenso, la divergencia, la discusión, la ruptura, la desavenencia, y la recuperación de la concordia. Todas ellas son fases del diálogo y todas fases igualmente valiosas. Pero lo fundamental, lo principal, no es que los interlocutores se pongan de acuerdo en todo -ni en casi todo, ni siquiera en la mayor parte de los temas-, sino que respeten- y tengan permanentemente presente- el acuerdo básico, metapolítico, que hace posible el diálogo, que los convierte en interlocutores, en conciudadanos.

Cuando el acuerdo no es posible, no se rompe por eso el suelo político moderado, porque queda el procedimiento democrático, la confrontación en las urnas como método de resolución de las desavenencias que puedan producirse –y que ineludiblemente se producirán- en la vida política.

Se ha dicho que la confrontación es un ingrediente ineludible de la vida política. Yo estoy plenamente de acuerdo. Efectivamente, ante una propuesta determinada, ante un proyecto, la masa social fácilmente se dividirá entre partidarios y detractores –en una simplificación que no toma en cuenta los que no saben o no contestan, o los que consideran una tercera o cuarta opción-. Parece que en el momento presente, la sociología manifiesta que eso, de hecho, es así.

No es incompatible, ni contradictorio, afirmar la categoría suprema del consenso básico, en muchos sentidos metapolítico, sobre el que ha de asentarse la vida democrática, y al mismo tiempo el carácter ineludible de las confrontaciones que el juego político produce. Estas confrontaciones, el juego político, no serían posibles sin aquel consenso.

El ejercicio del poder no puede reducirse, pues, a la simple articulación de procedimientos, con ser éste uno de sus aspectos más fundamentales. Parte de la afirmación radical de la preeminencia de la persona, y de sus derechos, a la que los poderes públicos –despejada toda tentación de despotismo o de autoritarismo- deben subordinarse.

Existe por tanto en el marco del ejercicio moderado del poder una concepción del hombre, que se asienta o se explicita en la afirmación radical de los derechos humanos, a la que se llega desde presupuestos filosóficos variados -sean personalistas, individualistas o comunitaristas-, pero en la que se afirma con igual radicalidad -y esta es la clave antropológica del centro político- la necesaria vertebración y conjunción de la dimensión individual de la persona y su dimensión social.

En nuestro tiempo, nadie duda ya que el desinterés frente a la política sea una característica bien definida de nuestra sociedad. Los tiempos cambian, se dice, y hoy nos encontramos con otras situaciones, otras convicciones, en definitiva, otros parámetros. Sin embargo, sabemos que en la Antigüedad la dedicación a la política, a la dirección de las cosas públicas, era considerada como una de las tareas más nobles a las que podía entregarse el ser humano. Es más, la política, con mayúsculas, ocupaba un lugar muy destacado entre el conjunto de todas las artes y se consideraba la más alta creación del espíritu humano.

¿Qué ha ocurrido para que hoy haya cambiado tanto la percepción que la generalidad de los ciudadanos tienen -o tenemos- de los políticos, de quienes ejercen el poder? La causa no es difícil de adivinar puesto que hoy en día la esencia supra-individual de comunidad de la organización política se ha diluido a favor del interés personal. Por eso, la actuación de los poderes públicos se explica en función de limitaciones que se producen en la vida de los ciudadanos. Así se explica, quizás, que en nuestro tiempo los mejores talentos prefieran la dimensión privada para el éxito. ¿Por qué? Porque se va perdiendo la idea del servicio público y, en su defecto, ha surgido, con no poca fuerza, una nueva y peligrosa dimensión de aprovechamiento personal, de interés personal, que también se ha instalado en la función pública en sentido amplio. Además, también conviene señalar algunos elementos que han influido también en esa falta de interés frente a la política, como son, la partitocracia dominante y la creencia, cada vez más extendida, de que los poderes públicos son incapaces de encauzar los problemas sociales del mundo actual.

Hoy, nos guste o no, el desprestigio del oficio político es evidente. Sobre todo por el bajo nivel moral imperante tanto en la vida económica, pública o social. Quizás se ha ido perdiendo la referencia ética en el ejercicio de la política y, al final, resulta que el príncipe Lampedusa o Maquiavelo son los modelos a imitar por los políticos. Así, ya Tocqueville en 1835, en una carta dirigida a Stuart Mill, se quejaba de la cultura del poder y de la mediocridad de sus líderes: "lo que más me sorprende en los asuntos del mundo no es el papel de los grandes hombres, sino la enorme influencia que ejercen los personajes más pequeños y ordinarios". D'Alambert calificó la política como "el arte de engañar a los hombres". Ortega y Gasset decía que "la política es una actividad instrumental limitada, que no es capaz de organizar la amistad entre los hombres, ni la lealtad humana, ni el amor". Duras palabras, ciertamente, como duras son las palabras con las que Weber distinguía entre el auténtico líder, el hombre que ofrece a su pueblo un camino, y el político profesional, que dice al pueblo lo que este quiere oír. El primero vive para la política, el segundo vive de la política.

A principios de 1994, Francesco Cossiga recibió el doctorado "honoris causa" por la Universidad de Navarra. Con tal motivo, fue entrevistado sobre diferentes temas de actualidad. En relación con la política, el profesor Cossiga señaló que "para hacer política hace falta ser público (...). Uno tiene que tener valentía, de lo contrario es mejor que no haga política (...). El político sirve al bien común, que es la forma más alta de bien temporal. Tomás de Aquino decía que la política es la más alta de las actividades humanas, porque si la moralidad de una acción se mide con relación al bien que persigue, no existe bien temporal mayor que el bien común. Pero es necesario restaurar los valores morales. No hay cosa más notable, necesaria y justa que la política. El hecho de que existan políticos ladrones es otro tema"

En este contexto, resulta interesante recordar, con los estoicos y muy especialmente con Séneca, que la Ética Política supone que el poder público se encuentra al servicio del llamado bien común entendido como bien de la propia colectividad y como bien de cada uno de los ciudadanos . Estas ideas, viejas por el tiempo, siguen presentes en el escenario filosófico y jurídico actual. En un Estado que se autoproclama social y democrático de Derecho resulta que nos encontramos con que la principal función de los poderes públicos es precisamente hacer posible que todos los ciudadanos gocen de todos sus derechos fundamentales, de todos los derechos que derivan de su condición humana. ¿Por qué? Porque la dignidad de la persona es el fundamento del orden político y de la paz social.

El bien común, el bien de todos y de cada uno como miembros de la comunidad, es un concepto filosófico que, desde otras disciplinas, puede traducirse, aunque no exactamente, como interés colectivo, interés público. El bien común, es un dato capital, constituye la tarea suprema de la actuación de los poderes públicos. Es más, en la medida en que la Ética Política supone profundizar en la plasmación del bien común, resulta evidente que la primacía de la "Política" frente a la peligrosa preponderancia de la "Economía" en nuestro tiempo, implica que es una función trascendental de la comunidad política reducir, dice Messner, a su propio puesto a cada uno de los grupos, con sus intereses particulares y sus pretensiones de poder, evitando así la explotación de unos por otros. Los dirigentes públicos, los responsables de los poderes públicos, pues, deben ordenar todo este entramado de distintos intereses particulares o sectoriales en el proceso dinámico de la realización progresiva del bien común. En este sentido, es bien gráfico pensar en cuantas veces los dirigentes públicos se alían, en el ejercicio de la "Política", con determinados grupos, sean fuerzas industriales, económicas, sindicatos o partidos. Por eso la autoridad política tiene que contar con el poder necesario para poder realizar el bien común. Es decir, el bien común en cuanto ley fundamental de los poderes públicos, fundamenta la primacía de la "Política" y justifica la plenitud de la autoridad al servicio del bien común.

Por otra parte, también conviene recordar en este momento que en nuestro tiempo la idea de la efectividad de los derechos fundamentales tiene mucho que ver con la Ética Política y con el bien común. Es más, puede decirse que la plena realización de los derechos del hombre supone la versión moderna del bien común, del bien de todos.

La Ética Política, ya lo hemos comentado, tiene su fundamento en el bien común y, por tanto, en los fines existenciales del hombre. Es más, la "Política" entendida como el ejercicio de la responsabilidad en los asuntos públicos tiene una evidente relación con el progreso del hombre y, por ello, con el compromiso en la defensa de la dignidad humana. Ahora bien, que en el momento histórico presente esto no sea así, no quiere decir que deba aniquilarse, como propugnan no pocos, toda referencia ética a la política entre otras cosas porque no se puede categorizar en función de parámetros temporales, ni en función de un sistema que no funciona y cuyos resultados suponen, cuando menos, una disminución de los valores humanos. La Ética Política, en este contexto, es claramente contraria a entender la comunidad política como una institución de organización técnica al servicio de diversos intereses. La comunidad política se justifica en la medida en que aumenta la dignidad del hombre concreto y en la medida en que los fines existenciales de la persona se van realizando. Ahora bien, la Ética Política no supone que el Estado sea un universo ético ni que los ciudadanos se justifiquen en la medida en que pertenezcan al Estado. No, el Estado está al servicio de la persona. Esta es precisamente la referencia ética más importante, y que conviene recuperar cuanto antes, de la Teoría del Estado actual. Es más, el Estado es el medio adecuado para la realización de la idea ética en la vida de la sociedad.

Realmente, la llamada Ética Política, en la versión que ahora me interesa, no es más que una ciencia que trata del comportamiento -porque se trata de Ética- de los políticos en orden al bien común. Y, el bien común tiene mucho que ver con la responsabilidad moral de la persona humana o, en otros términos, con el pleno ejercicio de los derechos humanos. ¿Por qué? Precisamente, porque la dignidad de la persona es el centro de la Ética y, por ello, debe ser el punto final de la actividad pública en sentido amplio. En este sentido, la Ética Política se encamina a dar plena satisfacción al hombre en cuanto tal y, por ello, la comunidad política, en sí misma, posee un evidente valor ético.

La Ética Política, además, supone que la propia comunidad política debe ser ese marco, ese contexto en el que se pueda realizar el pleno desarrollo de la persona a través del pleno ejercicio de los derechos humanos. La Ética Política tiene, pues, un elemento central: el bien común, el bien de todos. Y, tiene además, un medio no poco importante: el poder. El poder público, ya lo adelantamos, se justifica en sí mismo en la medida que el bien común se hace presente a lo largo de la historia. Como decía Romano, el poder, o la potestad, es un concepto que se encuentra al servicio de las finalidades públicas. Además, el poder también sirve para asegurar el cumplimiento de las prohibiciones jurídicas. Ahora bien, el Derecho en sí mismo es la Ciencia de lo justo, y lo justo es un valor imbricado en la realización del bien común, por lo que, aunque formalmente el Derecho pueda amparar conductas inmorales, nunca materialmente podría conculcar el bien común.

La Ética Política estudia el comportamiento de los políticos en orden a la finalidad del bien común que le es inherente. En otras palabras, la Ética Política es la Ciencia que trata de la moralidad de los actos humanos en cuanto que realizados por los políticos. Por tanto, la moralidad de la actuación del político, la bondad o maldad de su conducta, debe juzgarse en relación con la finalidad del bien común que justifica la propia existencia de la comunidad política.

La fuente principal de la Ética Política es la consideración de la dignidad humana como fundamento de la Ética. Si se admite que el Derecho puede legalizar lo inmoral, ya no cabe oponerse a que todo lo posible sea jurídicamente factible aunque sea moralmente no-factible. Es decir, el Derecho, en cuanto que amparado por una mayoría podría permitir lo que moralmente no es posible. Y es que el poder, que está muy vinculado al Derecho en virtud del principio de legalidad, debe tener siempre presente el bien común y debe estar al servicio de la dignidad de la persona. Por eso, éticamente son reprobables regulaciones jurídicas que permitan la legalización de las drogas, el canibalismo, el aborto, los sacrificios humanos. ¿Por qué? Sencillamente porque van contra la propia dignidad humana y suponen un claro retroceso en el progreso de los derechos humanos. Es más, la libertad individual, que es un valor evidente en sí mismo, no puede ser un derecho autónomo o absoluto puesto que hay unos principios generales, básicos, permanentes e inmutables que se encuentran en la entraña misma del bien común y a los que está subordinada la propia libertad individual. Además, la propia libertad debe estar limitada por la libertad de los otros. La consideración de la libertad personal como fuente absoluta de la Ética es francamente peligrosa porque podría darse el caso de que la propia libertad "voluntariamente" se entregue en manos de un tirano o dictador con lo que, tendríamos una situación en la que no habría argumentos para censurar un contexto de esclavitud política, económica o social. En cambio, esos principios permanentes, básicos, que parten de la dignidad del hombre, son principios pensados para defender al hombre y, por tanto, impiden cualquier situación de minusvaloración humana. Antes al contrario, suponen principios del progreso del desarrollo de la personalidad en un contexto de bien común. Este conjunto de principios, que puede denominarse Derecho de la dignidad de la persona, constituyen evidentemente la ley moral. Por otra parte, estos principios son inmutables porque su vigencia moral es inalterable. Y, en último lugar, esta aproximación a la Ética Política a partir de la dignidad humana es una aproximación abierta porque cuando se dice que sólo es ético lo que va a favor de la dignidad humana resulta, nos encontramos con una forma de entender la vida colectiva con un referente claramente humano.

Una de las cuestiones más importantes en todo este tema de la Ética Política es la relación entre Derecho y Poder y entre Derecho y Ética. Ambos binomios, han ocasionado ríos y ríos de tinta a muchos sesudos pensadores de todos los tiempos.

El titular del poder político, que por excelencia es el estatal, es el pueblo como unidad de orden político. ¿Por qué?. Porque si el fin del poder es el bien común de todos los ciudadanos, del pueblo, parece claro que ambos elementos, poder y pueblo, se encuentran indisolublemente unidos. Pero el poder no surge, como hemos recordado, de la voluntad del pueblo, sino que viene dado por el pueblo como unidad de orden política. Ahora bien, siendo el titular originario del poder el pueblo como comunidad política, resulta que el ejercicio del poder depende del consentimiento del pueblo, que se ha ido haciendo patente a través de usos y costumbres que, en última instancia, han formado la llamada conciencia jurídica popular. Es decir, el ejercicio del poder forma parte de ese orden jurídico en el que la propia conciencia jurídica del pueblo tiene un papel básico. Entre otras cosas, de esta aproximación se deduce que el gobernante o su gobierno estará ligado a ese Derecho que deriva del pueblo y que concretan los principios jurídicos naturales que rigen la comunidad política. Además, es de la esencia del poder público que se ejerza, no en función de intereses privados o de grupo, sino del interés general del pueblo y que permanentemente se oriente hacia el bien común.

Cuestión importante es la teoría del poder estatal ha sido siempre la de la llamada obediencia civil. Es claro que la obediencia civil es una modalidad de obligación jurídica que consiste en la obediencia al Derecho en cuanto que deriva del orden moral. En este sentido, conviene señalar que el legislador no puede crear autónomamente el Derecho porque está vinculado por el bien común en la medida que éste surge de la propia dignidad humana. Por eso una cosa es la legalidad y otra, bien distinta, la legitimidad. La obediencia civil, por otra parte, tiene, pues, un claro límite: el orden de la justicia. Por eso, las leyes injustas no son obligatorias. Y son leyes injustas las que van contra el bien común y, por ende, hacen imposible el desarrollo de los hombres como personas.

Otro tema clásico de la teoría del poder, íntimamente vinculado al de la obediencia civil, es el del derecho de resistencia, cuestión que plantea el carácter ético del deber de obediencia y que trataremos, por su relevancia, en un epígrafe especial. En realidad, se plantea aquí la posibilidad del conflicto entre el Derecho positivo y la conciencia. En este contexto resulta claro que si el Derecho positivo conculca los derechos humanos -los que surgen de la dignidad de la persona- se produce una quiebra evidente de la autoridad política y, al no orientarse el poder hacia el bien común, entonces los ciudadanos pueden, y a veces deben, ejercer la resistencia pasiva. ¿Por qué? Porque la obediencia civil se fundamenta en que el poder debe explicitar el bien común.

El poder, se ha comentado, encuentra su razón de ser en el bien común. Y, el bien común implica que cada hombre se realice plenamente como tal. Por tanto, el bien común alude precisamente a la consecución mediante la unión social del cumplimiento responsable de las funciones vitales propias del hombre. En este sentido, el bien común trata de hacer posible la existencia plenamente humana de los ciudadanos mediante la instauración de un orden de bienestar. El bien común es, por tanto, el estado de la sociedad que hace posible a sus miembros alcanzar los fines propios de la condición humana.

La Política, por otra parte, es la Ciencia del establecimiento y mantenimiento del bien común. Y, el bien común está muy directamente relacionado con el principio de efectividad de los derechos humanos. El medio para conseguirlo es precisamente el poder, en su sentido más estricto. Por eso desde una perspectiva jurídica, las potestades, los poderes, deben orientarse al interés general que, si se quiere, podría constituir la versión del mundo del Derecho del concepto del bien común, más propio de la Ética Social. Es decir, los intereses colectivos, como deben estar vinculados por los derechos fundamentales, pueden traducir al lenguaje jurídico la referencia al bien común.

Pues bien, desde el punto de vista jurídico, también se puede decir que el fin de la actividad política debe orientarse a promover el libre desarrollo de la personalidad humana. El Derecho Público tiene un compromiso constitucional a favor de la dignidad de la persona en virtud de lo dispuesto en los artículos 9.2 y 10.1 de la Constitución española. Ha de realizar, como dice el profesor González Pérez, una acción decidida a fin de promover las condiciones para que la dignidad sea efectiva y remover cuantos obstáculos dificulten su plena realización.

Pero no se trata sólo de que el Derecho Público juegue un importante papel en materia de promoción de la persona. Es necesario, igualmente, que partiendo de la dignidad de la persona, los principios generales del Derecho y los derechos fundamentales se conviertan en elementos de un sistema normativo que esté siempre al servicio de la justicia material.

Es más, la primacía de la dignidad de la persona es un principio general del Ordenamiento jurídico español directamente aplicable (art. 10.1 CE). La dignidad de la persona, además, es la fuente de los derechos fundamentales que, paulatinamente, van adquiriendo mayor fuerza jurídica.

Por estas razones, los derechos fundamentales dan sus contenidos a dicho Ordenamiento, en nuestro caso al del Estado Social y Democrático de Derecho, y atañen al conjunto estatal (...), son un patrimonio común de los ciudadanos individual y colectivamente (...), establecen una vinculación directa entre los individuos y el Estado y actúan como fundamentos de la unidad política sin mediación alguna. (Sentencia del Tribunal Constitucional de 14 de julio de 1981).

La ordenación del poder hacia el bien de todos es la esencia de la Política. Por eso, la sensibilidad ante el bien común es uno de los retos más importantes que tiene planteada la Política como Ciencia y los políticos como colectivo de personas individuales que son, en definitiva, los responsables de que el bien de todos sea una aspiración que se vaya concretando en la historia.

Es bien conocido que buena parte de los problemas de Ética Política se resumen con la apelación al llamado conflicto de intereses. Su propia existencia, que es real, demuestra, una vez más, la necesidad de una sólida formación y de una praxis ordenada en torno a los grandes valores del servicio público y del bien común. La cuestión de por qué algunos se dejan seducir por los "beneficios" económicos que les puede reportar una determinada decisión o actuación es algo que permite extraer algunas consecuencias. No es suficiente hacer constar un hecho. Conviene ir al fondo del tema y reconocer, aunque bien penoso es, que ese capitalismo salvaje que tanto se critica haya también penetrado en la conducta de algunos responsables políticos y así poder hacer de la ordenación del bien común su propio negocio personal.

Los políticos, en la medida en que ejercen potestades discrecionales y disponen de información confidencial son los que tienen más posibilidades de anteponer su propio interés al de los ciudadanos. Los conflictos de intereses, como señala el profesor Kernaghan, constituyen el área más común de la problemática que encierran las conductas llamadas anti-éticas. Efectivamente, un conflicto de intereses, en pocas palabras, puede ser definido como una situación en la que un político tiene un interés privado o personal suficiente para actuar en un determinado sentido en su actuación pública. Las modalidades son muy variadas. Van desde el llamado tráfico de influencias hasta el amiguismo o nepotismo. Por ejemplo, el establecimiento de normas que impidan a un responsable político trabajar para una empresa del sector privado a la que, en el ejercicio de sus potestades discrecionales, se le hubiesen otorgado importantes contrataciones es algo que está fuera de toda duda. Si así no fuera, la confianza pública en la integridad e imparcialidad del servicio público será puesta, cuando menos, en tela de juicio.

Como es bien sabido, la expresión "razón de Estado" adquiere carta de naturaleza a mediados del siglo XVII. La "ragione di stato" siempre se ha vinculado al principio maquiavélico de que la actuación del hombre de Estado no tiene que estar determinada más que por consideraciones de oportunidad y que "la razón de Estado", el interés estatal en definitiva, puede exigir comportamientos que conculquen la ley moral.

Los defensores de la razón de Estado "absoluta" como Hegel parten de la idea de que el Estado es un ser ético de categoría más especial o, como Treitchske, arguyen que existen unas metas vitales o culturales del Estado que le colocan fuera del orden ético general. Sin embargo, lo cierto es que la comprensión correcta de la teoría de la razón de Estado debe realizarse a partir de la diferencia esencial que existe entre el bien común y el bien particular. Es evidente que el bien común en las cuestiones que afectan al orden general de la comunidad política debe ser prioritario. Por eso, el interés del Estado puede establecer ciertas formas de comportamiento que sean distintas de las que el orden ético impone al individuo. Ahora bien, con ello no queremos decir que exista una Ética Política Especial en contraposición con la General. Es más, los principios éticos generales rigen sin limitaciones también con respecto al funcionamiento del Estado. Su aplicación a las condiciones especiales de su actuación puede ocasionar ciertas consecuencias que se apartan de las aplicables al comportamiento personal. ¿Por qué? Precisamente, porque el bien común implica una posición que trasciende lo puramente individual. Que esto sea así no quiere decir que la razón de Estado pueda autorizar la actuación en contra del Derecho o de la Ética. Es más, las acciones que en si mismas son inmorales, lo son siempre, incluso en política. De ahí se deduce que la célebre frase de que "el fin justifica los medios" no es un principio de una auténtica razón de Estado. Por eso, la mentira nunca puede ser un procedimiento de actuación política. Lo que si justifica la razón de Estado, en determinadas circunstancias, y como exigencia del propio bien común es que se puede realizar lo menos perfecto para no hacer imposible lo más perfecto. Como dice Messner, a veces puede ser legítimo, en aras de una política de lo posible, realizar lo que resulta oportuno, pero siempre con el límite anteriormente enunciado. La razón de Estado, pues, exige una política realista en función de las necesidades concretas del bien común. Sin embargo, en el ejercicio del poder político no pocas veces surgirán problemas de conciencia como el del empleo de la guerra como medio de afirmación y de defensa del Estado. Problemas que deben resolverse de acuerdo con la Ética General.

El utilitarismo político, como es bien sabido, defiende la moral política de los fines: todos los medios sugeridos por razones de oportunidad son legítimos o están justificados. Esta orientación parte de que el poder es el elemento esencial del Estado, cuando sabemos que no: lo decisivo es el bien común. También ha sido frecuente señalar que la Ética estatal y la Ética individual son distintas. En relación a este punto conviene señalar que solo el poder que se funda en el orden ético general puede garantizar a los hombres y a los pueblos el derecho por igual, derivado de la naturaleza humana, a desarrollar la propia personalidad. Como acertadamente señala Messner, la subordinación del poder a un orden general vinculante es quizá el único camino para que la humanidad pueda subsistir y continuar desarrollándose.

Cuando el Estado se define por el poder y el Derecho por la fuerza, la razón de Estado no encuentra límite alguno para su utilización sin mayores problemas. Incluso se ha llegado a argumentar, desde posiciones que hablan o predican la racionalidad del poder como razón de ser de la norma jurídica, de que en estos casos la finalidad a la que sirve la racionalización de la fuerza es precisamente su incremento. Es, con otro ropaje, la vieja tesis de la sofística griega que reaparecerá con virulencia en Maquiavelo y se insertará en el campo de la Moral con Nietzsche. En efecto, el Derecho positivo así considerado no es más que un instrumento del poder político, fin para sí mismo, ejercido en ocasiones por los débiles y los mediocres con el propósito de someter y engañar a los fuertes. En este caso, la finalidad se convierte en algo intrínseco al Derecho: entonces fin e instrumento se identifican y vale todo. Es decir, se trata del uso, por parte del poder, de una racionalidad instrumental o táctica dirigida no a buscar ni establecer el fin del poder. Es la pura voluntad del Estado. Si el fin se instrumentaliza o se determina previamente, resulta que poder y fin se identifican y el Derecho, así concebido, se introduce en un proceso sin fin, en una afirmación de la fuerza refinada y calculadora, tal vez por eso más violenta; en una brutalidad enmascarada. Al final, sorprendentemente, la racionalidad se instrumentaliza al servicio del poder y el Derecho se convierte en un fino mecanismo de multiplicación, propagación y consolidación del poder, de la fuerza.

Cuestión capital en la Ética Política es la relación entre Derecho y Ética o, si se quiere, entre Derecho y Moral. Es un tema eterno del Derecho que sólo podemos abordar, por razones obvias, con una reducida extensión. Baste en este momento recordar que a lo largo de la historia del pensamiento se han propuesto muchas teorías a favor de la separación, sea en función de la relevancia sindical o social, o del criterio de la interioridad o exterioridad, del binomio subjetividad-objetividad. Sin embargo, Moral y Derecho son dos dimensiones de la existencia práctica del hombre, dos maneras, dice Ollero, de dar y captar el sentido de la realidad que le rodea y de la suya propia. No son, por el contrario, dos tipos de normas. Por lo pronto, la Moral orienta la conducta del hombre en función del sentido de la vida: por eso, toda acción humana acaba teniendo una dimensión moral y el Derecho, quiera o no, se verá obligado a intervenir con frecuencia precisamente en aquellos aspectos que más repercuten sobre el sentido de la vida humana y de la realidad social. Ahora bien, el Derecho no debe reducirse a una simple y mecánica aplicación de los criterios morales, sino que -el Derecho- aspira a lograr un ámbito de convivencia social, armonizando sus pretensiones individuales con las de los demás. Eso sí, el Derecho se caracteriza por ese mínimo ético que asegura el carácter central de la dignidad del hombre y que hace posible una vida auténticamente humana.

Ciertamente, ni la solución autoritaria -predeterminar la condición humana e imponer ese mínimo ético- ni la permisiva -no puede haber ese mínimo ético porque podría forzar la conciencia individual- son atinadas. Quizás, una vía válida, la que sigue Ollero, pueda ser útil: si toda delimitación de lo jurídico implica una opción moral, ésta ha de surgir del consenso intersubjetivo de los ciudadanos, pero no porque rechacemos la posibilidad de principios morales objetivos, sino porque descartamos su imposición autoritaria, como consecuencia de uno de ellos: la dignidad humana.

Hoy, la Ética Política tiene planteadas, además, otras cuestiones que sólo enuncio ahora, porque han sido tratadas ya con anterioridad. Por ejemplo, un tema no pequeño es el de la supuesta ruptura entre conciencia personal y realidad social. Otro es el del deber de participar que vincula a todos los ciudadanos sin excepción, ya sea como dirigente o como votante. El problema de la dignidad de la persona es, quizás, el tema central, como esencial es la cuestión de la universalización y efectividad de los derechos humanos. La idea del poder público como función de servicio no es menos importante. Tampoco conviene olvidar que legalidad y moralidad no son necesariamente realidades identificables, y que el bien común es la razón y el fin fundamental y principal del poder político. El Derecho nunca puede ser un instrumento al servicio del poder, sino el marco de los mínimos éticos que permiten una existencia a escala auténticamente humana. Los intereses particulares no se pueden equiparar a los intereses generales. Los partidos políticos deben configurar las distintas opciones sociales, no son agencias de colocación al servicio de los hombres que controlan el aparato. El sistema democrático, en fin, solo puede funcionar si ciertos valores básicos son reconocidos como válidos por todos y quedan fuera de las luchas de la mayoría. De lo contrario, nos instalaríamos, no sé si ya lo estamos, en un fundamentalismo relativista que, al final, prostituye la misma idea de los derechos humanos al presentar como tales auténticos atentados a la dignidad de la persona.

El fin no justifica los medios. Es algo bastante claro que, sin embargo, parece difícil, bastante difícil encontrarlo a nivel práctico. Sabemos que la violación directa de la dignidad humana nunca puede, ni debe, justificarse en atención al buen resultado que pueda producir dicha acción. A pesar de ello, hoy no son pocas las personas que están de acuerdo con planteamientos consecuencialistas o proporcionalistas de la Ética, porque lo importante es la eficacia, la eficiencia, el objetivo; el resultado que, llegado el caso, "legitimaría" acciones claramente anti-éticas en las que, lo único importante es buscar, como sea, y al precio que sea, el resultado deseado.

Ciertamente, no hay Ética que pueda renunciar a las consecuencias de los actos, porque es absolutamente imposible definir un acto sin considerar sus efectos. Y no se trata, como dice Spaemann, de convicción o de responsabilidad, sino de la realidad de las cosas.

Los partidos políticos, como cualquier organización, tienen el compromiso, por el hecho de constituirse, de luchar por la consecución de sus fines. Esta aspiración es bidireccional, porque la sustenta en primer lugar quien participa del trabajo, y después los destinatarios naturales de la actividad que se realiza. Así, ante el posible éxito de la iniciativa, habrá que considerar que los primeros beneficiarios sean los propios autores de la actividad, que supieron concretar una idea, un proyecto, una estrategia que se traducen en un resultado que pusieron al servicio de la sociedad, que también se reconoce mejorada por ese producto, por ese servicio.

De este esquema -que no pretende obviar la complejidad de los procesos- pueden extraerse las consecuencias que se derivan cuando la finalidad de la actividad no reside en el servicio o en los bienes que se ofrecen, sino que se instala en el bien de la propia organización. Cuando tal cosa sucede en el ámbito de las organizaciones políticas los resultados son manifiestos y casi, casi, pueden deducirse. La organización se convierte en fin: se burocratiza, los llamados aparatos cobran protagonismo absoluto. No se abre; se cierra, pierde los vínculos con la realidad social. Y, en última instancia, cuando no hay un proyecto que ofrecer más que la propia permanencia que se considera un bien por sí, el centro de interés estará en el control-dominio, que será la mejor garantía de subsistencia. La autoridad moral se derrumba, la iniciativa se pierde, el proyecto se vacía, y la organización se vuelve autista, sin capacidad para detectar los intereses de la gente, sin sensibilidad para captar las nuevas necesidades sociales.

En cambio una organización que mira eficazmente a los bienes que la sociedad demanda y que permitirá hacerla mejor, es capaz de aglutinar las voluntades y de concitar las energías de la sociedad. Atiende a los ámbitos de convivencia y de cooperación, se convierte en centro de las aspiraciones de una mayoría social y en perseguidora del bien de todos. Esto es ocupar el centro social, o más bien estar centrada en el interés social, no simplemente en el interés de una mayoría social.

La democracia debe ser perfeccionada, mejorada para que recupere sus valores originarios y pueda contribuir a una sociedad libre, en paz, participativa, presidida por la justicia y la igualdad de oportunidades, Para ello, la crítica es un buen instrumento siempre que se utilice desde planteamientos constructivos. Y, en este contexto, hay otra cuestión que tratando de Ética y Democracia no se debe omitir. Me refiero a lo que muchos vienen calificando como partidocracia al que nos hemos referido con anterioridad.

En efecto, la partitocracia es un mal que hay que combatir. La peligrosa tendencia a la oligarquía que se está produciendo en la vida política, y sobre todo en los partidos, es una de las más peligrosas enfermedades de la democracia. Para extirpar este maligno tumor hay que ir a un sistema de listas abiertas moderado, limitar el número de los mandatos, fomentar la libertad de voto en determinados temas que afecten a los principios y valores del sistema, aumentar el número de las autoridades independientes o neutrales y buscar fórmulas para que el nivel de los dirigentes públicos sea la que se merece la sociedad.

Los partidos políticos también deben recuperar su funcionalidad propia dentro de la filosofía democrática. Para ello, nada mejor que los electores puedan elegir libremente a los candidatos que les merezcan mayor confianza y no "deban" elegir una lista que impone el que tiene poder en el partido. Esta es una de las mayores corrupciones de la democracia y un caldo de cultivo en el que florece la mediocridad y la arbitrariedad. En este sentido, es conveniente recordar el discurso que el entonces Presidente italiano Cossiga dirigió el 26 de junio de 1991 al Parlamento para propiciar la reforma de la Constitución de 1947. Pues bien, uno de sus argumentos, el más contundente, fue el de la transformación de la democracia en partitocracia: el sistema de partidos ha manifestado tendencias a, en lugar de ser un instrumento de intermediación entre la sociedad política y la civil, transformarse en un complejo y cerrado aparato de recolección y defensa del consenso como título para ejercer una impropia gestión del poder. Para Cossiga la partitocracia desnaturaliza el sistema democrático ya que produce disfunción de las instituciones, empañamiento de los valores de credibilidad del Estado y de los demás sujetos del poder público, debilitamiento de la autoridad efectiva del Estado, carencias y lentitud de la Administración de Justicia y sospecha de partidismo, insuficiente respuesta de los servicios a la demanda social y creciente manifestación de los partidos más como gestores del poder que como organizadores del consenso para la afirmación de programas. De ahí la creciente desafección popular hacia nuestro sistema de Gobierno. Las palabras de Cossiga pueden parecer duras pero describen una situación real que, en algunos países, es un clamor a gritos. Piénsese qué consecuencias puede traer la selección oligopólica de los cargos públicos: sencillamente la anulación de la división y separación de poderes, se quiera o no, y, ya lo hemos adelantado, el creciente distanciamiento entre gobernantes y ciudadanos.

En el mismo sentido, Marías escribía en el 23 de septiembre de 1993 un interesante y atinado artículo en el que se lamentaba de que la democracia se encuentre falseada por las listas cerradas y bloqueadas, por la sujeción a órdenes de partido que anulan la libertad de los representantes, por la lectura de discursos en un Parlamento en que, contradictoriamente, no se habla, por la apropiación indebida que ese Parlamento hace de funciones que corresponden a otros poderes del Estado, a la vez que renuncia a las que le pertenecen.

Los partidos, pues, no deben prometer lo que no pueden cumplir, no deben encerrase en sí mismos. Deben, por el contrario, conocer las aspiraciones sociales y buscar la forma de hacerlas posibles en un contexto de libertad y prosperidad. Porque no sería correcto decir que todos los ciudadanos quieren lo mismo, o que todos plantean de la misma forma los problemas colectivos. Pues precisamente para representar este sano pluralismo están los partidos. Pero para ello, es necesario que los partidos políticos piensen más en la configuración de la vida social y menos en los cargos. Como señaló el también ex-Presidente alemán Weizsacher en 1992, en junio -el 19- se echa en falta un liderazgo moral mientras los partidos, eso sí, hablan o discuten mucho sobre las luchas por cargos y por intereses, olvidándose de que son instrumentos para la solución de los problemas. En fin, la convivencia en paz o la efectividad de los derechos fundamentales se acaban convirtiéndose en un instrumento al servicio de los dirigentes de los partidos. Es más, las nobles aspiraciones de la colectividad se transforman en el expediente para fortalecer el poder de determinados líderes que sólo aspiran al llamado control de aparato. Se trata, pues, de la prostitución de la democracia porque al final, la partitocracia equivale, o supone, la confusión de los intereses generales con los de un grupo que buscará la forma de perpetuarse en el poder a través de la instrumentalización de las más loables y justas necesidades colectivas.

Un ambiente de partidocracia es el propicio para la proliferación de una relativa mediocridad como criterio para estar cerca del poder o para acceder al mismo. Hoy, la oligarquía y la desideologización son dos características de la vida de los partidos por lo que, en este contexto, no parece extraño que los partidos se dividan en pequeñas, o grandes, camarillas que solo funcionan en clave de clientela personalista. Por eso, como ha señalado Tusell, la política se ha convertido en una actividad para quienes carecen de una vida profesional brillante y quieren tener una cierta dimensión pública en la que se reciben privilegios, inmunidades y sueldos jamás soñados. Y, lo que es más grave, con esta extracción mayoritaria, ni se conecta con los ciudadanos, ni se recupera el espíritu del servicio público, ni se aumenta la sensibilidad social. Desgraciadamente, el político actual parecería aspirar solo a ganar las elecciones y ejercer el poder. A veces, incluso se llega al poder después de haber "comprado" los votos por determinados favores o actuaciones que, después, impiden o dificultan la gestión racional, equitativa y justa de los intereses públicos.

Un asunto de interés es el de la confección de las listas de candidatos en las elecciones. El puesto en la parrilla de salida -la confección de las listas-está en juego. No puede ser de otra manera por varias razones.

En primer lugar porque es una aspiración legítima y honrosa de cualquier político representar a sus conciudadanos. En un sistema democrático representativo, como el nuestro, el juego político se articula básicamente en torno a los partidos -su organización interna-, en torno a las instituciones de gobierno, y en torno a la representación parlamentaria. Cierto que la vida política - no la vida partidaria- es más amplia que todo esto, que la vida política se juega en la sociedad a diario, porque somos todos los ciudadanos los que construimos la sociedad. Pero quien tiene interés en participar de modo más activo y directo en el quehacer político, es lógico que busque, como primer paso, la representación de sus conciudadanos, posiblemente una de las tareas más nobles que puede desempeñar quien quiera dedicarse a la cosa pública.

En la confección de las listas se pone en juego, la capacidad política de los dirigentes, la moderación, templanza y ejercicio equilibrado del poder. Conjugar intereses, capacidades, representatividad, ideas e iniciativas, sectores, concepciones y sensibilidades es una manifestación indudable del arte de los que disponen las posiciones en esa parrilla de salida.

La tentación de los mezquinos o de los prepotentes es aprovechar las coyunturas partidarias en la elaboración de las listas para tomar venganzas, comprar lealtades, pagar servicios espurios, y siempre amparados en el llamado aparato del partido, que no es más que un escondite para aquellos que quieren esconder su responsabilidad bajo ese anonimato y el de unos supuestos intereses de partido que no son otros que los de la propia facción.

El valor y la aportación de los posibles candidatos -en el aspecto personal, en la capacidad de gestión, de movilización social, de presencia pública, etc.- puede pasar entonces a segundo, tercero o cuarto lugar. Cuando esto sucede la vida partidaria se esclerotiza y las renovaciones se tornan ficticias, se convierten en meros recursos o en ocasiones para la perpetuación de poderes o para la instauración de estilos en los que se ponen por delante los intereses personales o los de las camarillas de amigos. Los partidos no se abren así a la sociedad, se cierran sobre sí mismos. Todo se dirime en los socorridos aparatos, que acaban controlados por personajes sin representación social efectiva, que acaban viviendo de la política

No es sencillo animar a que las personas que tenga algo que aportar participe en la vida pública. Por el contrario, llama la atención, y mucho, la resistencia de un buen número de personas, con competencia profesional y altura ética, a dedicar sus mejores esfuerzos al servicio público. Y llama la atención, como no, el ambiente social y moral propio de nuestro tiempo en el que se potencia un consumo salvaje, una manera de distinguir a las personas en función de su éxito económico y, en fin, una forma de valorar a quien se presenta en la vida social adornado por el dinero y toda clase de bienes materiales. Ya decía La Fontaine: "la avaricia todo lo pierde pretendiendo acapararlo todo".

Las potestades públicas, por su propia naturaleza, son poderes que deben ser ejercidos en función del interés general. Esa es su justificación, y esa debe ser, por tanto, la idea que debe presidir la concreción de las distintas potestades públicas. La vida pública se justifica en la medida en que se trabaja al servicio del bien de todos. Quizás, y no tan quizás, sea la falta de vocación para el servicio público la causa que explique los numerosos casos de confusión de intereses públicos con intereses particulares. Evidentemente, si no hay una clara conciencia de servicio público es fácil, muy fácil, caer en las sutiles tentaciones del poder. Máxime, cuando el paso de las altas responsabilidades públicas supone un cambio desproporcionado en las condiciones vitales y, por el contrario, no se dispone de una exigente conciencia ética.

Por eso, es necesario apelar a una nueva forma de entender el ejercicio del poder. Efectivamente, cargo debe ser igual a carga, y quien se sacrifica es alguien que deja algo, que pierde algo: eso sí, que gana el honor de servir a lo colectivo, a sus conciudadanos. Por eso, los que ejercen el poder deben ser quienes tengan un mayor compromiso de servicio público con los ciudadanos y no deben olvidar que su entera existencia, incluso en lo relativo a su vida privada, debe ser ejemplar en todos los sentidos. En palabras del propio

Rousseau, el honor del hombre se defiende mediante una vida íntegra e irreprochable.

Desde luego, el clima moral general no es muy elevado. En este ambiente de materialismo hedonista en el que vivimos, y que se ha acrecentado en los últimos años, es lógico que florezcan conductas poco ejemplares guiadas por los que son los motores de la vida social. Como señalara Beauchene "los que creen que el dinero lo es todo, se hallan indudablemente dispuestos a hacer cualquier cosa por dinero". Sin embargo, una vez más me permito señalar que este planteamiento está caduco y que asistimos a sus últimos coletazos porque el amor a la verdad, la honestidad, el trabajo bien hecho, la lealtad, la solidaridad o la generosidad han sido siempre, y lo seguirán siendo, los auténticos estandartes del triunfo del hombre, de la persona y de sus derechos inalienables, frente a la apariencia y a lo efímero del dinero y de los bienes materiales. Ya lo sentenció Séneca en sus Epístolas: "los verdaderos bienes, sólidos y eternos, son los de la razón"

Hace mucho tiempo decía Burke que "el ejemplo es la escuela de la humanidad; la única escuela que puede instruirla". Y, hoy se necesita ejemplaridad en quienes se dedican a la muy noble tarea de la dirección y conducción de las cosas públicas. Evidentemente, esa ejemplaridad es también exigible a los líderes del sector privado y a los configuradores de la opinión y del pensamiento. Pero, quizás, por la especial posición que ocupan los políticos en el entramado actual, porque deben configurar las distintas opciones sociales, a ellos la sociedad debe exigir una especial integridad. Es obvio que sólo puede dar ejemplo quien va a la vida pública a dar, no a ganar -como no sea el reconocimiento por servir justamente a todos-. Siempre ha habido, y siempre habrá, personas que sintonicen con lo que dejó escrito Remy de Gourmont hace tiempo: "cuando se aspira a vivir de sí mismo, se produce siempre el tedio. Solamente se encuentra el placer en el servicio al prójimo."

Gobernante debería ser aquel que superase a los demás en virtudes. Esta sentencia es de Cantù y se escribió en 1890. Quizás a más de uno leerla ahora le pueda producir una cierta sorpresa, pero estoy casi seguro que es lo que desean los ciudadanos. Hoy existe una evidente crisis moral que se manifiesta en una crisis en la búsqueda de la verdad y del bien, únicos valores que liberan en su sentido más estricto y que propician el libre desarrollo de la persona y una cultura de los derechos humanos. Es importante, muy importante, el ejercicio personal de las cualidades democráticas porque no podemos olvidar que como escribió Gladstone "el egoísmo es la mayor maldición de la especie humana". Por eso el maestro Aristóteles nunca dudó en sentar que "un Estado es gobernado mejor por un hombre excelente que por una ley excelente". Quizá porque lo importante, la frase es de Disraeli "es confiar, no demasiado en los sistemas, y si en los hombres". Sin embargo, no oculto que este planteamiento puede ser relativamente novedoso, aunque es tan viejo como la historia del hombre. Ciertamente, esta aproximación es probable que no suscite grandes adhesiones, pero no deja de reflejar algo que está pasando en este tiempo: se produce un peligroso silencio -o una notoria ambigüedad- sobre temas claves por parte de quien tiene "auctoritas" o "potestas" para ayudar a configurar la opinión. Quizás, porque, como ha señalado reiteradamente Marías, hay un cierto miedo a hablar claro en público. Curioso miedo porque se trata de trasladar a la opinión pública lo que es un auténtico clamor en tantas tertulias y conciliábulos. Pero ya se sabe que existe una marcada tendencia a desentenderse de todo lo que puede originar crítica, aislamiento, marginación, degradación o perder premios, tribunas o editores. Al final, lo más grave es lo que denunció en 1856 Stuart Mill "la mediocridad colectiva es, en las sociedades democráticas, la mayor amenaza a la libertad".

En fin, se ha dicho que la política es una de las tareas más honrosas entre aquellas a las que un hombre puede dedicarse, cuando se desempeña con esfuerzo, saber y rectitud. Es honrosa porque desde ella se dispone de la ocasión de rendir servicios de altísimo valor a nuestra sociedad.

¿Pero que reporta al político la dedicación a la cosa pública cuando se conduce así? Su mejora moral, su mejora como hombre.

No se trata de palabras huecas -es obvio que altisonantes no lo son-. Si la acción pública no mejorara efectivamente al político que la ejerce como hombre, todo el discurso sobre la centralidad de la gente, de las personas, en la acción política se vendría abajo, quedaría en puro maquillaje político. En la vida moral no cabe estancarse, o se mejora o se empeora. Aguantar ya es mejorar, por cuanto el tiempo aumenta el caudal de nuestra experiencia. El político que no progresa en el terreno ético, corre el riesgo inminente -aquí, sí, pongámonos dramáticos- de corromperse.

El amor a la libertad, el apoyo en los demás, el compromiso solidario, el talante dialogante, la mesura, la atención a la realidad social..., engrandecen y fortalecen el ánimo de quien ejerce el poder. Las dificultades del entendimiento y -también- las trampas de que está sembrada la cancha pública, lo mantienen alerta y aguzan su inteligencia. Los reveses -hay que contar con ellos, a diario, y en los diarios- lo templan.

Si en la dureza de la dedicación pública quien ejerce el poder sabe preservarse del escepticismo y del cinismo, de la indiferencia o de la frialdad, del pragmatismo interesado y del sectarismo, y si sabe mantener viva su determinación en la mejora de las condiciones de vida -no sólo materiales, humanas- de sus conciudadanos, estará en condiciones de triunfar en la vida política, sobre todo en el momento que algunos consideran como el del fracaso -el político de valía sabe convertirlo en un éxito-, y que a todos llega, el de la retirada. En la dedicación política, sea fugaz o prolongada, la dignidad personal es el mejor timbre. Y en la dignidad del hombre público, de quien ejerce el poder público, brilla la dignidad de sus conciudadanos. Por eso su talla moral es el mejor tributo que puede prestarles.

Como dice un proverbio chino, el poder es el mayor enemigo de su dueño. El poder permite hacer grandes cosas por la colectividad pues, como sentenció Shakespeare, "los hombres poderosos tienen manos que alcanzan lejos". Supone una gran capacidad para mejorar la parcela de la realidad sobre la que se ejerce el poder. Al mismo tiempo, la historia nos enseña lo fácil y relativamente sencillo que es utilizar el poder sin moderación, sin equilibrio, sin sensibilidad social, sencillamente para fines torcidos.

Decía Pitaco, "¿queréis conocer a un hombre?: revestidle de poder". Y es verdad. Cuántas personas se transforman al segundo día de haber asumido el poder. ¿Por qué será?. Porque, de entrada, hace falta tener las ideas bien claras y un firme compromiso de servicio público. De lo contrario, se cumplirá lo que enseñaba el viejo Herodoto: "dad poder al hombre más virtuoso que exista, pronto le veréis cambiar de actitud". Me parece que se puede decir que el poder sin moderación, lleva al abuso y a la tiranía; en todo caso, a la consolidación de hábitos autoritarios.

No debe extrañar al que accede al poder, que sienta la fuerza que envuelve su ejercicio. Ahora bien, "quien todo lo puede, todo debe temer" (Corneille). No está de más tener una cierta actitud de respeto al poder y saberse distanciar con sentido común. Porque un apegamiento excesivo al poder que lleva a abandonar el trato con la familia y que se convierte en una actividad obsesiva, es una enfermedad. Una enfermedad que aqueja a muchas personas que no saben prescindir del poder y que cuando les falta, quedan sumidos en una profunda depresión. ¿Por qué?. Porque se convirtió en fin lo que sólo es un medio para el bien de todos.

Por otra parte, una duración excesiva de los cargos perjudica a la sociedad. Como escribió acertadamente Montesquieu, "el hombre está siempre más ávido de poder a medida que lo tiene más tiempo". Es decir, quien tiene una visión instrumental del poder, quien sueña con tener más poder, quien sólo vive para acrecentarlo y exhibirlo con ocasión o sin ella, traiciona gravemente las legítimas expectativas de los ciudadanos y puede llegar a olvidarse de los grandes bienes que se pueden conseguir a través de un recto y ordenado ejercicio del poder. "No hay que fiarse nunca de un poder demasiado grande" (Tácito) y no es mal asunto desconfiar del poder y siempre preguntarse, ¿esta decisión a quién beneficia?.

En este sentido, son bien famosas las palabras de Lord Acton de su carta al obispo Mandel Creighton el 5 de abril de 1887: "el poder tiende a corromper y el poder absoluto corrompe absolutamente". Sí, el poder, no puede negarlo quien lo haya ejercido o lo ejerza en la actualidad, tiende a corromper al hombre. Por una simple razón: o se usa para alcanzar el bien general de los ciudadanos, o se usa, más o menos disimuladamente, para el propio bien. Además, en el proceloso mundo del poder, existen grandes ocasiones para el enriquecimiento personal y para forjarse una imagen probablemente distinta de la verdad, pues como escribió Revel, "la primera de todas las fuerzas que dirige el mundo es la mentira".

En el poder mismo y en sus aledaños vive una extraña fauna de personajes dedicados única y exclusivamente a sacar la mayor tajada a las decisiones del que manda. Normalmente, cuando hay dinero de por medio, sólo las personas con una sólida vocación de servicio público resisten la tentación del enriquecimiento fácil. Como escribió Dumas -hijo- "el dinero es el dinero; cualesquiera que sean las manos en que se encuentra. Es el único poder que no se discute, nunca".

Sí, la corrupción es, sencillamente, la desnaturalización del poder. Utilizar el poder para otros fines distintos del propio. Para ganar dinero, para dominar a las personas, para excluir, entre otras.

Hace unos cuantos años cayó en mis manos un librito de la colección Civitas escrito por el magistrado y funcionario excedente Alfonso Sabán Godoy titulado "El marco jurídico de la corrupción" que lleva una presentación del profesor García de Enterría. En el trabajo de Sabán se plantean temas importantes como el de corrupción y legalidad, el substrato fáctico de la corrupción, los conflictos de interés o las técnicas jurídicas de control de la actividad pública en España.

Sabán señala que toda conducta corrupta es una conducta ilegal porque va contra el derecho a contar con una Administración que sirva con objetividad los intereses generales. Por ello, la desviación de intereses debe ir acompañada de sanciones normativas desde una perspectiva de interpretación finalista o teleológica del Ordenamiento ya que, dice Sabán, las normas son reglas de convivencia que se justifican porque pretenden alcanzar un fin. Es más, si bien la conducta pública ha de mantener la legalidad como término de referencia obligado, tal referencia debe entenderse en el sentido más avanzado del término, es decir, entendiendo la legalidad como un sistema racional en el que los elementos se relacionan por identidad de fines. Por tanto, la corrupción, en cualquiera de sus formas, además de constituir un claro atentado a los más elementales principios de la Ética pública, puede ser merecedora de la sanción normativa en cuanto que desviación de intereses.

Quizás la lucha contra la corrupción sea una batalla lenta y difícil. Sin embargo, los gobiernos deben articular las medidas necesarias para evitar la institucionalización de la corrupción porque una vez que la corrupción se extiende, las posibilidades de éxito son muy pequeñas. En efecto, el profesor Caiden señala que deben existir manuales anticorrupción con definiciones prácticas por sectores de actividad administrativa, que faciliten una especial sensibilidad que haga posible revelar cualquier forma de corrupción.

La corrupción atenta contra los valores éticos del servicio público en cuanto que implica la utilización de potestades públicas para el exclusivo provecho personal del que ejerce el poder. Supone la desnaturalización de la función constitucional de la Administración pública que consiste en servir con objetividad los intereses generales en el marco del bien común. Por eso, el Derecho es el instrumento adecuado para sancionar este tipo de conductas amén de que la conculcación de los más elementales valores éticos también suponga una pena quizás más dura socialmente.

La corrupción, no lo olvidemos pues ejemplos hay en algunos países, crece, crece y llega, si no se la detiene a tiempo, a ser una práctica "normal". Por eso, la sensibilidad hacia lo público exige, además de una formación adecuada, el ejercicio, por parte de los funcionarios y gestores públicos, de las virtudes morales que configuran el nervio del servicio público.

No hace poco tiempo el entonces presidente checoslovaco Vaclav Havel, con motivo de la entrega del Premio Sonning, pronunció un discurso sobre las exigencias morales de las tareas públicas del que no me resisto a transcribir varios párrafos:

"(. . .) Resulta muy interesante observar lo diabólica que puede ser la tentación del poder. Se puede apreciar mucho mejor en aquellas personas que nunca tuvimos ningún poder y que siempre criticamos con audacia a los poderes por disfrutar de tal o cual ventaja que ahondaba la distancia entre ellos y el pueblo. Cuando de repente nos vemos en el poder, instintivamente empezamos a parecernos a nuestros despreciables antepasados. Nos molesta, nos irrita, pero verificamos que no somos capaces de resistirnos.

Pero ¿dónde termina la lógica y la necesidad objetiva y empiezan los pretextos? (. . .) ¿Es que acaso conocemos y sabemos discernir el instante en que ya no se trata del interés del país, al que nos sacrificamos tolerando nuestras ventajas, y se trata ya de nuestras ventajas, que disculpamos hablando del interés del país?.

Confieso que se necesita tener un nivel elevado de reflexión y de autocrítica para ser capaz de identificar este instante, por muy buenas que hayan sido anteriormente las disposiciones. Yo mismo, que lucho constantemente, y con escaso éxito, contra las ventajas de que gozo, no me atrevería a afirmar que soy capaz de discernir siempre y con seguridad este momento. El ser humano se acostumbra, se desacostumbra, y a la postre -sin darse ni siquiera cuenta- puede perder su comprobado sentido crítico.

(...) De todo esto se deduce que la política es un sector de actividades humanas que plantea mayores exigencias al sentimiento moral, a la capacidad de entender el alma de los otros, al sentido de la medida y de la humildad. Es una dedicación para personas que no se dejan engañar.

Todos los que afirman que la política es un sector de actividades humanas que plantea mayores exigencias al sentimiento moral, a la capacidad de autorreflexión crítica, a la verdadera responsabilidad, al buen gusto y al tacto, a la capacidad de entender el alma de los otros, al sentido de la medida y de la humildad. Es una dedicación para personas que no se dejan engañar.

Todos los que afirman que la política es un asunto sucio mienten. La política es sencillamente un trabajo que requiere personas especialmente puras, porque resulta muy fácil caer en la trampa. Una mente poco perspicaz ni siquiera se dará cuenta. Por lo tanto, tienen que ser personas especialmente vigilantes las que se dediquen a la política, personas sensibles al doble sentido de la autoconfirmación existencial que de ella se desprende.

Ignoro totalmente si pertenezco al grupo de personas vigilantes. Sólo sé que debería pertenecer, ya que acepté mi cargo".

Sabemos que corrupción y poder normalmente van siempre unidos. El abuso, o el mal uso del poder, sea público o privado, implica siempre corrupción. El poder, lo sabemos bien, tiende a expandirse y, lo que es peor, el afán de poder, si no se modula, lleva ya aparejado el germen de la corrupción.

Es verdad que la idea democrática surge, entre otros factores, para poner coto a través de la razón a la desmedida tendencia al abuso del poder público que caracteriza, guste o no, a la naturaleza humana. Las relaciones, en este sentido, entre democracia y corrupción son antiguas como recuerda Rose-Ackerman. Sin embargo, en estos años, han sido analizadas desde distintos puntos de vista para llamar la atención sobre algo que hoy parece incontestable: que la democracia no garantiza sin más la erradicación de la corrupción, y lo que es más grave: que el falseamiento de la idea democrática contribuye enormemente a difundir una clara cultura "pro corruptione"

Se ha ocupado recientemente de esta cuestión Montanelli, para quien uno de los peores dramas de la situación italiana es que quienes cuidan de la Administración pública ya no son altos burócratas con una clara conciencia del servicio público sino empleados de los partidos políticos que, en lugar de contribuir al control, aprovechan su posición para colaborar, escribe Montanelli, en las "razzias" de los partidos políticos. Que esto ocurra trae su causa de una evidente desnaturalización de la democracia que se entrega al dominio de unos partidos políticos que sólo se justifican como máquinas de influencia y de compra y venta de votos ajenos, eso sí, aprovechándose de las legítimas aspiraciones y deseos de un pueblo que, al final, no es más que la excusa para seguir practicando toda una serie de "desaguisados" y "barbaridades" en nombre, y al servicio, de la idea democrática.

El intelectual francés Revel escribió en 1992 un interesante libro titulado "La renovación democrática" que trata de la caída del bloque comunista y que es un alegato a favor de una forma de entender la democracia como un mínimo vital que, junto al mercado y a los derechos humanos, ha funcionado como revolución moral contra el gigantesco campo de ruinas políticas, económicas, sociales y morales de los modelos comunistas y sociales. Revel es especialmente claro al tratar de la corrupción: cuando las costumbres se degradan, la democracia se aparta, entonces, de su vocación propia, se desnaturaliza.

El catedrático de Derecho Político Manuel Ramírez también analizó no hace mucho estas cuestiones al tratar del sentido de la democracia. La democracia no se consolida sin esfuerzo: hace falta trabajo, hacen falta hábitos; en definitiva, un talante en el que, gracias al impulso democrático, se estimula que la ciudadanía piense, que tenga capacidad crítica y que aspire a los auténticos valores democráticos. Y quizás no se está promoviendo ni fomentando este esfuerzo, sino todo lo contrario. De ahí que sea tan importante proteger el sistema democrático, pero el verdadero, no está falseada versión en la que parece que la democracia es igual a indiferencia, a apatía, a ley del mínimo esfuerzo y éxito a cualquier precio.

La democracia es algo más que un sistema de gobierno, es, sobre todo un estilo de vida, una manera de estar en la sociedad. El profesor Ramírez ha señalado certeramente que, en los últimos años, la democracia se ha reducido exclusivamente a una forma de gobierno que, es lo más grave, ha traído consigo modelos de conducta en franca oposición con lo que es la idea democrática. Por eso, una sociedad que no ha asumido los valores democráticos y cuya cultura cívica sigue siendo endeble es un caldo de cultivo propicio para la corrupción. Y, lo más grave es que los ciudadanos empiezan a desconfiar, como regla, de los políticos. Esto es bien penoso y exige remedios a corto plazo aunque, bien pensado, como señala el profesor Ramírez, la solución debe venir de la educación en los valores democráticos y en una cultura cívica que enseña a no engañar al Estado porque se percibe como algo propio, que enseñe el valor del diálogo, el sentido de la responsabilidad, la condena de la mentira, la primacía de las virtudes públicas y, sobre todo, una convivencia basada en un sólido ejercicio de cualidades democráticas, porque, sin el compromiso personal y la asunción de la idea moral en el plano personal, todo quedará en grandes discursos, pero todo seguirá igual en la práctica de cada día.

Ser honesto, íntegro e imparcial son virtudes básicas para el ejercicio del poder, pero hoy se necesita que los hombres públicos sepan manejarse en supuestos de complejidad creciente y que sepan interpretar, dice Innerarity, las nuevas responsabilidades que llevan consigo los acelerados cambios sociales y políticos. Hoy, es necesaria una mayor sensibilidad hacia los derechos humanos, un mayor respeto a las minorías, una mayor conciencia ecológica y una mayor operatividad del concepto de la dignidad de la persona.

Sabemos muy bien que el término "corrupción" admite distintas aproximaciones tal y como ocurre con cualquier realidad compleja. Sin embargo, existe un denominador común: la utilización en provecho propio de las potestades públicas.

Normalmente, cuando se trata de la corrupción, inmediatamente se asocia con determinadas conductas de responsables y funcionarios públicos. Efectivamente, el profesor de Harvard Nye en 1967 definía la corrupción como una conducta personal que supone una desviación o infracción en el cumplimiento normal de las normas de la función pública a causa de beneficios económicos para uno o sus allegados. En esta definición se incluye el soborno (utilización de recompensas para condicionar las decisiones políticas o administrativas), el nepotismo o la prevaricación. En realidad, lo decisivo para que pueda hablarse de corrupción pública es que la actuación o la conducta se produzcan por quien está investido de poder público y que beneficie al funcionario o responsable o a personas próximas. Pero, en la aproximación de Nye no se contempla la posibilidad, nada infrecuente, de que la finalidad de la conducta sea beneficiar al partido político en el que milita el funcionario o cargo público. Es el supuesto, por ejemplo del famoso caso "Watergate". Pero no es esta la única limitación de la definición del profesor de Harvard, porque su aportación podría interpretarse en función de lo que es "cumplimiento normal" en unos países o en otros y teniendo en cuenta que no en todos los lugares hay codificaciones éticas, ni están sancionadas estas prácticas. Sin embargo, es conveniente señalar que no es posible -ni justo- que la corrupción no esté condenada en todas partes del mundo. Quizás todavía en muchos lugares, sobre todo del entorno subdesarrollado, es normal que los cargos electos y de designación mezclen los intereses públicos con los intereses particulares. A pesar de ello, hay que comentar que mientras se tolere que el cumplimiento normal de las obligaciones de un funcionario incluya la aceptación de regalos o la admisión de los conflictos de interés, la lucha contra la corrupción seguirá siendo una ilusión. Es más, como plantea Gardiner, ¿ es admisible que un contratista invite a la Riviera francesa de vacaciones a un jefe de compras de la Administración y a su familia ? o, ¿ está permitido que el Ministro de Obras Públicas otorgue un contrato a una empresa que es, en parte, propiedad suya ?. La respuesta es, no. Y, ambas conductas, responden a lo que comúnmente se entiende por corrupción: uso de potestades públicas en beneficio propio.

Otra aproximación a la corrupción, igualmente interesante, es la que parte, como señala Gardiner, del abuso de poder por parte de los responsables públicos. En este contexto, corrupción es igual al mal uso de las potestades públicas, aproximación más amplia que la del profesor Nye y que, por ello, permite superar las limitaciones de una definición tan estrecha. En opinión del politólogo Gibbons, bajo esta rúbrica, se encuentran el nepotismo, el clientelismo, el conflicto de intereses legislativo y el conflicto de intereses administrativo. El nepotismo, como su propio nombre indica, se refiere a que los responsables públicos adjudiquen puestos en la Administración pública a familiares o amigos en lugar de a quien en justicia le corresponde. El clientelismo, según Gibbons, hace referencia al nombramiento o, en su caso cese, para los puestos públicos a personas próximas o del partido político en el gobierno a quienes se debe recompensar por los servicios prestados. El conflicto de intereses legislativos, por su parte, se refiere a aquellos supuestos en que los diputados tengan acciones de empresas que son objeto, previa votación, de determinados beneficios fiscales. Y, el conflicto de intereses administrativo, como su propio nombre indica, se refiere a casos en los que quienes ejercen el poder utiliza conocimientos y contactos propios de su actividad pública para actividades privadas o particulares. Es interesante destacar, como hace Gardiner, que la corrupción más fácil de detectar es la que conculca las normas, pero no es la más grave. Quizá la versión más grave de la corrupción sea ese conjunto de prácticas que, sin ser contrarias formalmente a la ley, suponen un claro atentado a la conducta que cabe esperar de los responsables públicos y a la imagen misma del funcionamiento de las Administraciones democráticas.

El profesor Gardiner establece un tercer grupo de supuestos de "corrupción": se trata de prácticas comerciales irregulares, fraudes, robos, abusos y despilfarros. La diferencia de estos casos con relación a la "corrupción" -tal como la entiende Nye- y al abuso de poder se encuentra en que estas prácticas son cometidas por personas que, ni son responsables, ni están investidos de poderes públicos. Sin embargo, en este momento, no nos interesan tanto estos supuestos sino el fenómeno, en sí mismo considerado, de la corrupción en el ámbito público.

La definición del término corrupción no es sencilla porque, entre otras cosas, es necesario enfrentarse con la cuestión relativa a los criterios que se utilizan para establecer las normas de conducta a las que deben ajustarse quien ejercen poder público, tema del que nos hemos ocupado ya ampliamente en este trabajo al tratar de la Ética pública en general. Sin embargo, desde una perspectiva formal o jurídica es obvio que sólo existirá corrupción si se vulneran las normas jurídicas. Ahora bien, puede haber, y es la que más abunda, corrupción o prácticas corruptas no prohibidas expresamente por la ley. Por eso, el politólogo de la Universidad de Yale, Scott, es partidario de las codificaciones éticas ya que permiten perseguir mejor las conductas corruptas, amén de que, funcionarios y ciudadanos tengan más claro el marco de actuación.

En cualquier caso, no deja de llamar la atención la atinada consideración del profesor Scott cuando nos advierte que uno de los peligros de la definición jurídica de corrupción puede ser que permita identificar lo legal con lo ético. Sobre este extremo ya hemos dado nuestro punto de vista puesto que, en muchos casos, la complejidad de las normas jurídicas, no sólo no es un arma eficaz para luchar contra la corrupción, sino que es una fuente de prácticas irregulares. Pero no es este el único peligro de las aproximaciones jurídicas al problema de la corrupción, pues no se debe olvidar que es posible, y real, que una acción en un país sea formalmente corrupta y en otro no lo sea. Es un problema, éste, no pequeño. Su solución pasa por un acuerdo general, que es urgente, sobre los principios del servicio público, principios que son universales y, por tanto, susceptibles de aplicación a todos los países.

Pero además de las definiciones jurídicas Gardiner plantea la aproximación al concepto de corrupción desde la idea del interés público, desde la perspectiva del bien común, del bien de todos. Las dificultades para instaurar un concepto jurídico de corrupción hemos comprobado que son serias. Porque puede haber actos ilegales que sean éticos si la ley es una ley injusta, y puede haber casos de actos ilegales que pueden ser corruptos. Casos hay muchos en la historia pero los que elige Gardiner son francamente buenos y plantean cuestiones de amplio calado en este tiempo que nos ha tocado vivir.

Dos ejemplos, ¿ que se podría pensar de un soldado nazi que, en contra de la norma que prohibía la emigración judía autorizaba salidas de judíos por una cantidad de dinero ?. Se trata de un acto ilegal y corrupto formalmente. Ahora bien, el problema de este supuesto es que el soldado debería autorizar la salida de judíos sin necesidad de obtener un beneficio económico a cambio.

El otro supuesto, el de actos legales que pueden producir los efectos específicos de la corrupción como puede ser que se favorezca a determinados grupos. El caso es, como el anterior, delicado. Se trata de examinar la conducta de funcionarios que, entre 1950 y 1960 en EEUU tuvieron que aplicar el llamado programa "Renovación urbana". Programa que, en síntesis, buscaba evitar la degeneración de los centros urbanos a través de un complicado sistema de expropiaciones, derribo de edificios y venta de solares a promotores inmobiliarios. Lo que pasó es que muchos de estos solares estaban ocupados por gente pobre y perteneciente, a minorías étnicas que veían como después de la expropiación y derribo, surgían grandes y lujosos edificios de pisos y oficinas. El problema para los funcionarios que debían aplicar este programa no era sencillo pues se producían situaciones injustas independientemente de si los beneficios económicos del Programa fuesen elevados. La cuestión es si la economía está o no al servicio del hombre y si quienes ejercen poder pueden o no abstenerse de actuar cuando piensen en conciencia que pueden colaborar a la degradación de la dignidad de la persona. En este supuesto es evidente que se estaba favoreciendo a las clases medias y medio altas de los EEUU a costa de los pobres y de las minorías porque el acto de los funcionarios podría, formalmente, calificarse de corrupto, y sin embargo ser legal.

Estos ejemplos son bien ilustrativos. Por una parte permiten pensar en la necesidad de formación ética para los dirigentes y, por otra, plantean también hasta qué punto los responsables públicos pueden de verdad contribuir a luchar a favor de la dignidad humana. Y, desde otra, quizá la más interesante en este momento, plantea la necesidad de buscar otras definiciones de corrupción que vayan más allá de la legalidad.

La historia demuestra que no siempre el resultado de los procesos políticos ha supuesto progreso en el desarrollo de los derechos humanos. Ahora bien, la aproximación a la corrupción desde el punto de vista del interés público ayuda a entender el fenómeno y, en todo caso, proporciona unas importantes modulaciones al concepto jurídico de corrupción.

Sin embargo, Gardiner todavía nos ofrece una tercera aproximación conceptual a la corrupción. Se trata de la perspectiva de la opinión pública. Más que un criterio válido de definición, las relaciones entre corrupción y opinión pública permiten plantear mejor la fuerza necesaria para luchar contra la corrupción. Porque, como dice Gardiner, si existen discrepancias sustanciales entre lo que establecen las leyes y la idea de la corrupción que tienen la mayoría de los ciudadanos, los funcionarios y magistrados serán más propensos a guiarse por la cultura popular. Si los magistrados y fiscales saben que a los ciudadanos les preocupa la corrupción porque estos exigen un patrón elevado de honradez y ejemplaridad ética, entonces estarán más predispuestos a iniciar investigaciones y a ser inflexibles en las sentencias. Y, desde el punto de vista de los ciudadanos comprometidos con la limpieza y la honestidad, es claro que se tenderá a elegir personas con reputación ética.

Es pues, interesante, la aproximación a la posición de los ciudadanos. Veamos. Es conocida la división del profesor Heidenheimer en corrupción negra, gris y blanca en función del grado de rechazo ciudadano a las prácticas de corrupción. La negra alude a la situación de consenso general sobre la necesidad de condenar y perseguir en todo caso la corrupción. En la corrupción "gris", algunos sectores de la población, generalmente pertenecientes a la élite, son tolerantes. En los casos de corrupción blanca, la mayoría de los ciudadanos probablemente no serán partidarios de castigar rigurosamente una modalidad de corrupción que entienden como tolerable al pensar que, más importante que los valores, son los costes que podrían resultar de un cambio sustancial en la aplicación de las normas.

Toda clasificación casi siempre es, cuando menos, polémica. Y esta, también. Por ejemplo, es sabido que las actitudes durante un período de tiempo son fluctuantes. Johnston, profesor de la Universidad de Colgate demuestra cómo, antes y después del "Watergate", los sondeos de opinión en Estados Unidos mostraban una preocupación por la integridad de los cargos públicos superior a la registrada anteriormente. Pero también es cierto que después de la dimisión de Nixon, el grado de preocupación volvió a disminuir. La pregunta que surge de este caso es evidente: ¿en qué momento se puede detectar mejor la opinión del público sobre la corrupción? Quizás lo más importante es que, en momentos de crisis de corrupción, la opinión general sea de gran preocupación pues., en condiciones normales, los ciudadanos darán más importancia a otros asuntos.

¿Qué piensan, en general, los ciudadanos sobre la corrupción? Es una pregunta no fácil de responder. Sin embargo, con las cautelas propias de quien sabe que las encuestas no equivalen a la verdad, el profesor Gardiner nos comenta un estudio suyo, de 1966, en el que se plantea la opinión de la población de una ciudad norteamericana en la que los representantes electos y altos funcionarios de policía eran "colocados" por un siniestro sindicato del crimen. La encuesta de Gardiner no demostró que se aceptase la corrupción aunque si puso de relieve una absoluta tolerancia en relación con el juego, a la sazón fuente de ingresos del sindicato del crimen. La encuesta, además, demostró que un número nada despreciable de ciudadanos toleraban algunas formas de corrupción como hacer caso omiso de los conflictos de interés o la aceptación de regalos de empresas. Sin embargo, la mayoría de la población de esta ciudad, como no podía ser menos, eran partidarios de la honradez y de la aplicación de la ley contra las prácticas corruptas. Se trataba, en esta encuesta de los siguientes casos:

1) un candidato a Presidente que promete un cargo a cambio de ayudas económicas para una campaña electoral.

2) un congresista que utiliza su cargo para conseguir un contrato de armamento para una empresa de su propia circunscripción.

3) un cargo público que utiliza fondos públicos para viajes privados.

4) un alto cargo de defensa que tiene una participación accionarial importante de una empresa con la que el Departamento de Defensa tiene un contrato millonario

5) un cargo público que aprovecha su condición para que un familiar o amigo sea admitido a una Facultad Universitaria.

6) un alcalde que asfalta una pista interna de su finca usando la brigada municipal.

7) un diputado que siendo presidente de la Comisión de Obras públicas autorice la compra de unos terrenos que acababa de adquirir.

8) un juez que falla en un caso en que está implicada una empresa en la que él tiene una participación importante.

9) un diputado que acepta una ayuda económica para su campaña electoral a cambio de votar de forma determinada en la votación de un proyecto de ley.

10) un diputado con una participación muy importante en una conocida empresa petrolífera que hace campaña a favor del mantenimiento de la subvención a dicha compañía por agotamiento de las reservas petrolíferas.

Más interesante, si cabe, es la encuesta realizada por los politólogos Peters y Welch el juicio que les merecía a cuatrocientos diputados de distintos Estados determinados casos de corrupción. Las conclusiones a dicha encuesta hay que ponerlas en relación con el cargo público, el donante, el favor que se hace y su "recompensa". Sobre todo, los datos recogidos en la citada encuesta permiten afirmar que una acción es más "corrupta" si el cargo público que aceptaba condicionar su decisión ocupa un puesto no-político, juez por ejemplo, y si se realiza en el marco estricto de su actividad pública.

En relación con el donante, Peters y Welch señalan que el acto se consideraba menos "corrupto" si el diputado en cuestión recibía fondos de una persona de su distrito electoral. Sin embargo, actuar por "precio" distinto del sueldo es un claro caso de corrupción, sea más o menos tolerado por los ciudadanos.

La tercera variable se refiere al favor prestado. En estos supuestos, la acción será tanto más corrupta si el dinero es privado, si el destinatario era de fuera del distrito electoral o si era un acto extraordinario. En todo caso, la corrupción también en este, es claro y no deja lugar a dudas.

En relación con la recompensa, o el "precio" por la actuación, también la encuesta admite supuestos de más o menos corrupción. Sin embargo hay que señalar que la corrupción no se produce por la mayor aceptación popular de determinadas acciones, sino por la desnaturalización de las potestades públicas que implica usar los poderes para fines de interés distintos al público.

En fin, la aproximación ciudadana a la corrupción permite subrayar la importancia que tiene la formación ética tanto de los responsables públicos como de los ciudadanos en general. En este sentido, el profesor Gardiner señala que el trabajo en este sentido de la Comisión Independiente contra la corrupción de Hong-Kong es bien importante pues ha ido consiguiendo, poco a poco, sensibilizar a los ciudadanos y, lo que es más difícil, cambiar actitudes a través de un ambicioso programa educativo en las escuelas, trabajo con asociaciones, presencia en televisión, difusión del estatuto para la prevención del soborno, etc. La educación y la cultura de servicio público son, quizás, los mejores antídotos contra la corrupción. Como lo es también el intento, pese a las distintas legislaciones y culturas, de aproximación de la corrupción desde la perspectiva de un interés público vinculado a la promoción de los derechos humanos de todos los ciudadanos en el contexto del bien común.

Desde el punto de vista de la teoría política Herbert H. Werlin publicó en el número cuatro de 1994 de la Revista del Instituto Internacional de Ciencias Administrativas un interesante trabajo sobre la definición de la corrupción. Cuestión que, después de lo que llevamos escrito puede afrontarse, por ejemplo, desde la posición aquí defendida de interés público. De todos modos, como escribieron en 1983 Gould y Amaro Reyes, no existe ninguna definición de corrupción que haya sido objeto de aprobación general. Pero ello no quiere decir que sea una tarea imposible. En mi opinión la aproximación al interés público desde la orientación de la dignidad de la persona humana y del bien común es útil y soluciona muchos problemas.

Werlin parte, en su análisis, de los dos aspectos básicos que configuran el concepto de la política. A saber, la relación entre gobernantes y ciudadanos y, por otra parte, la lucha por reconciliar la tentación del partidismo con el seguimiento de los intereses públicos. Pues bien, la causa propia de la corrupción se encuentra precisamente en la tensión entre el partidismo y el interés general. Y esta tensión, que es universal y se ha dado y se dará siempre se orienta a la corrupción cuando un elemento prima sobre el otro, cuando el espíritu partidista domina al hombre de Estado.

Entonces se produce la degradación del poder tal como explica Caiden en su conocida definición elemental que es la característica fundamental de la corrupción: conversión de la finalidad pública incardinada en los poderes y potestades en objetivos inconfesables, bien sean personales o de grupo. La definición elemental es interesante pero insuficiente si se pretende buscar una aproximación general al margen de las coordenadas del tiempo y del espacio.

La conceptualización elemental de Caiden describe el efecto fundamental de la corrupción pero, en opinión de Werlin, no puede considerarse de ámbito general porque no gradúa la cualificación moral de las acciones. Ciertamente, dentro de las conductas corruptas puede haber una mayor o menor gravedad pero, lo que no debe admitirse, es que un acto corrupto, aunque sea de pequeña entidad, no reciba esta calificación. La corrupción, es verdad, admite una tipología pero siempre constituye una degeneración o desnaturalización de lo que debiendo ser público se transforma en particular. Como señala Caiden, cualquier forma de corrupción es una traición al bien común a cambio de algo que siempre tiene mucho menos valor.

La mayoría de los autores que se han ocupado del problema de la definición de la corrupción como Heidenheimer, Johnston y Le Vine la clasifican como uso abusivo de un cargo público para un interés privado, como la concesión de dinero o favores para la obtención de influencias o poderes y como la violación de los intereses generales o de las normas de comportamiento para la obtención de determinados beneficios o para la consecución de fines particulares. El común denominador es la prostitución de lo público, la utilización de lo público para otros fines. Es claro que esta configuración conceptual es clave en el entorno de los países desarrollados. Pero en los subdesarrollados Werlin nos dirá que la percepción general es distinta porque los sistemas políticos favorecen, o incluso exigen, comportamientos corruptos: si se piensa que los cargos públicos sirven para el enriquecimiento personal, "es normal" la práctica del nepotismo y clientelismo y, en fin, los intereses públicos no están por encima de los privados. En estos supuestos, es necesario contribuir a que, poco a poco, se inicien procesos culturales y formativos dirigidos a luchar contra la corrupción que, aunque sea normal, no deja de ser un claro atentado contra los derechos humanos de la población.

Las relaciones entre el poder político y la Administración pública constituyen un marco importante para la delimitación conceptual de la corrupción. Efectivamente, cuando se produce su mezcla o simbiosis y la Administración no ejecuta las políticas públicas desde criterios de imparcialidad, neutralidad y objetividad, entonces la corrupción está servida. Desde el punto de vista de la ciencia política, Werlin se muestra pesimista, ya que entiende que los funcionarios se mueven por la necesidad de obtener beneficios personales, lo cual supone que se desvíen los fondos públicos hacia asuntos privados porque, siguiendo a Maquiavelo, ¿por qué alguien aceptaría el peso y las responsabilidades de la dirección de la cosa pública si no es por los beneficios personales que pueden obtener? Para Werlin, los funcionarios tienen el deber, especialmente los altos funcionarios que viven en el proceloso mundo de la discrecionalidad administrativa, de ser muy sensibles ante los derechos de los ciudadanos. Ciertamente, no se debe olvidar la tendencia natural del ser humano pero pienso que es posible volver a recuperar la fuerza del servicio público y la ilusión por la realización de trabajos colectivos que no producen más satisfacción o beneficio personal que la de contribuir a la consecución de intereses públicos y sociales que permitirán que los ciudadanos vivan en un contexto de paz, de libertad y de prosperidad. En este sentido, la Ética pública juega un papel muy importante pues hace falta que se desmaterialice la idea que se tiene del cargo público, o privado, y que se incida más en la vocación de servicio a los ciudadanos.

Desde otro punto de vista Werlin señala que tanto el modelo capitalista salvaje como el socialista fomentan la corrupción. Ya que, como escribió Ecker en 1981, la corrupción es un mecanismo de intercambios donde el poder atrae a la riqueza a cambio de tratos preferenciales. En el caso del capitalismo porque la tendencia a la explotación del hombre es obvia y, en el caso del sistema socialista, hoy en ruinas, porque la corrupción, sentencia Tarkowski, seguirá siendo la principal señal de identificación de la vida política, social y económica de un mundo con economías de penuria.

Siempre ha habido corrupción y siempre la habrá, puesto que mientras el hombre sea hombre, la tentación del abuso del poder estará presente. Pero en la historia de la humanidad es cierto que hay épocas en las que la corrupción ha estado más presente que en otras. Ciertamente, el momento que vivimos pienso que es uno de los más difíciles y eso en pleno auge democrático lo cual es revelador también de la progresiva desnaturalización que se ha ido produciendo del fundamento de la idea democrática.

La corrupción es un fenómeno universal que, sin embargo, parece que no ha sido muy estudiado desde el punto de vista histórico tal y como ha señalado el historiador Fontana en un estudio titulado "Las reglas y el juego. Algunas reflexiones históricas sobre la corrupción". Sin embargo, parece que los momentos de decadencia, como el final del Imperio Romano, fueron especialmente proclives a la corrupción entendida, no tanto como el abandono o la inobservancia de las leyes, sino como la degradación de los representantes de la "res pública" que usaban la autoridad para beneficiarse personalmente, arruinando a los viejos grupos oligárquicos y al mismo emperador tal y como nos cuenta este académico. En realidad, la corrupción, como analiza este autor al analizar la situación política en la Francia y España de los siglos XVII y XVIII, parte siempre de la privatización del poder. Y hoy, lógicamente, también es así.

La corrupción también ha sido el resultado, comprobado a lo largo de la historia, de anteponer la fuerza al Derecho. La idea de que el poder debe estar al servicio de los derechos de los ciudadanos y que el poder tiene límites es una consecuencia de los principios básicos de la moralidad pública, de la Ética política.

La idea de los límites frente al poder político se ha ido construyendo históricamente a través de un proceso conceptual que se inicia con la existencia de "grupos intermedios" que podían poner en relativo entredicho el poder del soberano. Más adelante surge la tesis de las funciones políticas limitadas con poderes y obligaciones impersonales y, finalmente, un sistema de orden público que establece los límites de la conducta ilegítima de quienes gobiernan.

Ciertamente, como señaló Namier, sin grupos intermedios significativos no podía haber límites para el poder de los monarcas absolutos, porque entonces se pensaba que el Estado, por ejemplo Theobald, no era considerado como una realidad impersonal y jurídica, sino como la encarnación viviente de la herencia de los monarcas.

Con la aparición, pues, de los cuerpos intermedios surge un relativo "pluralismo" que, en alguna medida, juega como poder equilibrador. Ahora bien, para que haya corrupción, es necesario que haya a quien corromper porque nadie corrompe cuando puede dominar. Cuando el poder se limita, entonces comienza la corrupción porque los grupos intermedios limitaban efectivamente el poder del soberano en favor de sus propios intereses. En fin, los límites al poder del soberano, en estos primeros momentos, eran imprecisos y, en sentido estricto, todavía no puede hablarse, salvo como remoto precedente de

275

funciones políticas modernas, de ideas concretas sobre el fenómeno de la corrupción.

La corrupción parte de la existencia de poderes públicos, de funciones públicas como concepto ya depurado técnicamente que se traduce en elementos impersonales, por supuesto limitados y de los que se debe dar cuenta a los ciudadanos. Sin embargo, es sabido que al principio sólo podían acceder a los cargos públicos aquellos que estaban en los círculos próximos al poder, que las diferencias entre lo público y lo privado eran más bien poco claras y que las nociones de servicio público o de mérito y capacidad brillaban por su ausencia pues la política se concebía como ejercicio, mantenimiento y defensa del poder, y los fines políticos no iban mucho más allá del puro enriquecimiento.

Pasaba el tiempo y las sociedades iban adquiriendo otro tamaño y una cierta complejidad. Por otra parte, las denominadas élites locales se multiplicaban y, por tanto, los conflictos entre ellas. Las guerras exigían más dinero y, por tanto, los soberanos tuvieron que empezar a contar con colaboradores a los que era, a veces, difícil controlar o supervisar. Por tanto, era necesario empezar a cobrar impuestos cuya recaudación se confiaba a particulares bien relacionados y con abundante patrimonio que se resarcían de sus "inversiones" reservándose parte de las rentas. Se puso en marcha una operación, bien conocida, de venta de cargos. Poco a poco, hasta llegar al siglo XIX, en que se puede hablar, según Scott, de la idea moderna del Estado, aparece el ejercicio del poder como deber y desaparece la concepción de la actividad pública como propiedad privada.

Entonces surge lo que Rogow y Lasswell han denominado "sistema de orden público". Se trata de integrar los valores en las instituciones fundamentales del sistema y en todo el sistema político. En este sentido, la aproximación a la corrupción del profesor Tarkowski, es el resultado de un proceso que consiste en conductas abusivas en función de las referencias éticas que fundamentan el sistema de orden público. Por eso, hoy, y pienso que siempre, la corrupción entraña claramente, amén de transformaciones impropias de lo público en privado, un evidente atentado al sentido de un interés público que se encuentran vinculado positivamente por el compromiso de los poderes públicos al facilitar, y promover, que todos los ciudadanos puedan ejercitar sus derechos fundamentales.

Ciertamente, la corrupción es un fenómeno universal. Se da en todos los países aunque su alcance y desarrollo varían conforme al tiempo y al espacio. Hoy, se dispone de importantes estudios oficiales elaborados por los Gobiernos de Asia, África e Iberoamérica, fundamentalmente, que son de gran interés y demuestran que existe corrupción, tanto en el mundo desarrollado como en los países en vías de desarrollo. Estos estudios indican, además, que la corrupción existente se manifiesta bajo la forma de conculcaciones de procedimientos públicos para favorecer intereses personales bajo comisiones, sobornos para apoyos legislativos dirigidos a proyectos empresariales, uso de fondos públicos para fines personales, nepotismo, robo de caudales públicos, imposición de precios abusivos, cohechos, elaboración de proyectos ficticios, falseamiento de nóminas, fraudes en la recaudación de impuestos, facturas falsas, etc. Además, la corrupción, cuando se produce, se instala en casi todos los niveles de la gestión pública inclusive en la cúspide de los gobiernos bajo la constitución de una serie de privilegios especiales a favor de los miembros del ejecutivo. Las causas que nos presentan los documentos públicos suelen coincidir: presencia amplia del sector público en la gestión de la economía, reducción del libre mercado, debilitamiento de los sistemas de control, protagonismo creciente de los partidos políticos en la vida de la Administración pública, etc.

El problema, pues, es el de la corrupción institucionalizada. Porque corrupción siempre habrá, pero lo preocupante es que se instale en la vida privada y pública y constituya una cuestión normal. En estos casos, la corrupción se tolera incluso socialmente y, como ha señalado Caiden, lógicamente molestan las referencias a la Ética del servicio público porque el modelo de conducta que se practica es bien otro. Hasta tal punto es grave la situación que hay quienes piensan, y escriben, que la corrupción general, en los países menos desarrollados, atrae la inversión extranjera y refuerza el sector privado, aumenta la integración de las minorías y fomenta la modernización política; es una alternativa preferible a la violencia y garantiza la estabilidad social. Sin embargo, aunque formal y externamente ello pueda ser así, debo señalar que los hábitos de corrupción socavan la democracia, producen desigualdad e impiden el pleno desarrollo personal del conjunto de la población, por lo que, a pesar de los pesares, en este tipo de países es muy conveniente, aunque sea en perjuicio de la situación económica, que se pongan en marcha programas culturales y educativos de Ética en los que se explique la importancia de los derechos humanos y la función instrumental de la burocracia. Porque la Economía está al servicio del hombre y la Administración también y todo lo demás, por muy positivo y "económico" que resulte, no hace más que contribuir a la degradación moral de la sociedad y a fomentar la desigualdad social. Sin embargo, hay que admitir que para cambiar estas situaciones hay que ir lentamente transformando actitudes y talantes.

Ciertamente, las situaciones de corrupción general se producen por una evidente falta de conciencia de servicio público al entender la función pública como una manera de servir los propios intereses personales, ya sean inmateriales o pecuniarios. También tiene mucho que ver la situación de distanciamiento entre gobernantes y ciudadanos y, en el fondo, como reconoce Caiden, la ausencia de virtudes cívicas y morales porque las personas con sólidos principios éticos y morales son difíciles de corromper pues tienen bien claro cuál es el fin de su trabajo público: servir a los ciudadanos y procurar fomentar el libre ejercicio de los derechos humanos. Estos ciudadanos, dice Caiden, no temen sacrificarse porque están convencidos del sentido de su tarea y tienen la fuerza suficiente parta resistir, y vencer, estas complejas y nada fáciles tentaciones del egoísmo y la arrogancia que, por cierto, tanto han proliferado en el ambiente democrático de nuestro tiempo.

A finales de diciembre de 1992, el 17 de diciembre, el profesor Yves Meny, participó en la Universidad de "La Sapienza" en un seminario sobre la
corrupción en Francia y en Italia. Para Meny la corrupción ha aumentado en
los últimos tiempos por los problemas de financiación de los partidos políticos y por el aumento de la discrecionalidad aparejado a la reciente reforma
descentralizadora de Francia. Después de comentar la célebre distinción de
Heidenheimer, el profesor Meny alerta contra el peligro de la instauración de
una cultura de la corrupción que parte de tolerar la llamada "corrupción blanca", para fines personales, y la "gris", para el partido o el grupo al que se
pertenece. Además, la fragilidad de las leyes de incompatibilidades, la proliferación de normas y normas, la falta de compromiso personal, y la prevalencia de la eficacia en la Administración pública, son factores que, en opinión
de Meny, facilitan esta temible cultura de la corrupción. Los ámbitos más
propicios para la corrupción serán aquellos en los que prima la discrecionalidad: planeamiento urbanístico, concesiones de servicios públicos, etc.

La corrupción es desencadenada por factores varios. Entre ellos se puede
citar el relajamiento de los principios morales de la sociedad, que da lugar a
una proliferación del mal ejemplo. Ahora bien, si hubiera que elegir una causa principal pienso que la unanimidad no sería difícil: el deseo de riqueza y
dinero. Es, por tanto, la actitud ante los bienes materiales el fundamento de
una sociedad sana o de una corrupta. Es triste, pero no parece desatinada esa
frase de Uslar Petri cuando señala que "tener o no tener dinero marca la más
fundamental diferencia entre los hombres". Es una pena, pero no se puede
dejar de reconocer que en los tiempos que corren todo se mide en términos
económicos y se ha ido diluyendo la importancia de los valores de la persona
y su aspiración a realizarse como tal en un mundo en paz.

El poder del dinero es casi absoluto, ¿Por qué? Porque, sencillamente, estamos en un momento de crisis moral y de cierta degradación de los valores
humanos. Como escribió el poeta Baquilides "el amor al oro alcanza muchas
veces la victoria cuando combate con una virtud demasiado débil". Y el dinero ha provocado una profunda transformación: cambia el carácter, el modo de
ser, la idea misma de la personalidad y la vida se convierte en una sucesión de
distintas oportunidades.

Al final, la riqueza para tantos, como escribía Anatole France "es el fin
único de la existencia" y da lugar a esa peligrosa desvinculación entre trabajo
y riqueza que tantos estragos ha hecho y que tan nociva es para la vida de los
pueblos. Sobre todo porque se busca el dinero y la riqueza a cualquier precio
y, si es posible, en muy poco tiempo. Y lo peor: se huye del esfuerzo o se
ridiculiza hasta cierto punto todo lo que sea trabajo continuo, constante y
esforzado. Como escribe Uslar Pietri , el poder ser rico sin trabajar, el creer
que se puede disfrutar permanentemente de abundancia de dinero sin necesidad de hacer ningún esfuerzo para producirlo, esta situación es un auténtico
cáncer capaz de minar los cimientos morales de cualquier sociedad y, además,
constituye un campo bien abonado para la corrupción. Pero, con todo, lo más
grave es que este tipo de fenómenos se instala en todas las capas sociales y

tiende a perpetuarse porque, como dirá Juvenal, "el amor a las riquezas crece conforme el dinero y quien menos tiene, menos desea" o Eurípides: "el oro aleja a los mortales de la moderación y les arrastra a los excesos de un injusto poder".

Por eso, la Ética es importante, por eso hay que apelar a la necesidad de que lo fundamental es la persona y su libre desarrollo, porque en un horizonte de creciente materialismo se pierde perspectiva y la existencia se convierte en una vertiginosa carrera hacia la acumulación de toda clase de bienes materiales al pensar que el dinero lo suple todo y lo compra "todo" porque "todo" tiene precio sin excluir a los poderes públicos. En una situación de esta naturaleza, lo más triste, insisto, es que se pierde la referencia humana porque cuanto más posee el hombre, sentenciará Graf, menos se posee.

Este ambiente procede, me parece, de ese capitalismo salvaje en que, nos guste o no, estamos instalados desde hace tiempo. Lo ha descrito acertadamente el profesor Peces-Barba: "la necesidad de acrecentar y multiplicar el capital ha ido generando e impulsando mecanismos de exclusión de competidores, para lo cual ha sido necesario contar con el poder político, que debía tomar determinadas decisiones jurídicas para favorecer esas ventajas". En este contexto, nos sigue diciendo el fallecido ex Rector de la Carlos III "tanto desde los corruptores como de los corruptos, el móvil de su conducta es el cálculo de utilidad para maximizar los beneficios, llegando tan lejos como es posible con el mínimo riesgo". La causa de ese capitalismo exacerbado es un individualismo radical que ha eliminado toda referencia al interés general, al bien común, para promover toda suerte de proyectos de vida de corte nítidamente egoísta a partir de los grandes aliados: el dinero y el poder.

Cuando se trata de controles, hay que ser conscientes que también puede haber, como ha estudiado el profesor Outrive, controles generadores de corrupción. En concreto, este académico se refiere, sobre todo, al famoso informe Dankert, relativo al fraude existente en la Unión Europea que, en buena parte, se produce porque, entre otras razones, quienes conceden las subvenciones y quienes las controlan proceden en algunos casos de los mismos ambientes o círculos que los propios beneficiarios de esas ayudas.

Otra de las causas que más se han tratado como causas de la corrupción es el crecimiento de la discrecionalidad administrativa. Efectivamente, como han señalado Fisher y Zinke, en el sistema burocrático se han identificado una serie de barreras que dificultan el cumplimiento ético en las organizaciones públicas. Es decir, es muy difícil definir una zona de la actividad en la que haya suficiente discrecionalidad auténtica para las decisiones éticas. La discrecionalidad de quien ejerce el poder ha sido siempre, nos recuerda Dobbel, un tema de especial interés en las sociedades democráticas ya que su uso puede aparecer tendencialmente, según las épocas, desnaturalizado en forma de abuso o de usurpación. La cuestión está en saber cómo utilizar estos poderes al servicio del interés general en un contexto del bien común. Y, con independencia de las técnicas jurídicas, bien conocidas, de control de la discrecionalidad, lo que aquí interesa destacar, porque estamos tratando de Ética, es que, como dice Dobbel, la principal arma contra el ejercicio abusivo de la discrecionalidad es la integridad personal. Es más, como ha estudiado Charles Fox, desde un punto de vista fenomenológico, existe un "espacio ético" en el que los responsables deben operar las potestades discrecionales.

Las leyes, la legislación, también tienen mucho que ver con la corrupción. Porque vivimos en un mundo en que hay demasiadas normas, en el que la maraña jurídica es tan densa que es muy difícil su cumplimiento, cuando no su conocimiento. Pero, en todo caso, es lógico pensar que la legislación deba ser un remedio contra lo injusto en la medida que la ley, dice el profesor de Lovaina Outrive, debe ser una estructura que controle los intereses privados en nombre del bien común. Sin embargo, cuando la legislación se contempla desde la perspectiva de las relaciones de poder, nos encontramos con la existencia de grupos de presión que tratan a toda costa de condicionar el procedimiento legislativo para imponer sus puntos de vista. Evidentemente, así considerada la ley, no es nada raro que pueda llegar a convertirse en un factor de corrupción como manifestación o expresión de relaciones de poder desiguales.

Outrive, que ha estudiado la corrupción en el marco de la Unión Europea, señala que la complejidad y falta de claridad de las normas comunitarias es una de la causas de la corrupción. Es más, cuantas más leyes y Reglamentos, más infracciones pueden producirse. Por ejemplo, el elenco de subvenciones o ayudas a la exportación consta de más de mil quinientas clasificaciones de productos agrícolas que incluyen cerca de cuatrocientas para productos lácteos y alrededor de ochocientas, por ejemplo, para la carne de buey. A finales de 1987, el sistema de codificación de la tarifa aduanera comunitaria contenía más de mil quinientos códigos de productos agrícolas, cifra que se incrementó en dos mil quinientos códigos como consecuencia de la tarifa integrada basada en un sistema armonizado. En fin, el informe Dankert, ciertamente crítico, señala que el Consejo de Ministros comunitario, como es bien sabido, no está obligado a dar cuenta de sus actos ni al Parlamento Europeo ni al de los Estados Miembros y, que, por lo tanto, el denominado "legislador" puede legislar de forma que pueden producirse fraudes.

Cuanta más intervención, más posibilidades de corrupción. Cuanta mayor presencia pública se produzca en la vida económica, mayor índice de corrupción. Desde luego que estas sentencias son resultado de lo que realmente ha pasado. Es verdad que el poder puede corromper y es verdad, ciertamente, que si no se tienen claras las exigencias de la Ética del servicio público la corrupción puede ser más fácil.

El aumento de la discrecionalidad debe ir acompañado de un crecimiento de la ejemplaridad ética de políticos y funcionarios porque, de lo contrario, la corrupción está servida y, lo que es más grave, está facilitada o promovida desde el mismo poder público.

En el marco del intervencionismo es más fácil la corrupción. Evidentemente, pero, en mi opinión, el problema fundamental no es tanto la intervención como la preparación y calidad ética de funcionarios y políticos. Hay momentos en los que puede ser necesaria una mayor presencia de los poderes públicos en la vida económica, fenómeno que en sí mismo, no se puede calificar de malo o corruptor. Más importante es el control de la discrecionalidad y profundizar en el buen uso de los poderes al servicio de la colectividad. Por eso, no puedo compartir la tesis de que los hombres públicos son un colectivo de alto riesgo. Puede que lo sean en determinados momentos, pero establecer principios generales es arriesgado. Como lo es, también, apuntar que la causa básica será analizar si los mecanismos de toma de decisiones constituyen un freno suficiente a las inclinaciones perversas de los hombres públicos. Ciertamente, hay que limitar la discrecionalidad pero no anularla. Habrá que buscar hombre públicos con vocación de servicio. Esto es más importante.

En el marco de la economía no se puede olvidar que, como señalara certeramente Offe, los sistemas de toma de decisiones no responden, ni al modelo de legitimación democrática, ni al perfil weberiano de funcionario público. Es más, no se puede negar que las decisiones políticas muchas veces se producen en informales procesos de negociación entre representantes de sectores estratégicos públicos y privados de forma que los que participan en este tipo de relaciones tienen todos los motivos para mantener su "interesante" intercambio de propuestas, información y amenazas. En este contexto, no puede extrañar a nadie que cuajen fenómenos de "tráficos de influencias" con el fin de anticiparse en el conocimiento, preparación o adopción de determinadas actuaciones con la finalidad de obtener algún tipo de beneficio personal.

Hoy, en el ámbito de las finanzas, hay que reconocer que el control de los accionistas brilla por su ausencia con lo que los directivos han ido aumentando sus ventajas a través del uso de activos (coches, aviones...) o retribuciones especiales (gastos de representación). El resultado ha sido la instalación de una nueva clase social llamada "beautiful people" que ha traído consigo distintos supuestos de compra de empresas o "tiburoneo" empresarial que traen su causa de la utilización de dinero prestado contra la garantía de los activos de la empresa para adquirir la mayoría de las acciones de esa masa pasiva de accionistas. Al final, hay que vender las partes más rentables de las empresas y, después, cerrarlas. Ahora, eso sí, en todo este proceso se amasan grandes fortunas como consecuencia de informes o dictámenes que, al final, no son más que informaciones privilegiadas por escrito. Lo peor es que este ambiente, y sobre todo sus protagonistas, han sido considerados dignos de imitación en el mundo del sector público con los consiguientes desaguisados y escándalos que no hacen más que aumentar en la España de hoy.

Los procesos de privatizaciones y reprivatizaciones son también campos bien abonados para la corrupción. Ya veremos, si es que algún día se conoce, qué pasó con la reprivatización de Rumasa. En estos casos, sin un procedimiento transparente y reglado, las enajenaciones al sector privado bien pueden consistir en el pago a grupos y "lobbies" que merezcan recompensa en función de su colaboración con los dirigentes del partido o por su participación en determinadas operaciones de intercambio o compraventa de favores.

281

Porque ¿cómo se puede justificar la venta de una empresa al sector privado por precios irrisorios?

También el campo de la generación de plusvalías es plato de gusto para los expertos en corrupción. Hoy, no se puede negar, las obras públicas producen claras y cuantiosas plusvalías a los propietarios de los terrenos próximos a dichas obras. Pero, como muy bien señala el profesor Nieto de Alba, es lógico pensar que parte de esos beneficios deben redundar en la comunidad aunque la solución no debe venir por la participación del Estado como un especulador más, sino a través de la adopción de medidas que supongan contrapesos institucionales que eviten el ocultamiento de malas gestiones e impidan especulaciones por parte de los gestores públicos que puedan ser fuente de información privilegiada, tráfico de influencias o conductas corruptas.

Es verdad que la llamada "cultura del pelotazo" es más frecuente en sistemas intervencionistas en los que los cargos públicos disponen de toda suerte de prebendas y pueden comprar y vender continuamente favores de tipo político y económico. En realidad, cuanto mayor sea la libertad de mercado, la transparencia y la competencia, menor será la corrupción. Por eso, es necesario reducir el sector público empresarial a sus justos límites, recuperar el control eficaz sobre la adjudicación de caudales públicos de acuerdo con los principios constitucionales y buscar un sistema de financiación de los partidos políticos que no asocie su presencia "necesaria" en los procesos de contratación pública.

La corrupción implica, como ya hemos señalado, un ejercicio de las potestades públicas para fines privados. Por tanto, tantas veces como se produzca esta desnaturalización de los poderes públicos estaremos ante tantas modalidades de corrupción. Por eso, establecer una tipología de la corrupción es una tarea francamente difícil, sobre todo si se pretende realizarla con pretensiones de validez universal.

Quizá lo más interesante sea señalar algunas de las manifestaciones que, en estos tiempos, son más frecuentes. Así, por ejemplo, en el ámbito económico se producen frecuentemente ofrecimientos de dinero con el fin de sobornar para obtener algún beneficio personal o de grupo. En estos casos se ofrece dinero, bien en metálico o en cuentas, donativos, ayudas a partidos políticos, regalos, servicios gratuitos, viajes pagados, encargos profesionales, participaciones accionariales, puestos en consejos de administración, colocación de amigos o de familiares. Y, lo que se otorga, son, entre otras cosas, permisos, concesiones, información privilegiada; nombramientos, exenciones, subvenciones, adjudicaciones, etc.

La especulación, como sabemos, es en esencia la compra de un bien con la finalidad de venderlo obteniendo beneficios. En principio, pues, no se trata de algo "per se" malo a no ser que se obtengan beneficios "desproporcionados" o que se produzca la especulación en un contexto de información privilegiada. En este último caso, se produce un robo porque se usa de un bien de otro para beneficio personal. Es el caso de adquisiciones de terrenos en que una de las partes sabe que serán recalificados, con lo que se producirá un evidente incremento de su valor.

Curiosamente, sin embargo, en el contexto internacional parece poco menos que inevitable que, so capa de perder algún contrato que se juzga fundamental, se produzcan comisiones. Es un tema, el de las comisiones internacionales, bien delicado. Para tratar de eliminar estas prácticas irregulares, una Comisión de la Organización para la Cooperación y el Desarrollo Económico (OCDE) aprobó en su día un Código de Conducta en el Comercio Internacional. Es una cuestión delicada porque hay que determinar cuándo una comisión es ilegal y cuando es correcta. Pues bien, la OCDE dispone, para estos casos, un criterio muy sencillo: la transparencia, porque lo ilegal se oculta por principio. Por ello, las empresas deben incluir en algún concepto bien definido de su contabilidad el pago de comisiones comerciales consignando en un anexo el servicio que remuneran y la identificación del beneficiario.

En el mundo de la empresa, y también de la vida pública, se producen a veces esos terribles sucesos conocidos con el nombre de sobornos y extorsiones. Fenómenos que ciertamente no son novedosos ya que los pagos inadecuados en los negocios o en las contrataciones públicas han sido una de las prácticas corruptas más practicadas.

En un soborno, señala el profesor Melé, alguien ofrece dinero o alguna otra dádiva a una persona o a un equipo vinculado a alguna empresa o a la Administración pública, para obtener alguna suerte de beneficio. ¿Para qué se soborna? Pues para obtener sentencias o arbitrajes injustos, para el encubrimiento de delitos, para conseguir la adjudicación de contratos o el logro de subvenciones, así como exenciones, permisos, licencias... Si interviene algún funcionario público, se llama cohecho.

Las extorsiones, como señala también el profesor Melé, parten de quien tiene el poder de decisión o puede ejercer influencia sobre quien decide. El extorsionador exige dinero a alguna otra dádiva a alguien, sin que tenga ningún derecho a ello, a cambio de otorgar algún provecho o, simplemente, pide alguna recompensa por hacer algo a lo que está obligado por razón del cargo bajo amenaza de dilatar desmesuradamente su gestión con prejuicio del extorsionado.

Una cuestión también delicada es la de los regalos y las atenciones comerciales porque, en ocasiones, bien pueden considerarse sobornos si es que son desmesurados o desproporcionados, En general, como señala atinadamente Domenech Melé, es mejor no aceptar ninguna atención que aparezca desmesurada y, en todo caso, las atenciones recibidas no deben obstaculizar la libertad e independencia necesaria para elegir lo que se estime mejor para la empresa a la que se representa.

Quizás hoy la forma de corrupción más extendida sea el uso ilícito de información o también llamado tráfico de "información privilegiada". Se trata, en estos supuestos, como ha señalado el profesor Argandoña, de aquella información que tiene una persona en situación de confidencialidad o lealtad para con una empresa, que puede producir beneficios extraordinarios al alterar el valor de las acciones o de otros activos financieros de la empresa, y que se usa en beneficio del que posee la información en la Administración pública. Entonces nos encontraríamos en un supuesto de información privilegiada pública. La conducta anti-ética surge porque el que tiene la información privilegiada la utiliza en su beneficio, falseando las reglas de la publicidad y concurrencia del mercado. Además, el uso abusivo de información privilegiada genera situaciones de notoria injusticia porque priva a alguien de algo a lo que tiene derecho.

La información privilegiada, dice Argandoña, dificulta que todos tengan derecho a la misma información y que todos tengan acceso a la misma información. En el mundo de la Administración pública es especialmente grave pues la publicidad y la concurrencia en la contratación pública constituyen principios constitucionales. Es más, como ha señalado el profesor Salvador Coderch, el concejal que se entera de los planes sobre el nuevo trazado de una carretera y, antes de que se haga público, se dedica frenéticamente a comprar solares a sus convecinos para luego especular con ellos, hace ciertamente un buen negocio, pero lo hace a costa de sus vecinos y sin mérito alguno por su parte: lo que él gana, lo pierden los demás. Por eso, es realmente aborrecible el tráfico de "insiders", recalca Coderch, montado sobre una información privilegiada a la que se tiene acceso por razón del cargo que ocupa. Es claro que este tipo de actuaciones es censurable: no sirve para crear nada, antes al contrario, lleva a las gentes a desconfiar de los poderosos y a realizar inversiones defensivas para cubrirse de sus abusos.

También hoy está de moda la malversación de fondos públicos. Se trata como es sabido, de que quien ejerce el poder de a los caudales o efectos que administrare un uso ilícito. La malversación admite distintas modalidades: sustracción por acción u omisión o por omisión culposa, aplicación a usos privados o ajenos, aplicación pública diferente de la asignada o retención indebida de cosas. En sentido estricto, se trata de dar a los caudales públicos un destino público pero distinto a aquel a que estuvieran destinados. En estos supuestos, es claro que se produce una desnaturalización de las potestades públicas.

La expresión "conflicto de intereses" no es ajena al mundo de la Administración pública. Por ejemplo, en los Estados Unidos se ha ido mucho más lejos que en Francia al establecer una serie de estrictas obligaciones para los funcionarios. Así, la exigencia de hacer pública la situación financiera de los funcionarios norteamericanos será impensable en Francia donde existe, forma parte de la cultura burocrática, una fuerte conciencia de la privacidad del funcionario. En el país vecino, como nos comenta el profesor Rohr, se confía más en la tradición: en la idea de la función pública como una tarea de suma nobleza y, como consecuencia, en el llamado "espirit de corps". En Francia existen restricciones muy severas que dificultan que un funcionario pueda desempeñar un trabajo en el sector privado en el que pueda "aprovechar" los conocimientos o relaciones adquiridos durante el ejercicio de la función pública. En los Estados Unidos, sin embargo, las restricciones son más concretas y se limitan únicamente a las áreas que tienen una relación directa con el cargo público. En Francia, como dice Rohr, estas disposiciones prácticamente no se cumplen, mientras que en los Estados Unidos parece que si tienen una mayor aplicación real.

Es bien sabido que la cuestión del empleo posterior al desempeño de un cargo público está directamente relacionada con el llamado conflicto de interés. En Canadá, por ejemplo, el llamado Libro Verde del Conflicto de Intereses de 1973 y los Proyectos de Ley a que dieron lugar, establecieron que lo esencial de la regulación de los conflictos de interés no reside tanto en la limitación impuesta a trabajos posteriores al desempeño del cargo público como a la prohibición de conflictos presentes entre las obligaciones de la función pública y sus intereses privados. Es decir, estos conflictos de interés se produce siempre que un cargo público o su cónyuge o "dependientes" tengan importantes intereses privados que le proporcionen la posibilidad de beneficiarse, directa o indirectamente, como consecuencia de sus acciones u omisiones con ocasión del oficio público. En realidad, el conflicto de intereses es también otra variante de corrupción pues se trata, sobre todo, de beneficiarse personalmente del ejercicio de determinada función pública, bien sea durante el desempeño de la tarea pública o con posterioridad.

El fraude fiscal es otra modalidad de corrupción bien grave pues altera significativamente la distribución de la renta y de la riqueza traicionando el principio de equidad, y forzando en ocasiones a que se incrementen la presión fiscal sobre los contribuyentes honestos.

Quizás el gran problema de la corrupción sea el de la financiación de los partidos políticos. Como ha señalado atinadamente Garcia Añoveros, los partidos luchan por el poder y la tentación de buscar más dinero para competir con más garantías de éxito no es fácilmente vencible. Por eso, en los últimos años se ha organizado un sistema de financiación ilegal, bien participando en empresas que reparten beneficios únicamente por contar con el apoyo oficial, bien por exigir "donaciones", escribe el profesor Sotelo, disfrazadas de servicios, que no son más que el precio por mantener una cierta benevolencia con la empresa en cuestión. En estos años, es cierto que estas prácticas han aumentado hasta el punto de que no pocas veces, en lugar de llegar a su destino esas "donaciones", se pierden en la maraña de unas redes de intermediarios cada vez más numerosa. El tema es muy grave, no sólo porque muchas veces está en el origen de prevaricaciones, cohechos, malversaciones u otras prácticas corruptas, sino porque si los partidos se financian con el ejercicio torcido de las potestades públicas, se "legitima" de algún modo, señala Sotelo, la misma corrupción.

Quizás el efecto más perverso de la corrupción sea el falseamiento del mismo sistema democrático y la consolidación de una forma de vida más bien alejada de los hábitos y virtudes propias de una democracia. Y si se trata de corrupción institucionalizada la "doble" moral y la esquizofrenia se instala en una sociedad a la que sólo tiene acceso el poder, el dinero o la notoriedad.

Sin embargo, a efectos sistemáticos, se pueden señalar varias consecuencias de la corrupción que, por su interés, sobre todo para analizar la situación actual, vamos brevemente, a enumerar:

1°.- Se produce una quiebra muy grave en la función pública, que ya no se orienta a promover un clima de desarrollo de la persona y de sus derechos fundamentales.

2.- Se produce una evidente pérdida de categoría y calidad humana en quienes ocupan o desempeñan cargos públicos con la consiguiente y progresiva separación de ciudadanos y gobernantes.

3°.- Se pierde profesionalidad en la tarea pública y se contagia una determinada forma de hacer o de "trabajar" opuesta a los valores propios del trabajo honesto.

4°.- Se produce, igualmente, un falseamiento del sistema de mercado, se socavan los principios de publicidad y de concurrencia y, también, del de acceso a la función pública de acuerdo con el mérito y la capacidad.

5°.- Desde el punto de vista económico, se incrementan los costes de las empresas que acuden a las prácticas corruptas, lo que lleva a elevar el precio de los bienes y servicios que producen. Y, cuando el demandante de esos bienes es la propia Administración pública, lógicamente, aumenta el gasto público. Y, si estas operaciones, como señala el profesor Nieto de Alba, se llevan a cabo a través de empresas que realizan la intermediación en el ámbito de la denominada economía sumergida, entonces las arcas públicas ven reducidos sus ingresos en la cuantía en que se evaden los impuestos. Es decir, incremento del déficit público.

6°.- Como es lógico, la corrupción produce una falta de racionalización en el gasto público, tanto en su eficiencia como en su eficacia.

7°.- También, desde el punto de vista de los fondos públicos, se produce una clara relajación de los sistemas de control del gasto a través de fiscalizaciones "a posteriori", que ya nada pueden hacer más que constatar los desaguisados o escándalos.

8°.- Otro efecto, no menos grave, es que la corrupción, desgraciadamente, aleja de las tarea públicas a aquellas personas que podrían prestar un servicio al bien común con su participación en la dirección de la cosa pública. Y, por el contrario, fomenta la partitocracia, las comisiones ilegales a los partidos políticos y, en definitiva, un clima social de engaño y mentira en el que todo se mide en función del dinero y del poder, y en el que se pierde, poco a poco, la referencia humana que, tan importante es, y que, a pesar de los pesares, es la referencia fundamental del sistema democrático.

La lucha contra la corrupción es una cuestión difícil y delicada que no debe reducirse únicamente a la promulgación de normas jurídicas o a la creación de unidades administrativas especializadas. Sin un clima social adecuado es casi imposible que prosperen eficaz y efectivamente las medidas formales adoptadas contra la corrupción. Es necesario, por tanto, promover un ambiente de educación ética elevado, así como subrayar la importancia del ejercicio de las virtudes morales como paradigma de normalidad.

En el marco de la empresa, y también de la Administración, la forma más eficaz de luchar contra la corrupción es, como dice Melé, no ponerse en peligro de caer en ella. ¿Cómo se consigue? Sencillamente, evitando prácticas que pueden abocar a la corrupción en los negocios, manteniendo un tono alto de profesionalidad y buscando la calidad y el buen hacer. Además, es posible que los códigos de conducta puedan prestar un buen servicio siempre que su contenido permita su aplicación real y que vayan acompañados de una intensa labor formativa en la que se expliquen, en general y en concreto, los principios de la Ética. Es evidente que, también en el marco del sector público, cuando se conocen prácticas de corrupción hay que actuar con firmeza reaccionando inmediatamente pues, de lo contrario, se estarán dando pasos hacia la corrupción institucionalizada. Si se sancionan rápidamente este tipo de conductas es evidente que la organización recibe un mensaje claro y eficaz sobre esta cuestión.

En relación con la legislación anticorrupción hay que ser consciente de que la proliferación de normas jurídicas que hoy caracteriza la vida moderna puede, en ocasiones, fomentar la corrupción. Como es sabido, en 1977 se aprobó en los Estados Unidos la "Foreign Corrupt Practices Act", ley que, a consecuencia del asunto "Watergate", prohibía a las empresas norteamericanas realizar sobornos en el extranjero. Pues bien, como señala el profesor Melé, a pesar de las protestas de algunas compañías que alegaron que se produciría una pérdida de competitividad, la verdad es que parece que las pérdidas reales, como consecuencia de esta ley, fueron reducidas. Es más, un estudio demostró que la cantidad de negocios atribuibles a pagos improcedentes había sido sobreestimada y que estos pagos no eran tan imprescindibles.

Sin embargo, la clave de la lucha contra la corrupción no está tanto en la persecución del delito como en la función de previsión pues, como señala certeramente Melé, no hay que olvidar que determinados preceptos legales, como los contratos con la Administración pública, subvenciones, concesiones... pueden favorecer la falta de transparencia y la arbitrariedad y, por ende, las posibilidades de corrupción. De ahí la importancia de vigilar el cumplimiento de estas leyes y, lo que es más importante, hacer posible un programa educativo exigente, tanto en la educación básica como en la profesional, que subraye la trascendencia de la sensibilidad ética, transmita criterios solventes de rectitud moral y, como es lógico, fomente una actitud favorable a la lucha contra la corrupción. Ahora bien, debe quedar claro que una actitud ética exige, sobre todo, la decisión personal de querer ser honrado y parecerlo.

La Ética pública que parte del servicio público es, desde luego, un arma de gran eficacia en la lucha contra la corrupción. En este contexto, cada vez es más importante que se tenga claro, y por todos, que la actividad pública se justifica en la medida que supone atención esmerada a los asuntos colectivos y que la integridad y la honestidad de los políticos y funcionarios es la condición necesaria para el ejercicio de las funciones públicas. La idea del servicio a la colectividad implica que los poderes y potestades se ejercen en beneficio de la colectividad y no en provecho personal. Por eso la Ética pública se refiere, no sólo a prevenir conductas negativas, sino a propiciar en el marco de la función pública, un ambiente de trabajo bien hecho, eficaz, sensible a los derechos de los ciudadanos.

Desde la Ética pública, pues, es evidente que debe promoverse ese acercamiento sociedad-poderes públicos que hoy, tristemente, no es esa realidad que todos desearíamos.

La corrupción, lo sabemos bien, ni es un fenómeno nuevo, ni es un fenómeno privativo de algunos países o culturas. Es tan antiguo como el hombre mismo y, aunque hoy se circunscribe, sobre todo, al ámbito del sector público, hay que reconocer que es un claro exponente del ambiente moral de la sociedad. Por eso, la responsabilidad social es también un elemento de primera magnitud en la lucha contra la corrupción. De ahí que no sea baladí preguntarse si la sociedad civil ha asumido su responsabilidad en la lucha contra la corrupción. La colaboración, pues, entre ciudadanos y poderes públicos es, en este campo también, fundamental.

La responsabilidad es fundamental en la lucha contra la corrupción, sobre todo, contra la tendencia a que la discrecionalidad se enmascare bajo formas más o menos de "razonabilidad" o de "control" que, al final, no son más que puras y claras arbitrariedades. Así, como señala Izquierdo, el concepto de responsabilidad adquiere carta de ciudadanía en el dinamismo organizativo, pues desde la perspectiva de una conducta absolutamente determinada por unas fuentes externas, la esencia de la responsabilidad acaba por desvanecerse. En este sentido la responsabilidad del que ejerce el poder se engarza con la Ética pública pues es el propio servidor público el que actúa de acuerdo con su leal saber y entender, si bien ciertamente la organización puede condicionar, pero nunca, ni de lejos, determinar el sentido de la conducta del dirigente público. Puede ser que la jerarquía o los controles externos influyan sobre el funcionario, pero no hasta el punto de que se diluya su responsabilidad como sabe muy bien quien haya tenido que trabajar en el proceloso mundo de la discrecionalidad administrativa.

Siempre existe la posibilidad de actuar de acuerdo con la propia conciencia y siempre se pueden, se deben, desobedecer las órdenes o instrucciones que supongan un atentado a la Ética pública. Y eso, esté donde se esté en la maquinaria administrativa. Los funcionarios siempre somos responsables de nuestras acciones a no ser que la naturaleza del trabajo de que se trate eliminen toda capacidad de aportación personal, en cuyo caso, estaríamos ante supuestos de autómatas o robots, lo cual es bien difícil y complicado.

Uno de los principios básicos de la Ética pública es que quién ejerza el poder se sienta responsable en su trabajo, considerándolo, como ya hemos reiterado, como un aspecto de la tendencia a cumplir las necesidades de la ciudadanía en el contexto de los valores permanentes y universales del servicio público que serán, o al menos deben ser, las referencias de su actividad.

La historia ha demostrado, lo sabemos bien, que las sociedades corruptas han traído consigo gobiernos corruptos y viceversa. Sobre todo porque, como ha señalado el profesor Caiden, cuando se antepone el beneficio personal al bien común se rompe la armonía social. Y, aunque se puedan producir privilegios a corto plazo, la verdad es que no se crea nada sólido sino, bien al contrario, comienza a entrar en crisis el sistema. En estos casos, cuando aumenta la corrupción, la confianza de los ciudadanos en las instituciones se resiente y se produce esa peligrosa separación entre gobernantes y ciudadanos. Ahora, sin embargo me interesa llamar la atención sobre el hecho de que la corrupción implica un cierto aprovechamiento por parte de los políticos de esa confianza que los ciudadanos, lógicamente, deben depositar en quienes administran y gestionan los recursos públicos y atienden las necesidades colectivas.

En el mundo ex-comunista, la conversión del centralismo burocrático en corrupción institucionalizada produjo unos frutos tan amargos entre la población que hoy este sistema de pensamiento está tocado de muerte. Por su parte, en el Tercer Mundo, dice Caiden, la corrupción de los mandatarios ha traído consigo, como no podía ser menos, un desprecio masivo hacia instituciones y un repliegue a formas de vida que se oponen a los más elementales principios de la cultura cívica. ¿Qué ha pasado en Occidente? Pues que las estafas, el fraude, las operaciones bursátiles irregulares, los sobornos o las malversaciones, ciertamente no escasas, están socavando, hay que reconocerlo, la confianza de los ciudadanos en las instituciones y en quienes las representan. En pocas palabras, hoy en el mundo, señala Caiden, existe una profunda crisis de confianza en las instituciones públicas y sociales.

En los Estados Unidos, el famoso caso de la conculcación del Código de Honor de West Point, en 1976, por varios cadetes, permitió que también desde las instituciones se tomara conciencia del problema de la corrupción. Así comienza la preocupación, bien interesante, de las propias instituciones por la mejora y mantenimiento de la integridad colectiva y la de cada uno de los miembros de los organismos. Pero hay que tener en cuenta, como señala el profesor Caiden, que toda preocupación a nivel institucional depende en última instancia de la integridad personal del individuo. Esta es la clave del tema: la práctica de las virtudes morales por parte de los ciudadanos. Por eso es necesario que personas honradas presidan hoy las instituciones, porque se negarán a participar en la corrupción y así se puede garantizar lo que se viene denominando hoy la autovigilancia de las instituciones.

Este es un tema importante, pero hay que tener en cuenta que incluso las personas honradas tienden a "tolerar" la corrupción, siempre que sea de otros. Con frecuencia, lo señala Caiden, adquieren una actitud pasiva y colaboran colectivamente en actividades que nunca afrontarían personalmente. Es más, es posible compaginar una elevada moralidad personal y una colaboración efectiva en las operaciones de corrupción. La autovigilancia es difícil pues, como ya adelantó Platón hace ya mucho tiempo, hacer el bien no es tan fácil cuando la colectividad está equivocada o pretende hacer el mal. Por eso, la autovigilancia es difícil que pueda sobrevivir en situaciones de corrupción generalizada.

En fin, mucho se ha hablado en estos años de la importancia, por ejemplo, de las Comisiones de Investigación en los Parlamentos o de las normas que prevengan el blanqueo del dinero. Son iniciativas loables pero que si no van acompañadas de un deseo real de instaurar la limpieza en la vida pública, a veces incluso es peor el remedio que la enfermedad.

Ciertamente, es necesario, en este sentido, asegurar los principios del mérito y capacidad para el acceso a la función pública. Pero además es conveniente asegurar y promover la profesionalización de la Administración a través de la formación y de la evaluación del rendimiento. Además, no vendría mal, como elemental medida de transparencia, que todos aquellos cargos públicos de cierta relevancia declararán públicamente su patrimonio e ingresos. Igualmente, hay que reforzar el control de los fondos públicos, endurecer "racionalmente" las incompatibilidades, fomentar la transparencia en la contratación pública, resolver la financiación de los partidos políticos, etc.

Los códigos deontológicos se han entendido por algunos como la barrera que aleja de nosotros el peligro de la corrupción. Sin embargo los códigos deontológicos se muestran más bien como una exigencia de la transparencia democrática, como una garantía mínima en la limpieza de los comportamientos, como una objetivación pública de las actuaciones que pueden ser calificadas como éticas.

Donde la vida moral se resuelve es en la intimidad de la intención o, empleando una metáfora tradicional, en el corazón del hombre. La intención recta y el saber. Cuántos y qué graves males son atribuibles a las buenas intenciones acompañadas de ignorancia. Cuando se juntan buena intención e ignorancia, la primera alfombra y justifica el camino de despropósitos que emprende la segunda, y ésta -en su inoperancia- es incapaz de descubrir el fingimiento o la perversión de la primera.

Por tanto la condición ética de la vida política no se dilucida en los comportamientos externos, no se reduce al seguimiento de las pautas que recogen los códigos deontológicos. Pero la dimensión pública de la vida política, la exigencia democrática de transparencia, obliga al cumplimiento exacto de esos códigos, tácitos o explícitos.

Sin embargo, me parece que la dimensión ética y moral de la política y de los políticos va más allá. Por eso nadie está legitimado para hacer juicios morales sobre nadie. Juzgar las conductas, que es una obligación política consustancial a las tareas públicas, no equivale a juzgar a las personas; criticar las conductas no puede confundirse con la crítica a la persona.

Con todas las matizaciones que deban hacerse, digamos que debemos dar por supuestos o inexcusables tres rasgos del comportamiento político: la eficiencia en las soluciones, el rigor -la coherencia- en el discurso y la claridad en las cuentas. Sin ellos no hay ética en la vida política. Pero la dimensión ética de la política va más allá: contribuir desde esos pilares, con inteligencia e imaginación a la mejora efectiva de los hombres, de cada hombre y de cada mujer.

Una de las manifestaciones del ejercicio del poder en la sociedad democrática es la integración. Sí, el poder debe utilizarse para la integración, para la cooperación, nunca para la exclusión o la marginación.

Vivimos en un mundo complejo en el que es necesario, si es posible, buscar soluciones equilibradas. Por eso, la integración de los diferentes aspectos que configuran la realidad en contextos abiertos y de profunda humanización, garantiza ese equilibrio.

El poder, por lo tanto, debe tender a la integración, no a la exclusión. ¿Por qué? Sencillamente, porque el poder existe para resolver los problemas reales de la gente y no para generar problemas. El poder existe para garantizar la paz social y el mejor funcionamiento de la sociedad. Y, para ello, hace falta que quien ejerce el poder disponga de capacidad para integrar, para abrirse a la realidad y poder escuchar.

En una ocasión, un paisano, listo como todos, me susurró en voz baja: no se engañe, lo más importante que tienen que hacer los políticos es escuchar a la gente. La verdad es que en aquel momento me pareció una obviedad. Sin embargo, el paso del tiempo y la experiencia demuestran que un político que no escucha, por ejemplo, por pensar que pierde el tiempo, es un político que quizás haga muchas cosas, pero habrá fallado en lo más importante. Se pasará el día de acto en acto y de inauguración en inauguración, con el consiguiente cansancio fruto de la actividad. Pero quizás no se entere del por qué y para qué de tantos actos e inauguraciones y, lo más grave, habrá dejado pasar la ocasión de ejercer de verdad el poder al poder escuchar de primera mano los problemas reales de la gente.

Hace falta en política escuchar mucho e integrar mucho. Quien no escucha, normalmente excluye, aunque sea por omisión. Bini escribió hace tiempo sobre la facilidad con que el poder sin límites lleva a toda clase de desgracias: "el poder sin freno de humanas simpatías es un don funesto. Triste cosa es el poder que emula a Dios en la destrucción y no en la creación, que puede aniquilar a una generación y no es capaz de rematar a un gusano una vez aplastado".

En el ejercicio del poder no deja de llamar la atención, el miedo que embarga a los mediocres cuando descubren algún colaborador que les supera en inteligencia y capacidad para resolver problemas. Entonces, en lugar de colocar a cada en su sitio, se inicia una lenta cacería para "animar" a quien solo quiere contribuir positivamente a dedicarse a otras tareas. ¡Cuántas personas de verdadera valía se pierden para el servicio público ante constantes campañas de insidias y calumnias!. ¡Qué pena que se prive a la sociedad de hombres y mujeres de verdadero talento cuyo acceso al poder traería consigo la resolución y encauzamiento de los principales problemas dc nuestro tiempo!.

"Sueñan los poderosos, escribe Silverio Lanza, con ser más poderosos todavía, y no hallan mejor medio para lograr sus fines que anular a los que ya no son desgraciados". Un político, un hombre de gobierno, debe siempre sumar, integrar, conciliar; siempre al servicio del bien de la colectividad.

El poder coloca a algunas personas en una situación especial en relación con el común de los mortales. Ante ellos, aparece investido/a de un conjunto de potestades y facultades que debe ejercitar siempre en servicio del bien de todos. Se trate de facultades y potestades que, por razón de su servicio público, deben estar orientadas hacia su propio fin, que no es otro que el bien común. Quien dirige en asuntos públicos debe tener claro que ese poder que le ha confiado la comunidad no le garantiza nada ni le atribuye patente de corso ninguna. Todo lo contrario, como escribió con mucho sentido Hammarskold, "sólo es digno de su poder el que lo justifica día a día". Es digno de ejercer el poder quien motiva sus decisiones con argumentos racionales, quien al mandar es consciente de que los que obedecen son mujeres y hombres libres, quien procura ganarse la autoridad día a día profundizando más en el servicio público.

El poder proporciona una magnífica ocasión de hacer algo por la comunidad. Por eso el "todo poder es deber" de Víctor Hugo es una verdad como un templo. El poder hay que ejercitarlo sabiendo que lo más importante es si cumple su función de instrumento para mejorar las condiciones de vida de la gente. Y el cumplimiento de esta tarea entraña deberes continuos y constantes que sólo se asumirán en la medida en que se sea consciente de la grandeza que encierra el servicio público.

"La moral se esgrime cuando se está en la oposición; la política cuando se está en el poder" decía, con sutileza el profesor Aranguren. Sin embargo, en mi caso, que debe ser raro, he apelado a la ética y a la moral antes y desde que estoy en el ejecutivo. ¿Por qué?. Porque me parece del mayor interés, de la mayor salud mental, saber para qué se ocupa un cargo público y si durante ese tiempo el poder se usa para el servicio público o no. Es claro que el juicio no me corresponde a mí, pero sí que me parece importante disponer de algún termómetro que nos avise de posibles cambios bruscos de temperatura porque todo es posible.

"Todo poder humano está compuesto de tiempo y paciencia" (Balzac). Es verdad, pero no de tanto tiempo que lo haga ilimitado o absoluto. Hace falta tiempo para aprender el manejo de los asuntos públicos, hace falta tiempo para su ejercicio, pero un tiempo razonable y moderado. A mí me parece muy saludable esa regla constitucional de Iberoamérica que prohíbe la reelección. Y la paciencia, claro está, es básica para cualquier empresa. En el ejercicio del poder la paciencia tiene mucho que ver con la moderación y el equilibrio; y sobre todo, con la capacidad para situarse cabalmente ante los problemas y saber el sentido y alcance de las decisiones a adoptar.

En las discusiones sobre la fuerza y la inteligencia, pocos son los que se inclina por las excelencias de la segunda. Nada menos que Napoleón dejó escrito algo que me parece del mayor interés reproducir en este momento: "lo que más me extraña de este mundo es la impotencia de la fuerza. De los dos poderes, fuerza e inteligencia, es siempre la fuerza la que acaba por ser vencida". En todo caso, es un consuelo pensar que, en efecto, la fuerza siempre cede ante la inteligencia, antes o después. Siempre el "deber ser" gana al "ser", tarde o temprano.

"El poder nunca es estable cuando es ilimitado" escribe Tácito. Es verdad, el poder absoluto tiende siempre a silenciar a los opositores, a conculcar la libertad de expresión, a la corrupción. Tiende al caos, más tarde o más temprano. Y, por tanto, tiende a la inestabilidad. ¡Qué importante es el control real del poder por la gente también en las elecciones!. ¡Qué importante es que los que ejercen el poder sepan que su ejercicio debe hacerse en un contexto de ponderación, moderación y equilibrio!. ¡Qué importante es que los mecanismos de control del poder funcionen de verdad, no sólo formalmente!.

El poder tiende a la corrupción. Es una afirmación que se verifica desde hace mucho tiempo. Por eso, hace falta que el que ejerza el poder cultive las cualidades democráticas básicas necesarias para luchar por el bien de todos, especialmente de los menos favorecidos. Moderación, sensibilidad social, apertura de miras, integridad, sobriedad, honestidad, etc. son algunas de esas cualidades. Debe tener presente quien aspire al ejercicio del poder que, como dijo Cowper "el incremento del poder engendra el incremento de riqueza". Deberá conducirse con sumo cuidado en los asuntos económicos, como ya he advertido, pues no se puede olvidar, y todos los sentimos día a día, que el dinero es un ídolo que campea en muchos corazones que sólo piensan en tener más y más. ¡Cuidado!, porque en estos asuntos cualquier engaño, aunque sea de poca monta, lleva a un mal camino. ¡Siempre!.

Hay muchas personas, entre las que no me cuento, que piensan, como Lucano que "la virtud y el poder supremo no van de la mano". Es probable que el poder, sin más, no conduzca a las cualidades democráticas. Al revés, son las cualidades democráticas básicas las que garantizan que el poder servirá para lo que tiene que servir: el bienestar general de la comunidad. El poder es una ocasión, me parece, para que quien lo ejerce se mejore como hombre o mujer. Por eso, las cualidades democráticas básicas son tan importantes para la propia dignificación del trabajo en el poder y para la realización del político como persona. Si no, ¿para qué sirve estar en el poder?. ¿Para ganar dinero?. ¿Para exhibirlo?. ¿Para demostrar a los demás que se manda?.

He insistido en algún momento en algo que, al llegar al final, no quiero dejar de recordar. Aunque es "difícil juntar la concordia y el poder" (Tácito), en una sociedad democrática, es fundamental que quien ejerce el poder tenga capacidad para generar ambientes de pensamiento compatible y complementario, así como una disposición permanente para buscar los puntos de vista comunes con vistas a la mejor solución de los problemas.

Ciertamente que el poder siempre ha atraído a muchas personas. Ya sentenció Nietzsche que "dondequiera que encuentro una criatura viviente, hallo ansia de poder". El ansia de poder no es malo en sí mismo, lo que lo convierte en perverso es su consideración de fin y no de medio. Quien busca el poder por el poder para sí y no para la comunidad es uno de los mayores traidores que moran en una sociedad democrática. Y cuando un pueblo ha alcanzado una razonable cultura política, sabe discernir inteligentemente quien está en el poder para satisfacer sus pasiones, y quien está en el poder para satisfacer las necesidades colectivas.

Para muchas personas, el mundo del poder es un mundo de privilegios, de prebendas, de prerrogativas. Para muchos de los que nos encontramos en algún momento en el ejercicio del poder, las exigencias de su desempeño nos han proporcionado muchos problemas, noches sin dormir, pensar con frecuencia en personas, etc. Por eso, soy de los que me parece entender la expresión de Colton: "para conocer las fatigas del poder: dirijámonos a los que lo tienen en su mano; para conocer sus placeres, vayamos a aquellos que andan tras él, los sinsabores del poder son reales; sus placeres, imaginarios". Siempre, claro está, que se esté en el poder con talante y mentalidad de servicio porque, si a lo que se aspira es a llevar una vida placentera en el poder, eso es otra cosa. Desde luego, también hay "profesionales" de esta "actividad" que saben mucho de flotar como corchos ante cualquier situación. Son personas que siempre señalan al responsable de los fallos y que tienen una gran capacidad para actuar de bufones y payasos con tal de seguir en sus cargos.

Puede ser verdad esa frase que se atribuye a Andreotti de que el poder desgasta a quien no lo tiene. Pero no es menos cierto que también desgasta a quien lo ejerce correctamente, lo que ocurre es que se trata, en este segundo caso de un desgaste que vale la pena y que produce una de las mayores satisfacciones de las que puede disfrutar el ser humano.

¿Pierde su libertad quien accede al poder? Para Bacon estaba claro que había cierta contraposición: "¡cuán extraño deseo ambicionar el poder y perder la libertad; apetecer el poder sobre sí mismo!". Sin embargo, el ejercicio del poder no tiene por qué suponer un obstáculo infranqueable para la libertad. Al contrario, la libertad de quien está en el poder se puede, y se debe, mejorar mientras desempeña esta actividad. Ni el poder es absoluto ni la libertad es absoluta. En el juego de los límites y de la moderación, no tengo duda de que ambas realidades se complementan y enriquecen mutuamente.

¿Para qué el poder? Para contribuir al progreso de la nación. Para luchar por los derechos humanos. Para mejorar la calidad de vida de los ciudadanos. Y, sobre todo, para que los que no tienen ningún poder y viven bajo mínimos, se incorporen a un mundo de cultura, educación y desarrollo personal.

XV

EL DERECHO DE RESISTENCIA

En diversos pasajes de este libro hemos hecho referencia a los límites del poder, a la desobediencia civil, y también al derecho de resistencia, tema del que nos ocuparemos ahora a la luz del Ordenamiento constitucional ecuatoriano aunque, tal y como están las cosas, la cuestión adquiere una nueva dimensión a juzgar por el creciente descontento que se percibe en las sociedades de la denominada cultura occidental.

El derecho a la resistencia ha tenido, a lo largo del tiempo, diferentes entendimientos en función del modelo de gobierno imperante. En el pasado el derecho a la resistencia, por ejemplo, justificó la Revolución norteamericana, la inglesa o la francesa para proceder a una alteración total y completa de la naturaleza del gobierno. En el caso de Francia se produjo una transformación radical del orden político, mientras en el mundo anglosajón, al menos en Inglaterra, el cambio se realizó para renovar los pactos medievales.

Tras la Revolución francesa, la Constitución de 1793 reconoce el derecho a la resistencia como uno de los principales derechos naturales junto a la libertad y el derecho a la seguridad. Poco tiempo después será la burguesía gala quien más y mejor se benefició de la Revolución de 1789 al montar todo un sistema político y normativo sobre la base de la construcción ad hoc de un sistema de privilegios y prerrogativas para encaramarse al poder. En este contexto, se elimina el derecho a la resistencia, ese derecho que precisamente fue instrumentalizado por la burguesía para alcanzar la rectoría de los asuntos públicos pero que ahora conviene desterrar porque por fin llegó el nuevo orden que salvará al hombre por mor de la iluminación y la ilustración inherente a la salvadora Revolución.

Así, de un plumazo, desaparece del mapa el derecho a la resistencia, un derecho que en el Estado de Derecho habrá ahora de canalizarse a través de los recursos, reclamaciones, garantías y demás instrumentos de impugnación de actos y normas del poder público que el Ordenamiento jurídico facilita a los ciudadanos.

Se resiste, pues, a través de los recursos y demás medios de censura jurídica previstos en el Ordenamiento jurídico. Esta es la gran falacia de una Revolución que pretendió instaurar un positivismo jurídico que blindara la posición de una clase social que pensó que estaría permanentemente en el poder por los siglos de los siglos. Hoy, en el marco de esta aguda crisis, el sufrimiento y las malas condiciones de vida que aquejan a tantos millones de europeos, por ejemplo, ponen en el candelero la necesidad de oponerse efectivamente a medidas claramente injustas e insolidarias. Medidas que el poder judicial, cuándo no es independiente, no evalúa con criterios jurídicos sino políticos o de oportunidad imposibilitando realmente que prosperen reclamaciones y solicitudes notoriamente fundadas y justas.

Tendrá que ser el preámbulo de la Carta de las Naciones Unidas de 1948, dando un salto de varios siglos, quien nos recuerde que el régimen de Derecho permite la resistencia en su dimensión fáctica extrema, la rebelión o la insurrección contra la opresión o la tiranía. Es decir, contra la lesión de los derechos humanos, que se convierten así en el principal canon de legitimidad a que debe responder la acción de gobierno que se quiera tildar de legítima. Exponentes de esta perspectiva fáctica de la resistencia las encontramos, por ejemplo, en el tiempo presente, en los países musulmanes del Norte de África que están protagonizando rebeliones contra sistemas de gobierno autoritarios en los que las situaciones de excepción se prolongaban, sin justificación, por largas décadas.

En Europa serán los alemanes los que en 1968, en una reforma de la Constitución de Bonn, admitirán una perspectiva fáctica del derecho de resistencia que autoriza al pueblo a su ejercicio cuando efectivamente se lesionen los valores constitucionales. Resistencia, pues, para la defensa de la Constitución. También, desde otra perspectiva, la Constitución griega o la portuguesa, como reacción a regímenes autoritarios, recogerán en su seno el derecho a la resistencia. En Italia, tras un encendido debate constitucional, resolverán excluir este derecho de la Carta Magna por entender, no sin razón, que es inmanente al principio cardinal de la soberanía popular y a la centralidad jurídica de la dignidad del ser humano. Igual interpretación puede deducirse del Derecho Constitucional español, que reconoce la objeción de conciencia y desde luego la soberanía popular disponiendo que los derechos inviolables inherentes al ser humano y su libre desarrollo de la personalidad son el fundamento del orden político y la paz social.

En este contexto, y en el de la evolución del pensamiento político y jurídico, vamos a plantearnos hasta qué punto el derecho a la resistencia en la Constitución del Ecuador, en la redacción dada por el artículo 98 de su texto vigente, conforma, como así pensamos, por vez primera en el panorama del Derecho Comparado un auténtico derecho-garantía con un perfil netamente jurídico que trasciende el entendimiento tradicional que hasta el momento ha tenido el derecho a la resistencia en el panorama normativo global.

La discusión académica es ciertamente una magnífica ocasión para que el jurista reflexione acerca del sentido y funcionalidad del Estado de Derecho en un tiempo de dominio de un positivismo cerrado que impide la entrada al Ordenamiento del oxígeno que precisan las normas para orientarse en la dirección de la justicia y de la dignidad del ser humano.

En este sentido, para un profesor europeo, estudiar y analizar el derecho a la resistencia es una manera de comprender mejor el alcance del modelo político y cultural del Estado de Derecho en su proyección sobre el sistema normativo a la luz del supremo canon de legitimidad y juridicidad que encierra la dignidad del ser humano. Especialmente, cuándo la formalidad positivista se puede convertir, de una u otra manera, en un profundo y siniestro enemigo de los valores que dice preservar y defender.

El viejo continente, aquel que siempre tuvo como seña de identidad la repugnancia ante la ausencia de libertad y ante la arbitrariedad, hoy camina lamentablemente hacia su destrucción como civilización humanista y humanizadora. Sobre todo porque las minorías dirigentes, probablemente a causa de la fuerza y la potencia del consumismo insolidario inoculada desde las terminales de la nueva estructura montada a partir de la alianza entre partidos políticos-multinacionales y medios de comunicación, han renunciado a las raíces, a los fundamentos de la identidad europea. Me refiero, claro está al pensamiento griego, al derecho romano y a la solidaridad judeo-cristiana.

Pues bien, en este contexto de profunda decadencia moral que asola Europa, animado y estimulado por la profunda crisis financiera, pienso que el derecho a la resistencia de los pueblos que lo conforman es la única garantía real para que el viejo continente recupere los valores que lo convirtieron en su día en el paladín de los derechos y libertades. Por eso para mí la reflexión sobre el derecho a la resistencia, olvidada por décadas en Europa, tiene hoy para nosotros los europeos una especial actualidad. Sobre todo para quienes observamos críticamente la autodestrucción de un gigante a causa de la renuncia a los resortes y recursos morales que lo caracterizaron en el pasado y que ojala estén todavía presentes en el pueblo llano, en la ciudadanía común, porque se comprueba a diario que están ausentes de nuestros gobernantes.

En efecto, el derecho de resistencia es hoy una cuestión de palpitante y rabiosa actualidad por dos razones. Primera, porque en el panorama mundial, estos días se está ejerciendo, en su versión más fáctica y tradicional, el derecho a la resistencia frente a la presión y a la tiranía. Es el caso de determinados países musulmanes del Norte de África que están en la mente de todos. Y, segunda, porque en el Ecuador, a juzgar por el tenor literal y la redacción que el Constituyente ha dado a la letra del artículo 98 de la Constitución de Montecristi de 2008, aparece por vez primera un sentido distinto del derecho a la resistencia, más jurídico que fáctico. Cuestión que nos invita a preguntarnos, a falta del conocimiento exacto del diario de sesiones de la elaboración de esta Constitución, cuál debe ser el alcance y el significado de tal derecho que, por vez primera, se regula de una manera concreta, puntual y determinada con plenos efectos jurídicos.

La matriz cultural y política que conocemos como Estado de Derecho conforma y constituye una poderosa luz que ayuda sobremanera a comprender el alcance del sistema normativo. Vaya por delante que Estado de Derecho y democracia son dos caras de la misma moneda y que cuando tratamos de proyectar el sentido del Estado de Derecho no podemos olvidar, de ninguna manera, que el gobierno del pueblo, por el pueblo y para el pueblo, y la dignidad del ser humano, han de estar siempre presentes a la hora de comprender el alcance de las instituciones y categorías jurídicas en el marco de un sistema material y formalmente democrático.

Efectivamente, el Estado de Derecho parte de un aserto fundamental: el ser humano, por el carácter absoluto que tiene su dignidad, porque es un fin y no un medio como gustaba decir a Kant, se yergue y se alza omnipotente ante cualquier intento del poder absoluto de imponer la arbitrariedad o la injusticia. Si así no fuera, el reconocimiento de los derechos fundamentales de la persona sería una quimera, un sueño o, por mejor decir, un instrumento susceptible de uso alternativo por el poder en cualquier momento.

El Estado de Derecho, como bien sabemos, descansa sobre un trípode: el principio de juridicidad, el principio de separación de poderes y el reconocimiento de los derechos que son inherentes al ser humano. Estos derechos, calificados primero como naturales y después fundamentales de la persona, son reconocidos por el Ordenamiento porque son de titularidad del ser humano. La Constitución, o el poder político, no los crean. Los derechos humanos no son entregas de la Constitución o de los políticos a los habitantes. De ninguna manera, conforman lo más íntimo y sagrado de la condición humana y, por eso, han de ser respetados y, también, como consecuencia de la cláusula de Estado social, promovidos por los poderes públicos que deberán, igualmente, impedir la existencia de obstáculos a su despliegue y real ejercicio por los habitantes.

El principio de juridicidad, expresión en la que se integra el principio de legalidad, supone, ni más ni menos, que los actos, normas, inactividades, silencios u omisiones del poder público, sea legislativo, ejecutivo o judicial, están plena, total y absolutamente, sometidos al control de la ley y del derecho. En el Estado de Derecho no hay actos o normas irrecurribles. No hay en el Estado de Derecho actos y normas del poder público irresistibles. Incluso en los actos llamados de gobierno, en los que existe una obvia función de "dirección política", siempre se podrán controlar los aspectos reglados en ellos existentes, incluido entre ellos la finalidad de interés general que ha de presidir cualquier expresión normativa o activa del poder público.

En este contexto quisiera traer a colación una reflexión de León Duguit realizada en su libro Las transformaciones del Derecho Público, cuyo estudio preliminar acabo de terminar hace escasas fechas. León Duguit, como es sabido, censura el dogma de la irresponsabilidad del Estado por considerar que la idea de que el Derecho del Estado es la expresión misma de la voluntad general, que no tiene límites ni puede errar por ser absoluta, es una falacia. Con solo comprobar la realidad de los daños que producen, con cierta regularidad, los servicios públicos y cierto tipo de normas de Derecho Público, entendemos que tal aserto haya de ser rebatido.

En el mismo sentido, la doctrina que hasta no hace mucho exceptuaba de control judicial los actos administrativos discrecionales, hubo de ser abandonada en muchos sistemas normativos porque en el modelo del Estado de Derecho la irrecurribilidad no es posible. La irrecurribilidad es propia del Estado absoluto, de la concentración del poder, o de los modelos en los que el poder judicial no es más que la "longa manus" del poder ejecutivo.

En este sentido, no puede haber en el Estado de Derecho actos del poder irrecurribles, irresponsables, o irresistibles, ya que, en esencia, el Derecho Público asegura la adecuación de las actuaciones públicas a la Ley y al Derecho. Es más, el Derecho Administrativo, que surge como categoría científica, según Giannini, en la Revolución francesa, se nos presenta como instrumento de civilidad, como garantía de que no existirá ni impunidad ni arbitrariedad y si existen, que puedan ser conocidas y anuladas por tribunales de justicia independientes e imparciales. Es más, como sabemos, el tránsito del Antiguo Régimen al Estado constitucional se produce sustituyendo la subjetividad como categoría básica de ejercicio del poder por la objetividad. Del puro arbitrio, de la pura voluntad de poder, de los "arcana imperii", pasamos a un poder objetivo, que sólo puede operar en virtud de normas y procedimientos y que debe, en todo momento y circunstancia, expresa razones y argumentos de las decisiones que realiza.

En el Estado de Derecho, pues, la razón cobra un significado especial. Un significado especial que trae causa, desde luego, de esa magnífica definición de Ley que debemos a Tomás de Aquino en la que se nos dice que la Norma jurídica es la ordenación de la razón por quien tiene a su cargo la comunidad de acuerdo con el bien común. Cuando la razón, junto a la justicia, son los dos valores que presiden la producción de las fuentes del Derecho, no hay problema alguno con los espacios de irresponsabilidad, irrecurribilidad o irresistibilidad, sencillamente porque no tienen cabida ni sentido algunos.

El gran problema, el gran cisma se produce cuándo Hobbes nos alerta de que lo esencial a la ley no es tanto la razón como la voluntad, como la autoridad. A partir de ahí, pues, comienza a extenderse como la pólvora una versión de la Ley y de las Normas jurídicas de carácter unilateral. La Ley es un instrumento de dominación, una manera de imponer la voluntad del que manda, una forma de asegurar el poder, una manera de envolver el poder. Si a esta concepción de la Ley unimos la perspectiva profundamente inmoral de Maquiavelo, nos hallamos ante un panorama bien lamentable en el que la ley se convierte en la forma de mantener, como sea, el poder, o de conservarlo el mayor tiempo posible.

Es bien sabido que el Derecho Público, al menos en la versión moderna, en sus contornos más sobresalientes, fue una creación de la Revolución francesa destinada a poner coto a un ejercicio del poder basado en la subjetividad. La Revolución proclama ahora que el titular del poder es el pueblo, que es ya el auténtico soberano. Sin embargo, a causa de las abstractas construcciones de la voluntad general y del acto administrativo, la emergente clase social, la burguesía, diseñó a su antojo un sistema de privilegios y prerrogativas sin cuento que terminaron por caracterizar el Derecho Administrativo de entonces y, todavía, en buena medida, el actual. Se trata de un modelo normativo en el que se presume que el interés general está ínsito en la voluntad del poder público, que dispone de la autotutela declarativa y ejecutiva como resortes que garantizan el cumplimiento efectivo, incluso contra la resistencia de los particulares, de sus decisiones y normas.

La proyección de la tutela judicial efectiva sobre la ejecutividad y ejecutoriedad administrativa trae consigo una importante consecuencia fundamental para entender el alcance del derecho a la resistencia en el Derecho Constitucional Ecuatoriano: la protección judicial de un derecho fundamental, de los establecidos en la Constitución, será real y efectiva si es que durante el proceso se impide que se consume su lesión. O, lo que es lo mismo, que la invocación del derecho a la resistencia, a falta de una regulación satisfactoria de las medidas cautelares en el proceso constitucional, pueda conseguir que, ente la eventual consolidación de situaciones irreversibles, el recurso de amparo, la acción de protección, no pierda su finalidad legítima.

Por eso, a continuación formularemos unos comentarios a la regulación española de las medidas cautelares en la vía judicial ordinaria, para terminar con unas consideraciones acerca de la regulación de las medidas cautelares en vía de amparo constitucional.

La cuestión de las medidas cautelares, a día de hoy, en los inicios del siglo XXI, con una justicia administrativa y constitucional más bien lenta y que suele pronunciarse sobre la legalidad de la actuación pública cuando esta se ha consumado tiempo atrás, constituye hoy uno de los temas centrales del entero sistema del Derecho Público en todas las partes del mundo. Por muchas razones, entre otras, porque el juicio cautelar, que no es un juicio de validez, sino de eficacia, se nos presenta como un primer test sobre la eficacia del acto y su posible afectación al derecho fundamental a la tutela judicial efectiva. En efecto, la tensión entre eficacia, ejecutividad y ejecutoriedad, que son dimensiones temporales de la eficacia, y tutela judicial efectiva, constituye el ámbito propio en el que despliega su virtualidad operativa la medida cautelar.

El dogma de la ejecutividad del acto administrativo, uno de los principales pilares de la construcción continental europea del Derecho Administrativo, debe ser reinterpretado a la luz de los principios y criterios constitucionales; en especial, desde el derecho fundamental a la tutela judicial efectiva que, en España, como en otros países, ha traído consigo la doctrina de la justicia cautelar hasta el punto de que la jurisprudencia ha terminado por deducir una nueva dimensión de la tutela judicial efectiva: la tutela judicial cautelar.

Tal y como ha afirmado el Tribunal Supremo español en un auto de 18 de julio de 2006, la razón de ser de la justicia cautelar se encuentra en la necesidad de evitar que el lapso de tiempo que transcurre entre que se presenta el recurso hasta que recae un pronunciamiento judicial firme suponga que la acción pierda su finalidad e legítima. O, lo que es lo mismo, que se pueda asegurar razonablemente la efectividad de una sentencia futura que pueda llevarse a la práctica, como sigue diciendo el Tribunal Supremo español en el auto citado, de modo útil. Si el acto se ejecuta, desaparece su objeto, y por ello la pretensión del recurrente se desnaturaliza al igual que una eventual sentencia favorable a quien insta la medida cautelar. Si el recurso pierde su finalidad legítima, por haberse ejecutado inmediatamente el acto, sobre todo en los casos de daños irreversibles, entonces la justicia se torna ilusoria con la consiguiente desmoralización del pueblo, que empieza a perder la fe en la impartición eficaz de la justicia.

Es decir, es tanta la trascendencia que tiene la justicia cautelar cuándo la lentitud es la característica esencial de la Administración de justicia, que en estos procedimientos se ha concentrado, aunque sea una justicia provisional, una de las principales expectativas para la obtención de resoluciones judiciales en tempo razonable. No en vano hace años Carnelluti sentenció que la justicia cautelar se está convirtiendo en la única justicia, reflexión que debe llevarnos a construir una justicia cautelar que se mueva en el ámbito de una tutea judicial efectiva que impida las situaciones de indefensión a que puede conducirnos una perspectiva absoluta del dogma de la ejecutividad y ejecutoriedad de los actos administrativos.

En efecto, la cuestión de la renovación de viejos dogmas, expresiones de la autotutela de la Administración pública, es la consecuencia lógica de la proyección del Estado social y democrático de Derecho sobre las categorías que venían inveteradamente fundando el Derecho Administrativo en el viejo continente. No se trata, pues, de desmontar el viejo sistema del Derecho Público continental, sino de "aggiornar" sus basamentos a la realidad social y normativa que, obviamente, ha cambiado y mucho, especialmente en materia de derechos fundamentales de la persona. No es que la ejecutividad y la ejecutoriedad del acto administrativo deban desparecer por mor de la relevancia del derecho fundamental a la tutela judicial efectiva, sino que hemos de reclamar una posibilidad del control judicial de la actuación administrativa que sea razonable que evite las situaciones irreversibles. Es decir, que la justicia administrativa y constitucional, especialmente la cautelar, ha de poder conocer de determinadas actuaciones administrativas antes de que se hayan consumado o ejecutado, máxime cuando nos encontremos con situaciones de irreversibilidad, con situaciones en las que el recurso contencioso administrativo el amparo constitucional pueda perder su finalidad legítima.

En este punto es menester señalar que la evolución legislativa se ha producido a golpe de sentencia, por lo que los Tribunales, y especialmente el Tribunal Supremo Español, han tenido el acierto, ya desde la interpretación de la Ley jurisdiccional contencioso administrativa de 1956, de haber ido abriendo el camino que ha desembocado en la ley vigente de 1998 que, en esta materia, puede decirse que ha recogido fielmente las aportaciones jurisprudenciales y doctrinales más relevantes. Así lo ha puesto de manifiesto la exposición de motivos de la Ley de 1998 y así lo ha demostrado la centralidad de los derechos fundamentales en su proyección sobre el entero sistema del Derecho Administrativo. Ni que decir tiene que en esta materia, el sistema de protección contencioso administrativo de actos susceptibles de amparo constitucional del viejo artículo 7 de la ley de protección jurisdiccional de los derechos fundamentales, que incluía la suspensión como efecto automático de la interposición del recurso en estos casos, ha tenido una gran importancia. En el mismo sentido, el artículo 56 de la ley orgánica del Tribunal Constitucional de 1979, disponiendo que el recurso de amparo suspenderá la ejecución del acto de los poderes públicos cuándo ésta hubiera de ocasionar un perjuicio que haría perder al recurso su finalidad legítima, redacción que el propio legislador de 1998 tomó para la vía contenciosa administrativa.

El problema fundamental estriba, como veremos a continuación, en que el privilegio de la ejecutividad no puede operar al margen de la tutela judicial efectiva, por lo que el Tribunal Supremo en su sentencia de 10 de noviembre de 2003 señaló que "en el proceso administrativo, la justicia cautelar tiene determinadas finalidades específicas, incluso con trascendencia constitucional, que pueden cifrarse genéricamente en constituir un límite o contrapeso a las prerrogativas exorbitantes de la Administración, con el fin de garantizar una situación de igualdad, con respecto a los particulares, ante los Tribunales, sin la cual sería pura ficción la facultad de control o fiscalización de la actuación administrativa que garantiza el artículo 106.1 CE ("los Tribunales controlan la potestad reglamentaria y la legalidad de la actuación administrativa, así como el sometimiento de ésta a los fines que la justifican"), así como el 153.6 CE ("El control de la actividad de los órganos de las Comunidades Autónomas se ejercerá: (...), por la jurisdicción contencioso-administrativa, el de la Administración autónoma y sus normas reglamentarias"), y, en último término, respecto de la legislación delegada, el artículo 86.2 CE ("Sin perjuicio de la competencia propia de los Tribunales, las leyes de delegación podrán establecer en cada caso fórmulas adicionales de control").

El principio de la tutela cautelar, derivación de la tutela judicial efectiva del artículo 24.1 de la Constitución, se nos presenta como límite infranqueable a la ejecutividad de los actos del poder público, por lo que las medidas cautelares ya no son medidas extraordinarias o excepcionales sino que, como ha señalado la propia exposición de motivos de la Ley de 1998 y afirma el Tribunal Supremo del Reino de España en esta capital sentencia de 10 de noviembre de 2003, se convierten "en instrumento de la tutela judicial ordinaria", adquiriendo así una perspectiva constitucional que sitúa estas medidas en el ámbito del denominado Derecho Administrativo Constitucional.

Por ejemplo, las sentencias del Tribunal Supremo de 7 de noviembre y 2 de febrero de 2007, afirman categóricamente "con la nueva regulación concluye el monopolio de la medida cautelar de suspensión, perfilándose un sistema de "numerus apertos", de medidas innominadas, entre las que sin duda se encuentran las de carácter positivo". Las medidas cautelares no son excepciones, son facultades, dice la sentencia del Tribunal Supremo de 22 de enero de 2002, que el órgano judicial puede ejercitar siempre que resulte necesario. Y será necesario cuando la ejecución del acto pueda hacer perder al recurso su finalidad legítima. Esta es la nueva funcionalidad de las medidas cautelares en el marco constitucional, una funcionalidad que se inserta en una justicia lenta que poco a poco, aunque no debiera ser así, va sustituyendo una justicia definitiva sobre la validez que llega muy tarde, y a veces en malas condiciones, por una justicia provisional, cautelar, que se centra en los efectos del acto en relación con la irreversibilidad del daño producido y con la naturaleza de la incidencia que pueda tener en el interés general.

En este sentido, la sentencia del Tribunal Supremo de 18 de julio de 2006 señala que la razón de ser de la justicia cautelar en el proceso en general se encuentra, como estableció ya el Supremo por sentencia de 22 de julio de 2002, en la necesidad de evitar que el lapso de tiempo que transcurre hasta que recae un pronunciamiento firme suponga la pérdida de finalidad del proceso. Con las medidas cautelares se trata de asegurar la eficacia de la resolución que ponga fin al proceso, evitando la producción de un perjuicio de imposible o difícil reparación, como señalaba anterior mente el artículo 122 de la ley de 1956, y como hoy dice expresivamente el artículo 129 de la ley jurisdiccional de 1998, asegurando la efectividad de la sentencia. Por ello, sigue diciendo esta sentencia, el "periculum in mora" forma parte de la esencia de la medida cautelar pues, en definitiva, con ella se intenta asegurar que la futura sentencia pueda llevarse a la práctica de manera útil. Sería inútil si es que el acto ya se ejecutó. No digamos si es que la sentencia provoca o produce indefensión, situación que no es sólo exclusiva del accionar administrativo, también puede ocasionarse, aunque es más difícil, por el propio poder judicial a través de sus resoluciones.

Hoy, tras la ley de 1998, las medidas cautelares "podrán acordarse –dice el artículo 129.2– únicamente cuando la ejecución del acto o la aplicación de la disposición pudiera hacer perder su finalidad legítima al recurso". Criterio que parece traer causa del artículo 56 de la Ley Orgánica del Tribunal Constitucional de 1979 y de la doctrina recogida en el auto del Tribunal Supremo de 20 de diciembre de 1990, en el que se proclama el derecho a la tutela cautelar; y, por supuesto, de la sentencia Factortame del Tribunal de Justicia de Luxemburgo, de 19 de junio de 1990, que establece que "la necesidad del proceso para obtener la razón no debe convertirse en un daño para el que tiene la razón". Ahora bien, junto a este presupuesto es menester que la ponderación circunstanciada de los intereses en juego así lo aconseje.

La doctrina sentada en la sentencia Factortame, que introduce en el Derecho español el auto de 1990, del Tribunal Supremo, ha sido glosada, para el tema que ahora nos ocupa, por una sentencia del Tribunal Supremo del Reino de España de 25 de febrero de 2003. En dicho pronunciamiento, el Tribunal Supremo, siguiendo su jurisprudencia, entiende que parece como una derivación del derecho a la tutela judicial efectiva, el derecho a una tutela judicial cautelar por fuerza del principio del derecho que se resume en que la necesidad del proceso para obtener razón no debe convertirse en un daño para el que tiene la razón. Entiende también el Supremo español que esta tutela cautelar trata de evitar la frustración de una sentencia final, ya que de lo contrario, la obtención futura y dilatoria del reconocimiento de su previsible razón, no supone una entera satisfacción de sus legítimas pretensiones, aunque posteriormente fuera resarcido en sus daños o perjuicios.

Este principio del Derecho Comunitario nos lleva a cuestionarnos hasta qué punto en el análisis de la medida cautelar, aunque no es posible entrar en el fondo, en la cuestión de validez del acto norma recurrida, no es posible que el juzgador realice determinadas reflexiones en orden a analizar la consistencia o solidez de la razón que asiste a quien solicita la cautelar, reflexiones que de alguna manera sean inescindibles, inseparables, del juicio o test de legalidad.

Como es sabido, la preocupación por las medidas cautelares en el orden jurisdiccional contencioso-administrativo y constitucional ha cobrado un especial relieve en este tiempo debido, en gran parte, a su consideración como parte integrante del derecho a la tutela judicial efectiva del artículo 24.1 de la Constitución. Derecho que, como hemos comprobado, es de construcción jurisprudencial a partir de la introducción en nuestro Derecho de la doctrina Factortame del Tribunal de Justicia de las Comunidades Europeas de 19 de julio de 1990.

El caso es que la tutela judicial efectiva de carácter cautelar se ha convertido en un hecho cotidiano en los Tribunales contencioso-administrativos y en el Tribunal Constitucional en los casos de demandas de amparo, actuando como un mecanismo para asegurar provisionalmente la eficacia de la sentencia definitiva y como remedio para que ésta, llegada a su ejecución, no sea inútil.

En efecto, la potestad de los Jueces y Tribunales de adoptar medidas cautelares responde, como ha señalado el Tribunal Constitucional, "a la necesidad de asegurar, en su caso, la efectividad del pronunciamiento futuro del órgano jurisdiccional" (sentencia 218/1994) evitando que un posible fallo a favor de la pretensión "quede desprovisto de la eficacia por la conservación o consolidación irreversibles de situaciones contrarias a derecho o interés reconocido por el órgano jurisdiccional en su momento" (sentencia 218/1994). Esta es, en mi opinión, la clave del tema, evitar que se consoliden situaciones irreversibles que, obviamente, la indemnización "a posteriori" puede no restaurar. Para evitar que la ejecutividad genere supuestos de "irreversibilidad", se somete a control judicial para que su entendimiento y aplicación se realice en el marco constitucional que dibuja el artículo 24.1.

Esta referencia a la irreversibilidad, nudo gordiano de la materia que vamos a examinar, también puede colegirse sin especial dificultad de la línea argumental mantenida por la Jurisprudencia del Tribunal Supremo durante la vigencia de la Ley de 1956 tal y como tuve ocasión de estudiar, van a hacer ahora veinticinco años, en mi tesis doctoral precisamente sobre la suspensión del acto administrativo en vía contencioso administrativa, entonces -1986- la única medida cautelar prevista en nuestro Ordenamiento jurídico.

El profesor García de Enterría, que ha estudiado a fondo esta cuestión, señala como auténtico hito de esta evolución el citado auto del Supremo de 20 de diciembre de 1990, en el que el ponente, Profesor González Navarro, configura un genuino derecho a la tutela cautelar, que se corresponde con un deber, por parte de la Administración y de los Tribunales, de acordar la medida cautelar que resulte necesaria para asegurar el contenido de la resolución que finalmente se adopte. En este sentido, el Tribunal Supremo – auto de 20 de diciembre de 1990 - señalaba lo siguiente interpretando, por elevación, el antiguo artículo 122 de la Ley de 1956, precepto que en el régimen anterior sólo preveía la suspensión como medida cautelar única:

> "los estrechos límites del artículo 122 de la Ley de la jurisdicción contencioso administrativa tienen hoy que entenderse ampliados por el expreso reconocimiento del derecho a una tutela judicial efectiva en la propia Constitución, derecho que implica, entre otras cosas, el derecho a una tutela cautelar".

Estas aproximaciones prepararon el terreno para que la ley de 1998 dedicara al tema de las medidas cautelares nada menos que un capítulo: el capítulo II del título VI de la ley a través de los artículos 129 a 136.

El articulado responde a lo dispuesto en la exposición de motivos de la ley de 1998 que reconoce que "el espectacular desarrollo de estas medidas en la jurisprudencia y la práctica procesal de los últimos años ha llegado a desbordar las moderadas previsiones de la legislación anterior, certificando su antigüedad en este punto. La nueva ley actualiza considerablemente la regulación de la materia, amplía los tipos de medidas cautelares posibles y determina los criterios que han de servir de guía en su adopción". El legislador, pues, se limita a registrar lo que la jurisprudencia y la doctrina han venido señalando tiempo atrás en orden a disponer de una justicia cautelar de mayor calidad, para, desde el entendimiento de que esta modalidad de Justicia forma parte integrante del principio de tutela judicial efectiva, señalar que, estas medidas en modo alguno son una excepción, sino que, por el contrario, se nos presentan "como facultad que el órgano judicial puede ejercitar siempre que sea necesario".

La doctrina está de acuerdo en situar como un elemento clave a la hora de tratar el fundamento de las medidas cautelares en general, el problema de la lentitud en la resolución de los procesos jurisdiccionales. El artículo 24.2 de nuestra Constitución afirma claramente que "todos tienen derecho a un proceso público sin dilaciones indebidas y con todas las garantías..." por lo cual el retraso desproporcionado en la resolución de los procedimientos supone una grave conculcación del derecho a la tutela judicial efectiva reconocida en el artículo 24 de nuestra norma suprema. Así, además, lo ha reconocido el Tribunal Constitucional, en su Sentencia 26/1983, al afirmar que "desde el punto de vista sociológico y práctico puede seguramente afirmarse que una justicia tardíamente concedida equivale a una falta de tutela judicial efectiva".

Básicamente, lo que se pretende es que la duración del procedimiento no altere el equilibrio inicial de fuerzas entre las partes. En otras palabras, el principio de efectividad de la tutela judicial recogido en el artículo 24.1 de la Constitución reclama que el control jurisdiccional que ampliamente traza su artículo 106.1 haya de proyectarse también sobre la ejecutividad del acto del poder público. Y dada la duración del proceso, el control judicial sobre la ejecutividad ha de adelantarse al enjuiciamiento del fondo del asunto. La armonización de las exigencias de ambos principios da lugar a que la regla general de la ejecutividad haya de ser controlada en cada caso concreto para evitar que pueda dar lugar a situaciones de indefensión, situaciones claramente prohibidas por la propia Carta Magna en su artículo 24.

El Tribunal Supremo del Reino de España ha construido recientemente, a partir de los preceptos que el legislador de 1998 dedica a esta materia un sistema general (artículos 129 a 134) y dos supuestos especiales (artículos 135 y 136) con siete notas o características (sentencias de 13 de junio de 2007, de 6 de febrero de 2007, de 21 de junio de 2006, de 30 de noviembre de 2005 o de 14 de octubre de 2005):

En primer lugar, la regulación de las medidas cautelares en el orden judicial contencioso administrativo constituye un sistema amplio, por cuanto resulta de aplicación al procedimiento ordinario, al abreviado, al especial de protección de derechos fundamentales de la persona. Las medidas cautelares pueden adoptarse respecto de actos y de normas, si bien en relación con las disposiciones generales sólo cabe la tradicional medida de suspensión y cuenta con algunas especialidades procesales (artículos 129.2 y 134.2 de la Ley de la jurisdicción contencioso administrativa de 1998). Respecto a la supresión de la especialidad que tenía la suspensión del acto en punto al procedimiento especial de derechos fundamentales, mi juicio es francamente negativo puesto que si tanto predicamos la centralidad de los derechos fundamentales de la persona, resulta que el sistema anterior de suspensión automática como regla salvo que el abogado del Estado acreditara un perjuicio grave al interés general parecía congruente con esa posición medular en el sistema jurídico. Ahora, al seguir las medidas cautelares en este procedimiento especial de protección de los derechos fundamentales de la persona el régimen general, resulta que esa centralidad queda diluida, desnaturalizada.

En segundo lugar, las medidas cautelares se fundamentan en un presupuesto claro: el denominado tradicionalmente "periculum in mora", ahora bajo el rotulo de la irreversibilidad, es decir, que el recurso pueda perder su finalidad legítima, lo que acontece cuando el daño ocasionado por la actuación administrativa recurrida es imposible de reparar razonablemente. Supuesto que se produce de ordinario cuando el acto se ejecuta antes de la sentencia, algo muy frecuente en un universo en el que prima, a veces de manera irracional, el dogma de la ejecutividad y ejecutoriedad de los actos administrativos. Por eso, el artículo 130.2 de la vigente ley jurisdiccional dispone que procederá "únicamente" la medida cautelar cuando "la ejecución del acto o la aplicación de la disposición pudieran hacer perder su finalidad legítima al recurso". Sin embargo, no es cierto que sea este el requisito o presupuesto único porque, como ahora señalaremos, es necesaria la concurrencia de otro elemento.

En tercer lugar, efectivamente, como parámetro o contrapeso del anterior criterio, el nuevo sistema exige, como reconoce el Tribunal Supremo, al mismo tiempo, una detallada ponderación del interés general o de tercero. Tal ponderación o valoración jurídica habrá de realizarse en relación con el propio "periculum in mora" En el mismo sentido, el propio artículo 130.2 de la vigente ley establece que, no obstante, la concurrencia del "periculum in mora", "la medida cautelar podrá denegarse cuándo de esta pueda seguirse perturbación grave de los intereses generales o de tercero". Ambos criterios, insisto, han de darse conjuntamente a través de una ponderación circunstanciada, como también dice la ley, de los intereses y de las consecuencias de la ejecutividad de la actuación administrativa.

En cuarto lugar, desde una perspectiva procedimental se apuesta por la motivación de la medida cautelar, lo cual es muy saludable y conveniente al sistema de justicia administrativa en el que cada vez la justicia cautelar tiene un papel más relevante. La motivación de la medida cautelar, como señala certeramente el Tribunal Supremo en la sentencia de 14 de octubre 2005, una de las más recientes, es consecuencia de la ponderación de los intereses en conflicto; así en el artículo 130.1.ª se exige para su adopción la previa valoración circunstanciada de todos los intereses en conflicto, expresión que se reitera en el artículo 130.2 "in fine", al exigir igualmente una ponderación en forma circunstanciada de los citados intereses generales o de tercero. Tal operación jurídica de ponderación implica una argumentación racional acerca de la incidencia de la cautelar en el interés general y de la previsibilidad de que la ejecución de la actuación administrativa pueda hacer la finalidad legítima al recurso.

Es decir, su racionalmente se puede deducir una posible situación irreversible que haría inútil la interposición del recurso contencioso administrativo.

En quinto lugar, tal y como dispone la sentencia del Tribunal Supremo de 13 de junio de 2007, con la nueva regulación concluye el monopolio legal de la medida cautelar de suspensión, pasándose a un sistema de "numerus apertos", entre las que, sin duda se encuentran las de carácter positivo. En este sentido, el artículo 129.1 de la vigente se remite a cuantas medidas aseguren la efectividad de la sentencia. Medidas que pueden ser de orden positivo y que pueden adoptarse en relación con actos negativos de la Administración pública, tal y como en este último caso previene, por ejemplo, la sentencia del Tribunal Supremo de 21 de marzo de 2001.

Por lo que se refiere al ámbito temporal de las medidas, la nota sexta subraya que la solicitud de las medidas cautelares podrá llevarse a cabo en cualquier estado del proceso (artículo 129.1 de la vigente ley con la excepción del número 2 para las disposiciones generales), extendiéndose en cuanto a su duración, hasta que recaiga sentencia firme que ponga fin al procedimiento en que se hayan acordado, o hasta que este finalice por cualquiera de las causas previstas en esta Ley (artículo 132.1 de la vigente ley de la jurisdicción contencioso administrativa), contemplándose, no obstante, su modificación por el cambio de circunstancias.

Y, finalmente, en séptimo lugar, como correspondencia a la apertura de las medidas cautelares del nuevo sistema, la nueva Ley lleva a cabo una ampliación de las contracautelas, permitiéndose, sin límite alguno, que puedan acordarse las medidas que sean necesarias para evitar a paliar los perjuicios de cualquier naturaleza que pudieran derivarse de la medida cautelar que se adopte (artículo 133.1 de la ley de 1998), añadiéndose, además, que la misma podrá constituirse en cualquiera de las formas admitidas en derecho (artículo 133.3 de la ley jurisdiccional contencioso administrativa de 1998).

El Tribunal Supremo del Reino de España, en la sentencia de 14 de octubre de 2005, además de la doctrina expuesta, cita jurisprudencia abundante para concluir que el adverbio "únicamente" del artículo 130.1 de la vigente ley debe interpretarse teniendo en cuenta una doble referencia: " valorando no solo la posibilidad de que la ejecución del acto pudiera hacer perder su finalidad legítima al recurso, sino también la de que con la medida cautelar pudiera seguirse perturbación grave de los intereses generales o de tercero, que el Juez o Tribunal ponderará de forma circunstanciada"

Además, el Tribunal Supremo, por ejemplo, sentencia de 6 de febrero de 2007, extrae tres conclusiones de la exégesis del artículo 130.1 de la ley de la jurisdicción contencioso administrativa de 1998:

"a) La adopción de la medida exige de modo ineludible que el recurso pueda perder su finalidad legítima, lo que significa que, de ejecutarse el acto, se crearían situaciones jurídicas irreversibles haciendo ineficaz la sentencia que se dicte e imposibilitando el cumplimiento de la misma en sus propios términos, con merma del principio de identidad, en el caso de estimarse el recurso.

b) Aun concurriendo el anterior presupuesto, puede denegarse la medida cautelar, siempre que se aprecie perturbación grave de los intereses generales o de tercero, lo que obliga siempre a considerar un juicio comparativo de todos los intereses en juego, concediendo especial relevancia, a la hora de decidir, a la mayor perturbación que la medida cautelar al interés general o al de un tercero afectado por la eficacia del acto impugnado, c) en todo caso, el juicio de ponderación que al efecto el órgano jurisdiccional ha de realizar ha de atender a las circunstancias particulares de cada situación, y exige una motivación acorde con el proceso lógico efectuado para justificar la adopción o no de la medida cautelar solicitada". Irreversibilidad y grave afectación al interés general o de tercero afectado han de integrarse armónicamente para que prospere la medida cautelar.

La ejecutividad de los actos del poder público debe, por tanto, entenderse precisamente en clave constitucional. Y, en esta línea, lo relevante es, como queda señalado, que el enjuiciamiento de dicha ejecutividad garantice la tutela cautelar que la Constitución hace nacer del principio del artículo 24.1 de la Constitución, que es el precepto que reconoce el derecho fundamental a la tutela judicial efectiva.

En este sentido sí me parece interesante citar la sentencia del Tribunal Supremo español de 15 de junio de 1987, según la cual, la potestad ejecutoria de la Administración, legalmente reconocida, no puede considerarse, en modo alguno, como opuesto la Constitución, sino, muy al contrario, como desarrollo necesario del principio de «eficacia con sometimiento pleno a la Ley y al Derecho» que proclama el art. 103 de la Carta Magna. Ahora bien, que esto sea así, no quiere decir, ni mucho menos, que la tutela cautelar introduzca fuertes límites a la posición institucional de una Administración que ya no dispone de la ejecutividad. Más bien, de lo que se trata es de situar a la ejecutividad en el marco de la Constitución, tarea que reclama seriamente evitar que tal propiedad de los actos administrativos produzca situaciones de indefensión, situaciones prohibidas por la Carta Magna. Es decir, lo que a mi juicio no es compatible con la Constitución es una versión radical, absoluta, del privilegio de autotutela. La autotutela constituye un poder público que debe operarse en el marco de la Constitución, lo que quiere decir que también la tutela judicial efectiva, la interdicción de la arbitrariedad y la prohibición de la indefensión deben integrarse como elementos del ejercicio de dicha potestad.

A partir de aquí, y a pesar de que en la Ley Orgánica del Tribunal Constitucional o en la ley de protección jurisdiccional de los derechos fundamentales de 1978 se haya invertido la regla general de la no suspensión como efecto de la interposición del recurso, no debe deducirse que la suspensión deba ser la regla general ya que esta regulación no es más que la consecuencia de que, en determinados presupuestos -protección de libertades públicas hasta 1998 o sanciones administrativas- el Derecho se ajusta a la propia realidad y naturaleza de las cosas. Hoy, con la ley jurisdiccional de 1998 en la mano, como ya he señalado, el régimen de las medidas cautelares en los supuestos del procedimiento especial en materia de derechos fundamentales son las ordinarias, habiéndose terminado, desafortunadamente, ya lo anunciamos, el régimen de la suspensión como regla salvo que se acredite el perjuicio grave al interés público. Aquí ha prevalecido el funcionalismo sobre la centralidad de los derechos fundamentales, ha prevalecido un exceso de realismo sobre la fuerza jurídica que deben tener los derechos fundamentales de las personas.

Como punto final a la construcción jurisprudencial que venimos describiendo, debemos situar el juego de la interrelación entre la ejecutividad y la tutela judicial efectiva del artículo 24 de la Constitución. Frente a quienes vieron en esta relación la necesidad de interpretar de modo distinto -cuando no de vaciar completamente de contenido- la regulación de la ley jurisdiccional de 1956, parece afirmarse una postura más razonable y equilibrada, según la cual, la protección de los derechos fundamentales -en especial del derecho a la tutela judicial efectiva- se satisface haciendo que la ejecutividad de los actos administrativos pueda ser sometida a la decisión de un Tribunal y que éste, con la información y los instrumentos propios del principio de contradicción, resuelva en Derecho.

Sin ánimo de realizar una exposición exhaustiva de la evolución jurisprudencial, bien difundida y conocida en esta materia, sí quisiera llamar la atención sobre algunas resoluciones judiciales que ilustran la evolución que hasta aquí hemos comentado, trabajando en este caso también con la interesante y evolutiva jurisprudencia del Tribunal Supremo.

Efectivamente, la jurisprudencia ha sido la responsable de incorporar una nueva aproximación de las medidas cautelares, antes de 1998 la suspensión, mediante la cual éstas, o ésta según el tiempo en que nos situemos, dejó de ser un mero mecanismo excepcional, para convertirse en una pieza central del sistema de garantías consagrado en la Constitución, tal y como, por ejemplo, ya lo sabemos, ha registrado la exposición de motivos de la ley jurisdiccional de 1998. El nuevo camino no es ya la protección radical del interés público, sino la lógica constitucional de garantizar la plena eficacia de la decisión judicial sobre el conflicto, que deriva del derecho a la tutela judicial efectiva en relación con las exigencias ponderadas de la ejecución del acto en su conexión con el propio interés general

En esta línea, el auto del Supremo de 2 de noviembre de 1993, califica de provisionalísimas las medidas que adopta (comunicación telemática a la Administración de que se abstenga de adoptar medida alguna en tanto no recaiga resolución sobre la suspensión solicitada) que, evidentemente, no tienen su base en la regulación de la Ley de 1956, si no en otras normas (este caso en la Ley de Enjuiciamiento Civil, que el auto entiende supletoria). El auto realiza una sutil distinción entre la suspensión de la eficacia del acto recurrido y la demora de su materialización, impuesta por el Tribunal sobre la base de la necesidad de garantizar el derecho fundamental a la tutela judicial efectiva. Este pronunciamiento no puede hoy considerarse como doctrina extendida en sede judicial. Es más, continuaron siendo mayoría los autos en los que el Tribunal Supremo se "ceñía" a la letra de la Ley de 1.956, para interpretar la necesidad de suspender la eficacia de los actos recurridos.

Hoy, tras la redacción del artículo 135 de la ley de 1998, las medidas provisionalísimas tienen especial relevancia cuando la naturaleza del caso lo permita.

La suspensión ha sido tradicionalmente, como hemos indicado, la única medida cautelar regulada en la Ley de la Jurisdicción contencioso-administrativa de 1956, respondiendo a una necesidad actual por alejar el temor o peligro de un daño futuro, lo que hace aconsejable mantener el estado o situación que tienen las personas, cosas o derechos en el momento en que se solicita la medida, en el que no puede decidirse si el derecho esgrimido existe, y por ello si el sujeto activo lo ostenta frente al sujeto pasivo. Mientras tanto, los ciudadanos tienen derecho a que se respete su situación actual, porque han solicitado la tutela de los jueces y Tribunales, ejercitando un derecho proclamado en la Constitución (art. 24), tutela que no solamente ha de entenderse referida a una sentencia fundada que ponga fin al proceso, sino también ha de ser interpretada en el sentido de obtener una tutela cautelar, que se eleva así la condición de derecho fundamental.

En el proceso constitucional de amparo constitucional, una vez agotada la vía judicial previa, el ya mencionado artículo 56 de la Ley Orgánica del Tribunal Constitucional del Reino de España dispone:

"1. La Sala que conozca de un recurso de amparo suspenderá, de oficio o a instancia del recurrente, la ejecución del acto de los poderes públicos por razón del cual se reclame el amparo constitucional, cuándo la ejecución hubiere de ocasionar un perjuicio que haría perder al amparo su finalidad. Podrá, no obstante, denegar la suspensión cuando de esta pueda seguirse perturbación grave de los intereses generales o de los derechos fundamentales o libertades públicas de un tercero.

2. La suspensión podrá pedirse en cualquier tiempo, antes de haberse pronunciado sentencia o decidirse el amparo de otro modo...."

Por su parte, el artículo 57 señala que "la suspensión o su denegación puede ser modificada durante el curso del juicio de amparo constitucional, de oficio o a instancia de parte, en virtud de circunstancias sobrevenidas o que no pudieron ser conocidas al tiempo de sustanciarse el incidente de suspensión".

El alcance del precepto es notable. Se refiere, es lógico, a cualquier acto de los poderes públicos, abriéndose obviamente a los casos de actos provenientes de otros poderes distintos al del Ejecutivo. Esto es, cabe perfectamente frente a sentencias. Así hay que entender la expresión actos de los poderes públicos.

Por otra parte, debe subrayarse que el efecto ordinario de la interposición de la demanda de amparo ante la Corte Constitucional en España es la paralización del acto de los poderes públicos susceptible, a juicio de la Sala, de un perjuicio que haga perder al recurso su finalidad. Es decir, como antes comentamos, que estemos en presencia de situaciones irreversibles. Esa regla general que es la suspensión siempre que el recurso de amparo pueda perder su finalidad legítima, admite una excepción: cuando de su ejecución se deriven perjuicios graves al interés general o de los derechos fundamentales o libertades públicas de un tercero. Quiero esto decir que en estos casos la Sala habrá de acreditar, si decide seguir adelante con la ejecución del acto del poder público de que se trate la gravedad del perjuicio a los intereses generales o de los derechos fundamentales o libertades. Es decir, la Corte, si no accede a la suspensión deberá, en resolución motivada argumentar en concreto por qué la ejecución del acto del poder público es gravemente necesario para la realización de los intereses generales o por qué lesiona el derecho fundamental o libertad pública de un tercero.

En realidad, el hecho de que la medida cautelar despliegue con ms normalidad y naturalidad su eficacia en materia de protección constitucional se debe al plus de protección jurídica que reclaman los derechos fundamentales de la persona. Son la columna vertebral del Estado de Derecho y su fuerza jurídica tiene más relieve, más calibre jurídico que la de un derecho subjetivo no definido como fundamental. Por eso, insisto, desde 1978 hasta 1998 en España cuando se impugnaba en la vía contencioso administrativa un acto del poder público que lesiona un derecho fundamental, la suspensión era el efecto automático del recurso salvo que el abogado del Estado acreditara fehacientemente que la ejecución del acto era imponderable y urgente por razones de interés general. ¿Por qué? Porque cuando estamos en el proceso constitucional de protección de un derecho fundamental, la fuerza jurídica del derecho fundamental exige y reclama que se evite que el objeto del proceso se ventile anticipadamente, que e recurso pierda su finalidad legítima.

El artículo 98 de la actual Constitución ecuatoriana, el que reconoce la existencia del derecho a la resistencia, ha de ser entendido en sus propios términos y a favor de la libertad según la propia Constitución ecuatoriana. Es un derecho que tienen los individuos y colectividades frente a actos u omisiones de los poderes públicos o personas no estatales cuando se lesionen o puedan lesionarse derechos constitucionales o para la demanda de nuevos derechos.

Es un derecho que se enmarca en la protección judicial de derechos constitucionales, sea en caso de violación efectiva sea en caso de posible violación. Se puede invocar pasivamente o activamente, ante actos u omisiones. Quizás el precepto debió haber hecho referencia también a inactividades o silencios. Su funcionalidad va más allá de la lesión real o posible de un derecho constitucional, pues se puede invocar para la demanda de nuevos derechos. Se entiende para nuevos derechos propios de la personalidad humana susceptibles de ser calificados como de derechos fundamentales o constitucionales que por alguna razón no se hayan consignado en el Texto constitucional.

Examinado el sistema de garantías constitucionales del Ecuador tal y como se regula en su normación específica, encontramos en materia de protección de los derechos fundamentales una deficiencia bien relevante como es la regulación de las medidas cautelares, que no se prevén para estos supuestos. Supuestos, los de lesión de derechos constitucionales, que son los que más reclaman la existencia de medidas cautelares que hagan ilusoria o quimérica la tutela judicial efectiva u otro derecho con rango constitucional. Es por ello por lo que mientras no se supla esta grave laguna del Ordenamiento ecuatoriano, y para evitar la consolidación de situaciones irreversibles en el marco de un proceso constitucional de protección de derechos constitucionales, que el derecho a la resistencia se nos presenta como una garantía que efectiviza la protección de los derechos constitucionales. Es, puede decirse, la principal garantía pues sin su concurso la protección del derecho constitucional sería ineficaz.

En otras palabras, mientras no se produzca la introducción de las medidas cautelares en el proceso constitucional de protección de derechos constitucionales, el derecho a la resistencia debe garantizar la efectividad de esta protección como garantía instrumental, complementaria, subsidiaria y provisional para evitar la consolidación de situaciones irreversibles.

Es decir, se trataría de una garantía caracterizada por la siguientes características: instrumentalidad, homogeneidad, temporalidad, provisionalidad, variabilidad y jurisdiccionabilidad.

La instrumentalidad se refiere a que hoy por hoy es concebible, por mor del artículo 98 de la Constitución, en virtud de la interposición de un recurso de protección de un derecho constitucional, recurso que ha dado lugar al proceso y al hecho de que lo que se persigue es el mantenimiento de la situación inicial; es decir, lo que el particular pretende es que las cosas vuelvan a su estado originario. Es decir, el efecto de la invocación del derecho a la resistencia depende siempre del proceso principal, como lo subraya el hecho de que es competente para conocer de la pretensión el mismo órgano que conozca del proceso principal y asimismo se da identidad de partes con el proceso principal. Asimismo, la medida cautelar es instrumento de la resolución definitiva, teniendo por finalidad permitir su ejecución y estando subordinada a ella. Como ha señalado el Tribunal Constitucional español en la Sentencia 148/1993 "el incidente cautelar entraña un juicio de cognición limitada en el que el órgano judicial no debe pronunciarse sobre las cuestiones que corresponde resolver en el proceso principal"

En relación con la homogeneidad, se puede señalar que las medidas que anticipen en parte o provisionalmente efectos de la sentencia responden a la función de asegurar la efectividad de la misma; lo que supone algo más que asegurar la ejecución, dado que implica también proteger aquélla frente a riesgos que impidan que sus efectos se desarrollen en condiciones de plena utilidad para el que sea reconocido como titular del derecho. Aquí aparece la cuestión relativa a si la medida cautelar supone un test previo de la legalidad del acto o norma; cuestión que debe rechazarse por ser contraria, dicha posibilidad, a la naturaleza jurídica de la medida cautelar. En este sentido, la jurisprudencia del Tribunal Supremo español es bien clara tal y como, por ejemplo, podemos deducir de las sentencias de 7 de noviembre de 2007 o de 18 de mayo de 2004. En esta última resolución judicial se afirma con todas claridad que si la medida cautelar anticipa el fallo sobre el fondo se desnaturaliza su función propia, suponiendo una extralimitación del contenido propio de la medida cautelar.

La provisionalidad hace referencia al carácter no definitivo de las medidas cautelares, pues éstas desaparecen, perdiendo toda su eficacia, cuando faltan los presupuestos que originaron su adopción, y en todo caso cuando finaliza el proceso principal. La nota de la provisionalidad se entiende bien si se conecta con la finalidad de las medidas cautelares; si lo que se trata de proteger y tutelar mediante la adopción de tales medidas es la efectividad de una ulterior sentencia, lógico es que las mismas tengan una vigencia limitada en el tiempo, concretamente aquella en la que dicha sentencia tarde en obtenerse.

Esta provisionalidad aparece muy claramente en dos casos previstos en la legislación contencioso administrativa española y que pueden ser de utilidad para el debate académico en Ecuador: las medidas "inaudita parte debitoris" del artículo 135 de la vigente ley y en los supuestos de impugnación de inactividades administrativas o de actuaciones materiales constitutivas de vía de hecho que el artículo 136.2 de la ley de 1998 permite solicitar antes de la interposición del recurso para evitar la producción de daños irreversibles que harían que la medida perdiese su finalidad de instarse una vez iniciado el proceso. En los casos de las medidas provisionalísimas, la clave reside en acreditar la existencia de causa objetiva de urgencia para proceder de acuerdo con este excepcional régimen. Y, en los supuestos de inactividad, ha de justificarse suficientemente que la posición jurídica de inactividad en verdad ocasiona situaciones irreversibles y contrarias al interés general.

Con la nota de la variabilidad se quiere indicar que la permanencia o modificación de la medida cautelar esta siempre condicionada al mantenimiento de los presupuestos que justificaron su adopción.

La medida cautelar podrá ser reformada, si se producen modificaciones en el estado de los hechos respecto de los cuales la medida fue adoptada, y en el supuesto en el que no fuera otorgada cuando se solicitó, se podrá volver a pedir siempre que se haya producido un cambio de las circunstancias anteriores.

Esto es lo que establece el artículo 132.1 de la nueva Ley y el artículo 57 de la Ley Orgánica del Tribunal Constitucional para la tutela de derechos constitucionales, los cuales, partiendo de la cláusula "rebus sic stantibus" afirman que las medidas cautelares podrán ser modificadas o revocadas durante el curso del procedimiento si cambiaran las circunstancias en virtud de las cuales se hayan adoptado. Es decir, para que proceda la modificación de la medida es menester acreditar que se ha producido un verdadero cambio de situaciones fácticas o una situación sobrevenida a la existente al dictar la pertinente medida cautelar.

Esta posibilidad de modificación de las medidas cautelares, se basa en una alteración del equilibrio de intereses en el que se fundamenta la adopción de la medida o en la propia desaparición sobrevenida de la necesidad de su existencia para garantizar la decisión final del proceso. Ahora bien, esta posibilidad está sometida a las limitaciones establecidas en el artículo 132.2 de la Ley, ya que las medidas no podrán modificarse o revocarse en función de los distintos avances que se vayan haciendo durante el proceso respecto al análisis de la cuestión litigiosa, ni tampoco en razón de la modificación de los criterios de valoración que el órgano jurisdiccional aplicó a los hechos al decidir el incidente cautelar.

Estas dos excepciones pretenden evitar que la modificación de la medida pueda parecer que se trata de una pura decisión subjetiva completamente desvinculada de la aparición de nuevas circunstancias que deberán ser alegadas por las partes. En definitiva, las medidas cautelares no producen el efecto de cosa juzgada y son, por ello, modificables siempre que se produzca una variación de las circunstancias de hecho.

En cuanto a la jurisdiccionalidad, puede señalarse que está implícita en las notas anteriores puesto que significa que la adopción de la suspensión compete al órgano jurisdiccional que este conociendo el proceso principal ya que solo a los órganos jurisdiccionales les corresponde el juzgar y hacer ejecutar lo juzgado.

En fin, el artículo 98 de la Constitución ecuatoriana tiene que tener algún efecto jurídico concreto. Uno, el más insólito, es de demandar nuevos derechos, se entiende no previstos en la Constitución. Otro, el más común dado el régimen de protección de los derechos constitucionales en Ecuador: garantizar en los procesos de protección de los derechos constitucionales su efectividad impidiéndose que se puedan consolidar situaciones irreversibles, situaciones que han perder a la propia acción de protección de su finalidad legítima.

XVI

LA CONTRATACIÓN COMO POLÍTICA PÚBLICA

La Administración pública, bien lo sabemos, actúa ordinariamente de forma unilateral o bilateral. A través de actos y normas, y también buscando el concurso y la colaboración de terceros, de la iniciativa social. Las políticas públicas son tareas o quehaceres a cargo de los poderes públicos que se destinan, de una y otra forma, a través de las diferentes técnicas disponibles, a la mejora de las condiciones de vida de los ciudadanos. Esto es así, entre otras razones, porque en la democracia, gobierno del, para y por el pueblo, el complejo Gobierno-Administración debe estar y actuar al servicio objetivo del interés general, tal y como solemnemente reza el artículo 103 de la Constitución del Reino de España de 1978.

La actividad contractual que realizan las diferentes Administraciones públicas consiste en ofrecer los mejores bienes y servicios públicos posibles a los ciudadanos contando con la colaboración del sector privado. Primero porque tales actividades no se pueden realizar directamente por la propia Administración y segundo porque, de esta manera, se asocia a la sociedad en la función de servicio al interés general, que ni es privativa de la Administración ni sólo a ella concierne.

En este contexto, conviene subrayar que la Administración cuándo contrata con empresas la realización de obras o servicios de naturaleza pública dispone de una posición jurídica especial que le permite disponer de una serie de poderes que sólo se justifican en la medida en que previamente estén explicitados en lo concreto en razones de interés general. Por tanto, a través de la contratación del sector público es posible, y deseable, que los ahora llamados poderes adjudicadores garantizan que esa forma de prestar los servicios o de construir obras públicas se realice desde los postulados del servicio objetivo al interés general.

En efecto, de esta manera la Administración puede diseñar en la realidad de los pliegos de los contratos compromisos sociales tan relevantes como la protección medioambiental, la prohibición del trabajo infantil, los postulados del comercio justo, la lucha contra la discriminación, entre otras.

En este sentido, la Directiva 2004/18/CE, del Parlamento Europeo y del Consejo de 31 de marzo de 2004 sobre coordinación de los procedimientos de adjudicación de los contratos de obras, suministros y servicios. Señala que en esta norma jurídica se "clarifica de qué modo pueden los poderes adjudicadores contribuir a la protección del medio ambiente y al fomento del desarrollo sostenible". Es decir, la Administración pública cuándo contrata, por su mismo compromiso al servicio objetivo del interés general, debe fomentar y facilitar, no sólo el ejercicio de los derechos fundamentales, sino los valores del propio Estado social y democrático de Derecho, los llamados en la Constitución española de 1978, los principios rectores de la política social y económica, entre los que están la protección del medio ambiente y el fomento del desarrollo sostenible.

En efecto, tales cláusulas de contenido social han de ser integradas en un complejo jurídico que permita que la Administración pública, en colaboración con el sector privado, sea el social o el puramente empresarial, pueda poner a disposición de los ciudadanos obras, bienes y servicios de la mayor calidad con el más elevado compromiso social. Tal pretensión, ni es imposible ni es consecuencia de músicas celestiales. Es posible siempre y cuándo se parta de los postulados del pensamiento abierto, plural, dinámico y complementario. Una metodología de acercamiento, tanto al Derecho Administrativo, como a las Políticas Públicas, que cuándo se aplica produce resultados en los que se aprecia el equilibrio entre sensibilidad social, libertad económica y rigor jurídico.

En este contexto, la contratación como política pública contribuye, debe contribuir, a una mayor humanización de la realidad pues es posible, vaya si lo es, diseñar las técnicas contractuales de manera que la centralidad de la dignidad del ser humanos brille su presencia. Simplemente con establecer estímulos fiscales a las más variadas expresiones del denominado comercio justo, ya estaríamos trabajando en esa dirección.

En tiempos de crisis económica, es lógico que se racionalicen las estructuras administrativas y, si es posible, que se dispongan en mejores condiciones de servir con mayor calidad a los usuarios. En este sentido, las normas en materias de contratación pública también están haciendo un esfuerzo para simplificar el procedimiento y mejorar las ratios de adjudicación. Además, la crisis económica y financiera reclama que existan los debidos contrales materiales en el mundo de la contratación que garanticen adecuadamente que el contenido de los pliegos sea real. Para ello los tribunales administrativos creados en muchos países, en la medida que subrayen la autonomía, idoneidad e independencia de sus miembros, podrán prestar un gran servicio a la objetividad en el desarrollo de los contratos públicos.

Las reformas en materia contractual han venido, así puede afirmarse del Derecho Comunitario. Al trasponer sus directivas, hemos construido un Derecho de la contratación pública en constante evolución que se adapta a los tiempos, sin perder por ello de vista la esencia, la sustancia de esta categoría jurídico-administrativa: su ordenación permanente al interés general. Y esta tarea se ha realizado, se realiza, desde una posición reformista, posición de gran calado y relevancia en el conjunto de las diferentes políticas públicas.

La acción pública, también en materia contractual, deba dirigirse a la consecución de mejoras reales, siempre reconociendo la limitación de su alcance. Una política pública que pretenda la mejora total definitiva de las estructuras y las realidades humanas sólo puede ser producto de proyectos visionarios, despegados de la realidad.

Las políticas reformistas son ambiciosas, porque son políticas públicas de mejora, pero se hacen contando con las iniciativas de la ciudadanía –que es plural- y con el dinamismo social. Si no se tuviera en cuenta la opinión de quienes son los principales destinatarios, y usuarios, de los servicios y obras públicas que se prestan u ofrecen a través de la contratación, se estarían implementando políticas extra democráticas por la ausencia de participación. Y en este punto, debemos saber si la población ha adquirido ya el hábito de dar su opinión con libertad, también acerca de los servicios y actividades públicas de las que disfruta en virtud de la contratación pública. En este sentido es indispensable que se asocie a los procesos de evaluación de la calidad de los bienes, obras y servicios objeto de la contratación pública la participación social.

El reformismo, también en materia de políticas públicas, tiene una virtualidad semejante a la de la virtud aristotélica en cuanto se opone igualmente a las actitudes revolucionarias y a las inmovilistas. No se trata de una mezcla extraña o arbitraria de ambas actitudes: es, en cierto modo, una posición intermedia, pero sólo en cierto modo, porque no se alinea con ellas, no es un punto a medio en el trayecto entre una y otra. Es algo distinto, y bien distinto. Veamos.

La política inmovilista se caracteriza, como es obvio, por el proyecto de conservación de las estructuras sociales, económicas y culturales. Pero las políticas inmovilistas admiten o incluso reclaman cambios. Ahora bien, los cambios que se hacen, se efectúan -de acuerdo con aquella conocida expresión lampedusiana- para que todo siga igual. El reformismo, en cambio, aun aceptando la riqueza de lo recibido, no asume su plena conformidad. De ahí que, desde esta posición, se desee mejorarlo efectivamente, no haciendo cambios para ganar una mayor estabilidad, sino introduciendo transformaciones que representen o conduzcan a una mejora auténtica –por consiguiente, a una reforma real- de las estructuras sociales. Escrito en otros términos, se trata de orientarse hacia una mayor libertad, solidaridad y participación de los ciudadanos. Y, en la contratación pública, si los poderes adjudicadores tienen voluntad de trabajar en pro del comercio justo, entonces podrán incluir toda suerte de cláusulas en esta dirección que permitirán atender debidamente a los destinatarios del servicio de que se trata, preservar unos mínimos de dignidad social que hoy, en una crisis que están pagando quienes menos culpa tienen, es tan perentoria e importante.

La política revolucionaria pretende subvertir el orden establecido. Es decir, darle la vuelta, porque nada hay de aprovechable en la situación presente, hasta el punto que se interpreta que toda reforma es cambio aparente, es continuismo. Por eso puede considerarse que las políticas revolucionarias, aun las de apariencia reformista, parten de un supuesto radicalmente falso, el de la inutilidad plena o la perversión completa de lo recibido. Afirmar las injusticias, aun las graves y universales que afectan a los sistemas sociales imperantes, no puede conducir a negar cualquier atisbo de justicia en ellos, y menos todavía cualquier posibilidad de justicia. Aquí radica una de las graves equivocaciones del análisis marxista, que si bien presenta la brillantez y coherencia global heredada de los sistemas racionalistas, conduce igualmente, en virtud de su lógica interna a la necesidad de una revolución absoluta –nunca mejor definida que en los términos marxistas- y por tanto a la destrucción radical, en todas sus facetas, de cualquier sistema vigente.

En mi opinión, las políticas públicas en materia contractual reclaman numerosas reformas: en lo que se refiere a la simplificación de los procedimientos, en lo que se refiere a las denominadas relaciones intergubernamentales entre las distintas Administraciones que en ocasiones intervienen en la contratación pública, en lo que se refiere a la gestión integrada, en lo que afecta a la inclusión equilibrada de cláusulas de comercio justo o de control social.

Estas líneas se escriben desde la pretensión de construir la política pública contractual del sector público desde los postulados del pensamiento abierto, plural, dinámico y complementario. Características, todas ellas, de los denominados nuevos espacios públicos, unos espacios más abiertos, más permeables a la participación, que se refieren a la mejora de la realidad y que procuran, desde la centralidad de la condición humana, una progresiva e intensa humanización de los entornos públicos.

En este contexto, la moderación, como característica inherente a las políticas públicas reformistas, puede, y debe, predicarse igualmente de la contratación como objeto de la política pública. En efecto, las posiciones dominadas por la ideología, las posiciones radicales, conducen a decisiones de política pública desmesuradas. Quienes así dirigen las políticas públicas tienen la convicción de que disponen de la llave que soluciona todos los problemas; que poseen el acceso al resorte mágico que cura todos los males. Esta situación deriva de la seguridad de poseer un conocimiento completo y definitivo de la realidad, y siendo consecuentes –la coherencia de las posiciones ideológicas es la garantía de su desmesura- se lanzan a una acción política decidida que ahoga la vida de la sociedad y que cuenta entre sus componentes con el uso de los resortes del control y dominio a que someten el cuerpo social.

La política pública reformista, en cambio, es, por definición, moderada. Quien se asienta desde esta forma de orientar las políticas respeta la realidad y sabe que no hay fórmulas mágicas. Por supuesto que sabe qué acciones emprender y sabe aplicarlas con decisión pero con la prudencia de tener en cuenta que la realidad no funciona mecánicamente. Es consciente de que un tratamiento de choque para solventar una dolencia cardíaca puede traer complicaciones serias en otros órganos. En el caso de la contratación del sector público, la necesaria y armónica articulación de Administraciones públicas, o las relaciones entre la Administración y el sector privado, deben plantearse desde este punto de vista para que las políticas en materia de contratación pública sean efectivas y se presten pensando en las personas fundamentalmente. Las cláusulas de los pliegos pueden, desde esta perspectiva, abrir grandes posibilidades de desarrollo humano plenamente compatible con la realización de la obra o servicio de que se trate en cada caso. De eso se trata, y por ello, es posible, vaya si lo es, un enfoque desde la juridicidad que permita elaborar pliegos plenamente respetuosos con los derechos humanos, especialmente con el comercio justo y las más elementales exigencias de la protección ambiental.

La moderación no significa medias tintas, ni la aplicación de medidas públicas descafeinadas ni tímidas, porque la moderación se asienta en convicciones firmes, y particularmente en el respeto a la identidad y autonomía de cada actor social o público; es decir, en la convicción de la bondad del pluralismo. Por eso la política de contratación del sector público dese este punto de vista debe ser una política moderada, de convicciones y de tolerancia, no de imposiciones. Más que vencer le gusta convencer. Pero para ello ha de atender a todos los sectores: a los destinatarios de la obra o servicio fundamentalmente, pero también a los trabajadores de la empresa contratista.

Los proyectos de políticas públicas contractuales, desde la perspectiva que se defiende en estas reflexiones, deben ser proyectos equilibrados. Con esto quiero referirme a que son proyectos que deben contemplar el conjunto de la sociedad, y no sólo el conjunto como una abstracción, sino el conjunto con todos y cada uno de sus componentes, de modo que tendencialmente esta política pública debe intentar dar una respuesta individualizada -podríamos decir- a las aspiraciones, necesidades y responsabilidades de cada uno de los ciudadanos en todo lo que se refiere a la contratación pública. Es decir, hay que tener presente las aspiraciones del sector, la idea de servicio objetivo al interés general que debe caracterizar la actuación de las Administraciones públicas, las opiniones de los usuarios de los servicios y obras públicas objeto de la contratación, la protección del medio ambiente o del patrimonio histórico artístico o, también, por ejemplo, la gestión integrada de la costa o litoral.

Las políticas de contratación del sector público, pues, deben articularse mirando a todos los sectores sociales, sin exclusión de ninguno. Y desde estos postulados debe negarse que la mejora de un grupo social haya de hacerse necesariamente a costa de otros grupos o sectores. Todos los sectores y todas las realidades en juego han de estar presentes en la mente y en la acción de quienes toman decisiones en esta cuestión tan multidisciplinar como es la contratación pública. En efecto, a través de los contratos públicos se deben ofrecer bienes y servicios integrales en los que el sector privado pueda alcanzar sus objetivos a la vez que se presta una atención especial a las consideraciones sociales, humanas, más relevantes.

Hoy la experiencia histórica y la ciencia social y económica nos permiten afirmar que sólo un crecimiento equilibrado permite una mejora real de los distintos sectores y segmentos de población. La experiencia soviética, el yermo social, político y económico a que se ha visto reducido ese gran país que es Rusia, se explica, en buena parte, por la destrucción revolucionaria de los sectores dinámicos de la economía. Las sociedades postindustriales, por otra parte, nos vienen enseñando que no es posible un desarrollo económico sostenido si no es sobre la estabilidad social conseguida por una participación efectiva de todos en la riqueza producida. En el caso de la contratación pública, este aserto es especialmente cierto y demuestra hasta qué punto la imbricación de todos los sectores, de todos los interesados y de todos los bienes susceptibles de protección jurídica, es fundamental para el equilibrio en la acción y en el quehacer público en esta materia.

En cierto modo, el pensamiento ecológico y el pensamiento holístico nos han permitido descubrir que todo reduccionismo, toda visión sesgada o parcial de la realidad reduce la eficacia de la acción, la convierte en estéril o incluso en perjudicial. En el campo técnico no sucede necesariamente así, pero en el campo público, sí, porque la política pública contempla la realidad en todas sus dimensiones. La política pública no es ingeniería. Por eso precisa de esta articulación armónica que en el caso de la contratación pública es especialmente relevante, sobre todo en lo que se refiere a la proyección del principio de subsidiariedad y en la permanente consideración central de los usuarios y destinatarios de los bienes y servicios que se ofrecen a la sociedad a través de la contratación pública.

La condición no cerrada de la realidad, sujeta a cambios constantes, en cierto sentido magnificados por los cambios de mentalidad de las sociedades, por las transformaciones en las manera de percibir, y la condición abierta del pensamiento, determinan que uno de los rasgos de las políticas públicas sea la adaptabilidad o la adaptación, la adecuación. La evolución histórica en la manera de comprender el fenómeno de la contratación del sector público es un buen exponente de la permanente adaptación que se ha operado en las políticas de la contratación pública a lo largo del tiempo. En este tiempo la contratación del sector público es, por ser una manifestación relevante del quehacer de las Administraciones públicas, una evidente política pública y, por ende, expresión de un compromiso permanente de mejora de las condiciones de vida de los ciudadanos.

La definición del Estado como social y democrático de Derecho ha ayudado sobremanera a entender el interés general, objetivo primario y último del quehacer público, como un concepto integrado. En efecto, el interés general ya no es definido unilateralmente por la Administración pública. Ahora es menester contar con la población, con la sociedad. Por ello en la contratación pública, entre el sector público y el sector privado se debe producir una suerte de alianza estratégica desde la que se puedan atender de manera más abierta, plural, dinámica y complementaria las diferentes exigencias sociales. Desde la protección ambiental hasta un esquema de comercio justo profundamente humano y solidario.

En este sentido, las políticas públicas en materia contractual, como es lógico, también están sometidas a cambios, a transformaciones, precisamente para estar en mejores condiciones de cumplir con su propia finalidad, para que a su través las personas puedan ejercer en mejores condiciones su libertad solidaria.

Las nuevas políticas públicas, entre ellas la contratación del sector público, hacen una interpretación abierta, no dogmática, sobre la configuración social. Y, además, esa interpretación es histórica, lo que significa que se acepta que necesariamente nuestra interpretación sobre la evolución cultural, social, política, económica está sujeta a los condicionantes de nuestro tiempo, sin que esto suponga una confesión de historicismo, sino la reafirmación de que la aproximación a estructuras sociales más equitativas y libres es progresiva, pero no necesariamente lineal. Y que además los caminos o procedimientos son múltiples y optativos. En el caso de la contratación pública, comprobamos a diario como esta política pública puede, a través de las más modernas tecnologías, ofrecer servicios que en verdad pueden mejorar sustancialmente las condiciones de vida de las personas, haciendo real la aspiración de humanización de la realidad.

La adaptabilidad se ajusta, pues, exactamente al criterio de oportunidad, tomado en el sentido de adecuación. Desde luego que uno de los caracteres más sobresalientes del responsable público, sea cual fuere su posición, por supuesto también del poder adjudicador en materia de contratos del sector público, es su sentido de la oportunidad en la juridicidad, que tiene relación profundísima con lo que podemos denominar gestión del tiempo, de los ritmos y de las prioridades. Las políticas públicas modernas, vinculadas esencialmente a la juridicidad porque son propias del Estado social y democrático de Derecho, cifran en esa gestión un caudal fundamental de su aportación y los responsables públicos de la contratación, los poderes adjudicadores, han de tener presente, especialmente en la hora presente, bien crítica en todos los sentidos, iniciativas reales que permitan al común de los ciudadanos descansar de manera inteligente, profundamente humana.

La confusión de la adaptabilidad como oportunidad con el oportunismo es producto de la confusión esterilizadora entre principios y acción. La firmeza en los principios no implica unidireccionalidad en las actuaciones. La deliberación sobre lo general no se traduce en reglas fijas de comportamiento, sino que es imprescindible la deliberación sobre lo particular, que presenta contornos únicos e irrepetibles y que exige actuaciones adecuadas a sus peculiaridades específicas para aproximarse más, hacer más reales, aquellos principios generales. En el seno de las políticas públicas contractuales es claro que hay unos principios básicos que deben ser proyectados sobre la realidad particular, de forma y manera que un adecuado equilibrio entre lo general y lo particular esté presente en todas y cada una de las decisiones que se adopten en este sector. De lo contrario, la contratación pública puede ser utilizada en beneficio de determinados sectores, muchas veces vinculados espuriamente a los poderes adjudicadores, ingresándose lamentablemente en ese fenómeno tan pernicioso para la vida social que es la corrupción.

Las políticas públicas, entre ellas el quehacer contractual del sector público, en la medida en que presentan en su discurso perfiles que las singularizan, se traducen en la búsqueda de soluciones prácticas que serán necesariamente sectoriales, y de alcance limitado, pero susceptibles siempre de desarrollos ulteriores, porque se encuadran en la búsqueda del bien general y son de carácter abierto, es decir, soluciones nunca definitivas ni totales. El caso de la contratación pública es especialmente revelador porque, si bien es posible caer en el oportunismo, o en la búsqueda del beneficio por el beneficio o del poder por el poder, como política pública enmarcada en los postulados del pensamiento abierto, plural, dinámico y complementario, la contratación pública ofrece soluciones abiertas al bien de todos en contextos de permanente humanización de la realidad. Conjugar, dentro de la juridicidad, eficacia-eficiencia con sensibilidad esencial, es uno de los horizontes más relevantes que en el presente ofrece la contratación pública en orden a la puesta a disposición de la sociedad de bienes y servicios de calidad, para todos y a precios asequibles.

El trípode necesario para sostener una política pública de estas características viene determinado por la buena preparación profesional, la capacidad de diálogo y el respeto a las normas éticas. Eso significa, en materia contractual, que los pliegos deben estar bien diseñados, han de ser realistas, presididos por una manera y participativa de entender el bienestar y con elevados patrones de ética pública en sus contenidos.

En efecto, sobre este triple soporte puede abordarse una política que tiene entre sus primeras exigencias la eficiencia. Las políticas públicas son políticas de resultados en un marco de servicio objetico al interés general, en un contexto de búsqueda del bienestar general de todos los ciudadanos. Si el objetivo último de la acción pública es la obtención de cotas más altas de libertad y participación convendremos que la naturaleza de los bienes públicos últimos es, a veces, escasamente tangible, y más si consideramos que implica un compromiso moral del individuo, decidido a acceder a formas de vida más humanas, de las que sólo él puede ser protagonista. Por eso estas políticas se traducen en bienes (sanidad o educación por ejemplo), en acceso a los bienes de la cultura, en acceso a los asuntos públicos. Es decir, realizaciones concretas que facilitan o posibilitan aquellos bienes en los que el ciudadano se tiene que implicar. Dicho de otra manera, los objetivos últimos, los ideales que alientan la vida pública no son medibles, pero los pasos concretos de la política pública de cada día, la adecuación de las reformas a aquellos objetivos, sí son evaluables.

En este sentido, las políticas públicas de contratación pública se nos presentan como fenomenales instrumentos a través de los cuáles, con pleno respeto por supuesto a la juridicidad, es posible contribuir de manera directa y tangible a un mayor compromiso social concretado en el comercio justo, en el fomento de la conciliación laboral, en la protección ambiental o, entre otros, en la promoción del empleo. Es decir, la contratación pública tiene características y peculiaridades que, desde la cláusula del Estado social y democrático de Derecho, pueden traducirse en estos objetivos de tanta relevancia social.

La eficiencia significa buscar resultados efectivos, con el mínimo coste, y significa también rigor: en el discurso y en las cuentas. Engordar exageradamente el déficit público no contribuirá nunca al bienestar social, sino que tal práctica se reduce simple y llanamente a hipotecarlo. Satisfacer las expectativas sociales mediante actuaciones inflacionistas es practicar el ilusionismo. Decir trabajo para todos aunque el Estado se empeñe hasta el cuello, es sencillamente demagogia: nadie puede querer pan para hoy y hambre para mañana, a no ser que esté en las últimas. Hoy, lamentablemente, en medio de una dura crisis económica y financiera, la realidad se encarga de confirmar este planteamiento.

Por otra parte, la capacidad de diálogo es el antídoto contra la prepotencia que pueda propiciar la competencia profesional, y el sentido ético la vacuna contra un pragmatismo que ponga los resultados por encima de cualquier consideración. En el caso de la contratación pública, la constatación de los miles de millones de euros previstos en los presupuestos públicos, es más preciso que nunca subrayar la relevancia de la preparación profesional y el compromiso ético para que a través de los contratos públicos se pueda contribuir efectivamente a un más alto grado de desarrollo de la libertad y la solidaridad de las personas.

Las apelaciones a la eficiencia en las reformas de la contratación pública, son constantes. Valga, por ejemplo, lo afirmado por la Comunicación de la Comisión al Consejo, al Parlamento Europeo, al Comité Económico y Social Europeo y al Comité de las Regiones, en el Plan de Acción para la aplicación del marco jurídico de la contratación pública electrónica, de 13 de diciembre de 2004, al resaltar que esta modalidad de contratación está destinada a logra una mayor eficiencia en la contratación misma y en la gobernanza.

Las prestaciones sociales, las atenciones sanitarias, las políticas educativas, las actuaciones de promoción del empleo por citar algunas de las políticas públicas más importantes tienen una relación muy estrecha con la contratación pública. Es más, a través de los contratos del sector público, debiera ser posible implementar determinadas políticas públicas que en el presente son cruciales para el mínimo vital que toda persona precisa para vivir con dignidad. En este sentido las políticas de contratación pública son políticas instrumentales al servicio de las más elementales exigencias de la justicia social necesarias para asegurar a las personas el ejercicio en las mejores condiciones de la libertad solidaria.

Por eso, la contratación del sector público es una política pública abierta y centrada en el bienestar integral del ser humano. Por ello, por su carácter estratégico los gobiernos debe poner entre sus prioridades políticas, de manera que la garantía de esos bienes se convierta en condición para que una sociedad libere energías que permitan su desarrollo y la conquista de nuevos espacios de libertad y de participación ciudadana.

Este conjunto de prestaciones del Estado, que constituye el entramado básico de lo que se denomina Estado de bienestar no puede tomarse como un fin en sí mismo. Esta concepción se traduciría en una reducción del Estado al papel de suministrador de servicios, con lo que el ámbito público se convertiría en una rémora del desarrollo social, político, económico y cultural, cuando debe ser su impulsor. Además, una concepción de este tipo, en que el Estado fuese un mero suministrador de servicios, no promovería el equilibrio social necesario para la creación de una atmósfera adecuada para los desarrollos libres de los ciudadanos y de las asociaciones, sino que conduciría más bien al establecimiento de una estructura estática que privaría al cuerpo social del dinamismo necesario para liberarse de la esclerosis y conservadurismo que acompaña a la mentalidad de los derechos adquiridos.

En el caso de la contratación pública, esta consideración es especialmente relevante por cuanto los poderes adjudicadores han de trabajar para hacer posibles condiciones y posibilidades para que a través de las diferentes modalidades de contratos públicos quienes son los usuarios de los bienes y servicios puedan, además de disponer de bienes y servicios de calidad, asequibles y abiertos, realizarse en el ejercicio de su libertad solidaria

En el mismo sentido, las políticas públicas de contratación pública deben abrirse a desarrollos armónicos y humanos del medio ambiente, de la contemplación de las bellezas naturales, de la protección del patrimonio histórico artístico o de la protección del litoral. La sensibilidad social en la materia alude a que las políticas públicas han de facilitar medios y posibilidades para que los ciudadanos puedan, a través de la actividad de la contratación pública, en cualquiera de sus manifestaciones, puedan vivir una vida más humana y solidaria.

El caso de la política social es paradigmático. En efecto, sírvanos como ejemplo la acción del Estado en relación con los colectivos más desfavorecidos, en los que -por motivos diferentes- contamos a los marginados, los parados, los pobres, los mayores. Las prestaciones del Estado nunca pueden tener la consideración de dádivas mecánicas, más bien el Estado debe propiciar con sus prestaciones el desarrollo, la manifestación, el afloramiento de las energías y capacidades que se ven escondidas en esos amplios sectores sociales y que tendrá la manifestación adecuada en la aparición de la iniciativa individual y asociativa. A través de los contratos públicos es posible, y deseable, mejorar la acción pública social incluyendo inteligente y razonablemente cláusulas que permitan atender mejor a las diferentes finalidades de la política social.

Un planteamiento de este tipo permite afirmar claramente la plena compatibilidad entre la esfera de los intereses de la empresa y de la justicia social, ya que las tareas de redistribución de la riqueza deben tener un carácter dinamizador de los sectores menos favorecidos, no conformador de ellos, como muchas veces sucede con las políticas asistenciales del Estado. Además, permitirá igualmente conciliar la necesidad de mantener los actuales niveles de bienestar y la necesidad de realizar ajustes en la priorización de las prestaciones, que se traduce en una mayor efectividad del esfuerzo redistributivo. A través de la contratación pública se pueden ofrecer bienes y servicios rentables para el mundo de la empresa que, a la vez, contienen elevados estándares de sensibilidad social. Los planteamientos de la denominada economía del bien común van en esta dirección.

Las referencias de la Unión Europea son constantes en esta dirección. La Comunicación de 2004 a la que antes hemos hecho referencia sobre contratación electrónica enfatiza la relevancia de esta práctica contractual pública en orden a eliminar los obstáculos para contratar. Igualmente, el Código Europeo de buenas prácticas para facilitar a la PYMES el acceso a los contratos públicos, señala que a través de la contratación pública europea se debe mejorar la transparencia, la competitividad y se deben aliviar las cargas administrativas para los posibles adjudicatarios.

"La mejora de las condiciones sociales no sustituye sino que realza la responsabilidad personal". Estas palabras de Tony Blair ilustran de manera inequívoca la superación que debe producirse en el debate ya secular sobre la preeminencia del ámbito público o del privado. Esta superación es necesaria -como está sucediendo en la mayor parte de los procesos metodológicos en las ciencias sociales- para equilibrar los sucesivos planteamientos reduccionistas referidos a la intervención del Estado en la sociedad.

La preeminencia del Derecho Privado sobre el Derecho Público fue rebasada en la formación del Estado moderno al hilo del pensamiento contractualista, de forma que la supremacía de lo público se basaba en la contraposición del interés colectivo y el interés individual, y en la subordinación del segundo al primero. Aún más, este proceso, que se podría denominar de contraposición, posibilitó -por su propia dependencia de ideologías que pretenden explicaciones globales y rígidas del hombre y de la realidad social- el inicio del fracaso del sistema ya que, en el marco de esta aproximación cerrada, sus principios cayeron atrapados por una realidad que necesariamente tiende a liberarse del modelo que la pretende configurar.

Las nuevas políticas públicas sugieren una llamada a la superación del falso dilema público-privado, y constituyen una convocatoria a nuevos proyectos públicos que proponen un nuevo estilo para configurar la acción pública en un contexto profundamente democrático. Es una convocatoria a conformar nuevas políticas porque pretende la aportación del caudal de energías que se manifiestan en la iniciativa personal y asociativa- creativas, transformadoras, relacionales, con sentido auténticamente cooperativo. Es exclusivamente con una cooperación mayoritaria como se puede construir una sociedad más libre, más plural, más equitativa y solidaria.

La contratación pública, contemplada desde esta óptica, que es la adecuada desde la perspectiva del contratista colaborador del sector público también para cooperar en la obtención de resultados sociales, de humanización de la realidad, de fortalecimiento de la dignidad del ser humano y de su entorno.

A través de la contratación pública se puede conseguir una acción pública que debe promover condiciones para que las empresas contratistas, a través de las adecuadas cláusulas en los pliegos, se comprometan en el comercio justo, en la promoción del empleo, en la conciliación laboral, en la protección del medio ambiente, en la prohibición del trabajo infantil, etc.

La idea de cooperación, de libre participación, a mi entender, es fundamental para construir políticas públicas abiertas, dinámicas, profundamente humanas y sociales. La acción pública es una acción compleja que, entre otras cosas, incluye la movilización de los recursos sociales, la coordinación de los esfuerzos, la integración de las iniciativas y la conjugación de las aspiraciones de la sociedad. En la contratación pública se dan, de manera casi perfecta, estas coordenadas, de forma y manera que sí, que la contratación del sector pública es una política que, más allá, de que al contratista resulte rentable la realización de la obra o servicio en cada caso, debe contribuir de forma directa y permanente a la mejora de las condiciones de vida de las personas, por supuesto en la dimensión solidaria y ambiental.

En este epígrafe se ha esbozado una caracterización general de la política pública de contratación a partir de los postulados del pensamiento, abierto, plural, dinámico y complementario. En este contexto, desde la realidad, y desde la proyección de la racionalidad en un contexto en el que el centro lo ocupa el ser humano, la contratación pública, como política pública, ofrece una serie de rasgos que permiten configurarla como una forma de encauzar la colaboración entre lo público y lo privado en orden al desarrollo social, en orden a la búsqueda del equilibrio entre crecimiento económico y sensibilidad social, en orden a facilitar a cada persona su plena libertad solidaria.

XVII
LA VUELTA AL DERECHO ADMINISTRATIVO

El Derecho Administrativo, tal y cómo se nos presenta en la cotidianeidad en nuestros países, es, lo sabemos bien, un producto cultural que hunde sus raíces en la necesidad de racionalizar el ejercicio del poder, que trae causa de aquel magnífico compromiso con la libertad, la igualdad y la fraternidad de la Revolución Francesa. En efecto, el Derecho Administrativo, tal y como lo conocemos hoy, es una respuesta comprometida a la necesidad de objetivar el poder público, antaño, en el Antiguo Régimen, expuesto al capricho y a la pura voluntad de mando del Rey. Derecho Administrativo, sin embargo, ha habido siempre porque siempre ha existido la necesidad de organizar según el Derecho los intereses colectivos, unas veces con más acierto que otras.

Vaya por delante mi aproximación al Derecho Administrativo: el derecho del poder para la libertad, definición sencilla que aprendí del profesor González Navarro, antiguo catedrático de Derecho Administrativo y magistrado jubilado del Tribunal Supremo del reino de España. Pues bien, hoy, en los albores de un nuevo siglo del que tanto se espera en tantos sentidos, el Derecho Administrativo adquiere una gran relevancia pues asistimos al intento, desesperado a veces, del fundamentalismo económico, o de la lógica del poder por el poder, por arrumbar, por abatir las más nobles aspiraciones de justicia a favor del beneficio empresarial, el dominio político o la utilidad, que son hoy los nuevos ídolos ante los que legiones de seres humanos hincan sus rodillas en señal de veneración. Pues bien, frente a este intento de teñir el interés general bajo consideraciones parciales, se levanta hoy el nuevo Derecho Administrativo como un dique de contención frente a tanto atentado contra el bienestar general e integral del pueblo como se perpetra a diario en nombre de un pensamiento único que desdice de la esencia, de la naturaleza, del alma de un Ordenamiento jurídico construido para que el poder público actúe a través de la senda del derecho consciente de su función de servicio objetivo al interés general.

En la década de los ochenta del siglo pasado, sobre todo, empezó a utilizarse por parte de la doctrina un término bien expresivo de un fenómeno que ciertamente había producido una cierta confusión y no poca inquietud en cuantos se dedican al estudio de nuestra disciplina: la huida del Derecho Administrativo. Expresión, me parece, con la que se pretendía, y todavía se pretende hoy, llamar la atención sobre la pérdida de influencia del Derecho Administrativo como Ordenamiento matriz a partir del cual debía regirse jurídicamente toda actuación del aparato público, sea cual sea su caracterización normativa. En el fondo, se añora la posición del Derecho Administrativo como Derecho Único sobre el que debe girar el régimen jurídico de la Administración pública, olvidando, con más o menos intensidad, que existe un núcleo básico de principios constitucionales vinculados a las actividades administrativas y a los fondos públicos vinculados al interés general, que con su manto trascienden la naturaleza del Derecho de que se trate en cada caso.

Las líneas que siguen tienen un hilo conductor: ofrecer una alternativa ante el embate que sufre el Derecho Administrativo, en unos países más que en otros, de mano de doctrinas y teorías que buscan convertirlo en un Ordenamiento sin sustancia, en un Ordenamiento al servicio del poder, en unos casos, o , en otros, al servicio del interés económico. Frente a tales agresiones, hoy los administrativistas iberoamericanos levantamos la voz para reclamar que no se ceda en la tarea legislativa y que no se ceda ante la tentación de los nuevos autoritarismos y ante el dominio de la tecnoestructura económica y empresarial que pretende despojar a nuestra disciplina de su esencial función de racionalizar del poder público.

Desde este punto de vista destaca la necesaria caracterización constitucional de Derecho Administrativo pues desde este punto de vista encontramos unas sólidas bases que nos permiten pensar con cierto optimismo en la tarea que tiene todavía por delante un sector del derecho Público que encontró en la lucha contra las inmunidades del poder, como diría García de Enterría, su principal señal de identidad. Obviamente, las referencias al que denomino Derecho Administrativo Constitucional se harán a partir de la Constitución española. En efecto, la caracterización del Derecho Administrativo desde la perspectiva constitucional trae consigo necesarios replanteamientos de dogmas y criterios, que han rendido grandes servicios a la causa y que, por tanto, deben sustituirse de manera serena y moderada por los principios que presiden el nuevo Estado social y democrático de Derecho, por cierto bien diferente en su configuración, y en su presentación, al del nacimiento del Estado-Providencia y de las primeras nociones sobre la conformación y dirección de las tareas sociales como esencial función de competencia del Estado. Hoy, en mi opinión, la garantía del interés general es la principal tarea del Estado y, por ello, el Derecho Administrativo ha de tener presente esta realidad y adecuarse, institucionalmente, a los nuevos tiempos pues, de lo contrario perderá la ocasión de cumplir la función que lo justifica, cual es la mejor ordenación y gestión de la actividad pública con arreglo a la justicia.

Tradicionalmente, cuando nos hemos enfrentado con el arduo problema de seleccionar una perspectiva central sobre la que montar todo el Derecho Administrativo, hemos acudido a la aproximación subjetiva, a la objetiva o a la mixta. Hoy me parece que mantener una orientación única quizás sea una pretensión que dificulta la comprensión de un sector del Derecho Público que trasciende sus fronteras naturales y que actúa sobre otras realidades, años ha vedadas precisamente por la estrechez de miras que surge del pensamiento único, cerrado o estático o único.

Parece también fuera de dudas que el Derecho Administrativo del siglo XXI es distinto del Derecho Administrativo del siglo pasado en la medida en que el sustrato político y social que le sirve de base es bien otro, como también es bien diferente el modelo de Estado actual. El Derecho Constitucional pasa, el Derecho Administrativo permanece es una manida y reiterada frase acuñada según parece por Otto Mayer que nos ayuda a entender que las instituciones típicas de la función administrativa, de una u otra forma, son permanentes, pudiendo variar obviamente la intensidad de la presencia de los poderes públicos de acuerdo con el modelo político del Estado en cada momento. Claro está, cuando me refiero al Estado, me refiero también "mutatis mutandis" a los diferentes Entes territoriales que disponen de autonomía para la gestión de sus intereses propios, porque en España Comunidades Autónomas y Entes locales, cómo ha sancionado el Tribunal Constitucional, disfrutan de naturaleza jurídica estatal en la medida en que son partes integrantes del propio Estado.

Como examinado en este trabajo, el entendimiento que tengamos del concepto del interés general a partir de la Constitución española de 1978 va a ser capital para caracterizar el denominado Derecho Administrativo Constitucional que, en dos palabras, aparece vinculado al servicio objetivo al interés general y a la promoción de los derechos fundamentales de la persona. Quizás, la perspectiva iluminista del interés público, de fuerte sabor revolucionario y que, en definitiva, vino a consagrar la hegemonía de la entonces clase social emergente, la burguesía, que dirigió con manos de hierro la burocracia, hoy quizás no sea compatible con un sistema sustancialmente democrático en el que la Administración pública, y quienes la componen, lejos de plantear grandes o pequeñas batallas por afianzar su "status quo", deben estar a plena y exclusiva a disposición de los ciudadanos, pues no otra es la justificación constitucional de la existencia de la entera Administración pública.

En esta línea, el Derecho Administrativo Constitucional plantea la necesidad de releer y repensar dogmas y principios considerados hasta no hace mucho como las señas de identidad de una rama del Derecho que se configuraba esencialmente a partir del régimen de exorbitancia de la posición jurídica de la Administración como correlato necesario de su papel de gestor, nada más y nada menos, que del interés público. Insisto, no se trata de arrumbar elementos esenciales del Derecho Administrativo, sino repensarlos a la luz del Ordenamiento constitucional. Es el caso, por ejemplo, de la ejecutividad del acto, que ya no puede entenderse como categoría absoluta sino en el marco del principio de tutela judicial efectiva, como consecuencia de los postulados de un pensamiento compatible y complementario que facilita esta tarea.

Lo que está cambiando es, insisto, el papel del interés general que, desde los postulados del pensamiento abierto, plural, dinámico y complementario, aconseja el trabajo, ya iniciado hace algunos años entre nosotros, de adecuar nuestras instituciones a la realidad constitucional. Tarea que se debe acometer sin prejuicios ni nostálgicos intentos de conservar radicalmente conceptos y categorías que hoy que encajan mal con los parámetros constitucionales. No se trata, de ninguna manera, de una sustitución "in toto" de un cuerpo de instituciones, conceptos y categorías, por otro; no, se trata de estar pendientes de la realidad social y constitucional pare detectar los nuevos aires que han de alumbrar los nuevos conceptos, categorías e instituciones con que el Derecho Administrativo, desde este punto de vista, se nos presenta, ahora en una nueva versión más en consonancia con lo que son los elementos centrales del Estado social y democrático de Derecho dinámico, o también denominado de segunda generación. Ello no quiere decir, como se comentará más adelante, que estemos asistiendo al entierro de las instituciones clásicas del Derecho Administrativo. Más bien, hemos de afirmar, no sin radicalidad, que el nuevo Derecho Administrativo está demostrando que la tarea que tiene encomendada de garantizar y asegurar los derechos de los ciudadanos requiere de una suerte de presencia pública, quizás mayor en intensidad que en extensión, que permita el libre y solidario desarrollo de los ciudadanos.

En fin, junto a la metodología que nos proporciona el acercamiento a las ciencias sociales desde los postulados del pensamiento abierto, plural, dinámico y complementario, es menester trabajar en el marco constitucional para extraer toda la fuerza, que no es poca, que la Norma fundamental encierra en orden a configurar un Derecho Administrativo más democrático en el que el servicio objetivo al interés general ayude a redefinir todas aquellos privilegios y prerrogativas que no se compadecen ya con una Administración que trabaja sólo desde la unilateralidad.

De un tiempo a esta parte, observamos notables cambios en lo que se refiere al entendimiento del interés general en el sistema democrático. Probablemente, porque según transcurre el tiempo, la captura de este concepto por la entonces emergente burguesía- finales del siglo XVIII- que encontró en la burocracia un lugar bajo el sol desde el que ejercer su poder, lógicamente ha ido dando lugar a nuevos enfoques más abiertos, más plurales y más acordes con el sentido de una Administración pública que, como señala el artículo 103 de nuestra Constitución: "sirve con objetividad los intereses generales". Es decir, si en la democracia los agentes públicos son titulares de funciones de la colectividad y ésta está llamada a participar en la determinación, seguimiento y evaluación de los asuntos públicos, la necesaria esfera de autonomía de la que debe gozar la propia Administración ha de estar empapada de esta lógica de servicio permanente a los intereses públicos. Y éstos, a su vez, deben abrirse, tal y como ha establecido el Tribunal Constitucional español en la citada sentencia de 7 de febrero de 1984, tan célebre cómo aislada, a los diversos interlocutores sociales, en un ejercicio continuo de diálogo, lo cual, lejos de echar por tierra las manifestaciones unilaterales de la actividad administrativa, plantea el desafío de construir las instituciones, las categorías y los conceptos de nuestra disciplina desde nuevos enfoques bien alejados del autoritarismo y el control del aparato administrativo por los que mandan en cada momento. No es una tarea sencilla porque la historia nos demuestra que la tensión que el poder político introduce en el funcionamiento administrativo a veces socava la necesaria neutralidad e imparcialidad de la Administración en general y de los funcionarios en particular.

Instituciones señeras del Derecho Administrativo como las potestades de que goza la Administración para cumplir con eficacia su labor constitucional de servir con objetividad los intereses generales (ejecutividad, ejecutoriedad, "potestas variandi", potestad sancionadora...) requieren de nuevos planteamientos pues evidentemente nacieron en contextos históricos bien distintos y en el seno de sistemas políticos también bien diferentes. Y, parece obvio, la potestad de autotutela de la Administración no puede operar de la misma manera que en el siglo XIX por la sencilla razón de que el sistema democrático actual parece querer que el ciudadano, el administrado, ocupe una posición central y, por tanto, la promoción y defensa de sus derechos fundamentales no es algo que tenga que tolerar la Administración sino, más bien, hacer posible y facilitar.

Frente a la perspectiva cerrada de un interés general que es objeto de conocimiento, y casi del dominio de la burocracia llegamos, por aplicación del pensamiento abierto, plural, dinámico y complementario, a otra manera distinta de acercarse a lo común, a lo público, a lo general, en la que se parte del presupuesto de que siendo las instituciones públicas de la ciudadanía, los asuntos públicos deben gestionarse teniendo presente en cada momento la vitalidad de la realidad que emerge de las aportaciones ciudadanas. Por ello, vivimos en un tiempo de participación, quizás más como postulado que como realidad, a juzgar por las consecuencias que ha traído consigo un Estado de Bienestar estático que se agotó en sí mismo y que dejó a tantos millones de ciudadanos desconcertados al entrar en crisis el fabuloso montaje de intervención total en la vida de los particulares. En Brasil, un gran país por tantos conceptos, existe una práctica relevante de participación de la que todos podemos y debemos aprender para que, en efecto, el núcleo central de los intereses generales esté más conectado con las necesidades colectivas de los ciudadanos.

Hace algunos años, más de los que quisiera, cuando me enfrentaba al problema de la definición del Derecho Administrativo al calor de las diferentes y variadas teorías que el tiempo ha permitido, lejos de entrar en el debate sobre cuál de las dos posiciones mayoritarias era la fetén, se me ocurrió que quizás el elemento clave para la definición podría encontrarse en el marco de lo que debía entenderse por interés general, ahora en el marco de un modelo de Estado que la Constitución califica de social y democrático de Derecho. Más que la presencia de una Administración pública, que ciertamente es importante, para mí lo verdaderamente determinante del Derecho Administrativo es la existencia de un interés general que regular en el marco del modelo de Estado en vigor. Ahora, en el llamado Estado social dinámico, como me gusta caracterizar el Estado social del presente, es precisamente la idea del interés general, desde los postulados del pensamiento abierto, plural, dinámico y compatible, la matriz desde la cual se pueden entender los profundos cambios que se están operando en el seno del Derecho Administrativo moderno como puede ser el alumbramiento del concepto del servicio de interés general, también para los servicios culturales y sociales, o la reconsideración de la autotutela y ejecutividad administrativa.

Hasta no hace mucho, la sociología administrativa relataba con todo lujo de detalles las diferentes fórmulas de apropiación administrativa que distinguía tantas veces el intento centenario de la burocracia por controlar los resortes del poder. Afortunadamente, aquellas quejas y lamentos que traslucen, por ejemplo, algunas novelas de Pio Baroja sobre la actuación de funcionarios que vejaban y humillaban a los administrados desde su posición oficial, hoy es agua pasada. Afortunadamente, las cosas han cambiado y mucho, y en términos generales para bien. Siendo esto así, insisto, todavía quedan aspectos en los que seguir trabajando para que la ciudadanía pueda afirmar sin titubeos que la Administración ha asumido su papel de organización al servicio y disposición de la ciudadanía. Y, para ello, quienes hemos dedicado años de nuestra vida profesional a la Administración sabemos bien que es menester seguir trabajando para que siga creciendo la sensibilidad del aparato público en general, y la de cada servidor público en particular, en relación con los derechos y libertades de los ciudadanos. Hoy el interés general mucho tiene que ver, me parece, con incrustar en el alma de las instituciones, categorías y conceptos del Derecho Administrativo, un contexto de equilibrio poder-libertad que se vaya abandonando la idea de que la explicación del entero Derecho Administrativo bascula únicamente sobre la persona jurídica de la Administración y sus potestades, privilegios y prerrogativas.

En este sentido, siempre me ha parecido de clarividente y pionero un trabajo del profesor García de Enterría de 1981 sobre la significación de las libertades públicas en el Derecho Administrativo en el que afirmaba que el interés general se encuentra precisamente en la promoción de los derechos fundamentales. Está aproximación doctrinal, que goza del respaldo de la jurisprudencia del Tribunal Constitucional, está permitiendo, sobre todo en el Derecho Comunitario Europeo, que auténticas contradicciones conceptuales como la del servicio público y los derechos fundamentales se estén salvando desde un nuevo Derecho Administrativo, me atrevería a decir que más relevante que antes, desde el que este nuevo entendimiento del interés general está ayudando a superar estas confrontaciones dialécticas a partir del equilibrio metodológico, el pensamiento abierto y la proyección de la idea democrática, cada vez con más intensidad, sobre las potestades administrativas. Lo que está ocurriendo es bien sencillo y consecuencia lógica de nuevos tiempos que requieren nuevas mentalidades, pues como sentenció hace tiempo Ihering, el gran problema de las reformas administrativas se halla en la inercia y la resistencia a los cambios que habita en la mentalidad de las gentes. Es decir, la caracterización clásica del servicio público (titularidad pública y exclusiva) ha ido adecuándose a la realidad hasta que se ha llegado a un punto en el que la fuerza de la libertad y de la realidad han terminado por construir un nuevo concepto con otras características, sin enterrar nada, y menos con intención de enarbolar la bandera del triunfo de lo privado sobre lo público, porque el debate conceptual ni se plantea en estos términos ni es verdad que el Derecho Administrativo haya perdido su razón de ser. Más bien, lo que está ocurriendo es que está emergiendo un nuevo Derecho Administrativo desde otras coordenadas y otros postulados diferentes a los de antes. Pero, al fin y al cabo, Derecho Administrativo.

Efectivamente, la transformación, por ejemplo, del concepto del servicio público o, si se quiere, su adaptación a los nuevos tiempos, reclama un estudio especial

En efecto, el servicio público, lo sabemos muy bien, es un tema clásico del Derecho Administrativo que sirvió como punto cardinal par explicar el significado mismo de nuestra disciplina. Para Duguit y su escuela de Burdeos, precisamente del "Servicio Público", éste constituyó el fundamento y límite de la soberanía, el centro neurálgico del Derecho Público.

La pretensión de buscar un criterio único, de validez universal y de carácter atemporal para fundamentar el Derecho Administrativo, pone de manifiesto la imposibilidad real de levantar todo el edificio del Derecho Administrativo bajo un solo y único concepto: el servicio público, elaborado, además, desde la atalaya del privilegio y de la prerrogativa. Más bien, esta tarea nos invita a situarnos en otros parámetros y, asimismo, nos interpela sobre la caracterización de nuestra área de conocimiento como temporal, relativa y profundamente integrada en el contexto constitucional de cada momento.

La misma mutabilidad de las instituciones, categorías y conceptos del Derecho Administrativo en función del marco constitucional y del entendimiento que se tenga del interés general, demuestra el distinto alcance y funcionalidad que pueden tener las técnicas jurídicas del Derecho Administrativo en cada momento.

Quizás por ello, durante la década de los cincuenta del siglo pasado, se admitió la tesis de la "noción imposible" para señalar las obvias e insalvables dificultades para perfilar un concepto estático y unilateral del servicio público como paradigma del Derecho Administrativo.

El advenimiento del Estado social colocó de nuevo al servicio público, ahora desde una perspectiva más amplia, en el lugar central. Es el tiempo de la expansión de las actividades estatales en la sociedad y aparecen, por ello, bajo la rectoría del Estado, los servicios de educación, sanidad, transportes, entre otros tantos.

Simplificando mucho las cosas, se puede afirmar que la constitución del concepto del servicio público siempre despertó una penetrante y aguda polémica con las libertades públicas y los derechos fundamentales. Es más, la tensión entre poder y libertad siempre corrió pareja al binomio, a veces en grave confrontación dialéctica, Estado – Sociedad. Y, es lo más probable, de esta dicotomía nacerían tanto la técnica autorizatoria como la institución concesional, fieles reflejos del diferente grado de intervención que se reservaba el Estado en relación con la vida social. Ciertamente, el nacimiento de la concesión administrativa como modo indirecto de gestión de los servicios públicos se inscribe en el proceso de deslinde, desde el marco de la exclusividad, de titularidad y gestión de la actividad, toda vez que llegó un momento en pleno Estado liberal en que el Estado no se consideraba digno de mediar en el mundo de la economía, sector que debía gestionarse aguas arriba del propio Estado.

En fin, la crisis del Estado de Bienestar, por situarnos en fechas más próximas para nosotros, junto a las consabidas explicaciones fiscales, obedece también a la puesta en cuestión de un modelo de Estado, que, al decir de Forsthoff todo lo invade y todo lo controla "desde la cuna hasta la tumba". Ciertamente, al menos desde mi particular punto de vista, la otrora institución configuradora del orden social, como fue la subvención, debe replantearse, como todas las técnicas del fomento en su conjunto. Este modelo estático al Estado de Bienestar situó a los servicios públicos y al propio Estado como fin, no como medio para el bienestar de los ciudadanos. De ahí su agotamiento y, por ello, su crisis.

La confusión entre fines y medios ha tenido mucho que ver con las aproximaciones unilaterales y tecnoestructurales del interés general que, en este enfoque se reduce a autocontrol y la conservación del "status quo".

Hoy, desde los postulados del Estado dinámico del Bienestar comprobamos que el servicio público en sentido técnico – jurídico apenas cuenta y que la realidad manifiesta la emergencia de los servicios de interés general, o los servicios de interés económico general y, por ende, se produce una vuelta al Derecho Administrativo, por supuesto diferente al del siglo pasado, más desafiante si cabe en su papel esencial de construir técnicas jurídicas que garanticen el bienestar integral de los ciudadanos. O, lo que es lo mismo, se trata de construir un Derecho Público que haga posible el libre desarrollo de los ciudadanos y, por ello, el pleno ejercicio de los derechos fundamentales por todas las personas. Aparece así, en mi opinión, el Estado garantizador y, con él, toda una serie de nuevos conceptos, categorías e instituciones que nacen de una nueva forma de aproximarse al Derecho Administrativo: el pensamiento abierto, plural, dinámico y complementario, que no es sino la dimensión jurídica de los nuevos enfoques reinantes hoy en las Ciencias Sociales.

El Estado, pues, ya no es un mero prestador de servicios públicos. El Estado es, sobre todo y ante todo, garantizador de derechos y libertades ciudadanas, para lo cual goza de un conjunto de nuevas técnicas jurídicas que le permiten cumplir cabalmente esa función.

Por tanto, el concepto del servicio público, deudor de una concreta y peculiar manera ideológica de entender las relaciones Estado -Sociedad, pierde su sentido jurídico- administrativo al desvanecerse el marco general que le servía de apoyo. Se reduce notablemente en su configuración por cuánto ahora lo normal y ordinario es la realización de determinadas actividades de relevancia pública en régimen de libertad, en régimen de competencia. Por ello, insisto, en un nuevo marco, aparecen nuevos conceptos que ponen en cuestión la versión clásica de la noción del servicio público.

En España, esta aproximación propia del tiempo en que vivimos es consecuencia de la proyección del Estado social y democrático de Derecho sobre la funcionalidad de la Administración pública y encuentra soporte en lo que José Luis Meilán Gil denomina desde hace bastante tiempo Derecho Administrativo Constitucional.

¿Cuáles serán, entonces, las bases constitucionales de este nuevo Derecho Administrativo? En mi opinión, la Constitución de 1978, como ya hemos señalado, nos ofrece presupuestos más que suficientes para edificar el moderno Derecho Administrativo.

El artículo 9.2 plantea lo que se ha denominado la función promocional de los Poderes públicos en la medida en que su papel constitucional reside precisamente en promover la libertad e igualdad de los ciudadanos y de los grupos en que se integran y, sobre todo, en remover los obstáculos que se opongan a esta tarea. Aquí nos encontramos, con toda claridad, con la función constitucional por antonomasia de la Administración pública en el Estado social y democrático de Derecho en nuestro tiempo que es la de garantizar el ejercicio de todos los derechos por todos los ciudadanos, con especial referencia a los más necesitados.

En el artículo 10.1, la Constitución proclama que los derechos fundamentales y el libre desarrollo de la personalidad constituyen el fundamento del orden público y de la paz social, estableciendo meridianamente hacia donde se orienta el interés general en el Estado social y democrático de Derecho.

El artículo 24.1 proclama la tutela judicial efectiva y prohíbe toda situación de indefensión, lo cual supone la necesidad de releer y repensar, desde la Constitución, muchos de los dogmas y principios que han levantado el edificio del Derecho Administrativo y que, hoy en día, deben ser claramente replanteados.

También encontramos un vector constitucional relevante en el artículo 31.2 cuando caracteriza el gasto público en un contexto de economía, planteando que la acción administrativa en el Estado social es limitada y debe producirse en un contexto de austeridad porque el presupuesto público no es de propiedad de la Administración, sino de los ciudadanos y, los funcionarios, no son ni más ni menos que agentes de intereses públicos.

Y, finalmente, el artículo 103.1, que es el precepto cabecera de la opción constitucional en esta materia. Vale la pena, siquiera sea brevemente, una muy breve glosa. Pues bien, el precepto en cuestión dice, en su párrafo primero:

"La Administración pública sirve con objetividad, los intereses generales (...) y actúa con sometimiento pleno a la ley y al Derecho".

En primer lugar, debe subrayarse de nuevo la naturaleza instrumental de la Administración pues la utilización del término "sirve" alimenta esta explicación sin mayores dificultades. En efecto, entre las muchas caracterizaciones posibles, el constituyente quiso dejar bien claro que la Administración pública es una persona jurídico - pública que se realiza en la medida en que está al servicio del interés general. Ciertamente, se pudo haber elegido algún otro término que también encajase en la Administración en relación con el interés general: representar, defender, gestionar…, pero la realidad es que se quiso deliberadamente configurar la Administración pública desde este punto de vista.

En segundo lugar, merece la pena llamar la atención sobre la manera en que la Administración debe llevar a efecto su esencial función de servicio al interés general. Esto es, el servicio habrá de ser objetivo. Es decir, la Administración pública es una organización imparcial y neutral que se limita, y no es poco, a la tarea de la ejecución de la ley. Por eso, en materia de contratación, se rige por el principio de publicidad y concurrencia, y, en materia de personal, de acuerdo con los criterios de mérito y capacidad. Se trata, pues, de criterios esenciales a los que debe someterse la Administración pública, sea en sus actuaciones directas o a través de fórmulas instrumentales, hoy tan de moda.

En tercer lugar, el precepto constitucional señala la finalidad pública del quehacer administrativo: "servicio objetivo al interés general", que, aplicado al Estado social y democrático de Derecho que define la Constitución española, nos sitúa en esa dimensión promocional y garantizadora anteriormente señalada.

En cuarto lugar, debe tenerse en cuenta que el artículo 103.1 de la Constitución de 1978 se refiere a la Administración pública en singular, por lo que debe entenderse que el sistema que diseña debe predicarse tanto de la Administración del Estado, como de la Administración autonómica, provincial o local.

Y, finalmente, el precepto alude a que la Administración pública actúa con "sometimiento pleno a la ley y al Derecho". Ordinariamente, será el Derecho Administrativo su matriz normativa de referencia pero, en ocasiones, el aparato público actuará sujeto al Derecho Privado. Ahora bien, en estos casos en que su Derecho regulador es el privado, en modo alguno significa, solo faltaría, que se quedaran al margen los criterios esenciales de la actuación administrativa. En otras palabras, la objetividad, que es una nota constitucional, exige que los principios y vectores jurídicos que le son consustanciales se apliquen siempre que estemos en presencia de fondos públicos.

La articulación del Derecho Administrativo Constitucional sobre el servicio público requiere analizar, siquiera sea brevemente, dos preceptos de la Constitución aparentemente contradictorios y, sin embargo, complementarios. Me refiero, claro está, al artículo 38 y al 128.

El artículo 38 dispone:

"Se reconoce la libertad de empresa en el marco de la economía de mercado. Los poderes públicos garantizan y protegen su ejercicio y la defensa de la productividad, de acuerdo con las exigencias de la economía general y, en su caso, de la planificación"

Por su parte, el artículo 128 establece:

"1.- Toda la riqueza del país en sus distintas formas y, sea cual fuere su titularidad está subordinada al interés general"

2.- Se reconoce la iniciativa pública en la actividad económica. Mediante ley se podrá reservar al sector público recursos o servicios esenciales, especialmente en caso de monopolio y asimismo acordar la intervención de empresas cuando así lo exigiere el interés general".

Es decir, el principio es el de la libertad económica en el marco del Estado social y democrático de Derecho, por lo que los Poderes públicos tienen la tarea garantizadora a la que antes he hecho referencia que, en determinados casos, puede aconsejar, por ley, la reserva al Estado en exclusiva de determinados servicios denominados esenciales. Evidentemente, está posibilidad debe ser motivada en la Ley que opere la reserva como exigencia del interés general. Pienso que, en cualquier caso, el régimen ordinario es el de libertad en el marco del Estado social, lo que supone, ciertamente, que el régimen clásico del servicio público con sus notas tradicionales: titularidad y exclusividad, ya no encaje en el marco constitucional como fórmula ordinaria de prestación de los servicios públicos. Aunque, repito, en determinados casos, se pueda reservar en exclusiva al sector público determinados servicios esenciales, cuando razones de interés general lo aconsejen.

Por tanto, aunque hoy siga teniendo vigencia los motivos de la "publicatio", en la versión de solidaridad social (Duguit) o procura existencial (Forsthoff), sin embargo la expresión real de la prestación de los servicios ya no es la técnica de la "publicatio" – salvo excepciones – sino la técnica autorizadora –"ordenatio"– cuando no la simple certificación por la Administración de la idoneidad técnica del particular para prestar el servicio.

El principio es la libertad, pero modulado o contextualizado por la dimensión solidaria que le es inherente. Entonces, la Administración pública, insisto, garantiza la libertad en la prestación de los servicios de interés general con arreglo precisamente a su propia funcionalidad. Las exigencias del principio de libertad solidaria en la prestación de los servicios de interés general, no se puede olvidar, se derivan de la libertad de elección de servicios que asiste a los ciudadanos, a los usuarios.

La referencia al usuario como centro de gravedad del régimen de los servicios de interés general y los postulados del pensamiento abierto, plural, dinámico y complementario, dibujan un nuevo mapa, una nueva hoja de ruta en la que situar el régimen actual de los denominados servicios de interés general.

No se puede olvidar que, en este ambiente, se ha planteado una de las principales tensiones que la teoría de los servicios de interés general parece solucionar. Me refiero a la tradicional polémica entre servicio público y derechos fundamentales o libertades públicas. Desde la teoría del servicio público, es claro que la titularidad pública choca frontalmente con el núcleo esencial de la libertad económica y que, por el contrario, la teoría del servicio de interés general permite el juego del binomio libertad - interés general desde la perspectiva garantizadora de la función del Estado.

Además, no podemos perder de vista algo muy importante y que para el Derecho Administrativo es esencial: la realidad. Hoy, guste o no, existe un gradual proceso de despublicación, de desregulación, o, si se quiere, de privatización que plantea el gran desafío común de definir el papel del Estado en relación con los servicios públicos. En Europa, tras los Tratados fundacionales y Maastricht, es menester tener presente que la realidad del Mercado Único se llama libre competencia y que, por ello, la Administración pública no puede mirar para otro lado. Lo que no quiere decir, insisto, que la Administración pública ceda inerme ante los encantos del mercado. No, pero tampoco es de recibo alimentar versiones caducas que hablen de que el Estado sea la encarnación del ideal ético, como pretendía Hegel.

Algunos autores piensan que la pérdida de sentido hoy de la noción clásica del servicio público es poco menos que una traición al Derecho Administrativo. Quienes así piensan, con todos mis respetos- sólo faltaría- no son conscientes de que precisamente a través de la emergencia de nuevos conceptos como el del servicio de interés general, o el servicio de interés económico general, el Derecho Administrativo, nuestra disciplina, está recobrando el pulso y un protagonismo inusitado, tal y como intentaré demostrar al exponer brevemente la situación del régimen jurídico de las telecomunicaciones en Europa, y especialmente en mi país: España.

No se trata, pues, de certificar sólo, para el tiempo presente, la muerte de una categoría jurídico–administrativa que en su día jugó un papel muy destacado en la recuperación del viejo continente tras la Segunda Guerra Mundial; se trata de registrar el nacimiento de un nuevo Derecho Administrativo que, a través de nuevas instituciones, sigue buscando, como ansiaba Ihering, la mejor regulación de la gestión del interés general.

Hoy, por todo ello, reaparece con toda su fuerza el Derecho Administrativo, en la materia que nos ocupa, en forma de servicio de interés general o servicio económico de interés general: justamente la categoría que utiliza el Derecho Comunitario Europeo para definir esta especial posición jurídica del Estado en relación con los antaño denominados servicios públicos.

Como es sabido, en los denominados servicios económicos de interés general, luego examinaré el supuesto de la telecomunicaciones, la función de garante del Estado aparece en todo su vigor a través de las llamadas obligaciones de servicio público, entre las que el servicio universal es la más típica y característica y dónde mejor se contempla esa nueva función del Estado garante.

Sin embargo, frente a los nostálgicos del servicio público, que son los mismos que nos han inundado de pesimismo enarbolando la bandera de la huida del Derecho Administrativo, me atrevo, con modestia, a afirmar que hoy asistimos a una vuelta al Derecho Administrativo, eso sí, desde los postulados del pensamiento abierto, plural, dinámico y complementario y a partir de la necesaria superación de apriorismos y prejuicios metodológicos del pasado.

Quienes nos dedicamos al estudio del Derecho Administrativo hemos comentado tantas veces que nuestra disciplina se caracteriza por hundir sus raíces en las movedizas arenas de la realidad, que sabemos, y somos testigos cualificados, de que los diferentes sentidos e interpretaciones que acompañan a los conceptos de nuestra disciplina son deudores precisamente del cambiante marco constitucional en el que discurren. Quizás, por ello, el proceso de liberalización y desregulación que hoy nos toca vivir es una oportunidad para seguir defendiendo el Derecho Administrativo como ese Derecho del poder para la libertad, de manera que la función de garantía de esa libertad, en el marco del Estado social, es su principal señal de identidad.

Para algunos, las consecuencias de la realidad que es, valga la redundancia, la que es, han traído consigo un me parece que injusto proceso al servicio público tal y como señala Regourd. No es, sin embargo, un ajuste de cuentas metodológico o conceptual, Dios me libre, a la tradición del Derecho Administrativo francés; por cierto, de la que todos hemos aprendido tantas cosas. En su momento, como quería Duguit, sí que el servicio público era la pérdida angular que justificaba la propia existencia del Estado. Luego, algunos, como Alessi, señalaron que había tantas nociones del servicio público como autores se han acercado a su conceptualización. Vedel llamó la atención sobre la elasticidad y flexibilidad de una noción que, para él, era perversa precisamente por su imposibilidad de definición. Waline nos alertó sobre la condición de "etiqueta" del servicio público. En fin, que no negamos su trascendencia en el pasado, pero afirmamos que en el presente ya no tiene apenas razón de ser como no sea en los supuestos, en verdad excepcionales, de reservar al sector público en exclusiva servicios esenciales.

Antes de la crisis definitiva del concepto, se puede hablar de dos momentos difíciles para nuestra categoría. La primera crisis se puede datar en la segunda mitad del siglo XIX cuando al Estado no le queda más remedio que asumir las prestaciones asistenciales básicas como la sanidad y la educación. Y, además, se hace con la titularidad de los servicios económicos de mayor trascendencia, especialmente lo que hoy denominaríamos grandes inversiones públicas. Aparece entonces, con su proverbial magisterio a la cabeza de la Escuela de Toulouse, Hauriou, quien nos dejaría, para mí, la mejor definición del servicio público: "servicio técnico prestado al público de manera regular y por una organización pública". Era el momento de aquella fenomenal polémica sobre la esencia del Derecho Administrativo entre los grandes: Jeze, seguidor de Duguit, de los de Burdeos –el servicio público– y Vedel, a la zaga de la Escuela de Toulouse –el poder público o las famosas cláusulas exorbitantes–.

En lo que se refiere a la actividad económica, el Estado asume la titularidad renunciando a la gestión en virtud de la conocida doctrina del concesionario interpuesto. Así, la declaración del servicio público implica desde el principio la titularidad pública, mientras que la gestión se confía a los particulares. Más adelante, el espacio local, que siempre es el mejor laboratorio del Derecho Administrativo, nos lleva, de la mano de los fabianos en el Reino Unido, a los supuestos de municipalización de servicios públicos municipales. En 1929, la gran depresión trae consigo la quiebra de los grandes concesionarios, por lo que será el Estado, y ya no digamos en Europa tras la II Gran Configuración, quien tenga que correr con la responsabilidad, también, de la prestación directa de los servicios.

La segunda crisis, en la que todavía estamos instalados de algún modo, viene de la mano del nuevo ídolo del altar de las ideas públicas, como señala el profesor Tomás Ramón Fernández: la competencia. En efecto, la competencia, la liberalización es la palabra que utilizan las fuentes originarias y derivadas del Derecho Comunitario Europeo. Es, se dice, el dominio de la economía. Es, se dice, el apogeo de los economistas y de las Escuelas de Friburgo –la competencia es la clave del desarrollo económico (Eucken)–, de Viena –principio de no intervención pública (Hayek), de Chicago –guerra a los monopolios (Friedman)–, o de la "Public Choice" – la realidad en cada caso aconsejará si lo procedente es la iniciativa pública o privada (Buchanan).

Ciertamente, si alguien puede parar el fundamentalismo económico en la vida social, es un Derecho Administrativo para el que la clave, en materia de servicios públicos –en sentido amplio– es prestar servicios que mejoren las condiciones de vida de los ciudadanos. Este es el "punctum dolens" de nuestra reflexión: lo decisivo no es quien preste el servicio sino que éste promueva la libertad solidaria de los ciudadanos o, si se quiere, posibilite un mejor ejercicio de los derechos por parte de las personas. Es decir, que incida favorablemente en las condiciones de vida de las personas y promueva la elección de los servicios.

En este contexto se comprenderá la aseveración de Pierre Devolvé cuando afirma categóricamente que el servicio público es la principal amenaza para las libertades públicas. Por tanto, el nuevo concepto de servicio económico de interés general que se alumbra en el marco de Derecho Comunitario Europeo es la expresión del moderno Derecho Administrativo y el concepto desde el que contemplar la posición del Estado en la nueva economía.

Por un lado, el avance científico y tecnológico ha arrumbado esa versión estática de la "publicatio" que antaño justificaba la existencia del servicio público en la insuficiencia de capital privado para asumir los grandes servicios económicos y sociales. Y, por otro, no podemos negar guste o nó, que la globalización económica ha traído consigo la existencia de grandes empresas con un potencial superior al de algunos Estados que, además, pueden, en ocasiones, gestionar mejor los servicios públicos tradicionales.

En este ambiente, el Derecho Comunitario Europeo asesta al servicio público, en sentido estricto, el principal golpe de gracia por mor de la libre competencia, que se convierte en el corazón de la integración económica que preside el Mercado único europeo. Privatización, desregulación, liberalización, "despublicatio", no son más que términos jurídico –económicos o económico– jurídicos que han certificado la defunción de la titularidad pública de tantos servicios.

Finalmente, quiero señalar que el jurista no debe, no puede permanecer insensible ante el intento de dominio del Derecho Público por la Economía. No, los que cultivamos el Derecho Administrativo tenemos que levantar la voz y clamar que el interés general no ha muerto a manos de la eficacia del mercado. Más bien, el mercado debe entenderse, desde el pensamiento abierto, plural, dinámico y complementario, en un marco de interés general que garantize el equilibrio entre poder y libertad.

Lógicamente, la incidencia de las nuevas nociones de la Política Económica han traído consigo esta segunda y definitiva crisis del servicio público y la aparición de nuevos conceptos, entre los que destacaría el de servicio económico de interés general, que, como sabemos, procede del Derecho Comunitario.

En efecto, resulta curioso, y hasta sorprendente, que en el Derecho Comunitario Europeo no aparezca la expresión servicio público como no sea en el artículo 73 de la versión consolidada del Derecho originario. ¿Por qué?. Probablemente, por la disparidad de regímenes jurídicos utilizados en los Derechos Nacionales en orden a asegurar a los ciudadanos peticiones esenciales con carácter general, regular y continua. En síntesis, los países de la Unión Europea se dividen entre los que siguen, en este punto, servicio con "publicatio" y régimen exorbitante de cuño francés, y los que se alinean con las denominadas "public utilities" garantizadas por la regulación – sin más- de la actividad de los sujetos privados prestados de dichos servicios, de orientación claramente anglosajona.

Pues bien, para no optar por una u otra tradición jurídica, el Derecho Comunitario alumbra el metaconcepto de servicio económico de interés general o el de servicio de interés general. Por eso, en el vigente artículo 86.2 del Tratado de la Unión Europea se puede leer que "las empresas encargadas de la gestión de servicios de interés económico general quedarán sometidas a las normas de este Tratado, en especial a las de la competencia".

Por tanto, el Derecho de la Unión Europea es un Derecho que ha traído consigo la liberalización que, a su vez, ha afectado a la organización institucional de los servicios públicos de los Estados miembros de la Unión.

Sin embargo, es conveniente llamar la atención sobre el sentido que tiene la aparición del calificativo "interés general". Así, la Comunicación de la

Comisión sobre los servicios de interés general en Europa, de septiembre de 1996, vinculó de modo explícito los servicios de interés económico general a los principios de solidaridad e igualdad de trato como "objetivos fundamentales de la Comunidad".

En el mismo sentido, el Tratado de Ámsterdam introdujo en el texto dispositivo del Tratado de la Unión el nuevo artículo 16 de la versión consolidada que establece lo siguiente:

> "... a la vista del lugar que los servicios de interés económico general ocupan entre los valores comunes de la Unión, así como de su papel en la promoción de la cohesión social y territorial, la Comunidad y los Estados miembros, con arreglo a sus competencias respectivas y en el ámbito de aplicación del presente Tratado, velarán por que dichos principios actúen con arreglo a principios y condiciones que les permitan cumplir su cometido".

La jurisprudencia del Tribunal de Justicia de la Comunidad Europea, que inicialmente combatió, quizás excesivamente, las potestades públicas en esta materia a partir de la interpretación del artículo 90.2 del Tratado en sede de ayudas públicas, ha pasado a una línea en la que lo decisivo es que cada vez se presten mejor los servicios públicos, en una orientación claramente relacionada con la función del Estado de garantizar el interés general. Por ejemplo, en la sentencia 320/91 de 19 de mayo de 1993 en materia de servicio postal, se reconoció que en dicho servicio de interés económico general había que comprobar si la aplicación de las reglas de la libre competencia impediría el cumplimiento de las reglas de interés general. Así, el Tribunal entendió en este caso que la realización del interés general llevaba consigo "la gestión de modo rentable del servicio y, por tanto, que la necesidad de compensar pérdidas del servicio público en sectores no rentables mediante los beneficios obtenidos de otros sectores económicamente rentables justificara que en estos últimos se limitara el juego de la competencia a favor de los particulares".

En la sentencia del 27 de abril de 1994, asunto 393/92, el Tribunal, en un caso de distribución de electricidad y de una cláusula de compra exclusiva en beneficio de una empresa regional de distribución eléctrica de Holanda, recordó la necesidad de valorar el criterio del equilibrio económico, no sólo entre sectores rentables y no rentables, sino que deben tenerse presente las obligaciones de interés general, como las reglamentaciones que debe soportar en materia de medio ambiente, de ordenación del territorio o de seguridad entre otras.

Pues bien, la principal obligación de interés general en estos supuestos es la del servicio universal, que asegura la prestación en todo caso y la calidad allí dónde el mercado no funciona bien, por falta de rentabilidad o como consecuencia de una mal entendida competencia. Como analizaremos a continuación, estas obligaciones nacen en el marco del Derecho Europeo de las Telecomunicaciones. Así, en los servicios de interés económico general hay que distinguir prestaciones susceptibles de ser realizadas en régimen de mercado y prestaciones no susceptibles de prestaciones competitivas. En este caso, la Autoridad impone la prestación obligatoria a algún operador para la que se arbitre algún sistema de compensación económica.

Por ejemplo, en atención a que los servicios de telecomunicación cumplen una función muy relevante en la sociedad de la información, la Comisión Europea dictó una Comunicación en 1999 al Consejo, al Parlamento, al Comité Económico y Social y al Comité de las Regiones sobre "el servicio universal de las telecomunicaciones ante la perspectiva de un entorno plenamente liberalizado".

Pero ya que hemos entrado en un servicio económico de interés general concreto, me voy a permitir aplicar a este sector, la doctrina que con carácter general hemos planteado hasta el momento.

La reciente Ley española 32/2003, de 3 de noviembre (BOE número 264 de 4 de noviembre de 2003), lleva como rúbrica "General de Telecomunicaciones" y sustituye a la Ley 11/1998, de 24 de abril, del mismo nombre. Como es sabido, trae causa de la necesidad de incorporar al Derecho Español un conjunto de Directivas comunitarias que se han elaborado recientemente con el objeto de consolidar, como dice la Exposición de Motivos de la Ley de 2003, el marco armonizado de libre competencia en las telecomunicaciones alcanzado en los Estados miembros.

En esencia, las Directivas Comunitarias dictadas en 2002 se refieren al marco regulador de las comunicaciones electrónicas y a las redes y los servicios de comunicaciones electrónicas. Especialmente interesante es la 2002/22 CE del Parlamento Europeo y del Consejo, de 7 de marzo de 2002, relativa al servicio universal y los derechos de los usuarios en relación con las redes y los servicios de comunicaciones electrónicas. Cuestión, la del servicio universal, que ha supuesto, nada más y nada menos, una fuerte sacudida a los intentos, a veces vacilantes y, en todo caso dubitativos, que ha producido la desregulación de un sector tradicionalmente sujeto a monopolio. El desconcierto es tal que los enterradores del concepto clásico del servicio público han empezado a sospechar que la vuelta de este concepto tiene mucho que ver con el llamado servicio universal y, sobre todo, con las denominadas obligaciones de servicio público. Sin embargo, la realidad es que ahora el Estado interviene en la vida económica desde enfoques abiertos, no unilaterales. El servicio público, pues, queda para los supuestos, que pueden darse en circunstancias especiales, de reserva, exclusividad y titularidad de la actividad de que se trate.

Las instituciones, conceptos y categorías de Derecho Administrativo, lo sabemos bien, están en una relación estrecha, estrechísima, con la realidad que les ha tocado en suerte. Es más, soy de los que pienso que no debemos escandalizarnos, ni metodológica ni científicamente, por el hecho de que las principales manifestaciones del Derecho Administrativo se presenten de forma diversa según las circunstancias sociales, políticas y económicas de tiempo y de lugar. En efecto, es lógico que así sea porque tras los diversos avatares por los que ha pasado esta disciplina es lo cierto que somos testigos cualificados de la mudanza de sus instituciones, sin que, por ello, haya desaparecido el Derecho Administrativo.

Pues bien, en esta tarea me parece que es conveniente recordar que el Derecho Administrativo puede definirse como el Derecho del Poder para la libertad o, si se quiere, el Derecho que regula los intereses generales, el que sirve con objetividad la Administración Pública. En este sentido, todas las categorías, instituciones y conceptos centrales del Derecho Administrativo deben orientarse al interés general. Es decir, deben estar abiertos a hacer posible y visible ese meta concepto del interés general que, en un Estado social y democrático de Derecho, está vinculado a la tarea promocional y garante de los Poderes públicos orientada al libre y efectivo ejercicio de los derechos fundamentales por parte de los ciudadanos. Así la sanidad, la educación o la vivienda, deben gestionarse de manera que la ciudadanía pueda disponer de un acceso general a estos bienes. Lo público deber estar abierto a la ciudadanía y las necesidades públicas deben manejarse de manera que, efectivamente, la Administración pública tienda al bienestar general de todos.

En nuestro país, la simple lectura, por ejemplo, de los artículos 9.2, 10.1, 31.2, o 103.1 de nuestra Constitución, como he expuesto anteriormente, nos invita a estudiar el Derecho Administrativo en el marco constitucional y, por ello, a tener muy presente los parámetros y vectores constitucionales. De ahí que, hoy por hoy, en un modelo de Estado social y democrático de Derecho en el que los derechos fundamentales de la persona ocupan un lugar central, el ejercicio de los poderes y funciones públicas debe operarse teniendo presente la libertad y la igualdad de los individuos y de los grupos en que se integran, es un objetivo constitucional; que los fundamentos del orden político y la paz social residen en el libre desarrollo de las personas y en los derechos que les son inherentes; que el gasto público debe gestionarse con criterios de economía, o que la Administración Pública sirve con objetividad los intereses generales. En definitiva, la Administración pública, al gestionar lo público, no se puede olvidar del bienestar de todos, eso sí, haciendo del bienestar un concepto dinámico, no estático, al servicio de las personas.

En este contexto, resulta en mi opinión imprescindible, también para el estudio del Derecho Administrativo, situarse en los postulados del pensamiento abierto, plural, dinámico y compatible. Porque el interés general debe interpretarse fuera del pensamiento único: Tanto del que intenta aislar al interés general en el santuario del tecnosistema, como del que intenta a toda costa desmantelar lo público para entregarlo "in toto" al sector privado. Sobre todo, porque, insisto, lo público, en un Estado social y democrático de Derecho, debe definirse de manera abierta entre el Poder y los agentes sociales ya que se terminó una forma de entender la Administración y el poder de naturaleza autoritaria y vertical.

Llegados a este punto, en sede de servicio público, la contemplación de la realidad nos puede dejar algo confusos o perplejos, sobre todo si intentamos aplicar los criterios y categorías del pasado. ¿Es que se puede mantener la noción clásica de servicio público hoy? La contestación a esta pregunta no es difícil. Lo que pasa en ocasiones es que las exigencias del mercado, o de las liberalizaciones, desregulaciones o privatizaciones, han dibujado un nuevo panorama en el que debemos explicar los viejos conceptos. No es que haya muerto el servicio público o que haya nacido una nueva noción que lo susti-tuya. No, lo que ha pasado y está pasando es que la realidad de las cosas hace emerger nuevas caracterizaciones de conceptos centrales. En este caso, por ejemplo del servicio público y del nuevo Derecho Europeo en la materia, cuestión que estudiaremos a continuación.

La Comisión Europea, como sabemos, distingue, en el inicio de su Libro Verde, entre cinco conceptos:

a) Servicio de interés general

b) Servicio de interés económico general

c) Servicio público

d) Obligación de servicio público

e) Empresa Pública

Sin embargo, a lo largo del Libro Verde se refiere a otro concepto de gran transcendencia, cual es el concepto de servicio universal y sorprende que no haya sido incluido junto a las otras definiciones. La omisión de una definición inicial del concepto de servicio universal pone de manifiesto las extraordina-rias dificultades para distinguir tal concepto de los otros cinco definidos, de la misma manera que es difícil distinguir con precisión entre el servicio de in-terés (económico) general, la obligación de servicio público y el servicio público, debido a las divergencias terminológicas, a la confusión semántica y a las diversas tradiciones existentes en los Estados miembros. El servicio universal es un principio del ordenamiento jurídico comunitario que garantiza el acceso a un servicio de calidad especificada, a u precio asequible, a todos los ciudadanos, independientemente de su situación económica, social o ge-ográfica.

Según el Derecho Comunitario, todos los servicios que las Autoridades nacionales consideren de interés general, tienen obligaciones de servicio público, sean o no de contenido económico. En el Derecho Español, tras haber sido configuradas las telecomunicaciones en 1987 como servicios esen-ciales de titularidad estatal reservadas al sector público, hoy, la ley de 2003, reconoce su condición de servicios de interés general. Ello es muy importante porque desaparece la titularidad estatal aunque no su presencia, ya que es necesario también velar por la mejor satisfacción del interés general. De ahí que hoy este sector sea un sector regulado. Regulación que aconseja que se eviten las posiciones de dominio, por una parte, y, por otra, que determinadas prestaciones, lleguen al conjunto de la ciudadanía en condiciones de igualdad y calidad. Pues bien, esta dimensión positiva del quehacer administrativo que garantiza la accesibilidad, la igualdad y la calidad supone la existencia de las llamadas obligaciones de servicio público, entre las que se encuentra el servi-cio universal. El sentido de estas obligaciones es bien sencillo: garantizar un mercado libre de posiciones dominantes entre los empresarios y de usuarios mal atendidos.

Las telecomunicaciones son, por tanto, un servicio económico de interés general, con unas obligaciones de servicio público, siendo el servicio universal, me parece la más destacada.

En el Derecho Comunitario, desafortunadamente, no se distingue con claridad suficiente el concepto de servicio económico de interés general y servicio público. Quizás, como ocurre en la polémica doctrinal referida al concepto de servicio universal, porque para muchos sigue pesando lo suyo la clásica noción de servicio público y, por ello, no resisten la desaparición del concepto y se felicitan porque el "nuevo servicio público" sea el servicio universal.

De acuerdo con el artículo 22.1 de la nueva Ley de 2003, el servicio universal se define como "el conjunto definido de servicios cuya prestación se garantiza para todos los usuarios finales con independencia de su localización geográfica, con una calidad determinada y a un precio asequible". Calidad, accesibilidad y asequibilidad podrían ser las tres notas que hoy caracterizan el concepto de servicio universal en materia de telecomunicaciones y que supondrían obligaciones de servicio público en la medida en que la Administración debe garantizar su efectividad.

La obligación de servicio universal es una obligación de servicio público. Sí, pero, insisto, en un contexto en el que el servicio público se utiliza en sentido amplio. Por otra parte, el concepto de servicio universal surge en los modelos liberalizados de las telecomunicaciones europeas y en el marco de los denominados servicios básicos de telecomunicaciones (en cuanto contrapuestos a los servicios de valor añadido) que pasan de ser servicios públicos "stricto sensu" o servicios económicos de interés general sin que por ello, se niegue, sólo faltaría, el acceso de cualquier ciudadano a determinadas prestaciones básicas. La clave, pues, reside en determinar en concreto cuales sean esas prestaciones básicas. Con carácter general, se puede afirmar que la cuestión se centra en garantizar, al menos, el servicio telefónico entonces llamado básico, que hoy podríamos identificar como el servicio telefónico fijo.

En realidad, el servicio universal sólo se aplica en entornos liberalizados, por lo que malamente puede contemplarse como la encarnación del viejo concepto de servicio público. Insisto, otra cosa, bien distinta, es que, en efecto, se admita que la representación del nuevo concepto de servicio público camine por nuevos senderos y renuncie a dogmas y criterios rígidos que hoy por hoy no se compaginan bien con un ambiente que riñe, y no poco, con la noción de monopolio, por cierto asociado en origen al concepto de servicio público, hasta constituir una nota esencial e inevitable de la figura jurídica. Sin embargo, el servicio público sigue siendo lo que fue. Lo que ha ocurrido es que la realidad nos ha llevado a nuevos conceptos, hoy de gran utilización, como es, el de servicios de interés económico general.

Ciertamente, el servicio universal implica una presencia de la Administración pública que, si bien no puede ser la propia y privativa del régimen de servicio público, implica, en cierta medida, una determinada intervención pública. Como ha señalado RAPP, "no se trata del concepto de servicio público en el sentido tradicional del término. Es una especie de síntesis entre el objetivo de un mercado más comercial y la preocupación de una cierta continuidad del servicio, una especie de intento de conciliación de los principios del servicio público con los de la economía de mercado". Formulación que me parece exacta, atinada y actual. Exacta porque plantea en sus justos términos la funcionalidad del servicio universal en el contexto de los principios del sistema de servicio público y de la economía de mercado. Atinada porque acierta a contextualizar la cuestión y, actual, porque es un problema, indudablemente, de nuestro tiempo.

El concepto de servicio universal, me parece, es la expresión en el mundo del Derecho Administrativo de los postulados del pensamiento abierto, dinámico y complementario. Además, demuestra a las claras que el relativismo y la instrumentalidad son notas que acompañan al propio Derecho Administrativo en su largo peregrinar. ¿Por qué? Porque se complementan elementos del régimen de servicio público –continuidad, regularidad– y del mundo del mercado –no monopolio– en su ejercicio de integración que, de verdad, refleja la actualidad de las técnicas del Derecho Administrativo aplicadas a la realidad del momento, sin necesidad de acudir a una añoranza del pasado queriendo ver lo que ya no existe, porque no puede existir.

La ley de 2003, que profundiza en la libre competencia del sector, introduce, como parece lógico una vez transmitido cierto tiempo desde la liberalización, mecanismos correctores que garanticen la aparición y viabilidad de operadores distintos a los titulares del antiguo monopolio. Es, me parece, una medida de sentido común y de sentido jurídico relevante para evitar que la libre competencia pueda ser ficticia o aparente. Además, y esto es lo que me interesa destacar ahora, se refuerza la protección jurídica de los usuarios, ampliándose el elenco que elementos de la obligación del servicio universal.

En efecto, como se reconoce en la propia exposición de motivos, la ley de 2003 "recoge la ampliación de las prestaciones que, como mínimo esencial, deben garantizarse a todos los ciudadanos, bajo la denominación de servicio universal. " En concreto, en el artículo 22, se incluyen, a las que ya establecía el legislador de 1998, el acceso funcional a internet y la posibilidad de que se ofrezcan opciones tarifarias especiales que permiten un mayor control del gasto por los usuarios"

El contenido mínimo del servicio universal lo fija el Reglamento y se resume en los siguientes extremos. Todos los ciudadanos pueden recibir conexión a la red pública telefónica fijo y acceder a la prestación del servicio telefónico fijo disponible para el público. Todos los abonados al servicio telefónico deben disponer gratuitamente de una guía telefónica, actualizada e impresa y unificada para cada ámbito territorial, que, como mínimo, será de ámbito provincial. Que exista una oferta suficiente de teléfonos de pago en el dominio público, en todo el territorio nacional. Que los usuarios discapacitados o con necesidades sociales especiales, tengan acceso al servicio telefónico fijo disponible al público en condiciones equiparables a las que se ofrecen al resto de los usuarios. Ahora, de acuerdo con la nueva ley, se añaden, como comenté anteriormente, dos nuevas obligaciones para los operadores que – artículo 23– designe el Ministerio para atender el servicio universal.

Hoy, guste más o menos, los monopolios se terminan, la reserva en exclusiva se cae sola, lo cual no quiere decir, ni mucho menos, que el mercado se deba contemplar desde la unilateralidad. No, el mercado ni es ni puede ser la fuente del Derecho, es el contexto en el que debemos trabajar y en el que debemos interpretar el Derecho Público para que en ningún momento claudique ante el sentido y la misión que tiene: garantizar el bienestar de todos.

Hoy, la Administración debe cumplir cabalmente su función garantizadora para que se respeten las reglas del juego. Ello supone reconocer el papel central en materia de servicios regulados del usuario a quién hay que facilitar la accesibilidad, la calidad y la asequibilidad, justo las tres características que definen el servicio universal.

Ciertamente, sin la historia del servicio público, hoy no podríamos encontrar soluciones en los contextos regulados. Regularidad, continuidad...son notas del servicio público que son válidas también para servicios de interés general, como se denominan hoy los servicios públicos liberalizados.

Por tanto, la tarea de la Administración pública es muy importante para preservar el servicio universal. Ni puede abusar de su posición para someter al empresario a situaciones irracionales, ni debe tolerar que el mercado castigue a los más débiles. Por eso, hoy más que nunca, el Derecho Administrativo se presenta como el Derecho del Poder para la libertad.

BIBLIOGRAFÍA

M. ALBERT, *Capitalisme contra capitalisme*, París, 1990

R. ALESSI, *Principi di Diritto Amministrativo*. t. I: I soggeti attivi e l'esplicazione della funzione amministrativa Milano, 1978.

R. ALEXY, *Teoría de los derechos fundamentales*, Madrid, 2007.

H. ALVES FROTA, "O princípio da supremacia do interesse público sobre o privado no direito positivo comparado: expressão do interesse geral da sociedade e da soberania popular," *Revista de Direito Administrativo*, nº 239, p. 45-65, 2005.

C.V. ALVES RIBEIRO, Carlos Vinícius Alves. "Interesse público: um conceito jurídico determinável". En: Maria Sylvia Zanella Di Pietro; (Coords.). *Supremacia do interesse público e outros temas relevantes do Direito Administrativo*, São Paulo, 2010, p. 103-119.

R. ALVIRA, "La unidad de la ética", en L. Núñez Ladevece (Ed), *Etica pública y moral social*, Madrid, 1996.

M.P. AMENÁBAR, *Responsabilidad extracontractual de la Administración Pública*, Santa Fé, 2008.

G. ANDREOTTI, *De Gasperi il suo tempo*, Trento, 1974

C.L ANTUNES ROCHA, "O princípio da dignidade da pessoa humana e a exclusão social". *Interesse Público*, nº 4, p. 23-49, 1999

J.L. ARANGUREN, *Etica y Política*, Madrid, 1985

C. ARI SUNDFELD, "Interesse público em sentido mínimo e em sentido forte: o problema da vigilância epidemológica frente aos direitos constitucionais". *Interesse Público*, nº 28, p. 29-42, 2004.

G. DE ARAUJO LIMA, Gabriel de Araújo. "Teoria da supremacia do interesse público: crise, contradições e incompatibilidade de seus fundamentos com a Constituição Federal". *A&C – Revista de Direito Administrativo & Constitucional*, nº 36, p. 123-153, 2009.

A. ARGANDOÑA, *La dimensión ética de las instituciones y los mercados financieros*, Madrid, 1995

ARISTÓTELES, *Etica a Nicómaco*, Medina y Navarro editores, Madrid, 1873

-*La política*, Madrid, 1974.

R. F. BACELLAR FILHO, "A jurisdição administrativa no direito comparado: confrontações entre o sistema francês e o brasileiro". In: *Reflexões sobre Direito Administrativo. Belo Horizonte*, 2009, p. 59-78.

-"A noção jurídica de interesse público no Direito Administrativo brasileiro". En: Daniel Wunder Hachem (Coords*.). Direito Administrativo e Interesse Público: Estudos em homenagem ao Professor Celso Antônio Bandeira de Mello*. Belo Horizonte, 2010, p. 89-116.

- "Dignidade da pessoa humana, garantia dos direitos fundamentais, direito civil, direitos humanos e tratados internacionais". En: Fabrício Motta. (Org.). *Direito Público Atual: estudos em homenagem ao Professor Nélson Figueiredo*. Belo Horizonte, 2008, p. 317-323.

-"Ética pública e Estado Democrático de Direito". *Revista Iberoamericana de Derecho Público y Administrativo*, n° 3, San José de Costa Rica, Asociación e Instituto Iberoamericano de Derecho Administrativo "Prof. Jesús González Pérez", p. 57-62, 2003.

F. BACON, *La gran restauración*, Madrid, 1985

M. BALLBÉ, "El futuro del Derecho Administrativo en la globalización", *Revista de Administración Pública*, 174, 2007.

J. BALLESTEROS, *Postmodernidad*, Madrid, 1989

H. BALZAC, *La comedia humana*, Madrid, 1980

C. A. BANDEIRA DE MELLO, "Proteção jurisdicional dos interesses legítimos no direito brasileiro". *Revista de Direito Administrativo*, n° 176, p. 9-14, 1989.

-"A noção jurídica de interesse público". En: *Grandes Temas de Direito Administrativo*. São Paulo. 1956.

-*Curso de Direito Administrativo*, São Paulo, 2010.

BAQUÍLIDES, *Odas y fragmentos*, Madrid, 1988

L. R. BARROSO, Prefácio: "O Estado contemporâneo, os direitos fundamentais e a redefinição da supremacia do interesse público". En: Daniel Sarmiento (Org.). *Interesses públicos versus interesses privados: desconstruindo o princípio de supremacia do interesse público*. 3. tir. Rio de Janeiro, 2010, p. vii-xviii.

F. BASSI, "Brevi note sulla nozione di interesse pubblico". En: Università di Venezia. *Studi in onore di Feliciano Benvenuti*. v. I. Modena, 1996, p. 243-247.

S. K. BAYLEY, "Ethics and the public service". *Public Administration*, n° 24.

V. BAZÁN, *Defensa de la Constitución: Garantismo y controles. Libro en reconocimiento al Doctor Germán J. Bidart Campos* Buenos Aires, 2003.

G. BEAUCHENE, *Los hombres y las cosas*, Madrid, 1959

D. BELL, *El advenimiento de la sociedad post-industrial*, Madrid, 2001

P. BERGERSON, "Ethics and public policy: an analysis of a research tradition", *International Journal of Public Administration*, 1992.

I. BERLIN, *Cuatro ensayos sobre la libertad*, Madrid, 1998

L. BERNALDO DE QUIRÓS, *Nuevos tiempos*, Madrid, 1992

G. BINENBOJM, "Da supremacia do interesse público ao dever de proporcionalidade: um novo paradigma para o Direito Administrativo". En: Daniel Sarmento (Org.). *Interesses públicos versus interesses privados: desconstruindo o princípio de supremacia do interesse público*. 3. tir. Rio de Janeiro, 2010, p. 119-172.

P. BINI P, *Quando l'economia parlara alla societá*, Roma, 1995

N. BOBBIO, *Diccionario de la política*, Madrid, 1991

E. BODENHEIMER, "Prolegômenos de uma teoria do interêsse público". En: Carl J. Friedrich (Org.). *O interesse público*. Rio de Janeiro, 1967, p. 207-278.

M.C. BODIN DE MORAES, Maria Celina Bodin de. "O conceito de dignidade humana: substrato axiológico e conteúdo normativo". En: Ingo Wolfgang Sarlet. (Org.). *Constituição, Direitos Fundamentais e Direito Privado*. Porto Alegre, 2003, p. 111-144.

J. BODINO, *Los seis años de la República*, Madrid, 2006

V. BOLGÁR "L'intérêt général dans la théorie et dans la pratique". *Revue Internationale de Droit Comparé*, v. 17, n° 2, Paris, 1965, LGDJ, p. 329-363

P. BONAVIDES, *Do Estado Liberal ao Estado Social*, São Paulo, 2007.

J. BOULANGER, "Príncipes généraux du droit positif et droit positif". En: *Le Droit Privé Français au Milieu du XXe siècle (Études Offertes a Georges Ripert)*. Paris, LGDJ, 1950.

J.S. BOWMAN, *Ethical frontiers in public management*, Oxford, 1991

J. BRADEMAS, *Contra la corrupción internacional*, Madrid, 1988

G. BRAIBANT, *Le Droit Administratif Français*. Paris, 1984.

T. LIMA BREUS, *Políticas públicas no Estado Constitucional: problemática da concretização dos Direitos Fundamentais pela Administração Pública brasileira contemporânea*, Belo Horizonte, 2007.

M. BRITO, "Principio de legalidad e interés público en el derecho positivo uruguayo", En: *Derecho Administrativo: su permanencia – contemporaneidad – prospectiva*. Montevideo, 2004, p. 259-272.

G.B. BRUMBACK, *Institutionalizing ethics in government*, Public Personnel, Managment, n° 20.

E. BURKE, *Reflexiones sobre la revolución en Francia*, Madrid, 2003

R. BUTTIGLIONE, *El hombre y el trabajo*, Madrid, 1984

G. CAIDEN, *The dinamics of Public Administration*, New York, 1971

V. CAMPS, *Virtudes públicas*, Madrid, 1990

A. CÁNOVAS DEL CASTILLO, *Discursos parlamentarios*, Madrid, 1987

S. CASSESE, *La globalización jurídica*, Madrid, 2006.

S. CASSESE, *Las bases del Derecho Administrativo*. Madrid, 1994.

C. W. CASSINELLI, "O interêsse publico na ética política". En: Carl J. Friedrich (Org.). *O interesse público, Rio de Janeiro*, 1967. p. 54-63.

G. CASTRONOVONO, *Appalti pubblici e transparenza dell'attività amministrativa, L'Amministrazione Italiana*, n°. 12, 1992

R. C. CHANDLER, *A guide of ethics for public servants*, San Francisco, 1989

R. CHAPUS, "Le service public et la puissance publique". *Revue du droit public et de la science politique en France et à l'étranger*, v 84, n° 1-3, Paris: LGDJ, p. 235-282, 1968.

J. CHEVALLIER, "L'intérêt général dans l'Administration française". *Revue Internationale des Sciences Administratives*, v. 41, n° 4, Bruxelles: [s.n.], p. 325-350, 1975.

  - "Le concept d'intérêt en science administrative". En: Philippe Gérard; François Ost; Michel van de Kerchove (Dirs.). *Droit et intérêt*. v. 1. Bruxelles, 1990, p. 135-163.

  - "Reflexions sur l'idéologie de l'intérêt général". En: Centre Universitaire de recherches administratives et politiques de Picardie. *Variations autour de l'idéologie de l'intérêt général*. v. 1. Paris, 1978, p. 11-45.

M. CHISTENSEN, "Los agentes y los electos locales a la luz de la ética", Conferencia Permanente de los Poderes Locales y Regionales del Consejo de Europa, Santiago de Compostela, 1993.

G. CLAMOUR, *Intérêt général et concurrence: essai sur la pérennité du droit public en économie de marché*, 2006.

C. M. CLÈVE, "A eficácia dos direitos fundamentais sociais". Crítica Jurídica: *Revista Latinoamericana de Política, Filosofia y Derecho*, v. 22, Curitiba, 2003 p. 17-29

P.S. CODERCH , *Causalidad y responsabilidad*, In Dret, 01/2000

  -CODERCH, *Libertad de expresión y conflicto institucional*, Madrid, 2003

P.A. GUTIÉRREZ COLANTUONO, "El Derecho Administrativo argentino y su desafío frente al régimen americano de derechos humanos". En: Universidad Católica Andrés Bello. *Derecho Administrativo Iberoamericano: 100 autores en homenaje al postgrado de Derecho Administrativo de la Universidad Católica Andrés Bello.* t. I. Caracas, 2007, p. 123-154.

J. COLTON, *A history of modern world*, Londres, 1984

J.P. COMADIRA- M. IVANEGA, (Coords.). *Derecho Administrativo: Libro en homenaje al Profesor Doctor Julio Rodolfo Comadira.* Buenos Aires, 2009.

CONSEJO DE ESTADO DE FRANCIA. *Rapport de 1999 sobre El Interés general.*

B. CONSTANT, *Escritos Políticos*, Madrid, 1989

T. L. COOPER, *Handbook of Administrative Ethics*, New York, 1994

A. CORTINA, *Hacer reforma: La Etica de la sociedad civil*, Madrid, 1994

F. COSSIGA, *La passion e la política*, Milán, 2000

A. CASSIA COSTALDELLO, "A supremacia do interesse público e a cidade: a aproximação essencial para a efetividade dos direitos fundamentais". En: Romeu Felipe Bacellar Filho; Daniel Wunder Hachem (Coords.). *Direito Administrativo e Interesse Público: Estudos em homenagem ao Professor Celso Antônio Bandeira de Mello.* Belo Horizonte, 2010, p. 239-265.

J. CORREA FONTECILLA, "Algunas consideraciones sobre el interés público en la Política y el Derecho". *Revista Española de Control Externo*, nº 24, Madrid, p. 135-161, 2006.

J.A. COULD- D.J. AMARO REYES, *The effects of corruption on administrative performance*, Washington, 1893

N. COWPER , *The menace of communism*, Sidney, 1948

D. G. CREIGHTON, *Dominion of the North*, Londres, 1958

M. CROZIER, *El fenómeno burocrático*, Amorrortu, Bilbao, 1974

I. D'ARGENIO, "La ideología estatal del interés general en el Derecho Administrativo". *Derecho Administrativo: Revista de Doctrina, Jurisprudencia, Legislación y Práctica*, nº 59, Buenos Aires, 2007, p. 67-111.

R. A. DAHL, *La democracia y sus críticos*, Barcelona, 1992

R. DAHRENDORF, *Sociedad y libertad*. Madrid. Tecnos. 1971

DALAI LAMA, *Ethics for the new millennium*, New York, 1999

J. DALLA COSTA, *El imperativo ético. Por qué el liderazgo es un buen negocio.* Madrid, 1999

P. DANKERT, *Europe together, America Apart*, New York, 1983

R. DE GOURMONT R, *La cultura des idèes*, París, 1956

L. DE LA MORENA, Luis. "Derecho Administrativo e interés público: correlaciones básicas". *Revista de Administración Pública*, nos 100-102, Madrid, 1983, p. 847-880

D. DE SAAVEDRA FAJARDO, *Empresas políticas*, Madrid, 1999

A. DE TOCQUEVILLE, *La democracia en América*, Londres, 2003

C. DELPIAZZO, (Coord.). *Estudios Jurídicos en Homenaje ao Prof. Mariano R. Brito*, Montevideo, 2008.

K. G. DENHARDT, *The ethics of public service*, Public Law. 1984

M. P. DESWARTE, "Intérêt général, bien commun". *Revue du droit public et de la science politique en France et à l'étranger*, n° 5, Paris, 1988, p. 1289-1313

J. DEWEY, *Democracia y educación*, Madrid, 199

F. DIEZ MORENO, *El Estado social*. Madri, 2004.

P. J. DOBEL, "Integrity in the public service", *Public Administration Review*, n° 50.

K. DOEHRING, "Socialzstaat Rechtsstaat und Freinheitlich-Demokratische Grundorduung". En: *El Estado social*, Madrid, 1988 ,p. 157 y siguientes.

J.M. DUFFAU, *Consideracions de orde ética na formación dos funcionarios franceses*, Santiago de Compostela, 1993.

L. DUGUIT, *Les transformations du droit public*. Paris: Librairie Armand Colin, 1913.

G. DUPUIS; M.J. GUÉDON; P. CHRÉTIEN, *Droit Administratif*, Paris, 2007.

A. DURAN MARTÍNEZ, "Derechos prestacionales e interés público". En: Romeu Felipe Bacellar Filho; Guilherme Amintas Pazinato da Silva (Coords.). *Direito Administrativo e Integração Regional: Anais do V Congresso de Direito Público do Mercosul e do X Congresso Paranaense de Direito Administrativo*. Belo Horizonte, 2010, p. 149-157.

E.A. DWIWEDIE- O.P. ENGELBERT, "Educación y formación en valores y ética en la Administración pública", *Public Personnel Managment*, n° 10.

R. EHRARDT SOARES, *Interesse público, legalidade e mérito*. Coimbra, 1955.

H.J. ESCOLA, *El interés público como fundamento del derecho administrativo*. Buenos Aires, 1989.

J. ESSER, *Grundsatz und Norm in der richterlichen Fortbildung des Privatrechts. Tübingen*, 1956.

M.J ESTORNINHO, *A fuga para o Direito Privado: contributo para o estudo da actividade de direito privado da Administração Pública*, Coimbra, 2009.

J. ESTIVILL, *Opacidad, Transparencia, Visibilidad y Luminosidad. El papel de la información en el Tercer Programa Europeo de Lucha contra la Pobreza*, RTS

D.C. ESTY, "Good governance at the supranational scale: globalizing Administrative Law", *The Yale Law Journal*, 117, 2006.

M. FERIA, *Aplicabilidad de las normas éticas en la Administración pública gallega*, Santiago de Compostela, 1999, pp.211 y ss.

T.R. FERNÁNDEZ RODRÍGUEZ, *De la arbitrariedad de la Administración, Madrid*, 1984.

J. FERNÁNDEZ RUIZ, (Coord.). *Derecho Administrativo: Memorias del Congreso Internacional de Culturas y Sistemas Jurídicos Comparados.* México, 2005.

A.C. FINGER, "O princípio da boa-fé e a supremacia do interesse público – Fundamentos da estabilidade do ato administrativo". En: Romeu Felipe Bacellar Filho; Daniel Wunder Hachem (Coords.). *Direito Administrativo e Interesse Público: Estudos em homenagem ao Professor Celso Antônio Bandeira de Mello*. Belo Horizonte, 2010, p. 307-346.

M. FIORAVANTI, *Los derechos fundamentales: apuntes de historia de las constituciones*, Madrid, 2007.

R.C.FISCHER-F. ZINKE, "Public Administration and the Codes of Ethics: administrative reform or professional ideology", *International Journal of Public Administration*, n ° 12

E. FORSTHOFF, *Problemas actuales del Estado social de Derecho en Alemania, Centro de Formación de funcionarios*, Madrid, 1966

C.J. FOX, *Postmodern public*, New York, 1999

A. FRANCE A, *Le liuse de mona mí*, París, 1895

M. FRANCH SAGUER, "El interés público: la ética pública del Derecho Administrativo". En: Jorge Fernández Ruiz (Coord.). *Derecho Administrativo: Memorias del Congreso Internacional de Culturas y Sistemas Jurídicos Comparados*, 2005, p. 403-419.

H. FREDERICKSON-J.WALLING, "Contemporary human resources management", *Public Personnel Managment*, n° 28.

A. L. FREIRE, André Luiz. "A crise financeira e o papel do Estado: uma análise jurídica a partir do princípio da supremacia do interesse público sobre o privado e do serviço público". *A&C – Revista de Direito Administrativo & Constitucional*, n° 39, p. 147-162, 2010.

J. FREITAS, *A interpretação sistemática do Direito*. 5. ed. São Paulo: Malheiros, 2010.

D. FREITAS DO AMARAL, *Curso de Direito Administrativo*. v. II. Coimbra, 2001.

G.H. FRIEDRICH, "The public service and the patriotism of bevolence", *Public Administration*, n° 45

C.J. FRIEDRICH, C (Org.). *O interesse público*, Rio de Janeiro, 1967.

F. FUKUYAMA F., *El fin de la historia y el último hombre*, Madrid, 1992

J.P. FUSI J.P, *España: de la dictadura a la democracia*, Madrid, 1983

E. GABARDO; D.W. HACHEM, "O suposto caráter autoritário da supremacia do interesse público e das origens do Direito Administrativo – uma crítica da crítica". En: Romeu Felipe Bacellar Filho; Daniel Wunder Hachem (Coords.). *Direito Administrativo e Interesse Público: Estudos em homenagem ao Professor Celso Antônio Bandeira de Mello*. Belo Horizonte, 2010, p. 155-201.

E. GABARDO, *Interesse público e subsidiariedade: o Estado e a sociedade civil para além do bem e do mal*. Belo Horizonte, 2009.

J. GALBRAITH, *Breve historia de la euforia financiera*, Barcelona, 1999

J.J. GALEANO, "El principio de juridicidad. Noción, fundamento y caracteres. Su recepción en la jurisprudencia administrativa y judicial". En: Julio Pablo Comadira; Miriam M. Ivanega (Coords.). *Derecho Administrativo: Libro en homenaje al Profesor Doctor Julio Rodolfo Comadira*. Buenos Aires, 2009, p. 23-49.

J. GARCÍA AÑOVEROS, *¿Crisis en las Haciendas Autonómicas?*, Madrid, 1986

E. GARCÍA DE ENTERRÍA -TR FERNÁNDEZ, *Curso de Derecho Administrativo*, Madrid, 2011

E. GARCÍA DE ENTERRÍA, "La significación de las libertades públicas para el Derecho Administrativo", *Anuario de Derechos Humanos*, Universidad Complutense de Madrid, 1981.

-"Las exigencias de los procesos de cambios organizativos e institucionales: el papel de la Ética", *Documentos ETNOR*, Valencia, 1995

-*Reflexiones sobre la ley y los principios generales del Derecho*, Madrid, 1984.

-*Democracia, jueces y control de la Administración*, Madrid, 2005.

-*La lucha contra las inmunidades del poder en el derecho administrativo*, Madrid, 1983.

-"Una nota sobre el interés general como concepto jurídico indeterminado". *Revista Española de Derecho Administrativo*, n° 89, p. 69-89, 1996.

M. GARCÍA DE LA HUERTA, *Reflexiones americanas: ensayos de intrahistoria*, Santiago de Chile, 1999

J. GARCÍA TORRES-A. JIMENEZ BLANCO, *Derechos fundamentales y relaciones entre particulares*, Madrid, 1986

J. GARDINER, *Means*, New York, 1967

F. GARRIDO FALLA, *Tratado de Derecho Administrativo*, Madrid, 2005

- "Sobre el Derecho Administrativo y sus ideas cardinales". *Revista de Administración Pública*, n° 7, p. 11-50, 1952.

P. GAUTIER, "Quelques considérations sur l'intérêt privé et l'intérêt public dans un ordre juridique sans maître". En: Philippe Gérard; François Ost;

Michel van de Kerchove (Dirs.). *Droit et intérêt*. v. 3. Bruxelles, 1990, p. 221-232.

M.S. GENNAL, *La transparencia administrative en la ciudad de Florencia*, Santiago de Compostela, 1993.

P. GÉRARD, F. OST, V. VAN DE KERCHOVE, (Dirs.). *Droit et intérêt*. v. 1. Bruxelles, 1990. 3v.

M.S. GIANNINI, *Derecho Administrativo*. v. 1. Madrid, 1991.

M. GIBBONS, *The new production of knowledge: the dynamics of science and research in contemporary societies*, Londres, 1994

W. GLADSTONE, *Political, Speeches in Scotland*, London, 1880

R.M. GOANE, *Estado, bien común e interés público*. In: El Derecho Administrativo Argentino, hoy. Buenos Aires, 1996.

R. GÓMEZ PÉREZ, *Problemas morales de la existencia humana*, Madrid, 1980

A. GONZÁLEZ BORGES, "Interesse público: um conceito a determinar". *Revista de Direito Administrativo*, n° 205, p. 109-116, 1996.

- "Supremacia do interesse público: desconstrução ou reconstrução?" *Interesse Público*, n° 37, p. 29-48, 2006.

F. GONZÁLEZ NAVARRO, *Derecho Administrativo Español*, Eunsa, Navarra, 1994

J. GONZÁLEZ PÉREZ, *Administración pública y moral*, Madrid, 1995

-*La dignidad de la persona*, Madrid, 1986

-*El derecho a la tutela jurisdiccional*, Madrid, 2001.

-"La suspensión de ejecución del acto objeto de recurso contencioso-administrativo". *Revista Española de Derecho Administrativo*, n° 5, p. 248-255, 1975.

A. GORDILLO, *Tratado de Derecho Administrativo*. t. 1: Parte General, Belo Horizonte, 2003

J. GOULD, *A dictionary of the social sciences*, New York, 1964

A. GRAF, *Roma nella memoria immaginazioni del Medioevo*, Roma. 1883

A. GUIDDENS, *Un mundo desbocado*. México, 2000

F. GUIZOT, *Historie de la civilisation en Europe*, París, 1846

J. HABERMAS, *El discurso filosófico de la modernidad*, Madrid, 2008

J. HABERMAS, *Teoría de la acción comunicativa*, Barcelona, 2000

D.W. HACHEM, "A dupla nocao juridical de interesse public em Direito Administrativo". *Revista de Direito Administrativo& Constitucional*, n° 11, p. 19-110, 2011

-"A necessidade de defesa técnica no processo administrativo disciplinar e a inconstitucionalidade da Súmula Vinculante" n° 5 do STF, *A&C* –

Revista de Direito Administrativo & Constitucional, n° 39, p. 27-64, 2010.

D. HAMMARSKJOLD., *Markings*, Londres, 1982

M. HAURIOU, *Notes d'arrêts sur décisions du Conseil d'État et du Tribunal des conflits*. t. I. Paris, 1929.

V. HAVEL V., *The end of the modern era*, New York, 1992
  -Discurso, Blanco y Negro, 23 de junio de 1991.

R. HAYNES, "La dimensione etica nel mondo degli affair e della pubblica amministrazione", *Problemi di Ammnistrazione Pubblica*, n° 1. 1995.

G. HEGEL, *Filosofía del Derecho*, Madrid, 1968

A.J. HEIDENHEIMER, *Political corruption*, New York, 1989

HERODOTO, *Los nueve libros de la Historia*, Madrid, 1960

J. HERRERA FLORES, "Hacia una visión compleja de los derechos humanos". En: (Coord.). *El vuelo de Anteo: derechos humanos y crítica da la razón liberal*. Bilbao, 2000.

T. HOBBES, *Leviathan*, Oxford, 1998

D. HUME, *Historia natural de las religiones*, Madrid, 1992
  -*Tratado de la naturaleza humana*, Madrid, 1984

R.P. HUMMEL, "I,d like to be ethical, buy they wont,t let me", *International Journal of Public Administration*, n° 6.

M. HUNT, "Openhess and civil service ethics", *Revista Internacional de Ciencias Administrativas*, n° 61.

D. INNERARITY, *El Nuevo espacio público*, Madrid, 2006

M. IVANEGA, "Derecho administrativo y régimen exorbitante de derecho privado". In: Julio Pablo Comadira; (Coords.) *Derecho Administrativo: Libro en homenaje al Profesor Doctor Julio Rodolfo Comadira*, Buenos Aires, 2009, p. 51-74.

A. IZQUIERDO, *Etica y Administración*, Madrid, 1994

J. JABBRA-N. JABBRA, "Bureaucratic corruption in the third wored: causes and remedy", *Indian Journal of Public Administration*, n° 22.

G. JÈZE, *Principios generales del Derecho Administrativo. Libro II: La noción de servicio público. Los agentes de la Administración Pública*, Buenos Aires, 1949.

R. JOHANBEGOLD, *Conversation with Isaiah Berlín*, Londres, 1992

G. JOHANET, "Morale et service public", *Revue Administrative*, n° 287.

H. JOHNSTON, *Social movements and culture*, Cornell, 1995

M.G. JOVELLANOS, *Memoria sobre educación pública*, Madrid, 2007

K. JOWITT, *The new world disorder: the lenninist extinction*, Londres, 1993.

M. JUSTEN FILHO, "Conceito de interesse público e a "personalização" do Direito Administrativo". *Revista Trimestral de Direito Público*, n° 26, p. 115-136, 1999.

H.D. KASS, "Exploring agency as a basis teorethical theory in American Public Administration", *International Journal of Public Administration*, n° 12.

K. KERNAGHAN, *The new public organization*, Otawa, 2000

B. KINGSBURY, N. KISCH y R.B. STEWART, "The emergence of Global Administrative Law", 68, *Law and Contemporary Problems*, 15, 2005.

L.A. SENECA, *Cartas a Lucilio*, Madrid, 1982

L.S LAFONTAINE, *The category of person: anthropology, philosophy, history, Cambridge*, 1985

J.C. LAMBERTI, *La notion d'individualisme chez Tocqueville*, Paris, 1970

S. LANZA, *Páginas escogidas e inéditas*, Madrid, 1918

K. LARENZ, *Methodenlehre der Rechtswissenschaft*. Berlin/Heidelberg: Springer, 1960.

H.D. LASSWELL, *Power and society*, Yale, 1950

A. DE LAUBADÈRE, *Traité élémentaire de droit administratif*, Paris, 1963.

J. LEGUINA VILLA, Jesús. "Principios generales del Derecho y Constitución". *Revista de Administración Pública*, n° 114, p. 7-37, . 1987.

G. LEOPARDI, *Opere morali*, Milán, 1998

W.S. LEVINE, *The control handbook*, Boston, 1996

C.W. LEWIS, *The ethics challenge in the public service*, San Francisco, 1991.

M.T. LILLA, *Ethos, ethics and public service, The public interest*, New York, 1981

D. LINOTTE, *Recherches sur la notion d'intérêt général en Droit Administratif Français*. Bordeaux, 1975.

A. LLANO, *Humanismo cívico*, Ariel, Barcelona, 1999

E. LLEDÓ, *Memoria de la Ética*, Madrid, 1994.

M. LONG; P. WEIL; G. BRAIBANT; P. DEVOLVÉ; B. GENEVOIS, *Les grands arrêts de la jurisprudence administrative*, Paris, 2007.

A. LÓPEZ QUINTÁS, *Necesidad de una renovación moral*, Valencia, 1994.

LORD ACTON, *A study in conscience and politics*, San Francisco, 1993

N. LUHMANN, *Teoría Política en el Estado de Bienestar*, Madrid, 2002.

A. MACINTYRE, *A short history of ethics*, Londres, 1995

R.M. MACEDO NERY FERRARI, "A constitucionalização do Direito Administrativo e as políticas públicas". *A&C – Revista de Direito Administrativo & Constitucional*, n° 40, Belo Horizonte: Fórum, p. 271-290, 2010.

R.M. MACEDO NERY FERRARI, "Reserva do possível, direitos fundamentais sociais e a supremacia do interesse público". En: Romeu Felipe Bacellar Filho; Daniel Wunder Hachem (Coords.). *Direito Administrativo e Interesse Público: Estudos em homenagem ao Professor Celso Antônio Bandeira de Mello.* Belo Horizonte, 2010, p. 267-305.

E. MANDEL, *Late capitalism*, Londres, 1975

N. MAQUIAVELO, *Discursos sobre la primera década de Tito Livio*, Madrid, 2000.

P. MARIANA, *Del Rey y de la instrucción de la dignidad real*, Madrid, 1845

J. MARÍAS, *Discurso de metafísica*, Madrid, 1967

L. G. MARINONI, Luiz Guilherme. *A antecipação da tutela*, São Paulo, 2004.

M. MARTINEZ BARGUEÑO, "La ética, Nuevo objeto de la gestión pública", en *Gestión de Análisis y Políticas Públicas*, n° 10.

C. MARTÍNEZ GARCÍA, *La intervención administrativa en las telecomunicaciones*, Madrid, 2002, p.209

S. MARTÍN-RETORTILLO BAQUER, *Estudios sobre la Constitución española: Homenaje al profesor Eduardo García de Enterría.* v. 3. Madrid, 1991.

L. MARTIN-RETORTILLO, *Lecciones y materiales para el estudio del Derecho Administrativo*, Madrid, 2009

J. MARTINS-COSTA, Judith (Org.). *A reconstrução do direito privado: reflexos dos princípios, diretrizes e direitos fundamentais constitucionais no direito privado*, São Paulo, 2002.

B MATHIEU, "Débats". In: Michel Verpeaux (Dirs.). *Intérêt général, norme constitutionelle*, Paris, 2007, p. 69-79.

   -"Propos introductifs". In: Michel Verpeaux (Dirs.). *Intérêt général, norme constitutionelle*, Paris, 2007, p. 5-7.

B. MATHIEU; M. VERPEAUX, (Dirs.). *Intérêt général, norme constitutionelle*, Paris, 2007.

A. MATTIO DE MASCIAS, *Ética y valores: el Estado y la ciudadanía en la lucha contra la corrupción*, al congreso del CLAD celebrado en República Dominicana en noviembre del 2000.

V. MÁXIMO, *Hechos y dichos memorables*, Madrid, 2003

O. MAYER, *Derecho Administrativo Alemán*, Buenos Aires, 1982

F. MAYOR ZARAGOZA, *Un mundo nuevo*, Madrid, 2000

O. MEDAUAR, *Direito Administrativo Moderno*, São Paulo, 2007.

F. MEDINA OSÓRIO, Fábio Medina. "Existe uma supremacia do interesse público sobre o privado no Direito Administrativo brasileiro?" *Revista de Direito Administrativo*, n° 220, p. 69-107, 2000.

BIBLIOGRAFÍA

J.L. MEILÁN GIL, "Etica pública y formación de funcionarios", *Revista Galega de Administración Pública*, n° 7.

-Presentación del libro *Ética Pública y Formación de Funcionarios*, EGAP, 1993, Ferrol.

-*El proceso de la definición del Derecho Administrativo*. Madrid, 1967.

-"Intereses generales e interés público desde la perspectiva del derecho público español". *A&C – Revista de Direito Administrativo & Constitucional*, n° 40, p. 171-198, 2010.

-"O interesse público e o Direito Administrativo global". En: Romeu Felipe Bacellar Filho; Guilherme Amintas Pazinato da Silva (Coords.). *Direito Administrativo e Integração Regional: Anais do V Congresso de Direito Público do Mercosul e do X Congresso Paranaense de Direito* Administrativo. Belo Horizonte, 2010, p. 101-104.

D. MELÉ, *Etica en la dirección de empresas*, Madrid, 1997

L. MEMBIELA, "La buena administración en la Administración general del Estado", *Actualidad administrativa*, n° 4, 2007

Y. MENY, *Las políticas públicas*, Madrid, 1992

G. MERLAND, *L'interêt général dans la jurisprudence du Conseil Constitutionnel*. Paris, 2004.

G. MERLAND,"L'intérêt général dans la jurisprudence du Conseil constitutionnel". In: Bertrand Mathieu; Michel Verpeaux (Dirs.). *Intérêt général, norme constitutionelle*. Paris, 2007, p. 35-46.

J. MESSNER, *La cuestión social*, Madrid 1960

J. MESSNER, *Etica social, política y econômica a La luz del Derecho Natural*. Madrid, 1967.

A. MILLÁN PUELLES A., *La formación de la personalidad humana*, Madrid, 1963

O. MIR PUIG-PELAT O., *La responsabilidad patrimonial de la Administración pública*, Madrid, 2002

C.S. MONTESQUIEU, *Del espíritu de las leyes*, Madrid, 2003

J.A. MORENO MOLINA-JM MAGAN, *La responsabilidad patrimonial de las Administraciones públicas*, El consultor, Madrid, 2005

F. MOTTA, "O paradigma da legalidade e o Direito Administrativo". En: Maria Sylvia Zanella Di Pietro; Carlos Vinícius Alves Ribeiro (Coords.). *Supremacia do interesse público e outros temas relevantes do Direito Administrativo*. São Paulo, 2010. p. 197-229.

G.A. MUÑOZ, "El interés público es como el amor". En: Romeu Felipe Bacellar Filho; Daniel Wunder Hachem (Coords.). *Direito Administrativo e Interesse Público: Estudos em homenagem ao Professor Celso Antônio Bandeira de Mello*. Belo Horizonte, 2010, p. 21-31.

L. NAMIER, *History and political cultura*, Londres, 1970

E. NARDUCCI, *Lucano: un'epica contra l'impero*, Roma, 2002

U. NIETO DE ALBA, *Etica de gobierno y corrupción*, Madrid, 1996

A. NIETO, "La Administración sirve con objetividad los intereses generales". En: Sebastián Martín-Retortillo Baquer (Coord.). *Estudios sobre la Constitución española: Homenaje al profesor Eduardo García de Enterría*. v. 3. Madrid, 1991, p. 2185-2253.

-"La vocación del Derecho Administrativo de nuestro tiempo". *Revista de Administración Pública*, n° 76, p. 9-30, 1975.

F. NIETZSCHE, *Así habló Zaratrusta*, Madrid, 1998

C.S. NINO, *Ética y derechos humanos*, Buenos Aires, 2007.

J.R. NOVAIS, *As restrições aos direitos fundamentais não expressamente autorizadas pela Constituição*, Coimbra, 2003.

J.F. NYE , *Power and interdependence*, Londres, 1975

C. OFFE, *Contradictions of the welfare state*, London, 1984

D.M. DE OLIVEIRA RAMOS, Dora Maria de Oliveira. "Princípios da Administração Pública: a supremacia do interesse público sobre o interesse particular". *Gênesis: Revista de Direito Administrativo Aplicado*, n° 10, p. 676-687, 1996.

A. OLLERO, *Interpretación del derecho y positivismo legalista*, Pamplona, 1982

J. ORTEGA Y GASSET, *La decadencia de Occidente*, Madrid, 1958

F. OST, "Entre droit et non-droit: l'intérêt. Essai sur les fonctions qu'exerce la notion d'intérêt en droit privé". En: Philippe Gérard; François Ost; Michel van de Kerchove (Dirs.). *Droit et intérêt*, Bruxelles,1990.

P. OTERO, *Legalidade e Administração Pública: o sentido da vinculação administrativa à juridicidade*, Coimbra, 2003.

M. PAILLET, *La faute du service public en droit administratif français*, Paris, 1980.

F. PANTALEÓN, *Responsabilidad médica y responsabilidad de la Administración*, Madrid, 1995

R. PARADA, *Derecho Administrativo*, Madrid, 2007

L. PAREJO ALFONSO, *El concepto del Derecho Administrativo*, Caracas, 1984

-*Derecho Administrativo. Instituciones generales: bases, fuentes, organización y sujetos, actividad y control*. Barcelona, 2003.

-*Lecciones de Derecho Administrativo*, Valencia, 2011

S. PATTISON, The value of ethics, Local Government Studies, n° 20.

T.J. PAUVLAK , "Administrative justice as justice", *International Journal of Public Administration*, n° 12.

O. PAZ, *Corriente alterna*, México, 1997

G. PECES BARBA, *Derechos fundamentales*, Madrid, 1976

F. QUINAUD PEDRON, "O dogma da supremacia do interesse público e seu abrandamento pela jurisprudência do Supremo Tribunal Federal através da técnica da ponderação de principios". *A&C – Revista de Direito Administrativo & Constitucional*, n° 33, Belo Horizonte, p. 193-217, 2008.

E. PÉREZ LUÑO, *Los derechos humanos*, Madrid, 1986
   -*Derechos Humanos, Estado de Derecho, y Constitución*, Madrid, 2005.

T. PETERS, *Liberation management*, Londres, 1992

J. PONCE, *Derecho Administrativo Global, Organización, procedimiento, control judicial*, Madrid, 2010.

K. POPPER, *La sociedad abierta y sus enemigos*, Madrid, 1981
   -*La sociedad abierta y sus enemigos*. Barcelona, 1982

M. RAMÍREZ, *La participación política*, Madrid, 1985

F. RANGEON, *L'idéologie de l'intérêt général*. Paris,1986.

L. RAPP, "Public service et univeral service". En: *Telecommunications Policy*, Volumen 24, p. 391-397. 1996

S. REGOURD, *Le service public, Revue de Droit Public de Le science politique*, Paris, p. 11-48, 1987

A. REJOINDER, *Heroes in the public service, en Administration and Society*, vol. 23.

J. REVEL, *El conocimiento útil*, Madrid, 1989

A. REY, "El interés general. Argumento para limitar derechos individuales". *Revista de Derecho*, n° 13, Montevideo: Universidad de Montevideo – Facultad de Derecho, p. 177-187, 2008.

John A. RHOR *Ethics for Bureaucrats: An Essay on Law and Values*, New York, 1978, p. 15.

R. RICHTER, *Institutions and economic theory*, Michigan, 2005

J. RIFKIN, *La sociedad empática*, Barcelona, 2010

J. RIVERO, *Existe-t-il un critère du droit administratif? Revue du droit public et de la science politique en France et à l'étranger*, v. 69, n° 2, p. 279-296, 1953.

J.M. RODRÍGUEZ DE SANTIAGO, José Maria. *La administración del Estado social*, 2007.

J.M. RODRÍGUEZ MUÑOZ, "De la noción de interés general como faro y guía de la Administración, y como proemio a la Sección "Cuestiones de la acción pública en Extremadura" de esta revista". *Revista de Derecho de Extremadura*: n° 6, p. 557-565, 2009

J. RODRÍGUEZ-ARANA MUÑOZ, *La dimensión ética*, Madrid, 2001
   -*Principios de Ética pública*, Madrid, 1993.

-*Derecho Administrativo Español. t. I: Introducción al Derecho Administrativo Constitucional*. La Coruña, 2008.

-"El concepto del Derecho Administrativo y el proyecto de Constitución Europea". *A&C – Revista de Direito Administrativo e Constitucional*, n° 23, p. 127-144, 2006.

- "El interés general como categoría central de la actuación de las Administraciones Públicas". In: Romeu Felipe Bacellar Filho; Guilherme Amintas Pazinato da Silva (Coords.). *Direito Administrativo e Integração Regional: Anais do V Congresso de Direito Público do Mercosul e do X Congresso Paranaense de Direito Administrativo*. Belo Horizonte, 2010, p. 105-130.

- "El marco constitucional del Derecho Administrativo español (el Derecho Administrativo Constitucional)". *A&C – Revista de Direito Administrativo e Constitucional*, n° 29, p. 127-144, 2007.

-*La suspensión del acto administrativo (en vía de recurso)*. Madrid, 1986.

- "La vuelta al Derecho Administrativo (a vueltas con lo privado y lo público)". *A&C – Revista de Direito Administrativo e Constitucional*, n° 20, p. 11-39, 2005.

- "Las medidas cautelares en la jurisdicción contenciosa-administrativa en España". In: David Cienfuegos Salgado; Miguel Alejandro López Olvera (Coords.). *Estudios en homenaje a Don Jorge Fernández Ruiz. Derecho procesal*. México, 2005, p. 301-323.

-*Reforma administrativa y nuevas políticas públicas*. Caracas, 2005.

-*La dimensión ética de la función pública*, Madrid, 2013.

-*Interés general, Derecho Administrativo y Estado del bienestar*, Madrid, 2012.

A. ROGOW, *Power, corruption, and rectitude*, London, 1993

S. ROMANO, *El ordenamiento jurídico*, Madrid, 1963

S. ROSE-ACKERMAN., *Corruption and development*, Washington, 1997

J.J. ROUSSEAU, *The social contract*, Yale, 2002

B. RUSELL, *The history of western philosophy*, New York, 1945

A. SABAN GODOY, *El marco jurídico de la corrupción*, Madrid, 1991

F. SAINT-BONNET, "L'intérêt général dans l'ancien droit constitutionelle". En: Bertrand Mathieu ; Michel Verpeaux (Dirs.). *Intérêt général, norme constitutionelle*. Paris, 2007, p. 9-21.

F. SÁINZ MORENO, *Conceptos jurídicos, interpretación y discrecionalidad administrativa*. Madrid, 1976.

-"Reducción de la discrecionalidad: el interés público como concepto jurídico". *Revista Española de Derecho Administrativo*, n° 8, p. 63-94, 1976.

-"Sobre el interés público y la legalidad administrativa". *Revista de Administración Pública*, n° 82, p. 439-454, 1977.

J.L. SALOMONI, "Impacto de los Tratados de Derechos Humanos sobre el Derecho Administrativo Argentino". En: Jorge Luis Salomoni; Romeu Felipe Bacellar Filho; Domingo Juan Sesín (Orgs.). *Ordenamientos internacionales y ordenamientos administrativos nacionales: jerarquía, impacto y derechos humanos*. Buenos Aires, 2006, p. 13-32.

A. SANTIAGO, *Bien común y derecho constitucional: el personalismo solidario como techo ideológico del sistema político*. Buenos Aires, 2002.

A. SANTOS DE ARAGÃO, ""Supremacia do Interesse Público" no Advento do Estado de Direito e na Hermenêutica do Direito Público Contemporâneo". En: Daniel Sarmento (Org.). *Interesses públicos versus interesses privados: desconstruindo o princípio de supremacia do interesse público*, Rio de Janeiro, 2005, p. 1-22.

I. SARLET, *A eficácia dos direitos fundamentais*, Porto Alegre, 2008.

I. SARLET, *Dignidade da pessoa humana e direitos fundamentais na Constituição Federal de 1988*, Porto Alegre, 2006.

D. SARMENTO, (Org.), *Interesses públicos versus interesses privados: desconstruindo o princípio de supremacia do interesse público*. Rio de Janeiro, 2005.

-*Direitos fundamentais e relações privadas*. Rio de Janeiro, 2004.

- "Interesses públicos vs. interesses privados na perspectiva da teoria e da filosofia constitucional". En: (Org.). *Interesses públicos versus interesses privados: desconstruindo o princípio de supremacia do interesse público*, Rio de Janeiro, 2010, p. 23-117.

G. SARTORI, *Homo videns: la sociedad teledirigida*, Madrid, 2001

A. R. SCHIER, "O princípio da supremacia do interesse público sobre o privado e o direito de greve de servidores públicos". In: Romeu Felipe Bacellar Filho; Daniel Wunder Hachem (Coords.). *Direito Administrativo e Interesse Público: Estudos em homenagem ao Professor Celso Antônio Bandeira de Mello*. Belo Horizonte, 2010, p. 377-405.

P.R. SCHIER, "Ensaio sobre a supremacia do interesse público sobre o privado e o regime jurídico dos direitos fundamentais". En: Daniel Sarmento (Org*.). Interesses públicos versus interesses privados: desconstruindo o princípio de supremacia do interesse público*, Rio de Janeiro, 2010, p. 219-248.

E. SCHMIDT-ASSMANN, *La teoría general del Derecho Administrativo como sistema*, Madrid, 2003.

J.E SCHOETTL, "Débats". In: Bertrand Mathieu; Michel Verpeaux (Dirs.). *Intérêt général, norme constitutionelle*. Paris, 2007, p. 69-79.

J.C. SCOTT, *Domination and the arts of resistance: hidden transcript*, Yale, 1990

J. SEBRELI, *El asedio a la modernidad*, Madrid, 1992

P. SERNA, *Positivismo conceptual y fundamentación de los derechos humanos*, Pamplona, 1990

M.C. SERRANO, "La defensa de la Constitución y las exigencias del bien común". In: Victor Bazán (Coord.). *Defensa de la Constitución: Garantismo y controles. Libro en reconocimiento al Doctor Germán J. Bidart Campos.* Buenos Aires, 2003.

J.D. SESÍN, *Actividad reglada, discrecional y técnica: Nuevos mecanismos de control judicial*, Buenos Aires, 2004.

W. SHAKESPEARE, *The tempest*, London, 2002

W. J. SIFFIN, "A political perspective on bureaucratic corruption", en *Dinamics of Development: An International Perspective*, tomo I, Delhi, 1978, p. 505.

J.A. DA SILVA, *Curso de Direito Constitucional Positivo*, São Paulo, 2009.

V.A. DA SILVA, *Direitos fundamentais: conteúdo essencial, restrições e eficácia*. São Paulo, 2009.

D. SIMON, "L'intérêt général vu par les droits européens". En: Bertrand Mathieu; Michel Verpeaux (Dirs.). *Intérêt général, norme constitutionelle*. Paris, 2007, p. 47-67.

A. SMITH, *La riqueza de las naciones*, Madrid, 1996

C. SOARES BARROSO MAIA, "A (im)pertinência do princípio da supremacia do interesse público sobre o particular no contexto do Estado Democrático de Direito". *Fórum Administrativo – Direito Público*, n° 103, p. 17-28, 2009.

I. SOTELO, *Educación y democracia*, Madrid, 1995

F. SOTO NIETO, *Compromiso humano y ético del abogado*, Madrid, 1994.

A.F. DE SOUSA, *«Conceitos indeterminados» no Direito Administrativo*. Coimbra, 1994.

C.P. DE SOUZA NETO; SARMENTO, Daniel (Orgs.). *Direitos sociais: fundamentos, judicialização e direitos sociais em espécie*. Rio de Janeiro, 2008.

R. SPAEMANNR, "La Ética mundial como proyecto", *Nueva Revista*, n° 50.
- *Ética: cuestiones fundamentales*, Madrid, 1998

D.W. STEWART, "Theoretical foundations of ethics in Public Administration approaches to understanding moral action", *Administration and Society*, n° 23.

O.G. STHAL, *Public Personnel Administration*, New York, 1983.

J. STUART MILL, *Sobre la libertad*, Madrid, 1995

J. TARKOWSKI, *Centralized systems and corruption*, New York, 1988

J. TAYLOR, "Ethical implications of the new managerialism. International". *Jornal of Public Administration*, 1996.

R. THEOBALD, *Reworking sucess: new communities at the millenium*, London, 1997

B. THIRY, "The general interest: architecture and dinamics". *Annals of Public and Cooperative*. 1997.

A. TOURAINE, *Crisis de la modernidad*, Madrid, 1993

E. TRÍAS, *Ética y condición humana*, Madrid, 1996

D. TRUCHET, *Les fonctions de la notion d'intérêt général dans la jurisprudence du Conseil d'État*. Paris, 1977.

J. TUSELL, *El conocimiento inútil*, Madrid, 1989

A. USLAR PETRI., *La creación del nuevo mundo*, Madrid, 1992

P. VALERY, *Estudios sobre Leonardo da Vinci*, Madrid, 1987

L. VAN OUTRIVE, *Crime et justice en Europe*, Bruxellas, 1993

J. VARGAS MONIZ, *A Transparencia da Administración pública e o Novo Codigo de Procedemento Administrativo*, Coimbra, 1990

G. VEDEL, *Droit Administratif*. 5. ed. Paris: Presses Universitaires de France, 1973.

J. VELARDE FUERTES, *Lecturas de Economía española*. Madrid, 1961

L. VÉLEZ DE GUEVARA, *El diablo cojuelo*, Madrid, 1988

J.C. VIEIRA DE ANDRADE, *Os Direitos Fundamentais na Constituição Portuguesa de 1976*, Coimbra, 2004.

J.R. VIEIRA, "República e democracia: óbvios ululantes e não ululantes". *Revista da Faculdade de Direito da UFPR*, p. 147-161, 2001.

M.J.C. VILE, *Constitucionalismo y separación de poderes*. Madrid, 2007.

M. VILLORIA, *Curso de Etica administrativa*, Madrid, 2000

R. VON IHERING, *La lucha por el derecho*, Granada, 2008

H. VON TREITSCHKE, *Historiche und politische Aufsätze*, Frankfurt, 1965

S. WAKEFIELD, "Ethics and the public service: a case for individual responsibility", *Public Administration Review*, n° 36.

M. WEBER, *La ética protestante y el espíritu del capitalismo*, Madrid, 2001

E.U. WEIZSACKER, *The new report to the Club of Rome*, Londres, 1997

S. WELCH, *Politics, corruption and political culture*, New York, 1997

H.H. WERLIN, *Revisiting corruption: with a new definition*, New York, 1994

M. WINN, "Ethics in organizations: a perspective on reciprocration", *International Journal of Public Administration*, 1989

A. WOLFE, *The power elite*, Oxford, 2000

W. ZANCANER, "Prefácio – Homenagem ao Pensamento Jurídico de Celso Antônio". En: Romeu Felipe Bacellar Filho; Daniel Wunder Hachem (Coords.). *Direito Administrativo e Interesse Público: Estudos em homenagem ao Professor Celso Antônio Bandeira de Mello*. Belo Horizonte, 2010, p. 11-13.

M. S. ZANELLA DI PIETRO, "O princípio da supremacia do interesse público". *Interesse Público*, n° 56, Belo Horizonte, 2009, p. 35-54

M.S. ZANELLA DI PIETRO; C.V. ALVES RIBEIRO, Carlos Vinícius Alves (Coords.). *Supremacia do interesse público e outros temas relevantes do Direito Administrativo*, São Paulo, 2010.

R.C. ZINKE, *Public Administration and the code of Ethics*, New York, 1989

www.ingramcontent.com/pod-product-compliance
Lightning Source LLC
Chambersburg PA
CBHW021548210326
41599CB00010B/360